MESSIEURS LES ÉLECTEURS
DE SEINE-ET-OISE

Sont prévenus que la réunion fixée pour aujourd'hui, Samedi 8 Avril, au débarcadère du Chemin de Fer de Versailles (rive-droite), aura lieu *le même jour* PLACE ROUBAIX, N° 3, en face le Chemin de Fer du NORD, aucune salle du débarcadère du Chemin de Fer de Versailles n'étant libre.

TYPOG. BÉNARD ET COMP., PASS. DU CAIRE, 2.

AUX CULTIVATEURS

ET OUVRIERS AGRICOLES

du Département de Seine-et-Oise.

Chers Confrères,

La prorogation des Élections nous fournit l'occasion inespérée de pouvoir nous concerter de nouveau pour choisir nos Candid[illegible] empressons-nous donc d'en profiter.

Une réunion a [illegible] 26 mars dernier à la salle d'Antin et n'a pas satisfait la plupart des Cultivateurs; ils trouvent le but man[illegible]

En effet, l'appel qui ne s'adressait qu'aux Cultivateurs a été mal interprété, et n'a servi qu'à satisfaire l'empressement de Candidats complétement étrangers à l'agriculture, à quelques exceptions près.

En conséquence, nous avons l'honneur de vous proposer de nous réunir de nouveau le 9 avril prochain, *salle d'Antin, cité d'Antin, n° 29, et rue de Provence, n° 63*, afin de transmettre aux différents Comités électoraux du département la véritable expression des vœux de l'agriculture.

Un grand nombre de Cultivateurs appartenant aux 33 cantons ruraux de Seine-et-Oise.

Paris, imprimerie de Paul DUPONT, rue de Grenelle-Saint-Honoré, 55.

267

COMITÉ CENTRAL
RÉPUBLICAIN
de Seine-et-Oise.

RÉPUBLIQUE FRANÇAISE,

LIBERTÉ, ÉGALITÉ, FRATERNITÉ.

Versailles, le 1848.

Avertissements aux Comités électoraux.
aux Délégués.
aux Candidats.

CITOYEN,

Le Comité central républicain, pour les Élections du département de Seine-et-Oise, est en pleine activité. Il fait appel au patriotisme des Électeurs. Il correspond avec les arrondissements, les cantons et les communes qui adhèrent à sa devise :

Adhésion complète au Gouvernement républicain. — Engagement formel de repousser toute transaction et toute tentative de retour à la royauté. — Conciliation des intérêts de tous avec les droits sacrés de la famille, de la propriété et du travail.

Si tels sont vos principes, Citoyen, que votre zèle les propage. Si vous vous portez à la canditature, le Comité vous invite à venir prendre part à l'Assemblée générale, qui aura lieu le

De votre côté, invitez les Délégués des Comités, tous les Électeurs, à prendre part à nos réunions. A ceux que la distance arrête, faites connaître le compte-rendu que nous vous adresserons pour chaque séance. Du zèle, du zèle, et encore du zèle.

Salut et fraternité.

Le Président.
BÉRIGNY.

Secrétaires.
SICRE, sous-économe au Lycée.
L'abbé THOMAS, aumônier.
A. DENIS, clerc d'avoué.

Vive la République!

Versailles — Imp. de BEAU jeune, rue Satory.

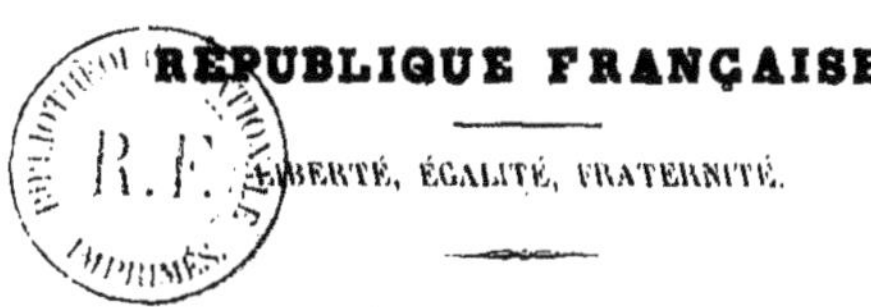

RÉPUBLIQUE FRANÇAISE.

LIBERTÉ, ÉGALITÉ, FRATERNITÉ.

LE COMITÉ CENTRAL ÉLECTORAL DÉMOCRATIQUE DE VERSAILLES,

AUX ÉLECTEURS DE SEINE-ET-OISE.

CHERS CONCITOYENS,

L'urne du scrutin va s'ouvrir, le Peuple est de nouveau appelé à faire acte de souveraineté. Nous venons vous exposer nos principes et nos vœux.

Nous voulons LA LIBERTÉ, nous voulons l'ordre, mais pour nous l'ordre ne peut être basé que sur la liberté, car la République est fondée, la Constitution inviolable, et par le suffrage universel la loi devient l'expression de la volonté générale.

Nous voulons l'ÉGALITÉ des droits et des devoirs. Nous voulons, dans toutes les conditions, la plus grande somme de bien-être possible, sans jamais enfreindre les lois de la justice et de la morale. La propriété, résultat du travail, est sacrée, elle doit être facilement accessible à tous afin d'assurer la sécurité de tous.

Nous voulons enfin que la FRATERNITÉ humaine soit aussi réelle et aussi sacrée que celle de la famille.

L'INSTRUCTION doit être, sous la surveillance de l'État, gratuite et professionnelle. Il faut aux instituteurs primaires une position qui réponde à la dignité de leurs fonctions, assure leur indépendance et le repos de leurs vieux jours.

Nous ne concevons LE DROIT D'ASSOCIATION ET DE RÉUNION, LA LIBERTÉ D'ÉCRIRE, que débarrassés des exigences du fisc et de l'arbitraire de la police.

Tout citoyen valide A DROIT DE VIVRE PAR LE TRAVAIL ; l'État doit ASSISTANCE aux vieillards et aux infirmes.

Il faut réviser les lois de procédure, qui rendent la JUSTICE trop lente et trop coûteuse : créer LA JUSTICE ADMINISTRATIVE ;

Réformer les CONTRIBUTIONS INDIRECTES et les OCTROIS, ces impôts qui, frappant les objets de première nécessité, comme le sel, la viande, les boissons, etc.......... aggravent surtout les charges des travailleurs ;

Etablir les CONTRIBUTIONS DIRECTES en proportion réelle, c'est-à-dire équitablement progressive avec les ressources de chacun ;

Réviser la LOI SUR LA CHASSE, reste odieux de la tyrannie féodale ;

1849

Simplifier les rouages de l'administration ; supprimer les sinécures, les priviléges, les monopoles, et donner à l'Etat l'exploitation des assurances, des chemins de fer, des canaux et des mines ;

Organiser des institutions de crédit, qui feront pour le petit commerce, la petite industrie et l'agriculture, ce que fait pour des classes plus favorisées la Banque de France. Développer et féconder le principe des associations ouvrières.

Et pour encourager et aider ces diverses institutions, pour rembourser les 45 c^es aux citoyens que cet impôt ne devait pas atteindre, exiger le remboursement des milliards dus a la France ;

Organiser démocratiquement l'armée, c'est-à-dire faire peser également l'impôt du sang sur tous, réduire la durée du service, et mettre l'avancement à l'abri de l'injustice et de l'intrigue.

A l'extérieur nous voulons la France fière et puissante, aimée et honorée de tous les peuples. Nous voulons une politique qui vienne au secours de la Démocratie opprimée au lieu de pactiser avec ses oppresseurs.

Si vous êtes comme nous convaincus qu'en dehors de ces principes appliqués successivement dans les limites de Constitution, il n'y a pour la France qu'un avenir de désastres et de révolutions sans fin, réunissons nos votes sur les citoyens dont les noms suivent :

GUINARD, Représentant du peuple.
ERAMBERT, professeur d'agriculture, à Grignon.
PAUL DE JOUVENSEL.
DUPOTY.
PENOT, cultivateur.
GUÉNÉE, médecin.
ALF. PEIGNÉ ex sous-Préfet de Pontoise.
L. ORANGE.
LEBRETON, vigneron.
MANNEVILLE, ouvrier menuisier.

Leur passé, leurs opinions et leur caractère bien connu nous garantissent qu'ils apporteront, dans l'exercice de leurs fonctions législatives, l'indépendance et la fermeté que nous avons droit d'exiger des mandataires du Peuple.

Vive la République démocratique, une et indivisible !

LES MEMBRES DU COMITÉ :

HENNEQUIN, membre de l'Université, *président* ;
LANNE, médecin, *secrétaire* ;
JOLIBOIS, géomètre, *vice-secrétaire* ;
TIGER, peintre sur porcelaine, *trésorier*.
Membres : POLONCEAU, propriétaire.
BACHELET, tailleur de pierre.
BENIER, charpentier.
Membres : NEGLET, architecte.
LOUIS, maître tailleur.
SAXER, cordonnier.
SAINT-AMAND, tailleur.
AUBRY, maître serrurier.
GAILLARD, cordonnier.
GILBERT, marchand.

Paris. — Typographie FELIX MALTESTE et Ce, rue des Deux-Portes-St-Sauveur, 18.

RÉPUBLIQUE FRANÇAISE.

LIBERTÉ, ÉGALITÉ, FRATERNITÉ.

LE COMITÉ CENTRAL ÉLECTORAL DÉMOCRATIQUE DE VERSAILLES,

AUX ÉLECTEURS DE SEINE-ET-OISE.

CHERS CONCITOYENS,

L'urne du scrutin va s'ouvrir, le Peuple est de nouveau appelé à faire acte de souveraineté.

Notre comité provisoire vous a déjà fait connaître nos principes et nos vœux.

Ce que nous voulions, nous le voulons encore.

Nous voulons la LIBERTÉ ; nous voulons donc l'ordre, puisque l'ordre ne peut être basé que sur la liberté; la République étant fondée, la Constitution inviolable, et par le suffrage universel la loi devenant l'expression de la volonté générale.

Nous voulons l'ÉGALITÉ des droits et des devoirs. Nous voulons, dans toutes les conditions, la plus grande somme de bien-être possible, sans jamais enfreindre les lois de la justice et de la morale. La propriété, résultat du travail, est sacrée, elle doit être facilement accessible à tous afin d'assurer la sécurité de tous.

Nous voulons enfin que la FRATERNITÉ humaine soit aussi réelle et aussi sacrée que celle de la famille.

L'INSTRUCTION doit être, sous la surveillance de l'Etat, gratuite et professionnelle. Il faut aux instituteurs primaires une position qui réponde à la dignité de leurs fonctions, assure leur indépendance et le repos de leurs vieux jours.

Nous ne concevons LE DROIT D'ASSOCIATION ET DE RÉUNION, LA LIBERTÉ D'ÉCRIRE, que débarrassés des exigences du fisc et de l'arbitraire de la police.

Tout citoyen valide A DROIT DE VIVRE PAR LE TRAVAIL ; l'État doit ASSISTANCE aux vieillards et aux infirmes.

Il faut reviser les lois de procédure, qui rendent la JUSTICE trop lente et trop coûteuse : créer la justice administrative ;

Réformer et diminuer les CONTRIBUTIONS INDIRECTES et les OCTROIS, ces impôts qui, frappant les objets de première nécessité, comme le sel, la viande, les boissons, etc..., aggravent surtout les charges des travailleurs des champs et de l'atelier ;

Etablir les CONTRIBUTIONS DIRECTES en proportion réelle, c'est-à-dire équitablement progressive avec les ressources de chacun ;

Reviser la LOI SUR LA CHASSE, reste odieux de la tyrannie féodale ;

Simplifier les rouages de L'ADMINISTRATION; supprimer les sinécures, les priviléges, les monopoles, et donner à l'Etat l'exploitation des assurances, des chemins de fer, des canaux et des mines; réduire les frais énormes de perception des impôts.

Organiser des INSTITUTIONS DE CRÉDIT qui, affranchissant de l'usure le petit commerce, la petite industrie et l'agriculture, feront pour eux ce que fait pour des classes plus favorisées la Banque de France. Développer et féconder le principe des associations ouvrières.

Et pour encourager et aider ces diverses institutions, pour rembourser les 45 centimes aux citoyens que cet impôt ne devait pas atteindre, exiger LE REMBOURSEMENT DES MILLIONS DUS A LA FRANCE à quelque titre que ce soit.

Organiser démocratiquement L'ARMÉE, c'est-à-dire faire peser également l'impôt du sang sur tous, réduire la durée du service, et mettre l'avancement à l'abri de l'injustice et de l'intrigue.

A L'EXTÉRIEUR nous voulons la FRANCE fière et puissante, aimée et honorée de tous les peuples. Nous voulons une politique qui vienne au secours de la Démocratie opprimée au lieu de pactiser avec ses oppresseurs.

Si vous pensez que ces principes d'éternelle justice ne sont autant calomniés que parce qu'ils ne sont pas assez compris;

Si vous vous rappelez que les divers gouvernemens qui les ont violés, ont appelé sur le pays, l'invasion, la ruine et la révolution;

Si vous êtes comme nous convaincus qu'en dehors de ces principes appliqués successivement dans les limites de la Constitution, il n'y a pour la France qu'un avenir de désastres et de guerre civile, réunissons nos votes sur les citoyens dont les noms suivent :

GUINARD, Représentant du Peuple.

ERAMBERT, professeur d'agriculture, à Grignon.

PAUL JOUVENCEL.

AUG. DUPOTY.

E. PENOT, propriétaire cultivateur.

GUÉNÉE, médecin à Lonjumeau.

ALFRED PEIGNÉ, ex-sous-Préfet de Pontoise.

L. ORANGE.

LEBRETON, vigneron, Président de l'Union des Boissons.

MANNEVILLE, ouvrier menuisier.

Leur passé, leurs opinions et leur caractère bien connu nous garantissent qu'ils apporteront, dans l'exercice de leurs fonctions législatives, l'indépendance et la fermeté que nous avons droit d'exiger des mandataires du Peuple.

VIVE LA RÉPUBLIQUE DÉMOCRATIQUE, UNE ET INDIVISIBLE!

Les membres du comité : Hennequin, membre de l'Université, *président*; Lanne, médecin, *secrétaire*; Jolibois, géomètre, *vice-secrétaire ;* Tiger, peintre sur porcelaine, *trésorier*. Membres : Polonceau, propriétaire; Bachelet, tailleur de pierre; Benier, charpentier; Neglet, architecte; Louis, maître tailleur; Saxer, cordonnier; Saint-Amand, tailleur; Aubry, maître serrurier; Gaillard, cordonnier; Gilbert, marchand.

Paris. — Typographie FÉLIX MALTESTE et Cᵉ, rue des Deux-Portes-St-Sauveur, 18.

COMITÉ CENTRAL

ÉLECTORAL RÉPUBLICAIN

de Seine-et-Oise.

RÉPUBLIQUE FRANÇAISE.

LIBERTÉ, ÉGALITÉ, FRATERNITÉ.

Versailles, 28 mars 1848.

APPEL AUX BONS CITOYENS.

CITOYENS,

Le Comité central républicain croyait enfin terminées les puériles aggressions qui lui venaient de l'*Union* monarchique dite ***Républicaine***. Mais ce Comité méditait dans l'ombre de ses sections la division et la guerre. Il a levé le masque, il sème hautement la division pour mieux régner, appelant à son aide la calomnie et les accusations les plus gratuites et les plus injustes. L'***Union républicaine*** en revient aux vieilles menées monarchiques; l'***Union*** a tort.

Pour la première et la dernière fois, voici notre réponse aux diatribes de l'*Union* monarchique dite ***Républicaine***.

Notre Comité (rive droite) ne s'est pas dit central, il a été central par le fait, révolutionnairement : ce sont les acclamations du peuple qui l'ont déclaré tel. C'est à ce titre que le Comité correspond avec les arrondissements, les cantons et les communes du département de Seine-et-Oise. L'***Union*** monarchique dite ***Républicaine*** irait-elle jusqu'à dénier au peuple ses droits les plus imprescriptibles?

L'*Union* monarchique dite ***Républicaine*** semble faire un reproche au Comité central de répondre à la pensée du Gouvernement. En vérité, le reproche est-il sérieux? L'*Union* ignore-t-elle la révolution du **24** février? L'*Union* ignore-t-elle que le Gouvernement est purement, sincèrement républicain? C'est notre honneur à nous de marcher sous la bannière de Lamartine; nous laissons aux contre-révolutionnaires la responsabilité d'un reproche qui se tourne contre eux et accuse leur républicanisme suspect. Le Comité central, d'ailleurs, marche de son propre mouvement; il puise ses inspirations dans les décisions des deux mille citoyens qui lui donnent leur concours. Sa tribune est ouverte à tous, sans distinction, sans exclusion. Le Comité central marche, non pas sous la direction de l'autorité, mais parallèlement avec elle; à l'une comme à l'autre la direction est purement et franchement républicaine.

Le Comité central a pris pour devise :

Adhésion complète au Gouvernement républicain; engagement formel de repousser toute transaction et toute tentative de retour à la royauté; conciliation des intérêts de tous avec les droits sacrés de la famille, de la propriété et du travail.

Selon lui, cette devise rassure contre les réactions. La devise de l'*Union* monarchique dite ***Républicaine*** avec ***ses hommes du lendemain***, donnerait, si elle triomphait, une majorité douteuse, hésitante, qui précipiterait la France dans l'abîme. L'*Union* monarchique dite ***Républicaine*** a trop d'espour ne pas le savoir.

Le Comité central délivre des cartes d'entrée *à qui les demande;* c'est une mesure d'ordre que légitiment les prétentions coupables des ennemis de la République.

Le Comité central fait justice de la perfide insinuation de l'*Union* monarchique dite ***Républicaine***, au sujet du club des Travailleurs. Les ouvriers ont pris ce titre comme pour faire appel à l'ordre et au travail.

Citoyens, quant aux fastueuses affiches et prospectus de l'*Union* monarchique dite ***Républicaine***, quant aux six sections partagées entre soixante membres, ne vous en inquiétez pas; il faut plus que cela pour nuire à la République; il n'y a là d'importance que sur le papier.

C'est donc avec une entière confiance, Citoyens, que le Comité central fait appel aux électeurs de Seine-et-Oise. Leur adhésion le vengera de si petites et si perfides calomnies. Cent fois malheur à notre patrie si pareilles gens pouvaient désunir; répondons-leur par ce cri unanime : Vive la République. !

P. S. Le Comité, aux acclamations unanimes des deux mille citoyens qui assistaient à sa séance, a inscrit sur la liste de ses candidats à la représentation nationale, pour le département de Seine-et-Oise, dans l'ordre suivant :

ARMAND LANDRIN.
CHARLES PLACE.
FÉLICIEN MALLEFILLE,
PAUL DE JOUVENCEL.

Les membres du Comité central républicain.

CLUB DE LA RIVE DROITE.

Président : ~~Bérigny, docteur-médecin~~.

Vice-Président : Tiger, ouvrier peintre sur porcelaine.

Secrétaires : Sicre, sous-économe au Lycée. ~~L'abbé Thomas, aumônier de l'Hospice civil.~~ A. Denis, clerc d'avoué. Baucher, caissier au Lycée.

Membres du Comité : Mion, ouvrier. Gaillard, ouvrier. Heomet, ouvrier vannier. Aug. Godard, architecte. Costeau, entrepreneur de menuiserie. Duhaut. Lacroix, agent-voyer en chef du département. Edouard Dénos, entrepreneur couvreur. Frichet, chef de gare au débarcadère de la rive droite. Faivre, restaurateur. ~~Haeghens, géomètre.~~ Morizot, huissier. ~~Pottier-Housay, greffier~~. Cottin, musicien. Cavrel. Mortelet, employé de bureau. Angibault fils, ouvrier serrurier. Bouté, maçon. Largemain. ~~Lambinet, avocat.~~ Pons, sculpteur, Desambœuf, employé. Monduit, commis. Ach. Morin, ouvrier serrurier. Bertrand, instituteur.

SECTION DU THÉATRE.

Président : ~~Clever Maldigny, chirurgien-major de première classe~~.

Vice-présidents : Dalton, général de division. Godard, ouvrier tourneur. L'abbé Ryckmans, curé de Saint-Cyr. Louis Loth, ouvrier. Wannson, professeur au lycée.

Secrétaires : Billaudel, ingénieur des ponts-et-chaussées, ancien élève de l'Ecole polytechnique. Fontaine, ouvrier. Lefaivre, ancien élève de l'École polytechnique. Postel, marchand papetier.

Trésorier : Millet, peintre.

Bureau : Tircot, serrurier. Solliers, officier principal des subsistances militaires. Tot, ouvrier. Chatard, propriétaire. ~~Portier et Lothiers, ouvriers imprimeurs.~~ Lefaivre, conseiller municipal et professeur à Saint-Cyr. ~~Beau, négociant~~. Masselin, épicier. Dumouchel, directeur de l'Ecole normale. Moreau, restaurateur. Millet, professeur à l'Ecole militaire. Lépinet, capitaine de cavalerie en non activité. Renaud, docteur en médecine.

CLUB DES TRAVAILLEURS.

Président : Duplais, distillateur, rue Nationale, 6.

Vice-président : Clédière, médecin, rue Saint-Pierre, 7.

Secrétaire : Amédée Dupuy, étudiant. — 2e *Secrétaire :* Renoult, ouvrier menuisier, rue des Bourdonnais, 31.

Adjoints aux Secrétaires : Lemarié fils, couvreur, rue Saint-Honoré. Sert, peintre, rue Nationale, 70.

Trésorier : Bégé, marchand de vin, rue de la Chancellerie, 16.

Adjoint au Trésorier : Mulotin, commis-marchand, rue Satory.

Délégués au Comité central : Millet, professeur d'histoire, rue Saint-Médéric, 8. Bayet, avocat, rue Duplessis. Brodin, ouvrier serrurier, rue du Marché-Neuf. Moyat, commis d'entrepreneur.

Scrutateurs : Garnier (Emile), couvreur, rue Nationale, 87. Marchand, serrurier, rue du Vieux-Versailles. Marie, ouvrier ébéniste. Bréchange, ouvrier menuisier.

Commissaires : Louviot, ouvrier cordonnier, rue du Marché-Neuf, 1. Déchaine, ouvrier couvreur, rue Sainte-Famille. Moël, marchand de vin, rue d'Anjou, 43. Cambronne, coiffeur, rue Nationale. Désert, ouvrier. Riobé, ouvrier peintre. Dax, maître menuisier, rue Nationale. Désert, ouvrier maçon.

CLUB DE MONTREIUL.

Président : L'abbé Legonidec.

Vice-Présidents : Rémont. Mulot.

Secrétaires : L'abbé Mauguin. Eugène Crété. Leture. *Trésorier :* Haume.

Versailles. — Imprimerie de BEAU jeune, rue Satory, 28.

AUX CULTIVATEURS

ET TRAVAILLEURS AGRICOLES

Du Département de Seine-et-Oise.

Citoyens,

Une réunion générale des cultivateurs et travailleurs agricoles du département de Seine-et-Oise doit avoir lieu le 9 avril courant, à neuf heures précises du matin, salle d'Antin, rue de Provence, 63, et cité d'Antin, 29, pour recevoir la communication de la liste des candidats proposés par l'agriculture pour la prochaine Assemblée nationale, conformément à la décision de la réunion qui a eu lieu, le 26 mars dernier, dans le même local.

Paris. Imprimerie de Paul DUPONT, rue de Grenelle-Saint-Honoré, 55.

REPUBLIQUE FRANCAISE.

LIBERTÉ EGALITÉ, FRATERNITÉ.

AVIS AUX ÉLECTEURS.

SOCIÉTÉ ÉLECTORALE

DU COMITÉ CENTRAL RÉPUBLICAIN

SECTION DU THEATRE.

La Société électorale du Comité central Républicain, étant devenue trop nombreuse pour que tous les Electeurs qui en font partie, puissent se réunir dans un même local, il devient indispensable de la diviser en sections : la première continuera à siéger au Débarcadère de la Rive Droite : la seconde se réunira dans la salle du Théâtre. Les deux sections marcheront d'accord sous le même drapeau, vers le même but : VÉRITÉ, SINCÉRITÉ, UNITÉ dans les Elections.

Les séances se tiendront les Mardis et Vendredis, à huit heures du soir.

Le Bureau est provisoirement composé des Citoyens dont les noms suivent :

PRÉSIDENT : *Clèves Maldigny*, chirurgien major de première classe.

VICE-PRÉSIDENTS :
Dalton, général de division.
L'abbé Ryckmans.
Séguy, chef de bataillon de la garde nationale.
Vaumson, professeur au lycée.

SECRÉTAIRES :
Billaudel, ingénieur des ponts-et-chaussées.
Lefaivre, ancien élève de l'école polytechnique.
Valet, adjoint au maire.
Biston, avocat.

TRESORIER : *Millet*, peintre.

BUREAU.

Godard, ouvrier tourneur. *Tircot*, serrurier. *Tot*, ouvrier. *Portier et Lethiers*, ouvriers imprimeurs. *Sollers*, officier principal des subsistances militaires. *Belin*, conseiller municipal. *Chatard*, propriétaire. *Lefaivre*, conseiller municipal. *Beau*, négociant. *Masselin*, épicier. *Moreau*, restaurateur. *Dumouchel*, directeur de l'Ecole Normale. *Millet*, professeur à l'école militaire. *Lépinet*, capitaine de cavalerie en non activité. *Renaud*, médecin.

NOTA. *Bien que la section du Théâtre délivre des cartes au bureau d'entrée, toutes les cartes des autres comités seront admises. La salle sera ouverte au Public à 7 heures 1/2 du soir.*

Versailles, — Imp. de BEAU jeune, succ. de DESPART, rue Satory, 28.

REPUBLIQUE FRANÇAISE.

LIBERTÉ, EGALITÉ, FRATERNITÉ.

COMITÉ CENTRAL RÉPUBLICAIN

DE SEINE-ET-OISE (RIVE DROITE).

APPEL AUX ÉLECTEURS

Adhésion sincère et complète au Gouvernement républicain, engagement formel de repousser toute transaction et toute tentative de retour à la royauté.

République pure, sainte et grande, conciliant les intérêts de tous, avec les droits sacrés de la famille, de la propriété et du travail.

Lundi prochain, 27 Mars, à 7 1/2 du soir, salle du Débarcadère de la rive droite, Assemblée générale des sections réunies du Comité central Républicain, pour entendre la profession de foi de plusieurs Candidats à la Représentation nationale pour le département de Seine-et-Oise.

Ont déjà été inscrits sur la liste du Comité central, aux acclamations unanimes de l'Assemblée, les noms des citoyens LANDRIN, PLACE et MALLEFILLE.

PRÉSIDENT : *Bénigny*, docteur-médecin. — VICE-PRÉSIDENT : *Tiger*, ouvrier peintre sur porcelaine. — SECRETAIRES : *Sicre*, sous-économe au Lycée. *Thomas*, abbé. *A. Denis*, clerc d'avoué. — MEMBRES DU COMITÉ : *Mion*, ouvrier. *Gaillard*, ouvrier. *Heomet*, ouvrier vannier. *Aug. Godard*, architecte. *Baucher*, trésorier au Lycée. *Costeau*, entrepreneur de menuiserie. *Duhaut. Lacroix*, agent-voyer en chef du département.

Edourd Dénos, entrepreneur couvreur. *Frichet*, chef de gare au débarcadère de la rive droite. *Faivre*, restaurateur. *Haeghens*, géomètre. *Morisot*, huissier. *Houzet*, greffier. *Cottin*, musicien. *Cavrel. Mortelet*, employé de bureau. *Angibault, fils*, ouvrier serrurier. *Bouté*, maçon. *Largemain. Lambinet*, avocat. *Pons*, sculpteur. *Desambœuf*, employé. *Monduit*, commis. *Ach. Morin*, ouvrier serrurier.

Versailles. — Imprimerie de Beau jeune, successeur de Dauport, rue Satory, 28.

REPUBLIQUE FRANÇAISE.

LIBERTÉ, ÉGALITÉ, FRATERNITÉ.

BUREAU CENTRAL-DIRECTEUR

DES COMITÉS ÉLECTORAUX RÉPUBLICAINS

DE VERSAILLES.

CITOYENS ÉLECTEURS,

Les Comités électoraux républicains de Versailles vous préviennent que le Lundi 17 courant, il y a une réunion de tous les Electeurs du département, à midi, à la Rive droite, salle du Comité de la Droite. Cette réunion a pour objet de s'entendre sur la formation d'une liste définitive des Candidats à la représentation nationale.

Vous êtes également avertis que le soir du même jour 17, le *Comité de la Droite*, dans sa séance, entendra les Citoyens *Pagnerre*, secrétaire-général du Gouvernement provisoire, et *Pierre Leroux*, secrétaire des Citoyens *Louis Blanc* et *Albert*, et de la Commission des récompenses nationales.

Le Président de Jour.

LEPOITTEVIN.

Le Secrétaire central : CURTET

Versailles. — Imprimerie de BEAU jeune, rue Satory, 28.

REPUBLIQUE FRANÇAISE.

LIBERTE, EGALITE, FRATERNITE.

BUREAU CENTRAL-DIRECTEUR

DES CINQ COMITÉS RÉPUBLICAINS-UNIS

DE VERSAILLES.

CITOYENS ÉLECTEURS,

Samedi soir, 22 avril 1848, depuis 8 heures jusqu'à 11, tous les Comités, chacun dans son local ordinaire, s'assembleront et se tiendront en permanence pour :

1° Vous donner connaissance de la liste définitive qu'ils ont adoptée;

2° Vous donner des renseignements sur les diverses candidatures qu'ils recommandent à vos suffrages;

3° Vous faire quelques communications importantes;

4° Enfin vous remettre à chacun une LISTE qui, si vous l'agréez, pourra vous servir de bulletin à déposer dans l'urne électorale.

LES PRESIDENTS			
BERIGNY.	Du Comité de la Rive droite.	DUPLAIS.	Du Comité des Travailleurs.
LEPOITTEVIN.	*Idem* de la Rive gauche.	LEGONIDEC.	*Idem* de Montreuil.
MALDIGNY.	*Idem* siégeant au théâtre.		

Le Secrétaire-général, CURTET.

Versailles, — Imprimerie de BEAU jeune, rue Satory, 28.

REPUBLIQUE FRANÇAISE

LIBERTÉ, ÉGALITÉ, FRATERNITÉ !

COMITÉ ÉLECTORAL
DE MONTMORENCY

Un Comité Électoral a été formé à Montmorency, dans une Assemblée des Électeurs, le 12 Mars 1848.

IL EST COMPOSÉ COMME IL SUIT :

1. MM. **PAILLARD**, propriétaire ;
2. **LESAGE** (Auguste) marchand de nouveautés ;
3. **GUY**, maçon ;
4. **NOURRY**, père, entrepreneur ;
5. **LAURENT** (Sébastien), ancien huissier ;
4. **DENIS**, ancien limonadier ;
7. **LEFORT**, tuilier ;
8. **BOISVERT**, peintre en bâtiments ;
9. **FRITEL**, marchand de nouveautés ;
10. **CANIVET**, maître de pension ;
11. Camille **ROUSSEL**, clerc de notaire ;
12. **COURVILLY**, peintre en bâtiments ;
13. MM. **PLAYVE**, maçon ;
14. **FILLERIN** (Joseph), cultivateur ;
15. **BONNETTE**, charron ;
16. **VACHER** (Théophile), entrepreneur ;
17. **NOURRY** (Etienne), tailleur de pierres ;
18. Adolphe **NIZARD**, ouvrier menuisier ;
19. **BILLANT** (Étienne), cultivateur ;
20. **BOURGEOIS** fils, gendre Tillier, cultivateur ;
21. **LAINÉ**, marchand de cuirs ;
22. **LANGLOR**, fumiste ;
23. Modeste Ubel **MANN**.

COMPOSITION DU BUREAU :

MM. **PAILLARD**, Président ;
LAURENT, Vice-Président ;
CANIVET, Secrétaire ;

MM. **NOURRY**, père,
GUY,
LESAGE,
FRITEL,
} Membres.

PROGRAMME DU COMITÉ :

Adhésion loyale et complète au Gouvernement Républicain, maintien de l'Ordre et de la Liberté, Respect des Personnes et des Propriétés.

VIVE LA RÉPUBLIQUE.

Typographie de Bénard et Comp., passage du Caire, 2.

COMITÉ ÉLECTORAL
DES OUVRIERS
DE MONTMORENCY.

GUY (Louis), *Président*	MONTHUIT,	Membres du Bureau
VILAIN (Jean), *Vice-Président;*	RIVIÈRE,	
	BARBET (Gabriel),	
	CHALOT (Roger),	
GUY (Jean-Félix), *Secrétaire.*	NOURY (Louis),	

Paris, imprimerie de PAUL DUPONT, rue de Grenelle-St-Honoré, 55.

ÉLECTIONS DU DÉPARTEMENT DE SEINE-ET-OISE.

RÉPUBLIQUE FRANÇAISE.

Liberté, Egalité, Fraternité.

EXPOSÉ

DE PRINCIPES

ADRESSÉ

PAR M. BARBET FILS

A SES CONCITOYENS ÉLECTEURS

Du département de Seine-et-Oise,

En leur demandant leurs suffrages pour les représenter à l'Assemblée nationale.

CITOYENS !

J'ai toujours pensé que le seul gouvernement possible chez un peuple éclairé, était celui qui ne permettait pas de substituer des intérêts de famille aux intérêts généraux.

Cette opinion m'a empêché de prendre aucune part aux affaires publiques, lorsque la France était régie par un gouvernement monarchique.

Mes sentiments républicains sont connus depuis 1830. J'ai attendu dix-huit années la réalisation de mes vœux sans varier dans mes convictions.

Pendant quinze ans j'ai vécu dans votre département à Jouy, au milieu des ouvriers. Je connais leurs besoins.

Je serais fier de pouvoir me consacrer maintenant aux affaires de mon pays, et de fournir ma part d'intelligence et de dévouement, pour établir, avec la République, une constitution qui règle d'une manière équitable, les intérêts de toutes les classes de la société.

Votre Concitoyen,

JUSTE BARBET, fils.

Versailles, imprimerie de BEAU jeune, succ. de Despart, rue Satory, 28.

RÉPUBLIQUE FRANÇAISE.

Elections Nationales.

AUX CITOYENS

DU DÉPARTEMENT DE

SEINE-ET-OISE.

PROFESSION DE FOI DU CITOYEN BRESSY

Ancien Médecin à Lardy, arrondissement d'Étampes.

CITOYENS,

J'ai habité longtemps parmi vous, nous nous connaissons, je n'ai pas besoin de vous faire une longue profession de foi, nous sommes de vieux amis.

J'ai du patriotisme, vous n'en doutez pas; j'ai des capacités, je vous en ai donné des preuves; j'ai du dévouement, vous l'avez apprécié; je connais la position des travailleurs.

Fort de ma conscience, de mes capacités et de mes antécédents, je viens me présenter à vos suffrages pour vous représenter à l'Assemblée nationale. Si vous m'accordez cet honneur, j'ose dire que la France accueillera ma nomination : ne suis-je pas un de ces énergiques républicains qui ont été traduits devant la Cour des Pairs, en 1834, comme chefs de l'insurrection lyonnaise.

Je n'ai qu'un but en briguant l'honneur d'être le mandataire du peuple : l'équilibration de la puissance agricole avec la puissance industrielle, pour assurer le bien-être du travailleur agriculteur et du travailleur industriel. Mon père, patriote de 89, a terminé sa longue carrière dans sa patrie d'adoption, votre pays et le mien; vous connaissez la pureté de sa vie républicaine, de son patriotisme, qui n'a dévié devant aucune considération. Républicain de naissance, j'ai toujours combattu pour le triomphe de notre sainte cause, j'ai été en butte aux persécutions du pouvoir que nous avons renversé; au jour de la victoire, je viens encore offrir mes services à la patrie.

Enfant du département de Seine-et-Oise, je brigue l'honneur de le représenter à l'Assemblée nationale; c'est avec confiance que je sollicite vos suffrages.

BRESSY, d'Arpajon,

Médecin.

Imprimerie BAILLY, DIVRY et Ce, place Sorbonne, 2.

ÉLECTIONS NATIONALES

De SEINE-et-OISE.

CITOYENS OUVRIERS,

Pour que l'Assemblée nationale qui est appelée à nous donner une Constitution soit l'expression vraie de toute la Nation, il ne suffit pas que tous les Citoyens aillent déposer leur vote, il faut que chaque classe de la Société y soit représentée. Le Gouvernement provisoire a si bien compris cette verité républicaine qu'il n'aurait pu se constituer sans ouvrier.

Jusqu'à l'âge de 20 ans, le but unique de mes études fut d'entrer à l'Ecole Polytechnique ; c'est vous dire que dès mon enfance j'ai été imbu de cet amour de la Patrie qui anima en 1830 et 1848 les braves Élèves de cette école dont vous avez tous admiré la conduite.

Pendant dix ans chef d'ouvriers, depuis dix ans ouvrier moi-même, je connais vos besoins. C'est donc parce que je les connais et que je me sens le courage de les défendre que j'ose me présenter à vos suffrages pour aller à l'Assemblée nationale représenter la classe ouvrière, cette classe patiente et laborieuse, qui chaque jour est forcée de travailler pour vivre, cette classe qui fait vivre le riche, mais dont le riche doit payer le labeur, cette classe enfin qui veut gagner son pain et non pas le mendier.

Dans les cantons de Gonesse, Luzarches et Ecouen, je suis connu de beaucoup d'entre vous, que ceux qui ne me connaissent pas s'adressent à ceux qui ont eu des relations avec moi, et partout il leur sera dit que toujours je fus le frère des Ouvriers.

Gonesse, le 19 Mars 1848.

SALUT ET FRATERNITÉ.

TH. CHALUMEAU.

Aux Électeurs

DU DÉPARTEMENT DE SEINE-ET-OISE.

CITOYENS,

Le triomphe complet du principe démocratique est assuré, et le drapeau républicain flotte sur la France! Prenez garde pourtant, le danger n'a pas cessé : hier, le courage de la lutte, de l'audace, de la légitime colère; mais demain il faut avoir le courage, plus difficile, de l'accomplissement de tous les devoirs du citoyen, le courage du sacrifice; hier, nous avons remporté la grande victoire; demain, il faut vouloir et savoir l'organiser. La question politique est là! La République française est morte, si vous n'y songez.

Je viens vous offrir mon concours; et si vous me croyez digne d'être l'interprète de votre patriotisme, dans ce grand œuvre de la Constitution, je vous demanderai votre suffrage.

Je veux vous épargner l'ennui d'une exposition de principes : l'expérience ne nous a que trop appris ce que valent ces longues et catégoriques professions de foi; au moindre choc dans le cours du voyage, on en jette le bagage à la mer, et l'on marche à la dérive. Je vous parlerai peu de ma personne : on est aussi trop généralement disposé à se croire doué de toutes les vertus, et spécialement de celles qui font les grands citoyens.

Trop jeune pour avoir un passé politique, je viens vous rendre compte de ce que je suis et de ce que je ne cesserai jamais d'être. J'ai plus à vous dire de ma famille que de moi-même, parce que les traditions de famille sont de bons gages : il est de ces traditions, précieux patrimoine, auxquelles on ne manque jamais sans blesser l'honneur.

Mon grand-père maternel est un ancien général républicain; mêlé à toutes les guerres de son temps, courageux soldat, couvert de blessures, il a su faire le sacrifice de sa gloire militaire à *la Liberté*, son idole, en refusant de voter pour l'Empire. Mis à la retraite, Anglebert devint commandant de la place de La Fère, et se retrouva près de Napoléon sur les champs de bataille de Champ-Aubert et de Montmirail, dernière et douloureuse lutte de l'Empire à l'agonie.

De récentes et touchantes manifestations, que j'étais invité à présider dans plusieurs communes de Seine-et-Oise, me font souvenir qu'Anglebert commandait les gardes nationales du département de l'Aisne, à la fédération de 1790.

Mon grand-père paternel acquit dans la culture une aisance honorable. Républicain libre et sincère, il avait compris, mieux que beaucoup d'autres, les règles de justice, de désintéressement et d'égalité qui font le noble apanage du véritable républicanisme. C'est ainsi que les biens du clergé étant en vente, il sacrifia son repos, employa sa fortune et son autorité de *chef de district* à repousser la puissance du capital et à déjouer les spéculateurs avides : il fit que les monuments religieux furent sauvegardés, et la vente des biens confisqués, répartie entre chacun et selon la position de chacun. Depuis ce temps, jamais ce pays n'a connu la misère.

Mon père, sage administrateur, n'a jamais voulu remplir que des fonctions gratuites. Homme bon et généreux, sa vie se dépensait au profit des hospices qu'il administrait, des municipalités dont il était le conseiller ordinaire, des services publics dont il savait toujours prendre l'initiative. Citoyen indépendant, il rêvait la République, qu'il n'espérait, qu'il ne devait plus revoir, et fécondait l'avenir, dans la mesure de ses forces, par son ardent patriotisme. C'est ainsi qu'il assurait la candidature du général Foy, dont il était l'ami; celle de M. de Sade, ce libéral austère, qu'on a proclamé *le plus honnête homme de la Chambre*; ami précieux, qui l'a suivi de près dans la tombe.

Tels sont, citoyens, les idées qui ont présidé aux enseignements de ma jeunesse : la foi républicaine a éclairé mon âme, comme le soleil a éclairé mes yeux.

Le jour de la révolution, je me suis reconnu dépositaire des principes traditionnels de ma famille; j'ai juré de faire *et j'ai fait* mes efforts pour ne pas les laisser s'éteindre en moi.

Avocat à la cour d'appel de Paris, j'ai jusqu'ici passé ma vie dans l'étude et la méditation des lois du pays. Révolté de l'esprit d'intrigue, dont la société était rongée, indigné de la merveilleuse aptitude des hommes pour tout ce qui est vénal, dédaigneux des folles et dangereuses utopies, la solitude a été mon partage; mais dans cette solitude, toujours féconde, je n'ai pas cessé un seul jour de me consacrer tout entier à l'étude des moyens propres à assurer le bien-être *moral* et *matériel* de tous par l'ordre, la liberté, et par l'égalité.

J'exposerai et je soutiendrai dans vos Assemblées préparatoires mes théories gouvernementales, et je me ferai un devoir d'obéir aux appels qui pourront m'être adressés par les comités électoraux du chef-lieu, par ceux des arrondissements et ceux des cantons du département : la franchise aime le grand jour, et veut qu'on s'entende.

Aujourd'hui, sachez surtout que je veux le respect de la propriété, que je veux l'ordre, que je veux la liberté, que je veux l'égalité; je saurai mourir pour défendre ces principes, s'ils sont jamais mis en péril.

La forme républicaine démocratique est un fait accompli, qu'il n'est plus permis à personne de discuter; l'Assemblée nationale, que vous attendez, a pour mission de vous donner une Constitution qui ait assez de puissance pour rendre la République française, *éternelle.*

Je condamne *toute recommandation personnelle et par listes*, surtout quand l'influence est *officielle*. Je regarde ces menées, que je blâme de toute mon énergie, comme des moyens illégaux, abusifs et corrupteurs, assez semblables aux fraudes électorales du régime déchu, et propres à fausser les élections.

Je veux l'expression libre de l'opinion de chacun, et je refuse le titre de républicain sincère à ceux qui ne penseraient et n'agiraient pas comme je le fais. S'il en était autrement, le lendemain des élections on viendrait vous dire : *Nous désavouons votre Assemblée, dite Nationale, parce qu'elle est l'œuvre d'une habile et révoltante manœuvre*; et plus tard : *Nous repoussons votre Constitution, dite Républicaine, parce qu'elle est l'œuvre d'une minorité viciée.* — Vous ne le voudrez pas!

Quant aux listes *conventionnelles* arrêtées par les comités électoraux entre eux, elles offrent, selon moi, ce danger, qu'elles accusent d'impuissance le *suffrage universel*, que pourtant une organisation mieux entendue de la loi électorale rendrait possible et fructueux. Le procédé par colléges de délégués de circonscriptions ne donnera pas autre chose, sachez-le, qu'*une élection au troisième ou au quatrième degré*. Le *suffrage universel* doit être une communion populaire! et cette communion perdra la sainteté de son caractère, sa force efficace, sa raison d'être, toutes les fois qu'elle devra se faire ainsi par *procuration*. Il semble, en effet, que le vœu du peuple devient moins pur et moins limpide à mesure qu'il s'éloigne de la source.

Si j'exerçais une fonction salariée, j'examinerais scrupuleusement, avant de me présenter à vous, dans quelle situation je serais le plus à même de servir la République, et j'opterais définitivement avant le suffrage. Je pense, à cette occasion, que le premier devoir de l'Assemblée nationale étant de demander aux membres provisoires du Gouvernement le compte de leurs actes, il paraîtrait étrange de voir un citoyen, demeurant leur créature, prétendre à l'honneur d'être placé parmi ceux-là mêmes que vous appelez à leur distribuer l'éloge ou le blâme. Je vais plus loin, et je pense que ces hommes honorables et dévoués qui n'ont, je le crois, rien à redouter de l'épreuve, devraient eux-mêmes s'abstenir de toute candidature, avant d'avoir été jugés.

A cela on continue de répondre dans les comités électoraux : « *Mais une loi d'incompatibilité sera rendue! mais nous serons les premiers à obéir aux dispositions de cette loi, en déposant, s'il le faut, nos fonctions, pour tenir notre mandat dont nous serons si fiers!* » La question n'est pas celle-là; et, quand bien même, ce serait toujours celle de savoir si nous devons attendre une loi d'incompatibilité, d'une majorité de fonctionnaires!

Je n'attendrai pas non plus vos interpellations pour vous répondre : si, étant nommé, j'accepterais du Gouvernement une *fonction salariée*, en supposant que je fusse assez heureux pour qu'on m'en jugeât digne. Fidèle à mes pieux souvenirs, que je sois nommé ou que je ne le sois pas, *je déclare que le plus grand bien est, à mes yeux, l'indépendance, et je prends l'engagement formel de ne jamais accepter d'emploi de cette nature.* Habitué aux privations, je sais trouver dans un travail libre, les moyens de satisfaire amplement aux exigences d'une vie simple et modeste.

Paris, le 28 Mars 1848.

JOSEPH CLÉMENT-SOSTHÈNES,

Avocat à la Cour d'Appel de Paris, rue Guénégaud, n° 19.

Imprimerie de BACHELIER, rue du Jardinet, n° 12.

ÉLECTEURS *DU DÉPARTEMENT DE SEINE-ET-OISE,*

Jamais la France ne s'est trouvée dans des circonstances aussi graves, aussi solennelles.

Il s'agit de ses libertés, de son repos, de son avenir.

En de telles circonstances, il n'y a plus de partis, il ne peut plus y en avoir.

Qu'ont-ils fait depuis cinquante ans?

Que sont devenus les pouvoirs que, tour à tour, ils ont élevés? — Tous ont été renversés.

Au milieu de toutes ces destructions, une seule chose survit et domine, c'est la Patrie, c'est la France!

Un seul Gouvernement est maintenant possible, c'est celui du peuple; le Gouvernement de la Nation par la Nation, des citoyens par les citoyens, en un mot une République qui comprenne, confonde en un seul faisceau tous les intérêts, tous les besoins de la grande famille française :

ORDRE, LIBERTÉ, PROPRIÉTÉ, TRAVAIL.

Rallions-nous donc par un effort unanime, arrachons notre patrie aux maux que causerait l'anarchie.

Une mission auguste et solennelle va être donnée à l'assemblée nationale que vous êtes appelés à élire.

Jamais mission plus imposante n'aura été donnée à des hommes.

Aussi je vous dirai : Au nom de la patrie, choisissez les plus honnêtes, les plus éclairés, les plus dignes.

Quant à moi, si je m'offre à vous, c'est qu'en des temps calmes je suis venu solliciter des suffrages dont plusieurs d'entre vous m'ont honoré, et qu'il est, je crois, du devoir d'un homme de cœur de se mettre à votre disposition aux jours difficiles.

NAPOLÉON COLBERT.

Gambais, canton de Houdan, arrondissement de Mantes, 14 mars 1848.

Mantes. — Imprimerie de A. REFAY, Imprimeur de la Sous-Préfecture, de la Mairie, du Tribunal Civil et du *Journal Judiciaire* de l'arrondissement.

AUX ÉLECTEURS

Du Département de Seine-et-Oise.

CITOYENS,

Une immense transformation s'accomplit au milieu de toutes les nations de l'Europe. La vieille société s'écroule : la royauté disparaît; le pouvoir se déplace : l'esprit de Dieu agite les peuples; ils les élève à l'indépendance, à la souveraineté et ouvre, devant eux, une ère nouvelle.

La France, fidèle à sa mission, a pris l'initiative dans ce travail régénérateur, et elle entraîne le monde à sa suite.

La LIBERTÉ, l'ÉGALITÉ, la FRATERNITÉ ne sont plus, parmi nous, des noms mystérieux, qui n'avaient d'écho que dans le sanctuaire. Inscrits maintenant sur notre glorieux drapeau, ils retentissent dans nos assemblées populaires, sur nos places publiques, dans nos rues; bientôt ils présideront à nos institutions, et conduiront à la magnifique réalisation de la parole de Jésus-Christ, qui a dit : *Il n'y aura point de domination parmi vous, mais que celui qui voudra être le plus grand parmi vous, se dévoue pour l'utilité commune.*

Au milieu de l'agitation des esprits, lorsqu'une force invincible nous entraîne et nous sépare du passé, le Gouvernement provisoire fait un appel à la nation et l'invite à envoyer des mendataires qui constituent définitivement l'ordre nouveau; cet ordre ne peut être que la RÉPUBLIQUE, c'est-à-dire le gouvernement de tous, dans l'intérêt de tous.

Nous y adhérons de toute la force de notre foi et de nos convictions religieuses; parce que nous la regardons comme l'œuvre providentielle, réservée à notre époque, à laquelle chacun doit concourir selon la mesure de son dévoûment au bien social.

Si nos bien-aimés Paroissiens, si nos concitoyens et nos amis nous confient leur mandat, nous demanderons :

Liberté pleine et entière pour tous les cultes.

Liberté d'instruction, sans monopole aucun.

Liberté d'association politique ou religieuse.

Liberté illimitée de la presse.

Une répartition de l'impôt, qui ne le fasse plus peser sur les objets de consommation nécessaires aux pauvres.

Encouragements puissants, efficaces pour l'ouvrier honnête, laborieux, qui ne peut souvent, par son travail, fournir aux besoins d'une nombreuse famille.

Consécration du droit de propriété.

Ordre et justice.

Je suis, Citoyens, votre tout dévoué,

DRIOU,

Curé de Poissy (Seine-et-Oise).

Poissy, 25 mars 1848.

POISSY. — Imprimerie de G. Olivier.

République Française,

LIBERTE, EGALITE, FRATERNITE.

AUX ÉLECTEURS DE SEINE-ET-OISE.

Citoyens, je me suis présenté au comité central de la rive gauche de Versailles lundi dernier 17 courant, pour exprimer mes sentiments à l'honorable assemblée. J'ai fait ma profession de foi pour faire preuve d'un bon citoyen. Je n'avais pas l'intention d'être choisi pour faire partie du nombre de vos représentants à l'Assemblée nationale. Mes sentiments ont toujours été l'amour du travail et du bon ordre J'ai été approuvé de mes sentiments sincères par toute l'assemblée; elle m'a prié de faire imprimer ma profession de foi et de la soumettre à vos yeux pour en juger suivant votre cœur, j'ai répondu à l'honorable assemblée qu'il ne fallait pas y penser et même que les élections étaient trop avancées et qu'une partie des scrutins serait faite avant que je ne puisse vous soumettre ma profession de foi.

L'assemblée m'a observé qu'il s'était présenté beaucoup d'avocats et des hommes d'étude, mais qu'il ne s'était pas présenté des commerçants ni même des entrepreneurs et très-peu d'agriculteurs, quoiqu'ils doivent être d'une grande utilité pour défendre nos droits et sont plus à même d'organiser l'agriculture, le travail et le commerce et connaître la misère des ouvriers.

L'assemblée m'a observé qu'elle préfèrerait des citoyens sincères à de grands orateurs, qu'il était utile cependant d'avoir des hommes d'une grande instruction pour gouverner la France, qu'il fallait également qu'il y ait des ouvriers et qu'il y eût des représentants choisis dans toutes les classes.

L'honorable assemblée m'a promis de voter pour moi . ceux qui me connaissent m'ont promis d'engager également leurs amis afin de leur aider à me faire des suffrages

Citoyens, je suis Français! je suis républicain consciencieux, honnête et loyal. J'aime la république telle que le Gouvernement provisoire la proclamée, pareille à notre belle religion. *Liberté, égalité et fraternité.* Liberté des droits avec des lois humaines sans aucun abus; l'indépendance du clergé; l'instruction complète et gratuite pour tous les citoyens; égalité des titres sans aucune distinction que celle reconnue par la vertu. J'approuve l'abolition de la peine de mort en matière politique, l'amélioration des classes laborieuses, et je demande qu'une protection active et féconde soit accordée à l'agriculture et au commerce et qu'un développement digne de la France soit donné à notre marine et nous mette à même de soutenir et de défendre les principes nationaux et la liberté des mers.

DUBOIS,

Commerçant et Entrepreneur à Versailles,
rue de la Paroisse, n° 46.

Versailles.— Imprimerie de Beau jeune, successeur de Despart, rue Satory, 28.

AUX CITOYENS ÉLECTEURS
DE SEINE-ET-OISE.

CONCITOYENS,

Vous êtes appelés, pour la première fois, à choisir douze Représentans à l'Assemblée constituante; de nombreux amis m'ont offert leurs suffrages et m'ont pressé de solliciter les vôtres; si vous m'accordez cet honneur, j'y répondrai par mon dévoûment à vos intérêts.

Mes titres à votre confiance ne sont pas nombreux: relégué longtemps dans la classe des travailleurs privés de leurs droits de citoyen, j'ai seulement fait signer les pétitions pour la Réforme électorale en 1840, 41 et 42.

J'ai toujours désiré la République; mais la République démocratique avec cette devise : *Tout pour le Peuple et par le Peuple.*

Si vous me nommez votre représentant à l'Assemblée constituante, je demanderai :

1° L'inscription en tête de la Constitution de ce principe : que la société doit garantir à chacun l'*existence* et le *bien-être* par le *travail*, en prenant tous les moyens de *supprimer la misère.*

2° L'éducation gratuite et égale pour tous;

3° La *suppression de tout impôt* sur les objets de première nécessité, tels que l'impôt du sel, l'impôt personnel, l'impôt des portes et fenêtres, l'octroi, l'impôt sur les boissons, et celui des patentes pour la petite industrie;

4° La réduction des gros traitemens, et l'élévation des trop petits traitemens dans les fonctions les plus utiles;

5° L'élection et la responsabilité de tous les fonctionnaires publics;

6° La liberté de la presse, sans aucune espèce d'entraves;

7° La liberté individuelle et l'inviolabilité du domicile;

8° Et enfin toutes les réformes et toutes les améliorations possibles et progressives.

Cultivateur, vigneron, habitué depuis mon enfance à tous les travaux des champs, je puis solliciter utilement toutes les améliorations dans l'intérêt de l'agriculture, et toutes réformes nécessaires pour améliorer le sort des travailleurs des campagnes, dont je ne cesserai d'être le plus constant et le plus énergique défenseur.

Salut fraternel,

DURAND,
Cultivateur à Hédouville, près l'Isle-Adam, (Seine-et-Oise).

Paris — Typographie et lithographie FELIX MALTESTE et Cie, rue des Deux-Portes-St-Sauveur, 18.

AUX
ÉLECTEURS
Du Département
DE SEINE-ET-OISE.

CITOYENS,

Je viens offrir mon dévouement tout entier aux Citoyens du département. Né à Paris d'une famille honnête de travailleurs, j'habite depuis huit ans une petite propriété dans votre département, située dans la vallée d'Orsay, où je compte finir mes jours, en famille, après avoir, je l'espère, loyalement servi mon pays, comme citoyen et comme artiste grand travailleur. J'étais à l'Hôtel-de-Ville, auprès de M. Garnier-Pagès aux jours difficiles de notre Révolution de Février 1848, comme aussi je combattais en 1830 pour la cause de la liberté. J'ai fait mon devoir dans ces solennelles occasions, comme toujours : je vous livre donc ma vie toute entière. Je me sens digne de vous représenter à l'Assemblée nationale. Je ne brigue pas vos suffrages, je vous demande l'occasion de servir mon pays une fois de plus en vous représentant. Voici ma circulaire :

Travailleur par le corps et par la pensée, je viens vous offrir mon nom à mettre dans l'urne, pour être l'un de vos représentants à l'Assemblée nationale.

Homme nouveau, je viens vous dire pourquoi je me décide à quitter mon atelier, que j'aime et que je n'ai abandonné qu'aux grands jours du danger pour la Patrie, aux grandes époques de 1830 et de 1848.

Libre de tout engagement, je suis dévoué par le cœur aux hommes courageux qui se sont mis à la tête du pays, le 24 février, pour fonder la République.

Pour moi, je soutiendrai, à l'Assemblée nationale, le grand principe de l'égalité complète entre tous les Citoyens, avec le développement des facultés de chacun d'eux. C'est vous dire que je veux la République grande et forte avec Dupont (de l'Eure), Garnier-Pagès, Lamartine, Carnot, Arago, Armand Marrast, Albert, Louis Blanc, Marie, Crémieux, Ledru-Rollin, Flocon, Buchez, Pagnerre, Recurt, mes amis.

ETEX,

A Orsay, (*Seine-et-Oise*).

MEULAN. — Imprimerie de MOULINARD.

1848

ALLOCUTION AUX ÉLECTEURS DU CANTON DE MEULAN,

Prononcée par le citoyen ARISTIDE FRANÇOIS, le 28 mars 1848.

CITOYENS,

Au moment où vous allez discuter le choix des candidatures à la Représentation nationale et d'en poser les titres divers, permettez à celui qui d'abord ne songeait point à se mettre sur les rangs, mais seulement à donner des conseils utiles, et que la bienveillance de ses concitoyens a seule engagé à se présenter à vos suffrages, d'apporter quelques développements à la profession de foi qu'il a répandue, et que vous connaissez sans doute presque tous.

Et d'abord, Citoyens, comptez-vous m'envoyer à l'Assemblée constituante que les hommes qui parleront avec le plus de facilité dans vos réunions préparatoires, que des hommes habiles dans l'art de la parole? Alors ne me choisissez pas, car je ne suis nullement orateur. J'ai bien l'habitude d'étudier, de méditer, de réfléchir (c'est le labeur de toute ma vie!), puis de formuler *par écrit* toute ma pensée, lorsque les diverses parties en sont entièrement coordonnées dans mon esprit : mais je n'ai point comme les avocats, comme les professeurs, comme les hommes habitués dès longtemps à parler en public, la faculté de transmettre éloquemment les jugements que je porte sur les hommes et sur les choses, avec le feu, la rapidité, la précision de l'improvisateur. La nature se montre partout avare de ses dons et ne les prodigue qu'à bien peu de créatures. L'immortel J.-J. Rousseau, l'un des plus puissants promoteurs de l'émancipation des peuples, J.-J. Rousseau qui pensait si profondément, qui écrivait si bien, ne pouvait trouver un seul mot devant la société; et s'il fallait à un tel homme le silence du cabinet pour élaborer et pour exprimer ses idées, combien à plus forte raison la réflexion ne doit-elle point être nécessaire à ceux qui, comme moi, n'approchent ni de son génie ni de sa puissance!

Du reste, Citoyens, je pense ne vous rien apprendre en vous disant que la plupart des discours prononcés dans les Chambres ont été écrits et médités dans le silence de la réflexion (1).

Si donc j'ose ici me présenter à vos suffrages; si ma candidature trouve auprès de vous quelque chance de succès, ce ne sera certainement pas à titre d'orateur : celui que j'invoque, parce qu'il est le mien, c'est le titre de penseur.

Ces explications posées, je vais, si vous le jugez convenable, soumettre à vos réflexions quelques idées qui ne se trouvent point énoncées dans ma circulaire, ou, pour mieux dire, qui ne s'y trouvent point développées.

En premier lieu parlons de cette idée si sainte : LA LIBERTÉ, parlons de cette pierre fondamentale de notre édifice social.

Liberté! mot magique que nous prononçons tous avec amour, parce qu'il remue toutes les fibres de notre âme. Tous nous voulons, tous nous proclamons la liberté, parce que tous nous sentons qu'elle est l'essence même de l'intelligence humaine. Et cependant combien peu d'hommes l'entendent de la même manière!

Pour la plupart, l'idée de liberté a une signification active; mais quel danger! De la liberté à la licence, de la licence au désordre, du désordre à l'anarchie, il n'y a qu'un pas : au-delà, la guerre civile. Arrière une telle liberté : c'est la tête de Méduse! Elle ferait reculer à jamais toutes les générations des hommes.

La liberté, si on veut la prendre dans le sens actif, ne peut guère consister que dans la faculté de faire tout ce qui ne peut nuire à autrui; mais alors quel sens restreint! Tout nous est obstacle : nous ne saurions faire un pas sans heurter une foule d'intérêts. — Selon moi, la véritable liberté n'est pas là, elle est ailleurs. Elle doit consister essentiellement pour chacun à ne *pouvoir être opprimé* de quelque façon que ce puisse être, ni par qui que ce soit. En ce sens, quelle étendue! quelle idée sainte et féconde! Obéir à la loi, même à la loi qui nous froisse le plus, ce n'est point être opprimé, car la loi est faite dans l'intérêt du plus grand nombre : c'est faire à la Patrie le sacrifice que cette équitable mère impose à ses fils.

Quant à L'ÉGALITÉ, Citoyens, elle n'est pas dans la nature, car, nous l'avons dit plus haut, la Providence a répandu ses dons de la manière la plus diverse, et en même temps la plus inégale. L'un est grand, l'autre petit; l'un est fort, l'autre est faible; l'un actif, l'autre indolent, l'un intelligent, l'autre stupide : et c'est de toutes ces inégalités, de toutes ces diversités d'attributs que se composent les sociétés humaines. La seule égalité possible, celle qui rachète tout, c'est l'égalité des hommes devant la loi : l'égalité de *tous les droits*, en un mot. Tous nous ferons les plus grands efforts pour qu'elle ne soit jamais un vain mot, pour que jamais les plus forts ne puissent, en aucune manière, écraser les plus faibles.

FRATERNITÉ : c'est le dernier mot du programme de ces *géants de la Patrie* qui président à nos destinées, comme c'est aussi le premier mot du Christianisme. Oui, tous les hommes sont les enfants d'un même père; oui tous doivent se tendre une main secourable, une main amie. Plus de ces odieuses distinctions de naissance, de ces sottes distinctions de fortune. Oui, l'un est riche et l'autre ne l'est pas : cela a toujours été et cela sera toujours. Toute richesse, à quelques exceptions près, est en général le produit de l'ordre, de l'économie, du travail : en un mot, le fruit de la conduite. Et quoi de plus sacré alors? Mais il faudra régler les moyens d'acquérir; mais c'est à ceux qui possèdent beaucoup à donner beaucoup, car tel est le précepte de l'Évangile. Pareillement c'est à ceux qui occupent les positions supérieures de l'ordre social, à élever leurs frères à toute la dignité de la nature humaine par le bienfait de l'instruction; et c'est au peuple à venir s'abreuver à longs traits à cette source vivifiante et régénératrice.

Instruire et moraliser le peuple : voilà le devoir le plus sacré, le plus impérieux du gouvernement futur, et nous le pousserons dans cette voie de toutes les puissances de notre âme.

Par le bienfait de l'instruction, nous développerons les intelligences, et par celui de l'éducation, nous formerons les mœurs. On apprendra à toute la jeunesse à honorer d'abord ce qu'il y a de plus utile, c'est-à-dire les arts de première nécessité. Je voudrais que dans les fêtes de la République on plaçât au premier rang ceux qui nous font vivre, ceux qui nous logent, ceux qui nous vêtissent.

Honneur à l'Agriculture! honneur aux Arts et Métiers!

Et vous, filles du ciel, sciences aimables qui faites les délices des êtres pensants, honneur, amour à vous qui avez tiré le monde de la barbarie, qui avez affranchi l'univers! Partout l'homme qui ne peut vous comprendre vous admire ébloui, poussé qu'il est par un instinct secret qui lui révèle que Dieu est la lumière même des esprits : honneur donc à la science, honneur aux hommes qui répandent l'instruction!

Exigerez-vous que je vous parle du travail, de son organisation sur laquelle tant d'illustres penseurs méditent sans relâche? Oh! non : ce problème, insoluble jusqu'ici aux plus fortes têtes, me paraît ne pouvoir être conduit à sa fin que par celui qui sanctionne toutes les choses humaines : *le temps*. Ce ne sera, sans aucun doute, qu'à force d'essais, qu'à force de patience, de concessions, de sacrifices et d'abnégations, que les hommes pourront arriver à concilier leurs intérêts divers, leurs intérêts trop souvent opposés.

Pour ceux qui ne se douteraient pas de tout ce que cette tâche effrayante renferme d'obstacles, de difficultés, nous citerons l'ouvrage si remarquable de Louis Blanc, l'un des illustres membres de notre gouvernement provisoire (*ce livre ne coûte qu'un franc*) : ils y verront quelle somme de douleurs indicibles pèse sur une grande partie de nos frères; et leurs cœurs gémiront profondément en reconnaissant combien puissant est l'homme pour faire le mal, combien, hélas! impuissant à produire le bien.

Disons maintenant un mot sur les économies qu'il est si désirable de voir introduire dans toutes les branches de l'administration. — J'ai cent fois dit des deux gouvernements qui ont précédé notre régénération actuelle, qu'ils agissaient comme un prodigue dont le revenu s'accroît tous les ans dans une forte proportion, et qui cependant chaque année se trouve avoir augmenté ses dettes dans une proportion plus grande encore. Aussi, Messieurs, toute la gravité de la situation est-elle réellement dans les finances; aussi les moins clairvoyants reconnaissent-ils aujourd'hui que nous touchions enfin à la banqueroute.

La banqueroute! mot affreux, car il signifie dissolution de la société, dislocation de toutes les existences. Anathème à ceux qui nous ont légué un semblable héritage!

Il faut donc de larges réformes, je le reconnais; elles sont indispensables. Mais comment les opérer sans engendrer de grandes douleurs, sans produire encore plus de malaise dans l'industrie, plus de stagnation dans le commerce? Sans doute il faut qu'en premier lieu toutes les sinécures disparaissent : assez longtemps elles ont grevé le trésor public. A ceux-là qui les possèdent, on peut dire : estimez-vous heureux d'avoir pendant 5, 10 ou 15 ans, reçu d'indignes faveurs aux dépens de vos frères, et n'ayez pas l'impudeur de venir vous plaindre du retrait de ces iniquités monarchiques.

Plus de superfétations, plus de rouages inutiles; plus de ces états-majors si fainéants et si dispendieux. Mais aussi à tout véritable labeur sa juste récompense.

Quelques-uns ont inscrit cette formule sur leur drapeau :

Les ministres de chaque culte doivent être rétribués par leurs co-religionnaires : aucun Citoyen ne doit être tenu de défrayer un culte qui n'est pas le sien.

Cela est juste en principe. Mais entendons-nous : — Oui, il doit en être ainsi *dans l'avenir*; et la Constitution devra en contenir la déclaration formelle. Mais, quant à l'application, elle ne saurait je pense être immédiate, car vous ne pouvez sans inhumanité abandonner les ministres des cultes existants à la seule charité de leurs fidèles : ce serait décréter à l'instant la misère pour le plus grand nombre d'entre eux. Certainement la foi sait tout supporter, je n'en doute pas; mais aussi voyez, en frappant les prêtres, quelle *autre* masse de citoyens vous atteindriez dans leurs plus chères affections, et quel tort vous feriez à notre généreuse République. Aucun de vous n'ignore combien en France est répandu le culte catholique, combien nos populations du Midi et de l'Ouest se montrent sensibles relativement à tout ce qui peut toucher le *sacerdoce*; gardons-nous donc de froisser brutalement tant de citoyens tant de frères. Sans doute l'enfantement de notre République ne peut avoir lieu sans d'énormes douleurs; mais quand tout le monde souffre, chacun supporte son mal avec plus de patience. Appliquons donc tous nos soins à diminuer les déchirements, à concilier les opinions, à ne point heurter les croyances.

En ce qui touche la répartition des impôts, on croit que l'homme qui a le superflu doit être imposé dans une autre raison que celui qui n'a que le nécessaire; mais prenons garde que ce superflu est aussi ce qui produit le luxe et qui l'alimente.

Quelques-uns ont dit : Imposons le luxe.

Imposer le luxe? y songe-t-on? Mais, *dans l'état actuel des choses*, est-ce qu'il ne faudrait pas plutôt l'exciter, le favoriser, l'étendre? Est-ce que le luxe ne nourrit pas des ouvriers par centaines de mille? Et que veut-on que deviennent ces hommes? Vous voulez donc leur faire regretter la royauté?

En définitive, avant de proposer des réformes, même celles qui au premier abord paraissent les plus justes, il faut en examiner d'abord toutes les conséquences; c'est le seul moyen de n'en point faire de désastreuses, de n'admettre que celles qui sont véritablement et *actuellement* praticables, que celles, en un mot, qui profiteront à la patrie. La société peut être comparée à un immense réseau : on ne saurait en toucher une maille qu'aussitôt la commotion ne se fasse sentir dans toutes les autres. Le travail et l'industrie ne vivent qu'aux dépens de l'aisance et de la richesse générales, tout le monde le sait. Destituez quelques milliers de fonctionnaires, par exemple; ce sont aussitôt quelques milliers de familles que vous atteignez et dont vous vous attirez les imprécations. Il faut donc être sobres de réformes et ne les faire peser que sur ces hommes dont l'odieuse et égoïste politique, ne tenant aucun compte de la voix du pays, ont altéré, faussé, dénaturé peu à peu nos institutions, nous ont ravi nos libertés, et nous ont acculés à la banqueroute.

On m'a demandé de nouveau mon opinion sur la propriété; quoique j'en aie déjà parlé incidemment ici, répétons haut et ferme qu'elle est inviolable. Nul au monde ne consentira jamais à ce qu'il soit porté une atteinte sacrilége à ce droit que reconnaissent les sauvages eux-mêmes. Tous, au contraire, nous adhérerons aux larges et indispensables sacrifices que la raison nous impose. Quel plus beau spectacle que celui de citoyens s'évertuant à payer des dettes auxquelles la majeure partie d'entre eux n'a pas participé, et dont elle a réellement plus souffert que profité. Mais il n'en coûte pas plus aux Français d'être généreux qu'il ne leur en coûte d'être braves : ces deux qualités partent de la même source. Oui, à force de patriotisme, à force de sagesse, d'ordre, d'union, nous éviterons la banqueroute; il y va de l'honneur de notre jeune et belle République.

A ceux qui voudraient connaître mon sentiment sur la royauté, je réponds que je me suis toujours senti profondément humilié toutes les fois que j'ai vu les grands corps d'un État venir encenser une idole de cette chair infirme et périssable que nous sommes tous; la louer sur de faciles et presque indispensables vertus; vanter sa *haute* sagesse, et exalter ainsi par de plates adulations l'orgueil déjà si naturel à ceux qui gouvernent. Combien plus humilié, combien plus indigné, quand j'ai vu un seul homme (aujourd'hui à genoux devant son peuple) déclarer à une des plus graves et des plus illustres assemblées du monde, que son vouloir à elle n'était rien; qu'en lui seul résidait le pouvoir; qu'il entendait le transmettre intact à ses successeurs, et ne faire de concessions que celles qu'il jugerait opportunes.

Dieu cependant, par la voix formidable des peuples, s'est tout à coup fait entendre; il a soufflé sur ces royautés orgueilleuses : vous savez le reste. En présence de tels faits, venez demander aux plus aveugles si une royauté est possible sur le sol de notre patrie.

Vous voyez, Citoyens, quelle est en général la direction de mes idées, quelle est la pente de mon esprit. Je n'ai pu qu'effleurer le sujet, cependant je crains de vous avoir trop longtemps entretenu. Les principes généraux sont posés, les conséquences en découleront naturellement. Quant aux points spéciaux, ils ne sont pas irrévocablement arrêtés dans ma tête : à Dieu ne plaise! une telle disposition d'esprit porterait en soi le caractère de l'obstination; et toute obstination mène inévitablement à l'erreur. Toute ma vie j'ai cherché à m'éclairer : et comment rencontrer la lumière si ce n'est en consultant toutes les opinions, en les comparant; en provoquant et pesant toutes les objections?

Vous connaissez la fameuse maxime de l'apôtre des nations : — *Omnia probate; quod est bonum tenete.* — C'est-à-dire : — *Éprouvez tout; retenez ce qui est bon.* — Ce précepte a été la boussole constante de toute ma vie, et j'espère bien y être à jamais fidèle.

Voilà, Citoyens, ce que j'avais à vous dire; ce n'est point une nouvelle profession de foi que je viens vous faire, car à quoi bon? ce ne peut donc être qu'un développement de celle que je vous ai exposée dans ma circulaire : c'est à vous maintenant à juger si je suis capable de représenter vos opinions à l'Assemblée nationale et de les défendre. Si l'on ne me voit pas afficher aujourd'hui un républicanisme banal et en prodiguer les protestations, c'est que je rougirais d'exploiter un pareil moyen : la meilleure preuve que je veux la République, c'est que je prends les moyens que je crois les *seuls* propres à en assurer la durée.

ORDRE, UNION, CONCESSIONS : — Voilà, croyons-le bien, des leviers d'une puissance indéfinie.

Je n'ai point été, je n'irai point de club en club, de comité en comité; on y connaît mes principes, mon origine, mes antécédents aussi bien qu'ici. Qui veut la fin veut les moyens, dit-on. Non, non : cent fois non. Il ne faut vouloir la fin que lorsque la conscience peut en avouer hautement les moyens. Ma présence dans des réunions diverses sera-t-elle un garant de la sincérité de mes professions de foi? Est-ce qu'on se sert de caution à soi-même? D'ailleurs ce rôle n'est pas le mien; je ne le blâme pas en autrui, mais je ne l'accepte pas pour moi. Ne doit-il pas suffire que le comité cantonnal de Meulan certifie aux autres comités la moralité de ma personne et la droiture de mes intentions?

J'ai bien peur que partout en ce moment on ne se préoccupe beaucoup plus de la forme que du fond des candidatures : tant pis! on pourra avoir à s'en repentir.

Mais, peut-on dire, vous évitez les interpellations ailleurs qu'ici. — Expliquons-nous : — Vous allez nous adresser ici une foule de questions de détail; il faut y répondre et prendre une décision à l'instant même; et voilà un candidat engagé! Non, non. Pour ma part, citoyens, je serais bien fâché, je le déclare nettement, d'arriver à l'Assemblée constituante après m'être lié les mains sur une foule de points secondaires; je trouve qu'alors il deviendrait tout à fait inutile que je cherchasse à m'éclairer sur la meilleure solution possible des diverses questions qui se présenteront, puisque je n'aurais plus la faculté de revenir sur des opinions improvisées ici. Quand un homme vous a nettement tracé sa ligne politique; quand il vous a exposé la conduite générale qu'il entend tenir, il a tout fait; sa moralité doit répondre de la sincérité de ses déclarations : l'application doit lui appartenir tout entière, autrement il ne serait qu'une machine.

Telle est, citoyens, l'indépendance de mon esprit, que je préfère cent fois n'arriver point que d'arriver par des moyens ou des concessions que ma conscience n'accueille pas. Quoi! c'est le caractère de mon esprit de méditer, de réfléchir, de délibérer, et je ne le pourrais plus? Ce ne serait pas la peine en vérité de vous avoir déclaré tout à l'heure que j'entendais examiner, peser, balancer, puis *choisir*, pour arriver [ensuite] à l'assemblée avec une foule de partis pris.

Si donc de telles déclarations ne suffisent pas aux citoyens pour fixer leur choix sur ma personne, advienne que pourra de ma candidature! J'en fais bon marché. C'est à ceux qui l'acceptent telle que je la propose, à la faire prévaloir s'ils le jugent convenable. J'ai déjà trouvé ma récompense dans les témoignages flatteurs qui m'ont été prodigués dimanche dernier, par ceux de mes concitoyens qui me connaissent.

VIVE LA RÉPUBLIQUE!

ARISTIDE FRANÇOIS, *citoyen de Meulan*,
Président du Comité électoral.

(1) Un des plus grands hommes que la Providence ait envoyé dans le monde ancien : Cicéron, qui personnifiait en lui le génie de l'éloquence, définissait l'orateur : *Vir bonus, dicendi peritus*, c'est-à-dire : *Un homme de bien*, HABILE A PARLER. Mais Cicéron, qui disait là selon son cœur, pouvait-il oublier qu'un méchant peut être aussi habile, et même plus habile à bien dire qu'un homme de bien? — L'éloquence oratoire n'annonce pas toujours la justesse de l'esprit, encore moins sa profondeur; elle est simplement un moyen, un instrument dont l'homme joue plus ou moins bien, selon qu'il s'est [illegible] exercé à le manier. Elle consiste à savoir *s'insinuer* dans l'esprit de son auditoire, à *capter* sa bienveillance, à persuader, à toucher, émouvoir, saisir et entraîner les esprits. L'éloquence peut donc avoir ses dangers pour quiconque n'est pas sans cesse sur ses gardes : c'est l'écueil [illegible] de l'intelligence. Voilà, Citoyens, par quels moyens l'on mène les assemblées, par quels prestiges on éblouit, on fascine les peuples. — Voyez deux avocats célèbres aux prises l'un avec l'autre dans une même cause! Examinez les coups qu'ils se portent; voyez avec quelle adresse, avec quelles insinuations, avec quel art [illegible] chacun d'eux prouve le contraire de ce que l'autre établit! Et demandez-vous ensuite si l'éloquence [illegible] aussi bien à l'erreur qu'à la vérité! Demandez-vous si vous pouvez accorder à cet art, qu'il est vraiment la condition [illegible] et de la justice.

Deux mots de plus :

Notre département doit fournir 12 députés à l'Assemblée nationale; mais ce n'est pas à dire que chaque électeur soit tenu d'inscrire 12 noms sur sa liste, bien au contraire : c'est chose facultative. Si vous connaissez deux, trois ou quatre citoyens assez complètement pour porter leur candidature; et si, comme quelques-uns vous en ont donné le conseil, vous les placez *en tête* de votre liste en croyant candidement les faire passer avant tout, vous vous trompez. La tête ou la queue n'y font rien du moment qu'il s'agit du nombre des voix. Aussitôt que vous ajouterez d'autres noms à ceux-là (et ce sera nécessairement alors les plus *prônés*, ceux des notabilités, ceux des *habiles*, comme on dit), vous augmentez les chances déjà si nombreuses de ces derniers, et vous détruisez par cela même d'autant les candidatures qui vous sont propres. Et ceci est applicable aussi bien aux grands centres de population qu'aux petits.

Voter, par exemple, neuf candidatures *recommandées* par les grands centres, quand on n'en apprécie chez soi que trois, c'est voter l'absurde. — A chacun donc de se tâter. — NE VOTER, AU CONTRAIRE, QUE TROIS CANDIDATURES SUR LESQUELLES ON EST ÉDIFIÉ, C'EST LEUR ASSURER AUTANT DE VOIX SANS PARTAGE; songez-y bien.

A force de se préoccuper de l'intérêt de clocher, parce qu'il était en effet prépondérant sur les électeurs à 200 francs, le gouvernement provisoire a, contre son attente, jeté la France dans un véritable dédale, et donné autant de prise que jamais à l'intrigue. A force de se préoccuper du vote des grands centres de population, qui sont pourtant si divisés, les campagnes, à leur tour, se jettent dans une déplorable perplexité.

Ne nous troublons donc pas dans la vue de résultats très-incertains; écoutons la logique avant tout : la règle posée par le gouvernement provisoire est plutôt une indication qu'une loi. Le 23 avril la France entière prend possession de sa souveraineté et elle l'exerce : l'Assemblée elle-même statuera sur les nominations.

Je le répète après beaucoup d'autres, voter l'inconnu c'est voter l'absurde; et porter 12 candidatures, quand la plupart d'entre nous auront déjà tant de peine à être positivement renseignés sur deux ou trois, c'est à la fois voter l'absurde et enlever autant de chances à nos propres candidats. J'AI DIT.

MEULAN. — Imprimerie de MOULINARD.

CITOYENS

DE

Seine-et-Oise,

Un grand et solennel appel est fait à la Nation, l'indifférence en matière de patriotisme est la perte d'un pays, prenons donc tous part à la grande manifestation du 9 avril prochain.

Que l'intelligence, la probité, l'énergie et un patriotisme pur et sincère, soient la base du choix de nos représentants dans quelque classe que nous puissions les choisir, et qu'eux-mêmes s'engagent, par les liens les plus solennels à ne jamais s'écarter du mandat que nous pourrons leur conférer, le titre de représentant du peuple ne doit plus être aujourd'hui le marche-pied des faveurs du pouvoir.

Que l'intérêt du clocher fasse réellement place à l'intérêt de la patrie; les souffrances qu'elle éprouve aujourd'hui ne proviennent-elles pas de l'intérêt privé de quelques individus.

Tâchons donc de connaître les hommes qui peuvent être appelés à nous représenter, non-seulement dans leur vie publique, mais encore dans leur vie privée; la première ne fait connaître un homme que superficiellement, la seconde le met entièrement à découvert. Des actes de la vie privée découlent les actes de la vie publique.

Bien des Citoyens cherchent ou pensent à nommer des hommes de leur canton; c'est une chose impossible, et si tous les cantons en font autant, nous n'arriverons qu'à une division regrettable, et peut-être de cette division verrons-nous surgir de nos votes des hommes qui se disent Républicains parce que la royauté est déchue, ou des légitimistes qui chercheront à détruire la République au profit de la légitimité, prenons-y donc garde, ce qui s'est vu peut se voir encore.

Le département de Seine-et-Oise est appelé, par sa population, à élire douze représentants; les six arrondissements qui le composent concourent à cette élection dans les proportions suivantes, savoir : Mantes pour un et demi, Pontoise pour deux un quart, Versailles pour trois, trois quarts, Corbeil pour un et demi, Etampes pour un et Rambouillet pour le reste.

Ce calcul doit nous prouver à tous, que les plus dignes seuls doivent être élus et que nous devons tous sacrifier nos intérêts personnels à l'intérêt général; les pensées d'un véritable représentant du peuple ne doivent pas se porter entièrement sur ceux qui peuvent l'avoir élu, elles doivent se porter sur toute la France.

Citoyens, quelque soit la forme de mes paroles, elles ne sont écrites que sous l'impression d'un vif patriotisme et dans le désir que nous devons tous avoir de conserver la République, ce que nous devons craindre c'est la réaction, car la réaction serait la guerre civile dans notre pays.

Ne croyez pas non plus que j'ai écrit ces lignes dans la vue d'obtenir quelques suffrages, ce serait une erreur, je ne les ai écrites que dans le but d'éclairer quelques électeurs et pour éviter une fâcheuse division dans les votes.

A. FROMAGE,

Citoyen de Meulan,

Meulan.—Imp. de MOULINARD, successeur de Hiard.

ÉLECTIONS.

***PROFESSION DE FOI* de M. de GISSEY, Maire et ancien Notaire à Septeuil**

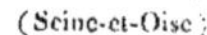

(Seine-et-Oise).

A Messieurs les Electeurs de Seine-et-Oise,

Messieurs,

Il s'agit, pour notre état social, de formuler une constitution qui assure l'Egalité pour tous, non cette Egalité de 93 qui n'était que l'avilissement des honnêtes gens, mais une Egalité qui ait la science des mœurs et du bonheur général.

Ma devise sera toujours celle-ci : *Sans autre préoccupation que celle du bien public, de l'ordre et d'une sage liberté, je suis tout entier à ma patrie.*

C'est à peu près en ces termes que nous avons, MM. les Conseillers municipaux, MM. les Officiers de la Garde Nationale et moi, adhéré au Gouvernement provisoire, parce que les hommes éminens qui sont à sa tête savent diriger et contenir le mouvement, et qu'en leur donnant son concours la France se garantit de l'anarchie et de la guerre civile. En effet, sans le patriotisme, les constitutions ressemblent au temple de Jérusalem et les corps politiques meurent aussi par des vices de constitution. La France ne se sauvera que par l'union, et il ne peut y en avoir sans un centre unique et une bonne constitution, celle qui nous assurera, consolidera un Gouvernement pur de tous excès, de toute réaction, et dans lequel on puisse trouver un cœur qui réponde aux cœurs, un frère à des frères et un père à des enfans.

La loi fondamentale, pour tous, doit une protection spéciale à l'agriculture, qui est le capital social de toutes choses et particulièrement du commerce. Cette loi doit être aussi, contre tout effet rétroactif, le *bouclier* contre lequel devront se briser, s'anéantir des prétentions subversives qui s'autorisent des révolutions au mépris de la propriété des droits et de la fortune des familles. La France de 1848, toute de progrès et de lumière, comprendra que le travail et l'ordre sont les seuls moyens d'arriver à un sort meilleur..... Là est la fixité de l'avenir..... Ce principe a été si bien entendu par l'illustre Dupin, que, dans son projet de loi présenté à la dernière chambre, il ne voulait atteindre et punir que *le trafic honteux des places de l'administration.*

Paris donne l'exemple en créant des travaux, outre ceux des chemins de fer et des canaux, et les campagnes ne souffriront nullement si, à l'impôt des prestations ou corvées, on substitue *(en le diminuant d'un quart)* une taxe en argent qui suffira à l'entretien des chemins vicinaux, et qui aura le double avantage de donner de l'occupation aux indigens travailleurs et d'éteindre de fait la mendicité sans manquer à l'humanité. Que chacun soit à ses travaux, la tranquillité et le commerce renaitront bien vite, surtout si un budget proportionné à ses forces ne demande à l'avenir rien qui le puisse compromettre et rien qui le puisse embarrasser. La crise du moment pouvant être levée par le patriotisme de la nation, qui ne recule jamais devant des sacrifices utiles (avancer le paiement des contributions).

Il faut donc que la constitution ne soit pas sabrée; que ses articles ne soient définitifs qu'après un mur et long examen pour échapper aux impressions du moment. Tout le monde sait, par expérience, que ce qui parait rationnel, sous une impression vive, est reconnu plus tard d'une iniquité révoltante. Il faut surtout une *liberté entière dans les élections*, et que la liberté de la presse et celle des élections soient, avec le droit de pétition, les moyens directs de faire connaitre ses besoins et d'exprimer sa pensée. La corruption, de quelque part qu'elle se montre, devra être sévèrement punie.

C'est ainsi, Messieurs, que je comprends la liberté, la véritable liberté, à la lumière de laquelle doit fleurir le commerce et l'agriculture, l'agriculture source si féconde de la richesse publique et dont je me ferais, sans préjudice des intérêts généraux, le plus chaud défenseur par mon expérience aidée de celle des honorables agriculteurs au milieu desquels je vis à la campagne depuis plus de 30 ans.

Je me présente ayant, *si j'en crois l'amitié de mon ancienne clientèle,* grande chance de réussite.

Mon passé et le témoignage honorable que j'ai reçu de mes administrés sont, avec mon zèle et mon dévouement éprouvés, les seuls titres que j'aie à vous offrir.

Salut et Fraternité,

DE GISSEY,

Maire de Septeuil.

Ce 16 mars 1848.

(Prière de faire placarder cette affiche dans votre commune)

Mantes. — Imprimerie de A. REFAY, Imprimeur de la Sous-Préfecture, de la Mairie, du Tribunal Civil et du *Journal Judiciaire* de l'arrondissement.

RÉPUBLIQUE FRANÇAISE.

Citoyens,

Un grand nombre d'Électeurs du département de Seine-et-Oise me demandent si je persiste dans ma candidature à la Représentation Nationale.

Ils s'étonnent de mon absence dans toutes vos réunions préparatoires et de n'avoir reçu aucune circulaire signée de moi.

Je vous dois des explications nettes et franches.

Depuis la grande Révolution de Février, mes jours et mes nuits ont été consacrés à la réorganisation de la Garde Nationale de Paris: j'ai pensé, en outre, que tous mes actes depuis mon entrée dans la vie publique étaient une profession de foi politique suffisante. Ma complicité, en 1821, avec les quatre jeunes sergents de La Rochelle et avec Berton, ces glorieux martyrs de la foi républicaine, mes luttes politiques en 1830 et 1832, les dix années de proscription qui les ont suivies, et la part que j'ai prise à la Révolution de Février, me paraissaient témoigner suffisamment des principes qui ont dirigé toute ma vie publique.

Ces principes sont ceux que nous proclamions hautement, en 1832, dans un manifeste signé de moi et de plusieurs amis.

Je voulais alors, comme aujourd'hui :

1° La Souveraineté du Peuple exercée par le suffrage direct et universel;

2° La République une et indivisible avec sa devise féconde : *Liberté, Égalité, Fraternité;*

3° Un Pouvoir central, électif, temporaire et responsable, possédant par l'unité de son action tous les moyens de force, de protection et d'ensemble nécessaires à l'accomplissement de sa mission;

4° Une Éducation nationale, gratuite, obligatoire pour tous, développant, au profit de la Patrie, l'intelligence de tous ses enfants;

5° Un système financier ne se bornant pas à dégrever le pauvre, le travail et l'industrie, mais pourvu de ressources nécessaires pour les aider, les commanditer et faciliter l'organisation progressive du travail industriel et agricole;

6° Un système judiciaire qui permettrait de rendre la justice gratuitement à tous les citoyens;

7° Une organisation des Gardes Nationales appelant tous les citoyens à défendre leurs droits et leurs foyers;

8° La liberté absolue d'association;

9° La liberté des cultes;

10° La liberté de la presse et de tous les modes de manifestation de la pensée, sauf répression légitime par un jury populaire;

11° La protection de l'État assurée aux enfants, aux vieillards et aux infirmes;

12° L'abolition de l'esclavage.

Ces principes sont les seuls qui peuvent maintenir intacts les droits de l'humanité et de la morale universelle; j'en ai poursuivi le triomphe pendant vingt-cinq ans au péril de ma fortune, de ma liberté et de ma vie, et je les défendrais encore avec le même dévouement si j'avais l'insigne honneur d'être envoyé par vous à l'Assemblée Nationale.

A. GUINARD,

Chef d'État-Major général de la Garde Nationale de Paris.

Paris, imprimerie de Paul DUPONT, rue de Grenelle-Saint-Honoré, 55.

AUX ÉLECTEURS

DU

département de Seine-et-Oise.

MES CHERS CONCITOYENS,

J'exerce, depuis vingt-sept ans, la profession d'architecte que j'ai embrassée par vocation; j'ai dû vers [illegible] années de misère pour pousser plus avant mes études d'architecture; je suis, [illegible] dix-sept ans, administrateur d'une importante fortune. Mes mains sont pures. Je ne suis pas [illegible], je ne désire pas l'être; mais j'ai plus que de la fortune, j'ai l'estime de moi-même et de ceux qui me connaissent; j'ai du crédit, parce que je n'ai jamais manqué à ma parole. Je ne désire que la richesse intellectuelle, qui permet d'être plus utile à la société, surtout aux travailleurs que j'affectionne.

Je suis auteur de plusieurs projets d'utilité publique. Le ministère a publié mes travaux sur les prisons. J'ai construit la poste aux chevaux de Paris, le jardin d'hiver de Lyon; j'ai fait d'importants voyages d'exploration, publié mon voyage en Égypte et en Nubie, fondé, en 1841, la Société orientale de France, et demandé, en 1843, l'organisation d'une Société scientifique établissant des rapports de fraternité entre les hommes de tous pays.

Républicain avant l'avénement de notre sainte république, j'ai, moralement, préparé la république en protégeant les ouvriers les plus travailleurs, en moralisant les hommes par le travail, qui doit, désormais, être la seule source de bonheur et de considération légitimes.»

Je veux la *république*, qui est de droit divin, qui est de droit naturel et qui élève tous les Français à la dignité d'homme; je veux son mouvement civilisateur, qui demande les libertés religieuse, de la presse et d'association, qui veut le respect à la famille, à la propriété, ou au travail, qui engendre la propriété: je veux une large protection et des honneurs à l'agriculture. Je veux une justice prompte, paternelle et gratuite, une instruction généreuse, impartiale comme le soleil, des impôts basés progressivement sur la fortune, une protection à la jeunesse et à la vieillesse. Je ne veux plus de cumul: il faut que les charges publiques soient au concours ou à l'élection; il faut que l'armée soit diminuée, que des bras soient rendus à l'agriculture, que tout le monde prenne rang dans l'armée, dans sa jeunesse, pour un moindre temps, pour être ensuite garde national. L'organisation du travail ne me paraît devoir être, quant à présent, que l'amélioration de la condition de travailleur, ce qu'on peut faire 1° en protégeant l'agriculture et en déplaçant l'assiette de l'impôt pour donner à bon marché les aliments indispensables, 2° en faisant participer les travailleurs aux avantages des entreprises, 3° en ayant des ateliers nationaux offrant toujours une existence à un travailleur en chômage.

Je veux enfin tout ce qui développera et appliquera par des moyens légitimes les bases sacrées de la république: *liberté, égalité, fraternité.*

Je n'ai pas d'antécédents politiques; je ne sais rien, dans ma vie privée, que je ne puisse avouer hautement. Par mes études, par mes voyages et par état, j'ai quelque connaissance des besoins, des devoirs et des droits de chacun; je connais surtout les ouvriers, qui forment une importante partie de la population.

Si je sollicite l'honneur d'apporter ma pierre à l'édifice social de mon pays, c'est que je n'ai ni la soif d'argent ni la soif des honneurs; c'est parce que je veux fermement, avant toute chose, la prospérité de la France; c'est enfin parce que je sens brûler en moi ce saint amour de l'humanité qui rend digne d'un mandat à la représentation nationale.

SALUT ET FRATERNITÉ.

HECTOR HOREAU, ARCHITECTE,

membre de la Société centrale des architectes.
49, rue Hauteville, à Paris.

PARIS. — IMPRIMERIE DE MADAME VEUVE BOUCHARD-HUZARD, RUE DE L'ÉPERON, 7.

AUX
ÉLECTEURS

CHERS CONCITOYENS,

Je me porte Candidat à l'Assemblée Nationale et je sollicite vos suffrages.

Rien ne m'attache au passé, rien ne me lie au présent. Je ne recevrai d'inspirations que du bien public et des intérêts de la Patrie.

Homme nouveau par l'âge et les idées, j'ai salué avec l'enthousiasme de la raison la Révolution de 1848, que j'ai vu éclater sous mes yeux, et dont j'ai aidé le succès pacifique de mes efforts.

Tant que les Droits politiques ont été le patrimoine de quelques privilégiés, j'ai vécu à l'écart. Livré aux luttes de la presse opposante, aux soins du barreau, aux études sérieuses, j'ai publié des travaux qui m'ont préparé à participer utilement aux opérations de l'Assemblée Nationale.

Né, élevé au milieu de vous, je connais vos besoins et je saurai en réclamer la juste satisfaction.

Dans l'ordre matériel, je demanderai surtout :

Pour l'Agriculture, des établissements de crédit qui délivrent le cultivateur du fléau de l'usure.

Pour les Finances, un nouveau système d'impôts qui opère de larges économies, frappe les capitalistes, la propriété et les objets de première nécessité.

Pour le Travail, une organisation qui remédie aux maux de la concurrence, assure du pain au travailleur et une retraite à l'ouvrier invalide.

Dans l'ordre politique voici ma pensée :

A l'extérieur, pas de guerre offensive, mais propagande des idées.

A l'intérieur, convaincu que les Institutions républicaines sont les seules possibles, je travaillerai sans arrière-pensée et de tous mes efforts à leur développement sincère mais tempéré.

Mon drapeau est celui du Républicanisme modéré.

J'y ai inscrit non-seulement la devise dei notre jeune République : *Liberté, Egalité, Fraternité;* mais encore les mots : *Ordre*, *Sûreté*, *Propriété*.

Ainsi, je veux :

La Liberté pour toutes les personnes, tous les cultes, toutes les industries, toutes les associations, tous les modes d'enseignement, toutes les manifestations de la pensée.

L'Egalité pour tous les Citoyens, et pour tous la jouissance des mêmes droits et l'accomplissement des mêmes devoirs.

La Fraternité entre tous les membres de la grande famille française, la suppression de toutes les distinctions et de toutes les prérogatives.

L'Ordre partout, en tout et toujours.

La Sûreté pour toutes les personnes, pour tous les droits et pour toutes les institutions compatibles avec le système républicain.

Enfin le respect le plus inviolable pour la *famille* et toutes les PROPRIÉTÉS quelqu'en soit l'origine ou la nature.

Pour me résumer, je me déclare l'ennemi franc et sans transactions du despotisme, de l'anrachie, du communisme, et l'ami sincère du républicanisme modéré.

LEFEBVRE,

Avocat à la Cour de Cassation et au Conseil d'Etat.

Versailles.— Imprimerie de Beau jeune, successeur de Despart, rue Satory, 28.
1848

AUX
ELECTEURS
DU DEPARTEMENT
DE SEINE-ET-OISE.

CITOYENS,

La prédiction des Girondins s'accomplit : « Les peuples s'embrassent à la face des rois détrônés, de la terre consolée et du ciel satisfait. » — La révolution du 24 février va devenir le commencement d'une ère nouvelle pour le monde entier, si la France prouve par son exemple que la République est possible et que cette forme de gouvernement qui rend à l'homme sa dignité peut aussi lui procurer le bonheur.

Electeurs, dans le moment solennel où l'avenir de la France et de tant d'autres pays dépend des choix que vous ferez, il convient que tous ceux qui osent solliciter vos suffrages, vous disent ce qu'ils ont fait et surtout ce qu'ils comptent faire si vous leur confiez votre mandat.

Entré dans le monde sans autre fortune que l'éducation que j'avais reçue et destiné cependant à être le soutien d'une famille nombreuse, je n'ai point désespéré de l'avenir ; à force de persévérance, j'ai vaincu le sort. — Un cours d'histoire m'a été confié à l'Ecole Militaire, il y a aujourd'hui trente-deux ans. — Sept ou huit mille jeunes gens ont suivi mes leçons, beaucoup d'entre eux sont sous les drapeaux de la République; interrogez-les et tous vous diront avec quel soin, avec quelle ardeur j'ai toujours cherché à développer en eux l'amour de la Patrie, de la Gloire et de la Liberté!

Citoyens, je veux la République, mais je la veux avec sa sublime devise : *Liberté, Egalité, Fraternité.* — J'entends que la victoire profite au Peuple qui l'a remportée. — Travailleurs de tous les états et de toutes les conditions, cultivateurs, ouvriers, marins, soldats, artistes, prêtres, instituteurs, si vous me confiez la glorieuse mission de vous représenter, je défendrai vos droits et je ne souffrirai pas qu'on vous ravisse, comme par le passé, au moyen d'injustes impôts, une grande partie de votre salaire pour rétribuer des fonctionnaires inutiles ou solder des dépenses superflues. — Nous vous devons la République; la République à son tour vous doit un sort meilleur, et vous *l'ob*tiendrez si tous vos Représentants sont animés des mêmes sentiments que moi.

Citoyens,

Vive à jamais la République!

R. MILLET,

Professeur à l'Ecole militaire de Saint-Cyr.

Versailles, imprimerie de BEAU jeune, successeur de DESPART, rue Satory, 28.

PAGNERRE

AUX ÉLECTEURS

Du département de

Seine-et-Oise.

MES CHERS CONCITOYENS,

Les causes impérieuses et toutes patriotiques qui m'ont empêché de me rendre devant vos réunions préparatoires ont été interprétées contre moi. On a répandu le bruit que je renonçais à ma candidature dans le département de Seine-et-Oise.

Ce bruit, je crois devoir le démentir.

Je suis né, j'ai été élevé dans l'arrondissement de Pontoise; je suis conseiller municipal d'une de ses communes; j'y ai toute ma famille; j'y compte de nombreuses et chères amitiés. Depuis quarante-deux ans, je n'ai pas cessé d'y vivre, et d'y entretenir des relations qui me sont précieuses.

C'est là que j'ai porté personnellement ma candidature; les suffrages que je recherche, ce sont les vôtres; et j'ai été profondément touché que, dans la dernière assemblée électorale des délégués de l'arrondissement de Pontoise, au milieu de compatriotes qui connaissent ma vie toute entière, sur 79 votants, j'aie obtenu 79 voix.

Si je n'ai pu me présenter devant toutes les autres réunions, c'est que les devoirs si nombreux et si graves qui me sont imposés, comme secrétaire général du Gouvernement provisoire, directeur du comptoir national d'escompte, maire du Xe arrondissement, ne me l'ont pas permis. En présence des agitations que font inopinément surgir, à chaque heure, à chaque minute, les événements du dehors et du dedans, c'est au centre, où se décident les destinées du pays, qu'était le poste du danger et du devoir. Mes concitoyens m'auraient blâmé si je l'eusse déserté dans l'intérêt égoïste d'une candidature. Depuis deux mois, j'ai consacré à la chose publique, avec un dévouement sans bornes, avec un désintéressement complet, j'ose le dire, et mes jours et mes nuits. Je suis bien convaincu d'ailleurs qu'on mérite mieux vos sympathies par des actes que par des paroles.

Ces actes vous sont assez connus depuis la révolution de Février; quant à ceux de ma vie passée, il m'est permis peut-être de ne point vous les rappeler; car ils ont reçu leur consécration par le triomphe de la République, auquel j'avais travaillé sans relâche pendant vingt ans.

La République, je veux vous dire pourtant, ainsi que je l'ai dit à mes compatriotes de l'arrondissement de Pontoise, comment je la comprends, comment je l'ai toujours comprise :

« Je veux qu'en faisant concourir à l'intérêt commun la puissance du fort, elle soit aussi la protectrice du faible; qu'elle soit, dans tous ses actes, calme, modérée, magnanime, redoutable à tous ceux qui voudraient la combattre, mais clémente et généreuse envers ses ennemis vaincus.

« Je veux qu'elle apporte dans l'administration des intérêts publics, la prudence, l'ordre, l'économie, la régularité du bon père de famille, sans cesse préoccupé de l'avenir et de la prospérité de ses enfants.

« Je veux qu'elle ne demande au pays que les sacrifices rigoureusement nécessaires, et que, par un emploi intelligent de la fortune publique, elle féconde nos richesses au lieu de les dissiper.

« Je veux qu'elle conserve un inaltérable respect pour la propriété, pour la famille, ces bases éternelles de la société, qui retomberait nécessairement dans la servitude et la barbarie, si l'on y portait une sacrilége atteinte.

« Je veux qu'elle confie la propagande durable de ses principes à la sympathie des peuples, plutôt que d'en imposer par des conquêtes la violente et passagère domination. Porté par nos armes, le drapeau de la France a flotté sur toutes les capitales de l'Europe : c'est un souvenir dont nous devons nous glorifier; mais je veux que le drapeau de la République nouvelle, porté par nos idées, déploie pacifiquement sur le monde le symbole de la Liberté, de l'Égalité, de la Fraternité universelles.

« Je veux qu'elle soit puissante, glorieuse, aimée des citoyens, estimée des nations, admirée du monde, digne enfin, comme l'a dit mon illustre ami *Lamartine*, que l'histoire puisse lui consacrer un jour une de ses plus belles pages.

« En un mot, ma République à moi, ce n'est pas la République rouge, c'est la République tricolore. »

Voilà, mes chers concitoyens, la République que j'ai, pendant vingt ans, chérie comme une noble maîtresse, avec ardeur, avec amour, respectée comme une mère, la République que j'ai voulue, que je veux, que je voudrai toujours.

Cette République, chers concitoyens, n'est-ce pas aussi la vôtre?

PAGNERRE,

Éditeur, Secrétaire général du Gouvernement provisoire.

PROJET D'UNE NOUVELLE DÉCLARATION

DES DROITS ET DES DEVOIRS

DE L'HOMME ET DU CITOYEN EN 1848,

Par le citoyen G. Pauthier,

Candidat à l'Assemblée Nationale dans le département de Seine-&-Oise.

Avant-propos. A la veille du grand jour où l'élection des Représentants du peuple à l'Assemblée nationale constituante va décider de l'avenir de la République, je viens éclairer les électeurs de Seine-et-Oise sur ma candidature en publiant le PROJET suivant, qui renferme les principaux DROITS et les principaux DEVOIRS de l'homme et du citoyen, comme je les comprends et comme j'en proposerais l'adoption à l'Assemblée nationale, si j'étais appelé au périlleux, mais glorieux honneur d'en faire partie.

En faisant cette publication, j'ai cru accomplir un devoir patriotique, dans les circonstances difficiles où nous nous trouvons, et répondre en même temps à une illustre recommandation exprimée dans la lettre suivante, adressée à M. le Commissaire du Gouvernement provisoire dans notre département.

Paris, le 25 mars 1848.

Monsieur,

Toutes les candidatures qui peuvent concourir à l'honneur et à la force de la République ont droit à mes sympathies. De ce nombre est celle de M. Pauthier, qui se présente dans votre département, et sur lequel j'appelle votre bienveillante attention. En l'envoyant à l'Assemblée nationale, les électeurs de Seine-et-Oise feront un choix digne d'eux et digne de la France.

Veuillez recevoir, Monsieur, l'assurance de tous mes sentiments dévoués,

LAMARTINE.

Le Peuple français, après les révolutions successives et profondes qu'il a subies, convaincu que ces révolutions qui portent toujours la perturbation dans toutes les existences sociales, ne sont possibles et ne se reproduisent que par suite de l'oubli ou du mépris des lois éternelles qui constituent les *Droits* et les *Devoirs* de l'homme, a résolu d'exposer dans une *Déclaration* solennelle ces droits sacrés et imprescriptibles, ces *Devoirs* inéluctables et stricts; afin que tous les citoyens, les ayant constamment présents à l'esprit, les prennent toujours pour principe de leur conduite et pour règle de leurs actions.

En conséquence, les Représentants du Peuple français à l'Assemblée nationale constituante, en présence et sous les auspices de l'Auteur de toute Vérité et de toute Lumière, du grand Dispensateur de la Justice parmi les hommes, déclarent :

ARTICLE 1er. — *Droits.* Tous les hommes naissent libres et égaux en droits. (Conf. D. 1791, art. 1. — D. 1793, art. 3.)

Devoirs. (Les *Devoirs* ne sont que les *Corollaires* et souvent les *correctifs* des *Droits*. Ils sont toujours inséparables les uns des autres.) Les hommes en tant qu'hommes, ont tous les mêmes devoirs à remplir; l'inégalité de capacités, d'intelligence et de fortune étant naturelle et inévitable, constitue aussi une inégalité dans les devoirs.

2. — *Droits.* Dans toute société bien constituée les droits généraux du citoyen sont : *La Liberté, l'Egalité, la Sûreté personnelle, la Propriété et la Résistance à l'oppression.* (Conf. D. 1791, art, 2. D. 1793, art. 33.)

Devoirs. Les droits précédents impliquent nécessairement le devoir de respecter dans autrui la liberté, l'égalité, la sûreté personnelle, la propriété et la résistance à l'oppression.

3. — *Droits.* La *Liberté* est le plus important des droits du citoyen, celui qui, seul, en même temps qu'il relève sa dignité d'homme, constitue véritablement la responsabilité de ses actions. Elle consiste à pouvoir faire tout ce qui ne nuit pas aux droits d'autrui, et qui ne met pas en danger la personne et la propriété des citoyens. (Conf. D. 1791, art. 4. D. 1793, art. 6.)

Devoirs. L'exercice de la *Liberté* ne peut jamais sortir du cercle éternel de l'équité et de la justice. Cette limite reconnue dans tous les temps par la conscience universelle du genre humain, se trouve formulée dans cette grande maxime proclamée par tous les législateurs anciens et modernes : *Ne fais pas à autrui ce que tu ne voudrais pas que l'on te fît à toi-même.* Il est donc du devoir pour tout citoyen de respecter, dans l'exercice de sa liberté, la liberté des autres citoyens.

4. — *Droits.* L'*Égalité*, c'est la répartition équitable de la justice, c'est la participation de tous les citoyens, dans la mesure de leurs capacités, de leur travail et de leur intelligence à tous les avantages sociaux, sans aucun privilége de naissance ou de fortune, et sans autre distinction que celle du talent, du génie et de la vertu. (Conf. D. 1793, art. 3.)

Devoirs. Sous le régime de l'*Egalité*, tous les citoyens doivent prendre part au gouvernement de l'État; celui-ci n'étant qu'une association d'êtres égaux, les droits et les devoirs doivent être les mêmes pour tous. Mais comme la diversité des états et des conditions est inévitable dans la meilleure République, il s'ensuit que la *réciprocité* dans l'*Égalité* est le rapport nécessaire des citoyens libres et égaux entr'eux. (Conf. Aristote, Politique L. II, ch. 1, § 5.)

5. — *Droits.* La *sûreté* des personnes et des propriétés est de droit strict. L'État la doit à tous les citoyens en retour des charges publiques auxquelles ils sont assujétis. (Conf. D. 1793, art. 8. — D. 1795, art. 4.)

Devoirs. Lorsque la force publique dont l'État dispose ne suffit pas pour garantir la sûreté des personnes et des propriétés, il est du devoir de tous les citoyens de venir en aide à la force publique.

6. — *Droits.* La *propriété* est ce que chaque membre de la République possède en propre, et pour lequel la société doit avoir le même respect que pour la personne même du citoyen. C'est aussi le droit de jouir et de disposer de ses biens, de ses revenus, du fruit de son travail et de son industrie. (Conf. D. de 1793, art. 16. — D. de 1795, art. 5.)

Devoirs. Le respect pour la *propriété*, pour son inviolabilité dans la personne du citoyen, est la base fondamentale de tout ordre social, en même temps que le principe le plus fécond de toute activité humaine. Il est donc du devoir et de l'intérêt de tous de ne jamais s'en écarter.

7. — *Droits.* Le droit de *propriété* n'est pas absolu. La République, qui est la réunion des intérêts de tous, peut, dans certains cas, demander à chaque citoyen le sacrifice de tout ou partie de sa *propriété*, en lui accordant préalablement une indemnité proportionnelle au sacrifice exigé. (Conf. D. 1791, art. 17. D. 1793-19.)

Devoirs. Il est du devoir de tout citoyen, dans la République, de sacrifier son intérêt privé à l'intérêt général. Si le sacrifice est gratuit, la reconnaissance des citoyens lui est acquise ; dans le cas contraire, ce n'est qu'un acte ordinaire de la vie civile.

8. — *Droits.* La *Propriété* s'acquiert et se transmet sous certaines conditions onéreuses, qui profitent à l'Etat pour en assurer l'inviolabilité, par droit de parenté ou par des contrats. Elle s'acquiert aussi par le travail. Tous ces natures de propriété sont également légitimes.

Devoirs. Il est également du devoir de tous les citoyens de payer à l'Etat, en retour de la protection et de la sécurité qui sont dues par lui à leur personne et à leurs propriétés, un impôt égal, pour les personnes, et proportionnel à la valeur des propriétés de chacun, placées sous la sauvegarde de l'Etat.

9. — *Droits.* La *Résistance à l'oppression* est un droit légitime qui résulte de l'exercice des autres droits. Il en est la sauvegarde et il prévient la tyrannie. (Conf. D. 1793, art. 33 et 34.)

Devoirs. Si la résistance à l'oppression est un droit légitime, la soumission aux lois établies n'est pas un devoir moins sacré. Ces lois sont souveraines tant qu'elles n'ont pas été réformées ou abolies par la majorité de la nation.

10. — *Droits.* La *Souveraineté* réside essentiellement dans l'universalité des citoyens. Mais elle ne s'exerce personnellement par eux tous que dans les *Assemblées électorales* pour la nomination directe ou indirecte des *Représentants du Peuple*, des *fonctionnaires publics* et des *délégués*. En tout autre cas, la souveraineté est exercée par des citoyens revêtus régulièrement du *pouvoir législatif*, du *pouvoir exécutif* et du *pouvoir judiciaire*.

Devoirs. La République étant le Gouvernement de tous, par tous et dans l'intérêt de tous, chaque citoyen doit y prendre part. Mais pour établir le règne de *l'ordre*, et pour que toutes les forces productives de la Nation puissent se développer librement, il faut que l'exercice de la souveraineté qui appartient à tous, soit délégué pour un temps limité, à un nombre limité de citoyens, lesquels sont revêtus du pouvoir législatif, du pouvoir exécutif et du pouvoir judiciaire.

11. — *Droits.* L'exercice des droits civiques, que possède tout citoyen ayant atteint sa majorité, ne cesse que par la perte de ses facultés intellectuelles, ou pour une indignité constatée, une infraction grave aux devoirs du citoyen.

Devoirs. Il est du devoir de tout citoyen de concourir, dans la mesure de ses forces, à la sûreté, à la prospérité et à la gloire de la République. C'est dans ce but et pour cette fin seule qu'il doit exercer ses droits civiques.

12. — *Droits.* Certains droits civiques ne peuvent s'exercer qu'à certaines époques déterminées. Tel est l'exercice du droit souverain de nommer des représentants à l'Assemblée législative. L'intérêt public exige que ce droit ne puisse pas être trop souvent et trop rarement exercé.

Devoirs. Tous les citoyens étant appelés à la confection directe ou indirecte des lois, par l'exercice de leurs droits civiques, ces lois ne peuvent cesser d'être obligatoires poux eux que lorsqu'elles auront été modifiées ou abolies en leur nom par leurs représentants.

13. — *Droits.* Les rapports des citoyens entre eux et avec les pouvoirs constitués sont régis par des *lois*. La *loi* est l'expression libre et solennelle de la volonté générale, manifestée par la majorité des citoyens, ou par l'organe de leurs représentants. Elle est la formule des droits et des devoirs de tous. Elle est la même pour tous, soit qu'elle protége, qu'elle récompense ou qu'elle punisse. Elle ne peut ordonner que ce qui est juste ou utile ; elle ne peut défendre que ce qui est injuste ou nuisible. (Conf. D. 1791, art. 8. D. 1793, art. 15. D. 1795, art. 12, 13.)

Devoirs. La *fraternité* est le principe fondamental qui doit inspirer les rapports des hommes entre eux. C'est un devoir pour tous les citoyens, dans la République, d'être animés les uns envers les autres de ce grand sentiment de bienveillance réciproque. La *loi*, qu'elle soit l'expression unanime de la volonté de tous les citoyens, manifestée directement ou indirectement, ou qu'elle soit l'expression de la volonté de la majorité seulement, n'en est pas moins obligatoire. Dans le dernier cas cependant, lorsqu'elle n'est pas l'expression d'une *vérité éternelle*, d'un *droit inaliénable* et *imprescriptible* comme la vérité même, la *loi* n'a pas la même autorité morale que lorsqu'elle a reçu la sanction unanime de tous les citoyens.

14. — *Droits.* Les institutions humaines étant toujours perfectibles, et le droit, pour la société, d'améliorer ses institutions et de les approprier à ses besoins nouveaux, étant imprescriptible, tout citoyen a le droit de présenter des pétitions aux dépositaires de l'autorité publique pour demander la réforme des institutions anciennes, ou la mise en délibération d'institutions nouvelles.

Devoirs. Les institutions existantes sont obligatoires pour tous les citoyens, tant qu'elles n'ont pas été abolies ou modifiées par les pouvoirs constitués. L'abolition ou la modification des institutions existantes, hors les cas exceptionnels de force majeure, ne peut régulièrement avoir lieu que dans la forme établie par la constitution. Dans les cas exceptionnels de force majeure, toutes les mesures prises dans un intérêt général de conservation devront être soumises à la ratification de l'Assemblée législative qui sera élue dans un bref délai par la généralité des citoyens convoqués pour cet objet.

15. — *Droits.* Le droit de discussion en matière politique, philosophique et religieuse étant une des plus nobles prérogatives de l'homme, la liberté d'exprimer et de manifester sa pensée sous toutes les formes, n'a d'autres limites que celles de ne pas troubler la sécurité publique, et de conserver toujours envers la société et chaque citoyen la responsabilité de ses paroles, de ses écrits et de ses œuvres.

Devoirs. Le droit de discussion en matière politique, philosophique et religieuse, ainsi que le droit d'exprimer librement sa pensée, n'impliquent pas celui d'imposer ses opinions à la majorité des citoyens qui les repousserait. Le devoir de la minorité est de se conformer au vœu de la majorité, aussi longtemps que celle-ci exerce régulièrement ses droits.

16. — *Droits.* Le droit de discussion en matière philosophique, politique et religieuse comporte celui d'*association*. Toute association est donc licite, lorsqu'elle a un but moral, utile ou simplement indifférent en soi, et que l'accès n'en est pas interdit à l'autorité.

Devoirs. Il est du devoir de l'autorité, préposée au maintien de l'ordre et de la sécurité publique, de veiller sur les associations. Les sociétés secrètes, de quelque nature qu'elles soient, doivent être interdites dans la République.

17. — *Droits.* Le droit d'association n'implique pas celui de *corporation* ou *communauté* religieuse. Toute communauté religieuse pour être licite, doit être autorisée par la loi.

Devoirs. Toute *corporation* ou *communauté* étant une association d'individus vivant en commun, régis par des règlements particuliers qui peuvent être en opposition avec les lois de la République, et étant soumis à une même discipline, forme en quelque sorte un petit état dans l'État. Il est du devoir de l'autorité, comme gardienne de la morale publique, et de la liberté de tous les citoyens, d'en avoir la haute surveillance.

18. — *Droits.* La liberté des cultes est un droit inhérent à la nature de l'homme, en tant que cette liberté ne blesse pas celle des autres citoyens. Tous les cultes qui élèvent l'âme, qui purifient la pensée, qui tendent au perfectionnement moral de l'homme doivent être placés sous la protection de la République.

Devoirs. Pour qu'un culte puisse être exercé librement, il faut qu'il ne porte pas atteinte à la liberté d'un autre culte. Toutes les manifestations d'un culte doivent, autant que possible, se renfermer dans l'enceinte des temples qui lui sont consacrés.

19. — *Droits.* Tous les citoyens ont le droit d'exiger que les ministres d'un culte quelconque ne reçoivent d'émoluments que de ceux qui professent ce même culte, et que ces émoluments ne soient pas une charge publique. Mais, comme dans la République, l'instruction civile, et l'éducation morale des jeunes citoyens, est un devoir social, l'État peut rétribuer les ministres d'un culte, en tant qu'ils ont pour mission sacrée de former de bons et vertueux citoyens.

Devoirs. Si les ministres d'un culte n'enseignaient que le dogme, qui souvent est divers selon chaque croyance, ils ne devraient être rétribués que par les citoyens professant cette croyance; mais, dans la République, les ministres des cultes doivent être, avant tout, des citoyens revêtus d'une magistrature populaire, vénérable et vénérée, consacrant leur vie à l'éducation morale des citoyens, et pour cela même ayant droit à un traitement de l'État.

20. — *Droits.* L'homme ne peut développer toutes ses facultés que par l'*instruction*. Dans la République aucun membre n'en doit être privé. L'instruction primaire et professionnelle sera donc donnée gratuitement à tous les citoyens, afin qu'ils deviennent tous aptes à exercer librement leurs droits et à remplir civiquement leurs devoirs.

Devoirs. L'*instruction primaire* et *professionnelle* est obligatoire pour tous les citoyens de la République. Les parents qui négligeraient de la faire donner à leurs enfants n'auraient aucun droit à leur reconnaissance filiale.

21. — *Droits.* Dans l'enfance, l'homme dépend pour sa subsistance de ses parents, ou à leur défaut, de la société civile; il en est de même dans les maladies et la vieillesse, lorsque ses soutiens naturels ne sont plus ou ne peuvent subvenir à son entretien. (Conf. D. 1793, art. 21.)

Devoirs. Tout homme qui peut travailler et qui n'a pas de moyen d'existence assurée, doit pourvoir à sa subsistance et à celle de sa famille, s'il en a une, par le travail, car le *travail* est la loi universelle du genre humain; c'est le *travail* et l'*ordre* qui font la prospérité, la richesse des familles et des nations! la société doit du travail à quiconque en a besoin pour subsister: elle ne doit rien à l'homme valide qui en refuse!

22. — *Droits.* La période de dépendance ou de minorité cesse pour l'homme à vingt et un ans; c'est l'époque où il entre pleinement dans l'exercice de ses droits et de ses devoirs civiques.

Devoirs. Pendant la première période de la vie du citoyen, les père et mère, ou ceux qui leur sont subrogés, répondent moralement de sa conduite et de ses actions. Cette responsabilité cesse à l'époque de sa majorité.

23. — *Droits.* La personne des citoyens n'est pas une *propriété aliénable*. On ne peut engager que son temps et ses services. L'achat d'un homme par un autre est immoral et illicite. (Conf. D. 1793, art. 18; D. 1795, art. 15.)

Devoirs. Tout citoyen qui met à profit le temps et les services d'un autre, moyennant salaire, doit toujours respecter en lui sa dignité d'homme et le traiter comme un frère. De son côté, celui qui engage son temps et ses services, moyennant salaire, doit remplir strictement et loyalement son engagement.

24. — *Droits.* Le *salaire* de l'homme qui engage son temps et ses services au profit d'un autre, doit être proportionné à la valeur de ces mêmes services dans un temps et des circonstances donnés. Il doit être débattu et accepté librement de part et d'autre. Dans aucun cas, cependant, il ne doit être basé sur les besoins immédiats du travailleur.

Devoirs. Il est du devoir de celui qui emploie le

temps et les services d'un autre, de ne pas abuser de son état de gêne pour ne lui accorder qu'un *salaire* disproportionné avec les services rendus ; mais il est également du devoir de celui qui engage son temps et ses services de ne pas exiger de celui qui les lui paie un salaire disproportionné avec la valeur du produit qu'il en retire.

25. — *Droits.* La *concurrence loyale* est licite. La concurrence est à l'industrie, et à la production en général, ce que l'émulation est à la science ; elle ne peut être frappée d'interdiction sous le régime de la liberté. Si elle nuit quelque fois au producteur, elle profite presque toujours au travailleur et au consommateur. C'est à l'Etat à en prévenir les abus.

Devoirs. L'Etat doit une protection éclairée à toutes les industries qui concourrent au bien être et à la prospérité de la République. L'autorité, qui est chargée du maintien de l'ordre, de la répartition égale de la justice, de la conservation solidaire des intérêts de tous les citoyens, ne doit intervenir que lorsque l'ordre est en péril, la justice violée, et les intérêts violemment compromis. Sa mission dans la plupart des cas, doit être de faire appliquer le principe de la *réciprocité*.

26. — *Droits.* Aucun individu, accusé de crime ou délit, ne peut être distrait de la justice ordinaire pour être traduit devant des tribunaux exceptionnels. Les châtiments doivent être proportionnés aux délits et appliqués de manière à exercer sur le coupable une influence salutaire. (Conf. D. 1791, art. 8.)

Devoirs. La justice doit être plutôt préventive que répressive. L'autorité publique doit donc appliquer toute sa sollicitude à ce que les besoins et les nécessités de la vie ne poussent pas au crime. Quant aux natures dépravées, la surveillance doit être continue et la repression sévère. Dans la République un malfaiteur est d'autant plus coupable qu'il a moins de motifs de l'être.

27. — *Droits.* Tout citoyen est présumé innocent jusqu'à ce que sa culpabilité ait été légalement reconnue. Toute rigueur qui ne serait pas jugée nécessaire envers lui doit être sévèrement réprimée par la loi. (Conf. D. 1791, art. 9. D. 1793, art. 13. D. 1793, art. 10.)

Devoirs. Les magistrats chargés de réprimer les infractions aux lois, d'appliquer les châtiments, ne sauraient apporter trop d'humanité dans l'exercice de leurs fonctions. Les rigueurs non méritées irritent et pervertissent ; l'humanité dispose à l'amendement.

28. — *Droits.* Nul ne peut être appelé en justice, accusé, arrêté ni détenu, que dans les cas déterminés par la loi, et selon les formes qu'elle a prescrites. (Conf. D. 1791, art. 7. D. 1793 art. 10. D. 1793, art. 8.)

Devoirs. S'il est du devoir de tout citoyen d'obéir à la loi, de se soumettre à l'autorité qui est chargée de la faire exécuter, il n'en conserve pas moins le droit de résistance à l'arbitraire. Cette résistance même est souvent un devoir pour que l'autorité ne soit pas tentée de devenir tyrannique. (Conf. D. 1793, art. 11 et 33.)

29. — *Droits.* Les magistratures publiques n'étant qu'une délégation temporaire des droits qu'ont tous les citoyens de participer à la confection, à l'exécution et à l'application des lois, la société a le droit de demander compte à tout fonctionnaire public des actes publics qu'il a directement accomplis ou auxquels il a donné sa participation. (Conf. D. 1791, art. 15.)

Devoirs. L'obéissance que doivent tous les citoyens aux dépositaires de l'autorité ne leur ôte pas le droit de leur demander compte de l'abus qu'ils pourraient en faire ; la responsabilité pèse sur les fonctionnaires publics plus gravement encore que sur les simples citoyens.

30. — *Droits.* La société dont le perfectionnement n'a point de limites déterminées, ne se trouve liée que temporairement par les institutions qu'elle s'est données. Elle conserve toujours le droit de réviser, d'améliorer, ou de changer sa constitution après un laps de temps suffisant pour en avoir fait connaître les lacunes ou les défauts. Une génération ne peut pas assujétir une autre génération à une constitution qui ne serait pas fondée sur les prescriptions impérissables du droit naturel et sur les besoins de sa civilisation. (Conf. D. 1793, art. 28.)

Devoirs. Il est du devoir de tous les bons citoyens de respecter les institutions existantes et de se soumettre à leurs prescriptions tant qu'elles n'ont pas été modifiées ou abolies par des pouvoirs régulièrement constitués. Si la minorité et même la majorité des citoyens voulait, un jour donné, les modifier, les changer ou les abolir, elle devrait le faire par les moyens indiqués dans la constitution. Jusque là, les lois existantes sont obligatoires.

Rédigé les 5 et 6 avril, transcrit et modifié le 12 et 13 du même mois, 1848.

(Extrait du *Courrier républicain*, du 16 avril 1848.)

Versailles. imprimerie de BEAU jeune, rue Satory, 28

CONCITOYENS
DE SEINE-ET-OISE

Quelques amis, qui connaissent mes principes politiques, m'ont engagé à me présenter à vos suffrages.

J'avais pensé d'abord que la mission de commissaire général dont m'a investi le Gouvernement provisoire pouvait être un obstacle à ma candidature, et je m'étais abstenu; mais la dernière circulaire du citoyen ministre de l'Intérieur a levé mes scrupules à cet égard.

Je vous offre donc, Citoyens, mon dévouement bien connu et mon républicanisme de vieille date.

Né dans votre département, je l'habite comme cultivateur, et j'ai la prétention de croire que j'y suis généralement estimé. Mes principes sont connus : décoré de Juillet, j'appartiens depuis 1830 au parti qui a triomphé en Février.

Je soutiendrais donc, si j'avais l'honneur de vous représenter, la République quand même, la République grande, forte, puissante, glorieuse, protégeant la famille, garantissant la propriété, et reconnaissant comme sacré le droit au travail avec tous les principes sociaux qui en découlent.

Voici vingt ans que je combats pour notre immortelle devise : Liberté, Égalité, Fraternité; ce n'est pas le jour où elle est inscrite sur le drapeau de la France que je l'abandonnerais.

Je suis aujourd'hui ce que j'étais hier, ce que je serai demain, ce que je serai toujours, un Républicain franc, loyal et sincère : mon passé vous répond de mon avenir.

SALUT ET FRATERNITÉ.

E. PENOT,

Cultivateur à Saint-Léger, arrondissement de Rambouillet.

Paris. — Imp. Lacrampe et Fertiaux, rue Damiette, 2.

Avis aux Electeurs de Seine-et-Oise.

MORALITÉ POLITIQUE

D'UN

CANDIDAT

A L'ASSEMBLÉE NATIONALE.

Electeurs de Seine-et-Oise, vous apprécierez vos candidats *par leurs actes* surtout, et par leurs paroles d'hier bien plus que par celles d'*aujourd'hui*. (Circulaire du citoyen Rémilly du 14 mars 1848.)

HIER.

Serais-je inconstant dans mes principes politiques? *J'affirme* que mes *après sa fondation*, avec une feuille *devenue* républicaine; que je puis justifier par les faits ayant date certaine et se rattachant à chaque année depuis août 1830, que j'ai *constamment* soutenu, défendu la *royauté* et la charte de juillet. — Une lettre de moi publiée le 23 janvier 1833, témoigne aussi de ces faits.

En 1830 et depuis, j'ai vu dans *Louis-Philippe, le sauveur de mon pays*. — Dans les circonstances actuelles, ma reconnaissance pour *ce bienfaiteur* de ma ville natale, mon entière confiance dans sa profonde *sagesse* et mon amour pour la France que je veux voir calme et prospère, m'ont placé sans hésitation au nombre des candidats opposés à la coalition. Si le roi n'eût pas *gouverné*, la France serait aujourd'hui dans un état anarchique où des ambitions désordonnées se disputeraient le pays. (Circulaire du citoyen Rémilly du 26 février 1839).

Je désire soutenir encore le ministère; il y a peu de courage à attaquer le pouvoir aujourd'hui, il en faut plus pour le défendre : il importe au *développement de nos institutions de le bien affermir*. Mais *je n'abandonnerai jamais aucun de mes principes, de mes sentiments intimes* : la conscience ne permet pas de sacrifier la conviction, *car la conviction c'est l'homme*.

Je suis heureux, moi, de voir le roi gouverner comme il le fait dans les limites de la constitution, car *j'ai pleine confiance* dans ses lumières et dans *son amour pour le pays*. — Dans ces temps orageux, difficiles, dans cette longue traversée de seize années d'écueils et de périls, s'il n'eût pas tenu le gouvernail, que serait devenu le vaisseau de l'état et les immenses intérêts que ses vastes flancs renferment? Peut-on demander qu'un *fondateur de dynastie* soit étranger à son œuvre; que la première, *la plus haute intelligence de l'état, du pays*, demeure sans influence sur ses destinées! peut-il convenir au peuple français de n'avoir pour chef, de ne présenter au sommet de son édifice politique qu'une intelligence passive, inactive, qu'une abstraction couronnée?

Non; la France est fière de son roi, à cause surtout de sa royauté intellectuelle; l'Europe la regarde avec *admiration*; le peuple français si loyal l'apprécie plus haut chaque jour. Espérons en la durée, pour notre repos, de sa précieuse existence. Dieu qui donne aux génies de cet ordre leur mission providentielle les protége aussi souvent qu'il le faut contre les tentatives insensées, il ne laisse pas ainsi traverser ses desseins. Cet élu d'un peuple grand et libre accomplira jusqu'au bout son *œuvre sainte de paix et de civilisation*; il vivra longtemps *pour le bonheur de la France* pour la *paix de l'Europe*, pour le repos du monde, et *pour la gloire dont la postérité le couronnera*. (*Circulaire du citoyen Rémilly du* 8 *août* 1846.)

AUJOURD'HUI.

Jurons à notre tour, citoyens, nous les héritiers de cette magnifique époque, jurons de continuer son œuvre avec une infatigable ardeur.

Jurons de travailler sans relâche à l'édifice qui doit immortaliser le dix-neuvième siècle et abriter le peuple dans l'avenir.

Jurons d'assurer à jamais l'établissement, la consolidation, le triomphe pacifique d'une République forte, grande et glorieuse!

(*Discours du citoyen Rémilly au banquet Républicain du Jeu-de-Paume.*)

Ce que j'ai dit, ce que je voulais, il faut aujourd'hui plus que jamais le vouloir; un souffle du Peuple a renversé soudainement ceux *que leur force et leur fortune aveuglaient*; une dernière révolution s'accomplit.

Le gouvernement républicain établi tout-à-coup s'efforce de nous sauver par l'ordre; ses intentions sont pures; il faut s'y rallier de cœur ou par *raison* : c'est ce que j'ai fait, etc.

(*Circulaire du citoyen Rémilly du* 14 *mars* 1848.)

Jugez !!!!

Versailles. — Imprimerie de Beau jeune, successeur de Despart, rue Satory, 28.

AUX HABITANTS

DE LA

SEINE-INFÉRIEURE.

MES CHERS CONCITOYENS,

Né dans ce Département, auquel m'attachent tous mes liens de familles, je viens m'offrir à vos libres suffrages.

Je viens à vous, sans appuis; sans recommandations, c'est spontanément et librement que je me présente à des hommes éclairés et indépendants.

Je puise ma confiance et ma force dans la sincérité de mes opinions, dans mon ardent amour de la patrie et dans l'appui de ceux qui, voulant faire triompher nos idées, m'honoreront de leurs votes. Fier alors de la mission qui me sera confiée, j'y consacrerai toute ma force, l'énergie d'une volonté ferme et ce que Dieu a mis en moi de capacités.

Docteur en médecine depuis dix ans, la profession que j'exerce m'a mis en contact avec toutes les classes de la société. J'ai vu les misères et les souffrances du pauvre, les infirmités et les ennuis du riche, mieux que personne. Je puis les révéler parce que nul ne les connait mieux.

J'aime la France plus qu'un individu, plus qu'un gouvernement.

Je n'ai pas d'entécédents politiques; je n'ai pas servi le gouvernement tombé.

La République peut seule nous sauver de la guerre civile et de tous ses fléaux : raillions-nous à elle franchement et soyons républicains.

Je veux l'ordre sous un gouvernement qui fasse grandir et prospérer notre pays, qui assure son repos, sa gloire et sa liberté; parce que tous ceux qui vivent d'un travail, quel qu'il soit, ont besoin du repos de la paix, du respect des lois et de l'autorité. Si l'ordre est détruit, que devient la fortune, l'avenir, le pain même des travailleurs?

Conservateur de la propriété, de l'hérédité et de la famille, je repousserai toujours et de toutes mes forces tout ce qui pourrait porter atteinte à ces bases fondamentales de la société.

Je veux la souveraineté de la nation; que la volonté de la majorité, exprimée légalement, devienne la loi de tous. L'élection exprime cette volonté : tout le monde doit être électeur et éligible; je repousse toute dictature.

Je veux l'égalité civile, politique et religieuse, une liberté égale pour tous; que nous puissions penser comme nous voulons, et écrire comme nous pensons.

La liberté seule ne suffit pas à l'homme, il faut qu'il vive, il faut qu'il produise pour pouvoir consommer. Toutes les questions de salaire et d'impôts se rapportent à celle-ci. C'est la grande question qui s'agite aujourd'hui sous le nom « de l'Organisation du Travail. » Je ne crois pas qu'un homme seul puisse la résoudre; tous nous devons y concourir.

Je veux que l'abaissement des tarifs de douane puisse permettre aux fabricants d'augmenter les salaires en diminuant le temps du travail, c'est ainsi que le commerce français pourra soutenir la concurrence sur tous les marchés du globe.

Je veux que l'ouvrier puisse se procurer les objets de première nécessité à meilleur compte, en diminuant d'abord les octrois et les contributions indirectes, puis l'impôt foncier qui frappe le sol qui nous nourrit.

Pour cela réduisons le nombre des emplois, diminuons l'armée dans un avenir le plus rapproché possible, abaissons tous les traitements élevés.

Je crois la tâche rude et pénible; nous aurons à lutter, je le crains, contre beaucoup de prétentions exagérées, contre la fièvre de l'impatience, et peut-être contre des passions destructives. Unissons nos efforts et persévérons avec courage, c'est ainsi que nous atteindrons le but.

Le pouvoir n'agira jamais sur moi par ses faveurs ou ses disgrâces; je n'accepterai rien. Je ne solliciterai jamais pour ma famille ou pour mes amis; mais qu'un incendie vienne détruire vos usines, brûler vos récoltes, que la grêle ou l'inondation anéantissent vos moissons, je solliciterai pour vous avec ardeur, avec persévérance.

La révolution qui vient de s'accomplir, remet en vos mains à tous, mes chers concitoyens, la souveraineté. De vous, doit venir tout pouvoir. Convoqués pour nommer vos représentants, n'y manquez aucuns, et remettez entre les mains des plus dignes le droit de constituer ce Gouvernement.

Si je suis appelé à l'honneur et peut-être au danger de vous représenter, je ne dévierai en rien des principes que je vous ai exposés. Puissions-nous ainsi fermer la porte des révolutions! Mon vœu le plus ardent est de voir ce qui existe s'affermir et se consolider, non par haine contre ceux qui ont régné, mais par amour pour la France, pour sa gloire et pour son bonheur.

Agréez, mes chers concitoyens, l'expression de tous les sentiments d'affection avec lesquels je me dis de tout cœur,

Votre tout dévoué serviteur,

Docteur BOMMY.

Paris, ce 28 mars 1840.

Ne pouvant adresser cette circulaire à tous les habitants du Département, je compte sur votre impartialité pour lui donner toute la publicité possible.

Paris. — Imprimerie de E. MARC-AUREL, rue Richer, 12.

Concitoyens de la Seine-Inférieure,

Une ère nouvelle a commencé pour la France, a commencé pour le Peuple; l'aristocratie n'est plus pour nous qu'un mot, et, comme autrefois nos pères, nous avons, nous aussi, avec bonheur salué la Mère-Patrie du nom sacré de République.

Proclamée par tous ses enfants, elle a pris pour devise : « *Liberté, Égalité, Fraternité.* » Il faut, Concitoyens, que cette devise soit une vérité; il faut que le Peuple souverain, le Peuple travailleur jouisse des droits qu'il a conquis, et, pour consacrer et conserver ces droits, il faut qu'il envoie à l'Assemblée Nationale des Représentants élus parmi les travailleurs, de vrais et loyaux Républicains; il faut qu'il donne à la Mère-Patrie un conseil composé d'enfants de pur sang et non de faux frères.

Concitoyens de la Seine-Inférieure, enfants du Peuple, c'est à vous spécialement que je m'adresse, comme vous je suis travailleur; c'est votre suffrage que j'ambitionne; c'est de vous que je veux obtenir le mandat de Représentant de la Nation, si vous me jugez digne de cet honneur.

Je suis né, j'ai habité quarante ans au milieu de vous; si vous m'honorez de votre confiance, je prends l'obligation de reprendre de suite mon domicile au milieu de vous. Ceux d'entre vous qui me connaissent peuvent vous dire, Citoyens, peuvent dire au peuple, que j'ai pour recommandation dans le passé une vie honorable, l'amour inné de la Liberté, de l'Egalité, de la Fraternité, et pour l'avenir le désir, l'ambition de me dévouer aux intérêts de mes frères, de consacrer au service de la République tout ce que Dieu m'a donné d'intelligence, de talents, de courage et d'activité.

Liberté, sécurité pour tous, établissement stable d'ateliers nationaux pour le travail, encouragement à l'agriculture et au commerce, respect à la propriété, protection à la religion de nos pères, dévouement sans réserve à la République et à toutes ses conséquences. — Voilà ma profession de foi.

VIVE LA RÉPUBLIQUE.

30 mars 1848.

LE CITOYEN

J. A. DORIVAL,

Paris, boulevard Beaumarchais, 48.

Paris, Paul DUPONT, Imprimeur, rue de Grenelle-St-Honoré, 55.

A TOUS LES ÉLECTEURS

DU DÉPARTEMENT

DE LA SOMME

Liberté, Égalité, Fraternité

Citoyens,

Riches, Pauvres, Travailleurs, Hommes de loisir, Artisans, Laboureurs, Citoyens de toute classe et de toute condition, nous sommes tous égaux, nous sommes tous frères, la République l'a proclamé; et s'il est, au fond de quelque retraite isolée, un seul d'entre vous à qui ce cri sublime ne soit pas encore parvenu, que ses amis, que ses frères courent lui révéler ses droits; mais qu'ils lui disent aussi que ces droits sont des devoirs, et qu'il n'est plus permis à personne de rester indifférent à la chose publique.

Comme Électeurs, comme Gardes nationaux, nos volontés font la loi et la force du pays; soyons donc tous à notre poste. Les élections nous pressent, veillons et agissons. Que l'intrigue qui s'agite au service d'un passé à jamais écroulé, ou d'un avenir anti-national, et par conséquent impossible; que l'ambition égoïste, que le faux patriotisme viennent échouer devant nos volontés unies. A l'heure où nous sommes, aucun choix n'est indifférent: pour l'édifice à construire, tous les matériaux doivent être sains. Point de tiédeur. Dans les assemblées, dans les réunions publiques ou privées, dans les ateliers, dans nos familles, au repos du sillon, au coin du foyer, partout enfin renseignons-nous.

OUVRIERS, ET VOUS SIMPLES LABOUREURS,

Révélez-vous à ceux qui vous ignorent; révélez-vous aux entêtés et aux aveugles qui mettent encore en doute votre intelligence. Votre dévouement à la patrie, votre droiture de jugement et de cœur, plus précieuse que la vanité creuse de bien des parleurs, sont des gages pour les choix que vous ferez, et des droits pour compter au nombre des élus de la République.

Interrogez donc les candidats, discutez les titres; n'hésitez pas à repousser les prétentions suspectes d'arrière pensée, d'ambition e d'intérêt personnel. Que vos suffrages, sévèrement médités, ne s'arrêtent que sur des hommes résolus, animés du vrai sentiment républicain, c'est-à-dire réellement sympathiques au peuple et dévoués corps et âme au bonheur de tous, au salut de la Patrie.

CITOYENS,

Des patriotes, éprouvés depuis trente ans dans nos luttes pour le triomphe de l'idée républicaine, me pressent, au nom du devoir et de l'amitié, de me présenter comme candidat à l'Assemblée nationale, pour notre département. Inconnu du plus grand nombre d'entre vous, je n'aurais jamais songé à me présenter à vos suffages, si le danger de laisser les destinées du pays à la merci des hommes de caste et de privilége, ou des faiseurs qui nous ont exploités trop longtemps, ne commandait aux vrais démocrates, aux vrais amis du Peuple, de défendre l'œuvre sainte de toute leur vie, des atteintes de cette avide cohue des républicains du lendemain.

On l'a dit avec raison, les républicains de la veille, les révolutionnaires, pour éviter toute équivoque, sont aujourd'hui les plus sûrs conservateurs. En vain ceux qui les traitaient, hier encore, d'écervelés, de brouillons, d'anarchistes, prétendent aujourd'hui les effacer par leurs étourdissantes protestations de civisme. Vous n'oublierez pas que ceux qui ont fait d'une idée l'étude de toute leur vie, sont, pour en développer et appliquer les principes, de meilleurs et plus sûrs instruments que tous ces nouveaux convertis, qui n'ont encore appris qu'à crier VIVE LA RÉPUBLIQUE! Aussi, demandez aux plus prodigues de promesses comment ils entendent attaquer les grandes difficultés sociales qui nous assiégent; la plupart d'entre eux, et les plus sincères, vous répondront qu'ils n'ont pas encore eu le temps d'y songer. Eh bien! pour les républicains, toutes ces questions sont mûres, et, seuls, ils pourront les résoudre, parce que seuls ils auront la volonté inébranlable, le courage de tous les sacrifices pour y parvenir. Aussi, croyez-le bien, la République seule aura la puissance de réaliser ces programmes sitôt reniés, qui, de tout temps, ont servi d'inauguration à l'avénement des usurpateurs de nos droits. La République seule pourra nous donner la moralité, l'ordre et la dignité nationale. Par elle seule pourront être abolis ces impôts iniques et vexatoires frappés depuis si longtemps de la réprobation publique. Dites bien aux mères de famille, à peine remises de leur effroi, que cette République si calomniée pourra seule rendre à leur tendresse leurs fils bien-aimés; qu'elle seule abolira l'impôt du sang, en rendant à l'agriculture, qu'elle entend faire prospérer et honorer, les six cent mille bras dont la tyrannie ne pouvait se passer. Et, grâce au ciel, le contre-coup formidable de notre glorieuse révolution de février, dans toute l'Europe, ses conséquences incalculables pour notre sécurité au dehors et pour notre prospérité au dedans, vont nous permettre de réaliser, dans un avenir prochain, cette promesse qui doit être sacrée pour tout vrai républicain, parce que là, seulement, sera pour tous la garantie de la liberté.

Citoyens, je suis né à Abbeville en 1798: mon père, actif [illegible] témoin des grands drames de la première révolution, a fait des républicains de tous ses enfants, par le seul récit des événements de cette immortelle époque. La foi républicaine a été la religion de toute ma vie; je la prêche chaque jour à tous les miens, et lui conserverai jusqu'à ma dernière heure la ferveur d'un vrai croyant. Vous raconter la part que j'ai prise à nos luttes depuis trente ans me semble oiseux et trop personnel; je me bornerai à vous dire que ma place a toujours été auprès des plus fermes et des plus dévoués. Je me présente à vous sous les auspices des Béranger, des Lamennais, des Marrast, des Ch. Thomas, des Recurt. Mon travail m'a procuré un modeste avoir, suffisant à mon indépendance, et que j'entends défendre et conserver pour mes enfants; c'est vous dire que ma devise est : *Respect à la Famille, Respect à la Propriété.*

GUERLAIN,

Parfumeur.

RÉPUBLIQUE FRANÇAISE.

LIBERTÉ. ÉGALITÉ. FRATERNITÉ.

ÉLECTIONS GÉNÉRALES.

Le Président de la Commission municipale de Moissac, prévient les Electeurs du Canton, que, conformément au décret du 26 mars dernier, les élections générales auront lieu, dans la salle du tribunal civil de Moissac, dans l'ordre suivant :

La commune de Moissac, le 23 avril, à sept heures du matin; le scrutin sera fermé à six heures du soir.

Celles de Boudou, le 24 avril, à sept heures du matin.

Celles de Montesquieu, le même jour, à onze heures.

Celles de St.-Vincent-Lespinasse, le même jour, à deux heures.

Celles de St-Paul-d'Espis, aussi le même jour, à trois heures.

Le scrutin sera fermé à six heures du soir.

Celles de la commune de Malause auront lieu le 25 avril, à sept heures du matin; le scrutin sera fermé à dix heures du matin.

A Moissac le 18 avril 1848.

Le Président de la Commission municipale,

J. B. LACOMBE.

Moissac, de l'Imprimerie de Gme Larnaudés.

RÉPUBLIQUE FRANÇAISE.
LIBERTÉ. ÉGALITÉ. FRATERNITÉ.

ELECTIONS GENERALES.

ARRÊTÉ.

Le Président de la Commission municipale de Moissac,

Vu l'arrêté du citoyen Commissaire du Gouvernement du département, en date du 19 avril courant, qui divise en trois Sections électorales le canton de Moissac,

Arrête :

Article premier. La commune de Moissac, formant la première section électorale, se réunira dans la salle du palais du tribunal le 23 du mois courant, à sept heures du matin ; elle sera présidée par le citoyen Juge de paix.

Art. 2. La seconde embrasse les communes de Montesquieu et de St-Paul-d'Espis, formant la deuxième section, se réunira le même jour et à la même heure, à l'hôtel de la Mairie de Moissac ; elle sera présidée par le citoyen *Lespinasse*, premier suppléant de la Justice de paix.

Art. 3. La troisième, qui embrasse les communes de Malause, Boudou et Saint-Vincent-Lespinasse, se réunira également le même jour et à la même heure, dans l'une des salles de l'hôtel de la Sous-Préfecture, et sera présidée par le citoyen *Periés*, second suppléant de la Justice de paix.

Art. 4. Tous les électeurs du canton de Moissac sont invités à se rendre, chacun dans sa section, aux lieu, jour et heure ci-dessus indiqués, pour y exercer leur droit électoral.

Art. 5. Le présent arrêté sera immédiatement publié et affiché dans toutes les communes du Canton.

A Moissac le 20 avril 1848.

Le Président de la Commission municipale,

J. B. LACOMBE.

Moissac, de l'Imprimerie de G^me Larnaudés.

AUX ÉLECTEURS

DE L'ARRONDISSEMENT DE GRASSE.

En allant déposer notre vote dans l'urne électorale, ne perdons pas de vue que notre Arrondissement se trouve placé dans une condition tout-à-fait exceptionnelle : en effet, à quel autre arrondissement, Citoyens, appartient-il davantage d'avoir des Mandataires spéciaux ? examinez quels sont vos produits naturels, notre industrie, et vous trouverez que nos besoins réclament des Représentants qui lui appartiennent de la manière la plus directe.

Nos produits : les Huiles, les Fleurs ne sont, comme vous le savez, ceux d'aucun autre Département, pas même des trois autres Arrondissements du Var. — Dans cet état de choses, nous ne pouvons livrer à des mains étrangères notre revenu, notre fortune. Nous devons craindre, Citoyens, que des Représentants qui seraient étrangers à nos besoins, ne fussent trop faciles à consentir une réduction sur le tarif des Douanes et à voter pour la libre entrée en France, des Huiles et des Fleurs. Examinez cette question, et vous verrez que cette crainte n'est pas chimérique.

Nous vous le demandons, Citoyens, quel serait notre sort ? le revenu de nos terres serait réduit à rien, et notre industrie anéantie.

Aussi pour prévenir autant que possible un tel malheur, nous vous engageons de la manière la plus pressante, à faire choix pour vous représenter, des gens probes et désintéressés, nés dans notre Arrondissement, et familiers avec nos besoins. — Parmi les candidatures, celles des Citoyens MAUREL et ROURE, répondent le mieux à cette nécessité des circonstances ; ce sont les plus sérieuses, elles réunissent le plus de sympathie. Il est donc de notre intérêt de nous grouper autour de ces Candidats et de leur donner tous notre suffrage.

Citoyens, unissons nos efforts, rallions-nous à ces deux noms, et nous serons convenablement et utilement représentés.

UNE RÉUNION D'INDUSTRIELS ET DE CULTIVATEURS.

Liste des neufs Candidats à l'Assemblée Nationale, pour le Département du Var.

MAUREL, de Vence.
ROURE, Parfumeur.
CASY, Vice-Amiral.
BEAUME, Avocat.
ANDRÉ MARIUS, Ouvrier.

ARNAUD, ex-Préfet.
C. HENRICY.
PHILIBERT, Propriétaire.
ALLEMAN, Banquier.

GRASSE, Imprimerie de DUFORT Aîné.

LIBERTÉ! ÉGALITÉ! FRATERNITÉ!

ORIENT DE TOULON, LE 19 MARS 1848 (Ere Vulgaire.)

COMITÉ ÉLECTORAL MAÇONNIQUE

DU DÉPARTEMENT DU VAR,

Sous les auspices de la Loge La Réunion, Orient de Toulon.

A tous les frères composant la grande famille Maçonnique.

Un grand mouvement électoral va avoir lieu; il s'agit de constituer une représentation nationale qui soit l'expression vraie du pays, et qui puisse fonder sur des bases impérissables la République Française; Les Francs-Maçons de cet Orient ne peuvent pas rester indifférents devant une manifestation si solennelle de la pensée; il faut qu'à l'exemple de leurs frères les Francs-Maçons de Paris, ils se rallient sous la bannière Maçonnique, où déjà sont écrits ces mots LIBERTÉ, ÉGALITÉ, FRATERNITÉ, et que, par un concours puissant de leur volonté, ils exercent sur les élections du département une influence morale, matérielle et salutaire, de manière à faire porter le choix des Représentants du Peuple à l'Assemblée Nationale sur des hommes de cœur, d'intelligence et profondément dévoués au pays, à quelque classe de la société qu'ils appartiennent, parce que c'est de l'union de toutes les classes reliées dans la pensée du bien commun, sans que l'une prévale sur les autres, que sortiront la force qui est la vie des gouvernements, et la sagesse qui en est la règle.

Nous invitons donc tous les frères à se réunir à nous pour nous favoriser de leurs lumières dans cette œuvre de régénération politique, et à consolider ainsi le nouvel édifice social qui va s'élever.

Que le Grand Architecte de l'Univers nous soit en aide!

VIVE LA RÉPUBLIQUE!!!

Les membres du bureau du comité électoral Maçonnique : Grandjean de Fouchy, président, vénérable de la Loge La Réunion; Rebufat, Joseph, vice-président; Jolidon, secrétaire général; Gellaz, orateur-rapporteur; Blain, trésorier; Guérin, François, hospitalier-aumônier; Grandjean de Fouchy fils et Ch. E. Baudin, secrétaires particuliers; Angelin Victor et Guérin Théophile, maîtres de cérémonies introducteurs.

On s'inscrit au local de la Loge La Réunion, rue de la Comédie, n° 21.

TOULON.— Imp. de VEUVE BAUME, rue de l'Arsenal, 17.

AUX ÉLECTEURS DU VAR.

Citoyens Électeurs,

Le 17 Mars dernier je vous ai fait ma déclaration de principes.

Depuis cette époque, des personnes, animées d'intentions que je n'ai point à qualifier ici, ont répandu à diverses reprises, le bruit que je me désistais de la candidature.

Il n'en est rien. Je ne me suis décidé qu'après avoir examiné sérieusement la grandeur certaine et le péril possible de la mission que vont recevoir les Représentants de la Nation, et on ne revient pas de décisions ainsi prises.

M'adressant à vous de nouveau, je crois devoir compléter ma déclaration de principes, en vous faisant connaître mes réponses aux principales interpellations à moi adressées par les Electeurs avec qui j'ai eu l'honneur de m'entretenir.

Interpellé sur la forme du Gouvernement, j'ai répondu que le Gouvernement Républicain, c'est-à-dire le Gouvernement des Citoyens par les Citoyens eux-mêmes, et non par une classe ou une famille privilégiée, me paraît la forme de droit essentiel; les autres formes ont pu être de nécessité dans un autre temps; celle-là est aujourd'hui de fait comme de droit. J'en repousse formellement toute autre.

Sur le respect de la propriété, j'ai dit et je répète que je ne suis pas communiste; que le principe de la propriété est pour moi un principe sacré; que le plus vif de mes désirs est que le Gouvernement à venir encourage et soutienne l'agriculture, non seulement par des secours, mais encore et surtout par des lois protectrices n'ouvrant pas imprudemment les frontières de la France à des produits étrangers qui doivent ruiner l'agriculture. En outre, je voudrais des mesures qui, en temps de paix, allégeassent le fardeau des contributions directes; parce que, en temps de guerre, c'est là qu'il faut chercher les ressources de la nation; et je veux cette protection toute spéciale pour l'agriculture, parce que c'est là que se trouvent les travailleurs qui me paraissent les plus méritants et les plus dignes d'attention.

Sur la question du travail en général, j'ai ajouté à ce que j'avais déjà dit, que le premier des soins me paraissait devoir s'appliquer au rétablissement immédiat de l'ordre : de l'ordre qui ramènera la sécurité et le crédit, conditions essentielles de toute organisation du travail; puisque, sans elles, le travail ne vient pas soulager les besoins des uns et fertiliser les capitaux des autres.

Sur l'impôt des boissons, j'ai déclaré que, si dans les circonstances actuelles cet important revenu était nécessaire à l'État, je ne le voterais qu'à la condition de faire disparaître l'exercice et la surveillance de la circulation, qui me paraissent odieux et attentatoires au principe de la liberté et du droit d'user de sa propriété.

J'ai répété que je voulais la liberté de la Presse, et la liberté des Cultes, mais avec des mesures qui devraient empêcher la liberté de dégénérer en une immorale licence. Sur cette question : La position actuelle du Clergé doit-elle être conservée? j'ai répondu que je veux par-dessus toute chose assurer au Clergé l'indépendance et la dignité; que c'est là le principe d'après lequel je me dirigerais; et que si la discussion me démontrait que les mesures, qui me paraissent aujourd'hui les meilleures, éloigneraient de ce but au lieu d'y conduire, je me rappellerais le principe et me rattacherais aux moyens qui en assureraient le plus efficacement la réalisation.

Enfin sur la liberté d'enseignement, j'ai répété que je la veux pour tous, sans corps privilégié dans l'état, et que si je la veux *dans l'intérêt et sous la surveillance de la nation*, cela ne signifie nullement *dans l'intérêt et sous la surveillance exclusive de l'Université.*

Citoyens Électeurs, les principes que je vous soumets ont été adoptés par moi librement et sans légèreté; je les soutiendrais avec une fermeté libre et franche, mais sans aveugle entêtement quand la discussion me démontrerait que j'ai tort.

Grasse, 6 Avril 1848.

DUVAL.

Grasse, imprimerie de Dufort aîné.

1848

AUX ÉLECTEURS

DU DÉPARTEMENT DU VAR.

CITOYENS ELECTEURS,

Fondé sur les ruines de deux monarchies dont l'une s'est écroulée sous la colère du peuple, et l'autre sous le mépris public, le gouvernement provisoire de la République fait appel à tous les enfants de la France, afin que les élus de la nation décrètent cette constitution d'où dépendra sans doute le salut et l'avenir de la patrie : et je viens, loyalement, franchement, solliciter vos suffrages.

Homme du peuple, élevé au milieu du peuple, j'en ai étudié les besoins et les tendances.

Douze ans de séjour dans nos grands centres de population m'ont permis de connaître les misères de l'ouvrier, et peut-être ne serai-je pas inutile à ceux qui seront appelés à résoudre le problème encore si obscur de l'organisation du travail.

Citoyens électeurs, n'attendez pas que, dans des phrases plus ou moins sonores et dont on connaît le vide, je vous dise ce que je fus, et ce que je suis (1848 m'a trouvé, comme en 1830, dévoué à la sainte cause du peuple), mais ce que je serais, si j'avais l'honneur immense d'être un de vos représentants.

Je serai l'infatigable défenseur de vos droits, l'ennemi le plus énergique des abus et des sinécures. Je demanderai chaque jour la réduction des impôts, des employés, des gros traitements; homme de la nation, je ne serai jamais homme de parti.

Liberté, égalité, fraternité, cette devise sainte ne sera pas pour moi un mot vide de sens, une *charte vérité*; liberté illimitée de la presse, de la parole, de la conscience, et surtout, liberté de l'enseignement, parce que j'ai foi en notre sainte cause; voilà quel sera mon drapeau, ce sera celui de tous les Républicains dévoués et convaincus.

La religion me comptera parmi ses défenseurs les plus chaleureux et les plus sûrs, parce que, filles du ciel, la religion et la liberté, s'appuyant l'une sur l'autre, peuvent seules assurer l'avenir de notre République; et si un instant, descendue sur la terre, la liberté s'est voilé la tête pour ne pas voir le sang que l'on versait en son nom; triomphante et radieuse, elle vient de planter le drapeau de la République au milieu de notre belle France, saluée par les peuples, bénie par le clergé.

Citoyens électeurs, je ne cours ni après les honneurs, ni après la fortune; mon ambition est de me dévouer à la sainte cause du peuple, et d'aider à la fondation de la République qui seule peut assurer le bonheur et la tranquillité de notre patrie. Et si vous me choisissez pour votre Représentant, mon premier acte sera de déposer dans la caisse de secours aux blessés de février, les trois cinquièmes de la somme affectée, journellement, aux représentants du peuple.

Citoyens électeurs, élu, ou non élu, soyez persuadés que mon dévoûment ne fera jamais défaut à la cause de la République, et par conséquent à la cause du peuple.

Salut et fraternité.

FAUCHIER, de Lorgues.

DRAGUIGNAN, IMPRIMERIE DE H. BERNARD, PRÈS LA PAROISSE.
1848

AUX ÉLECTEURS

DU DÉPARTEMENT DU VAR.

Mes chers Concitoyens,

Vous m'avez comblé !

Ma reconnaissance est de celles qui ne se traduisent pas en paroles. C'est par des actes que j'espère vous la prouver.

Vous avez remué, au fond de mon cœur, des fibres qui m'étaient inconnues. En un mois, j'ai vécu plus que je n'avais fait en dix ans.

Toutes les faveurs monarchiques seraient impuissantes à donner de telles émotions.

Je vous l'ai déjà dit, je ne mets rien au-dessus du témoignage libre et spontané de l'estime de mes Concitoyens. Je tâcherai de ne pas déchoir de celle que vous m'avez accordée.

Je sais combien il sera difficile de répondre aux vœux de chacun de vous. Mais aucun de vous ne me demandera d'aller au-delà de mes convictions, lorsqu'elles ne seront produites que par un ardent amour de l'intérêt général.

Je vous remercie de m'avoir associé à des hommes, à côté desquels je serai fier de marcher. Vous n'exigerez pas que, dans l'éclat des services rendus, j'occupe la place que vous m'avez faite sur vos bulletins. Je reconnais à ces honorables émules plus d'un mérite que je n'ai point. Je serai attentif à les valoir par la droiture des intentions.

Je me rends au poste que vous m'avez assigné. Mais avant de partir, qu'il me soit permis de dire à ceux qui l'ignorent, et déjà je suis fondé à savoir qu'il en est, que le ***Représentant du Peuple*** va différer du ***Député***, au moins en ceci : qu'il ne sera pas l'agent obligé de toutes les sollicitations, et que le temps donné à discuter avec les ambitions illégitimes, serait pris sur celui des devoirs publics. Intrigants de haut et de bas étage, je vous le déclare, je ne suis pas l'homme qu'il vous faut. Je ne vous ai rien demandé ; je ne vous dois rien. Vous feriez fausse route, en vous adressant à moi. J'espère, pour l'honneur du régime nouveau, que vous ne serez pas plus heureux ailleurs. J'ajoute que je serai toujours prêt à unir mes efforts à ceux de mes Collègues, pour signaler les droits acquis et les services rendus.

Et maintenant, vous tous qui m'avez enrôlé parmi les neuf cents ouvriers qui vont apporter leur part de labeur au grand édifice social que notre époque aura la gloire de fonder, mes chers Concitoyens, mes amis connus et inconnus, vous de qui j'ai serré la main ou de qui j'espère la serrer un jour, adieu ! Soutenez-moi de vos sympathies, et sachez bien que, corps et âme, je suis à vous.

Vence, le 1.er mai 1848.

MARCELIN MAUREL.

GRASSE, Imprimerie de DUFORT Aîné.

CITOYENS ÉLECTEURS DU VAR,

et aux Membres des Comités.

DANS les grandes circonstances où nous nous trouvons, je me montre tel que je suis, moi, homme travailleur des campagnes, petit propriétaire, n'importe, je veux être, pour demander les choses les plus nécessaires, et prendre les intérêts publics pour tous mes concitoyens, travailleurs et ouvriers des quelles que soient les professions, les honneurs et le bonheur de pouvoir voter, la postérité française nous donne le droit, sachons en profiter. Souvenons-nous de l'affiche n° 1, qui nous dit : tâchez d'envoyer des personnes du parti et non des riches, parce que lui est impossible de prendre les intérêts des gens pauvres. Pour la république, jai mon âme enflammée de son amour, et mon cœur inébranlable, tout prêt à verser jusques à la dernière goutte de mon sang pour-elle, il doit nous rendre heureux, profitons du moment favorable qui l'ai la première fois qui arrive de pouvoir choisir les députés à nos bons grés.

Nous, travailleurs des campagnes, ce n'est pas les travaux pénibles que nous endurons à la rigueur du temps, et qui l'ai le plus nécessaire de tout, il faut qu'il l'aie quelque représentant cultivateur, pour prendre les intérêts pour nous, d'où vient les principales nourritures. Ce n'est pas le travail de leurs bras des cultivateurs qu'il faut pour faire produire les campagnes, pourtant on les menaient comme de bétail. Est-ce que nous sommes pas tous frères? Est-ce que nous sommes pas tous né de la même nature ? il faut lui rendre justice, donnons-lui du courage, à ces braves travailleurs, pour afin qu'ils prennent goût à l'agriculture.

Cet art précieux le plus nécessaire de tous les autres ; pour cela les représentants doivent donner l'exemple du respect pour les lois, la justice, la propriété, les droits légitimement acquis, les croyances religieuses.

C'est juste que je donne mes intentions à tous mes concitoyens fraternels et les dispositions que je m'engage et le courage de les maintenir avec probité.

ARTICLE PREMIER. Que les gros traitements soient réduits.

ART. 2. Que le code forestier soit annulé de plein droit, parce qu'il donnait que des gênes aux peuples de la basse classe, par l'ordre des employés qui dressaient des procès-verbaux à propos de rien que pour mettre les pauvres gens dans la misère.

ART. 3. Que le droit du vin soit aboli, qui est un fardeau qui pèse extrêmement au peuple.

ART. 4. L'Afrique doit être conservée par l'état, afin que les contrées du midi ne soient pas autant misérables, parce que dans ce département nous récoltons bien peu de blé, il est extrêmement nécessaire de maintenir le passage de la marine pour le commerce de ces pays.

ART. 5. Que les impôts de l'entrée des bestiaux de la Sardaigne soient levés par bonne raison, que nous peuple du département du Var nous mangeons la viande trop chère, impossible à nous d'en pouvoir acheter à ce prix, à 1 fr. 25 centimes le kilogramme, il faut une demande pour cela.

ART. 6. Et qu'en faveur du peuple, les permis de chasse soient remis à 3 francs seulement, afin que chacun puisse en jouir d'une partie de chasse.

Citoyens Membres des Comités,

A vous de juger les principes au choix des électeurs. Celui que vous-même aurez choisi, à vous de décider si vous me trouverez digne d'être votre représentant.

Salut et Fraternité,

Et que nous crions tous,

Vive notre Sainte République qui nous a délivré de nos tyrans.

PORTAL ARMELIN, de Flassans.

Brignoles, Typ. Perreymond-Dufort.

1848

AUX ÉLECTEURS

DU DÉPARTEMENT DU VAR.

Citoyens !

Quelques heures ont suffi pour renverser un Gouvernement qui n'avait pas su chercher son appui dans les vrais sentiments publics, et qui s'était habitué, en vue d'un intérêt purement dynastique, à faire bon marché de la dignité nationale et de l'honneur du pays. Cette Révolution a eu pour effet immédiat de rendre à la France son rang naturel et légitime entre les nations, en la plaçant à la tête de celles qui marchent vers la liberté, dans les voies de la civilisation et du progrès.

Il faut maintenant organiser la victoire du peuple et consolider l'œuvre qu'il a si rapidement accomplie.

A l'Assemblée Nationale est réservée cette tâche glorieuse.

Votre droit comme votre devoir, Citoyens, est d'y concourir par l'élection de vos Représentants.

C'est ce titre que je viens solliciter de votre confiance.

Enfant de la Provence, indépendant par position et par caractère, n'ayant jamais rien demandé ni au pouvoir déchu ni au nouveau gouvernement, je me présente à vous, libre de tout engagement envers le passé, heureux de réclamer ma part dans ce grand travail qui doit fonder l'avenir de la France, et de me dévouer au service d'une cause vers laquelle m'ont toujours porté mes convictions et mes études.

Je ne me dissimule point les objections qui me seront faites : aussi, et par cela même que j'accomplis aujourd'hui le premier acte de ma vie politique ; vous dois-je l'exposé clair et simple de mes opinions sur les principales questions que sera appelée à traiter l'Assemblée Nationale.

L'ère nouvelle qui s'ouvre pour la France a été inaugurée sous les auspices d'un principe dont l'application avait été jusqu'à ce jour repoussée, mais qui est destinée à régir les sociétés futures : la souveraineté du peuple.

1848

Dans tout État sainement et régulièrement établi, cette souveraineté ne s'exerce et ne peut s'exercer que par délégation.

Cette délégation constitue le droit et la force de l'Assemblée Nationale : elle lui donne des attributions immenses, mais elle lui impose de grandes et impérieuses obligations. Sortie librement de l'urne électorale, manifestation réelle et sincère de la volonté du pays, seul organe légitime de la souveraineté du peuple, il faut, avant tout, que l'Assemblée Nationale assure son indépendance, et la liberté de ses votes et de son action.

Elle doit ensuite s'occuper à donner au pays une constitution franchement républicaine, reposant sur des bases larges et généreuses, et offrant des garanties suffisantes à l'ordre et à la liberté.

Elle doit encore :

Consacrer le respect aux droits inviolables des personnes et de la propriété ;

Régler les droits et les rapports des ouvriers et des maîtres, et se préoccuper dans toutes les circonstances avec une ardente sollicitude des intérêts éminemment respectables des travailleurs ;

Aider, par toutes les voies honnêtes, au développement politique, industriel et moral de la nation ; proclamer l'égalité de droit, la maintenir sagement dans la vie sociale, en effaçant toutes les distinctions de classes et de priviléges ; fonder la grande famille française ; introduire la fraternité dans l'esprit et dans les mœurs de tous ; établir la liberté comme la base naturelle de toutes nos institutions ;

Tel est le but que doit se proposer l'Assemblée Nationale, et voici dans ma pensée quelques unes des questions de détail dont la solution nous conduira à cet heureux résultat ;

Réduction et meilleure répartition de l'impôt : diminution graduelle des impôts indirects et modification immédiate des moyens de recouvrement actuellement en usage ;

Impôts sur le luxe ;

Réduction dans le nombre des employés, dans le chiffre des traitements des hauts fonctionnaires ;

Incompatibilité dans une juste mesure entre les fonctions de Député et toute fonction publique ; dans aucun cas (si ce n'est pour des places d'un revenu minime), point de cumul ; plus de sinécures ;

Droit au travail garanti ;

Prévoyance sociale étendue à tous : crèches, salles d'asile pour l'enfance, maisons de refuge ou de retraite pour les femmes et les vieillards ; subsistance assurée aux ouvriers infirmes et aux pauvres ;

Éducation gratuite jusqu'à un certain degré ;

Liberté de la parole, de la presse, de pétition, d'association, d'enseignement;

Liberté des cultes;

Protection spéciale accordée à l'agriculture;

Toutes les distinctions sociales reposant sur la capacité.

Je ne puis indiquer ici ces divers points de discussion que d'une manière sommaire et compatible avec les bornes essentiellement restreintes d'une profession de foi; mais je serai heureux de donner à mes Concitoyens des explications de vive voix dans toutes les circonstances où l'occasion m'en sera offerte.

J'ajoute, pour qu'on ne se méprenne sur ma pensée, que ces réformes diverses devront être tentées avec modération; que quelques-unes mêmes d'entr'elles ne pourront être abordées que par des mesures transitoires. Il faut combler peu à peu l'abîme qui nous sépare de la monarchie, attendre du temps, du progrès des lumières et de l'influence de la discussion, le ralliement et les sympathies de quelques esprits encor tièdes : la violence n'a jamais converti personne. La République seule peut s'attacher tous les dévouements en accomplissant de grandes et nobles choses : elle n'y faillira pas.

Citoyens, vous pourrez nommer des Représentants plus capables et plus dignes; permettez-moi de croire que vous n'en trouverez pas de plus dévoués que moi au triomphe et à l'établissement définitif des idées démocratiques.

Je termine en vous exprimant mon vœu le plus cher : j'espère que ceux-là même d'entre vous qui condamneraient mon ambition, ne condamneront pas mes principes. Eux seuls peuvent assurer dans l'avenir, le bien-être du Peuple, la gloire et le bonheur du pays!

Grasse, le 28 Mars 1848.

RIGAUD-MONTMEYAN (de Grasse),

Avocat.

Grasse, imprimerie de Dufort aîné.

Habitants de Grasse,

Il s'est manifesté dans le sein de notre ville des germes de division qu'il importe d'étouffer au plus tôt dans l'intérêt de tous. N'oublions pas que la Révolution de Février a été faite par le Peuple et pour le Peuple, et qu'il faut que le Peuple ait sa part dans la Représentation Nationale. Pourquoi chercher bien loin, et au prix de dissentions intestines, ce que nous avons sous la main?

Il existe, en effet, au milieu de nous, un honnête et modeste plébéien, qui a passé par l'épreuve du malheur, et qui en est sorti sans tache et toujours irréprochable; plein d'intelligence et de bon sens, formé à l'école du travail, ayant beaucoup voyagé, beaucoup appris; bon fils, bon époux, bon père et bon citoyen (qualités sans lesquelles il n'est point de sincère Républicain), exerçant honorablement sa profession, ami de l'ouvrier, des travailleurs, plein de dévouement et de courage pour la chose publique, au point qu'il a offert spontanément à l'administration municipale de gérer *gratuitement* toute place quelconque salariée.

Cet estimable Concitoyen, au jugement sain, à l'âme noble, au cœur généreux, n'ira pas courir les cabarets, ni se donner en spectacle sur les places publiques; il reste caché au fond de son atelier, avec sa famille, à laquelle il inspire toutes les vertus domestiques et religieuses.

Il faudra lui faire en quelque sorte violence pour l'obliger à accepter le mandat de nous représenter. Mais s'il accepte, soyez sûrs qu'outre les garanties que son patriotisme bien connu et à toute épreuve offre à ses Concitoyens, il sera si désintéressé, qu'il ne prendra, du traitement accordé, que ce qui suffira à ses besoins. Et vous le verrez, Habitants de Grasse, revenir, nouveau Cincinnatus, toujours pauvre, mais heureux d'avoir pu concourir au salut et au bonheur de sa patrie.

Ce Plébéien, ce véritable Républicain, vous allez le reconnaître et le nommer tous : c'est le Citoyen **J.-F. ROURE**, époux LEVENS, Parfumeur, de cette ville.

Grasse, 13 Avril 1848.

Grasse, imprimerie de Dufort aîné.

AUX ÉLECTEURS

De l'Arrondissement de Grasse

Et du Département du Var.

Citoyens, Frères et Amis,

Encouragé par les nombreux témoignages de sympathie que vous voulez bien me donner, je ne saurais plus résister à accepter la candidature que vous m'offrez; aussi je l'accepte avec reconnaissance et ne crains nullement d'en courir les hasards.

Je ne dissimule point les dangers de la représentation : ils peuvent être grands, immenses; quels qu'ils soient, je les affronterai avec courage.

Mes antécédents, Frères, vous sont connus : sorti comme la plupart d'entre vous, de cette classe pauvre mais laborieuse qu'on appelle le peuple, ma vie n'est cachée à personne, et si j'ai passé par l'épreuve du malheur, ma constance ne s'est jamais démentie.

A quoi bon, Frères, vous donner ma profession de foi! je ne pourrais au reste vous répéter ce que tant de candidats vous disent tous les jours; cependant je vous dois un mot au sujet de quelques réformes nécessaires.

Au nom de mes Frères, si vos suffrages me conduisent à l'assemblée nationale, je demanderai que le mérite soit la seule condition d'admissibilité aux emplois, pour toutes les classes.

Au nom de mes Frères, je voudrai que les droits de l'ouvrier soient garantis au travail, et que le travailleur probe et sans fortune ne soit point jeté dans un hôpital, le jour où ses forces l'auront abandonné.

Au nom de toute la France qui est notre mère commune, je demanderai la réduction des impôts, celle des gros traitements, l'abolition des sinécures et la suppression des impositions vexatoires et du monopole.

Je m'engage à ne voter que pour le bien public.

En tous temps, lorsqu'il s'agira de l'intérêt général, vous me trouverez le premier et le dernier sur la brèche.

Ainsi, Frères, si un dévouement sans bornes à la cause de la patrie, suffit pour mériter vos suffrages, me voici. Apôtre de la République, je n'ai pas attendu le triomphe du peuple pour proclamer la sainteté de ses droits, et je saurai, s'ils étaient attaqués, les défendre au péril même de ma vie.

J.-F. ROURE, Parfumeur.

Grasse, le 14 Avril 1848.

Grasse, imprimerie de Dufort aîné.

COMITÉ CENTRAL DE LA VENDÉE.

RÉPUBLIQUE FRANÇAISE.

LIBERTÉ, ÉGALITÉ, FRATERNITÉ.

Assemblée générale des délégués des Comités Républicains électoraux des cantons de la Vendée.

Procès-Verbal de la Séance du 21 Mars 1848.

A deux heures après midi, l'Assemblée est entrée en séance dans une des salles de l'Hôtel de Ville de Napoléon. Étaient présents, les citoyens :

SAINT-PREUX MERLAND, CHAPPOT, délégués des Sables.

GAUDIN, juge de paix, Léon GILLAIZEAU, délégués de Talmont.

BUET, notaire, VINET fils, délégués des Montiers.

GROLLEAU, médecin, ROY, délégués de Saint-Gilles.

GILLES MERCIER, PELLETIER, médecin, délégués de la Motte-Achard.

CHARTIER, LETENNEUR, délégués de Challans.

BAIZEAU, BROSSAUD, délégués de Beauvoir.

GIROTTEAU, MARTINEAU, juge de paix, délégués de Palluau.

PIET, LE BRETON, délégués de Noirmoutiers.

AUGER, ORSONNEAU, délégués de l'Ile-Dieu.

BARON, ex-député, PENOT, marchand de fer, délégués de Fontenay.

CHAUVET, BŒUF, délégués de l'Hermenault.

François RAUD, médecin, NEULLIER fils, médecin, délégués de Luçon.

CHABOT, PELTREAU, délégués de Sainte-Hermine.

PRIOUZEAU, CHARRIER, notaire, délégués de Chaillé-les-Marais.

BIENVENU, juge de paix, BAILLY, délégués de Hylaire-sur-l'Autise.

Benjamin FILLON, Eugène MARTIN, (désigné par M. BARON), id. de Maillezais.

NICOLAS, GENAY, id. de la Chateigneraye.

JACQUET (du Vignault), Isidore ALLAIRE, id. de Pouzauges.

ROBERT du Breuil, MOREAU, maire, id. de Napoléon.

PEROTTEAU, ROY, juge de paix, id. du Poiré-sous-Napoléon.

GADAIS, DESHAYES, juge de paix, id. de Mareuil.

CHAUVIN, GOURRAUD, id. de Saint-Fulgent.

BOISSON, ex-notaire, MERCEROT, huissier, id. des Herbiers.

BOUTILLIER DES HOMELLES, l'ABBÉ VÉRON, id. de Mortagne.

TRASTOUR, GOUIN, id. de Montaigu.

BOSSIS, JOLLET, id. de Roche-Servière.

MEUNIER, BROTHIER, id. de Chantonnay.

CACAUD, notaire, BASTIOT, notaire. id. des Essarts.

Le cantons de Saint-Jean-de-Mont seul n'est pas représenté.

Les citoyens ROBERT DU BREUIL, *président d'âge, et* VINET fils, *le plus jeune membre de l'Assemblée, prennent place au bureau et font procéder à la nomination du bureau définitif.*

Le citoyen ROBERT DU BREUIL *est nommé Président, et les citoyens* EUGÈNE MARTIN *et* BENJAMIN FILLON, *sont élus Secrétaires.*

Sur la proposition d'un membre, le citoyen LUNEAU, *ex-député, est introduit et répond à diverses interpellations qui lui sont adressées. Il se retire ensuite, après avoir été remercié par le Président, au nom de ses Collègues.*

L'Assemblée s'occupe alors du choix des Candidats qui devront être proposés aux Electeurs du département.

Le citoyen CHABOT *demande que les noms des cinq députés de la dernière législature soient inscrits en tête de la liste.*

Cette proposition est prise en considération.

Le citoyen MERLAND, *au nom du Comité des Sables, émet l'avis d'engager les députés sortants à faire des professions de foi.*

Le citoyen CACAUD *demande le scrutin secret.*

Le citoyen NEUILLIER *propose de voter séparément sur l'admission de chaque Candidat.*

Les propositions des citoyens CHABOT *et* CACAUD *ayant prévalu, le Président fait voter sur l'acceptation des candidatures des cinq députés sortants.*

Cinquante-sept votants prennent part au scrutin, dont voici le résultat :

LUNEAU,	56 voix.
BARON,	55
GUYET,	54
ISAMBERT,	53
CHAMBOLLE,	52

En conséquence, ces cinq noms sont inscrits en tête de la liste.

Le citoyen CHABOT *propose de fixer le jour d'une seconde réunion, afin de discuter définitivement la valeur des autres Candidats.*

Quelques membres appuient cette proposition, qui est vivement combattue par les citoyens MOREAU, DESHAYES, *et* JACQUET, *et l'Assemblée décide qu'elle procédera immédiatement au choix des quatre autres Candidats.*

Les Secrétaires font l'appel des cantons, et les délégués qui ont des présentations à faire, désignent successivement les personnes que leurs commettants les ont chargé d'indiquer.

Talmont présente les citoyens GILLAIZEAU Léon, à Avrillé, et GAUDIN, juge de paix.

La Motte-Achard, LUMINAIS, ex-député.

Beauvoir, LUMINAIS.

Noirmoutier. Le citoyen Emile Le BRETON se présente.

L'Hermenault, FRIOT, juge à Fontenay.

Luçon, PARENTEAU, Armand, de Sainte-Hermine; JAULIN, propriétaire à Luçon; Eugène MARTIN, de Napoléon; BOUTET, de Sainte-Hermine; FILLON, Benjamin, de Fontenay; GAUJA, préfet de la Vendée; PARIZEAU, négociant à Luçon; PRIOUZEAU, de Moreilles; DE HILLERIN, de Luçon; BEAUSIRE, de Chevrette; DESHAYES, juge de paix à Mareuil; JOLY, propriétaire à la Rabretière; *KÉRATRY*, conseiller d'Etat.

Sainte-Hermine, PARENTEAU, Armand; BOUTET.

Chaillé, Armand PARENTEAU.

Saint-Hylaire, BIENVENU, juge de paix.

La Chateigneraye. Le citoyen Ferdinand PARENTEAU se fait présenter.

Pouzauges, JACQUET, du Vignault.

Napoléon, le citoyen MOREAU présente Eugène MARTIN, Benjamin FILLON et PARENTEAU,

Le citoyen ROBERT DU BREUIL se présente.

Le Poiré. Le citoyen PEROTTEAU présente le citoyen GAUJA.

Mareuil, Armand PARENTEAU.

Mortagne, DUVAU, de Chavagnes; GAUJA; HENRY DE L'ESPINAY, grand-vicaire du diocèse de Luçon.

Montaigu, Charles DUGAST-MATIFEUX, de Montaigu; B. FILLON, Eugène MARTIN.

Chantonnay, Armand PARENTEAU; Eugène MARTIN; Constant MEUNIER, de Chantonnay; DE LAMARTINE, membre du Gouvernement provisoire.

Les Essarts, Eugène MARTIN; B. FILLON; PARENTEAU, Armand.

Les Herbiers, Eugène MARTIN; B. FILLON; Armand PARENTEAU; BEAUSIRE, de Chevrette; SALLÉ, des Herbiers.

Les citoyens PRIOUZEAU *et* DESHAYES *déclarent se désister de leurs candidatures.*

Les délégués des autres cantons déclarent n'avoir pas de candidats à proposer, et être disposés à porter leurs voix sur ceux qui réuniront la plus de suffrages, et dont les opinions républicaines seront connues.

La séance est suspendue à quatre heures et demie.

A sept heures du soir, l'Assemblée rentre en séance, et décide que les noms des quatre Candidats seront inscrits sur la même liste. La majorité absolue est exigé pour être proclamé.

Cinquante-huit *membres prennent part au scrutin. Majorité absolue :* Trente.

Premier tour de Scrutin.

Les Citoyens :

PARENTEAU, Armand,	44 voix.	GILLAIZEAU,	9 voix.
Eugène MARTIN,	29	MEUNIER,	8
Benjamin FILLON,	19	DE LAMARTINE,	8
LUMINAIS,	18	JACQUET,	6
JAULIN,	17	DE LESPINAY,	5
GAUJA,	13	DUGAST-MATIFEUX,	5
GAUDIN,	11	BEAUSIRÉ,	4
BOUTET,	10	BIENVENU,	4
ROBERT,	9	NEUILLIER,	1

Le citoyen Armand PARENTEAU *est proclamé sixième Candidat.*

Second tour de Scrutin.

Cinquante-six votants.

MAJORITÉ ABSOLUE VINGT-NEUF.

LUMINAIS,	31 voix.	DE LESPINAY,	5 voix.
Eugène MARTIN,	30	ROBERT,	4
B. FILLON,	22	JACQUET,	4
GAUDIN,	14	MEUNIER,	3
GAUJA,	14	BIENVENU,	3
JAULIN,	13	BEAUSIRE,	2
BOUTET,	9	CHABOT,	1
GILLAIZEAU,	7	LEDRU-ROLLIN,	1
LAMARTINE,	6	DUGAST-MATIFEUX,	1

Les citoyens LUMINAIS *et* MARTIN *sont proclamés septième et huitième Candidats.*

Troisième tour de scrutin.

L'Assemblée, sur la proposition d'un membre, décide que les suffrages seront portés seulement sur les trois citoyens qui ont obtenu le plus de voix au second tour de scrutin.

Cinquante-cinq votants.

B. FILLON,	21 voix.
GAUDIN,	17
GAUJA,	17

Le citoyen B. FILLON *est proclamé neuvième Candidat.*

Les neuf Candidats proposés sont donc :

LUNEAU.
BARON.
GUYET-DESFONTAINES. } ex-députés.
ISAMBERT.
CHAMBOLLE.
Armand PARENTEAU, de Sainte-Hermine.
LUMINAIS, ex-député.
Eugène MARTIN, de Napoléon.
B. FILLON, de Fontenay.

L'Assemblée se sépare à onze heures et demie du soir, après avoir signé une pétition adressée au Gouvernement provisoire, pour demander que le jour des Elections soit irrévocablement fixé au neuf avril prochain.

Fait clos le 21 mars 1848.

Le Président,

ROBERT-DUBREUIL.

B. FILLON, EUGÈNE MARTIN, Secrétaires.

Napoléon, Imp. IVONNET. —(892)

LE COMITÉ NATIONAL DE LA VENDÉE

AUX ÉLECTEURS DE CE DÉPARTEMENT.

VENDÉENS,

Le Comité National, en proposant à vos suffrages une liste de Candidats, a besoin de vous dire la pensée qui a décidé ses choix et qui, nous l'espérons, fixera les vôtres.

Liberté, Égalité, Fraternité : Ces trois mots si chrétiens, nous avons désiré les représenter, les rendre, pour ainsi dire, vivants dans les Députés de la Vendée à l'Assemblée Nationale.

Il nous fallait donc des hommes capables de comprendre et de défendre la liberté religieuse aussi bien que civile, la liberté toute entière; des hommes choisis dans toutes les conditions de naissance, de fortune, d'âge et de profession; des hommes qui, pris dans toutes nos anciennes fractions politiques, montrassent par leur réunion qu'il n'existe plus chez nous qu'un parti, celui de la France et de la Religion.

D'autres listes vous ont été présentées. Loin de nous de vouloir en déprécier les noms, tous plus ou moins honorables. Mais le pays, avec la variété de ses classes et de ses opinions, avec l'unanimité de ses sentiments honnêtes et généreux, nous semble plus véritablement représenté dans la liste que nous vous proposons.

Sur neuf Candidats, huit sont de la Vendée. Nous avons cru devoir donner une preuve de notre adhésion au Gouvernement actuel, en vous proposant l'élection d'un homme qui, depuis cette dernière Révolution, s'est fait beaucoup d'honneur, dans toute la France, par ses paroles religieuses et vraiment libérales, M. Buchez, adjoint au Maire de Paris.

Vous donc, Vendéens, qui voulez la Religion et la Liberté, c'est-à-dire, l'ordre moral et matériel dans la Société, la protection franche du culte de vos ancêtres, le respect des personnes et des propriétés, le rétablissement de la tranquillité et du commerce, rendez-vous tous aux Élections, et, sacrifiant vos vues particulières et locales devant la nécessité d'agir de concert avec les honnêtes gens des autres cantons, votez pour :

MESSIEURS:

1. BOUHIER (DE L'ÉCLUSE), avocat, à Paris.
2. BUCHEZ, J.-B., docteur-médecin, adjoint au Maire de Paris.
3. CHARRON, PIERRE-LOUIS, cultivateur, Maire de Petosse.
4. DEFONTAINE, GUY, ancien Magistrat, prop., à la Chataigneraie.
5. De LESPINAY, Vicaire général, à Luçon.
6. GRELIER DU FOUGEROUX, ERNEST, prop., à la Chapelle-Thémer.
7. MAREAU, THÉODORE, chef d'atelier, à Mortagne.
8. ROUILLÉ, ÉMILE, avocat, aux Sables.
9. De TINGUY DE NESMY, propriétaire.

1848

Napoléon, Imp Ivonnet.—(881).

Aux Électeurs

DU DÉPARTEMENT

DE

LA VENDÉE.

Après les immenses évènements qui palpitent encore, et qui se sont accomplis en si peu d'heures, le Gouvernement provisoire, proclamant les grands principes de Liberté, d'Égalité et de Fraternité, a appelé toute la nation Française, sans exception, à choisir ses représentants. Aussitôt, des Comités se sont formés dans la plupart des cantons du département, pour désigner les candidats et diriger les Élections. Malheureusement, ces Comités, choisis à la hâte par un petit nombre d'Électeurs, ne se sont pas assez dégagés des préventions du passé, et ont formé la liste des candidats dans un sens tou-à-fait exclusif. L'espoir d'un grand nombre de bons citoyens, de voir, enfin, la nation Française se réunir sur le terrain de l'ordre, et ne former qu'une grande famille, s'est en partie évanoui. Cependant, ils n'ont pas voulu abandonner une si belle cause, sans tenter un dernier effort. Ils se sont réunis, animés de l'esprit de conciliation, et voulant appliquer, dans toute leur étendue, les principes d'Égalité et de Fraternité, inscrits sur nos drapeaux ; ils ont fait, ils font appel à tous ; ils n'excluent aucun nom, pour eux il n'y a plus de partis; ils ne demandent à personne ce qu'il a été, mais ce qu'il veut être ; tout ami de l'ordre, est leur ami. Il ne s'agit plus de faire prévaloir une opinion, mais d'essayer franchement, loyalement l'ordre de choses nouveau.

Voici les noms que les trois arrondissements présentent à votre choix :

ARRONDISSEMENT DE NAPOLÉON.

Mareau, **Théodore, filateur à Mortagne;**

L'Abbé de l'*Espinay*;

Robert du Breuil, **avocat.**

ARRONDISSEMENT DE FONTENAY.

Bailly-de-Payré, **membre du Conseil général;**

De *Fontaine-Guy*;

Bouillaud, **Alexandre, membre du Conseil général;**

ARRONDISSEMENT DES SABLES.

De *Guinebaud*, Constant;

Rouillé, **avocat, aux Sables;**

Rorthais-de-la-Rochette.

Napoléon, le **27** *Mars* **1848.**

Pour copie conforme,

Les délégués de l'arrondissement de Napoléon :

DE LA VOYRIE;

Auguste DE LA POUZAIRE;

H. DE PUYBERNEAU.

Napoléon, Imprimerie de C.-L. IVONNET, place Napoléon.—[639].

1848

LIBERTÉ, ÉGALITE, FRATERNITÉ.

CITOYENS !

Le Gouvernement républicain a été proclamé en France. C'est donc au nom de la République que nous nous adressons à vous, persuadés que nous sommes, que tous les bons Français sentant le besoin de l'ordre dans la liberté, se sont déjà ralliés à cette forme de gouvernement; qu'elle est aujourd'hui établie d'une manière stable, et que le salut de notre belle Patrie est dans son maintien.

Vive la République!

Citoyens Electeurs du canton de Luçon,

Une grande manifestation politique va avoir lieu à la fois sur tous les points de la France ; tous les citoyens âgés de 21 ans, sans distinction aucune, sont appelés à nommer les représentants de la Nation, qui doivent nous donner une Constitution selon le droit qu'a tout Français de jouir de sa part des avantages sociaux, comme il est appelé à concourir à toutes les charges du pays.

Vous avez été convoqués hier pour désigner les personnes en qui vous vouliez placer votre confiance pour la formation d'un Comité électoral; ces personnes acceptent comme un devoir saint et sacré, les fonctions que vous leur avez confiées.

Vous avez compris qu'il était impossible qu'un aussi grand nombre d'électeurs, ayant à nommer 9 députés, pussent faire une élection convenable sans qu'on se fût entendu à l'avance sur le mérite des candidats. C'est dans ce but que vous avez nommé un Comité cantonnal.

Ce Comité correspondra avec le Comité directeur de Paris; avec le Comité départemental de Napoléon, où il aura des représentants, et avec tous les Comités cantonnaux du département. Il vous donnera communication de tout ce qui sera dit et fait dans ces différentes réunions. Il vous désignera quels sont les candidats attachés de cœur au bien de la Patrie, qui ont le plus de chance d'être nommés.

Il vous fera connaître leurs antécédents et les promesses qu'ils font pour l'avenir. Il vous dira ceux qui ayant la certitude d'être nommés sur d'autres points de la France, ne doivent pas l'être par nous, dans la crainte de faire double emploi et de diminuer le nombre des représentants de notre grande Nation, sans qu'en aucune manière, le Comité ait la prétention d'imposer des candidats aux électeurs.

Dans ce but, le Comité cantonnal de Luçon, après en avoir délibéré, a pris les dispositions suivantes :

1° Il y aura réunion dans la grande salle de la Mairie tous les dimanches de chaque semaine, à deux heures du soir, et tous les samedis, à une heure après midi, pour que tous les habitants qui viennent au marché puissent prendre part aux délibérations.

2° Chacun, sous sa responsabilité personnelle, pourra y faire, dans des termes convenables, telles propositions qu'il jugera utiles dans l'intérêt des Elections.

3° Toute personne sera tenue, pour le maintien de l'ordre indispensable dans les réunions, de ne prendre la parole qu'après qu'elle lui aura été accordée par le Président, en tâchant, autant que possible, de ne pas interrompre la personne à laquelle elle voudra répondre.

Luçon, le 13 Mars 1848.

Les Membres du Comité cantonal de Luçon,

Amélineau, président; Moreau aîné, vice-président; Brivin, secrétaire; Neullier père, commandant de la garde nationale; Martin aîné, maire; Raud; Neullier fils; Moinet, jardinier-fleuriste; Chatelain jeune; Bonnet, charpentier; Lepeltier Armand.

Luçon. — FERRU, Imprimeur-Libraire-Relieur, place de la Poterie, 4.

1848

COPIE

DE

La Première Délibération du Comité Électoral du canton du Poiré-sous-Napoléon.

L'an mil huit cent quarante-huit et le samedi dix-huit mars, à trois heures du soir.

Les Membres du Comité électoral du canton du Poiré, réunis à l'exception de M. Leloup.

M. Roy, Président, donne lecture d'une lettre de M. Leloup, l'un des membres du Comité, qui remercie de l'honneur qu'on a bien voulu lui faire et déclare qu'il ne peut accepter, attendu son état maladif, et pour que le nombre des membres du Comité fut de quinze, ainsi que le désir en a été manifesté par les électeurs du canton, M. le président propose de nommer M. Charles Perraudeau, serrurier, demeurant à L'épine, commune de Saligny, qui a obtenu le plus de voix. En conséquence, M. Perraudeau a été proclamé membre du Comité.

Le Comité reconnait en principe, que ses délibérations seront faites à huit clos, seulement dans le but d'empêcher toutes entraves à ses opérations, mais que toutes ses délibératisns seront rendues publiques; qu'une copie en sera déposée à chaque chef-lieu de commune, du canton où tous les citoyens pourront en prendre connaissance, et qu'une copie sera adressée à chaque Comité Électoral de canton du département.

Les membres du Comité, convaincus de la nécessité d'apporter de l'ensemble et de l'union dans les Élections, persuadés que sans cela leur véritable but ne sera pas atteint, celui d'envoyer à la représentation nationale, des hommes éclairés, probes, courageux, des hommes dignes enfin de représenter la grande nation dans un moment si critique, a été d'avis de choisir trois de ses membres pour représenter les principes du Comité au Comité central du département où sera formée la liste des Candidats à présenter aux suffrages des Électeurs.

En conséquence, on a procédé au scrutin secret à la nomination de ces trois membres. Ceux qui ont obtenu la majorité, sont les citoyens Roy, Perrotteau et Bardoul.

Avant de procéder à ce vote, tous les membres du Comité ont fait spontanément leur profession de foi politique. Ils ont déclaré qu'ils donnent leur adhésion, pleine et entière, au nouveau Gouvernement Républicain, persuadés qu'il offrira une ère nouvelle, où toutes les classes de la société se régénèreront dans une loyale fusion, à ces principes sublimes, *Liberté, Égalité, Fraternité!!* persuadés que ce gouvernement républicain fera respecter les bases fondamentales de la société, c'est-à-dire l'ordre et la propriété, sous quelque forme que l'industrie ou le travail puisse la produire ; car sans cela point de liberté.

Avant de se séparer, les membres du Comité ont fixé leur seconde réunion au samedi vingt-cinq du courant, à huit heures du matin.

Suivent les Signatures : BOSSU, PAYRAUDEAU, DUPLESSIS, REILLET, JOUSSAUME, BARDOUL, REGNAULD, BRETHOMEAU, ARNAUD, LOGERIE, PERROTTEAU, CORMIER, GAUTIER, ROY, Président et LANDOIS, Secrétaire.

Napoleon, Imprimerie de C.-L. IVONNET, place Napoléon.—[612].

COMITÉ ELECTORAL REPUBLICAIN

du Canton de Rocheservière.

LIBERTÉ, EGALITÉ, FRATERNITÉ.

Chers Concitoyens !

Vous étiez convoqués hier officieusement, au chef-lieu, à l'effet de constituer par vos suffrages, un Comité.

Vous avez résolu en séance, que ce Comité se composerait de douze membres.

Le dépouillement des votes a fait connaître comme ayant obtenu votre confiance, les noms suivants :

JOLLET, Propriétaire, *Président.*

BOSSIS, François, Juge de Paix.
FRESNIEZ, Maire de Mormaison.
DAVIAU, Entrepreneur de Travaux publics.
NOEAU, Notaire.
TIGÉ, Propriétaire.
HILLEREAU, Maire de St-Philbert-de-Bouaine.

BOSSIS, Marie, Maire de Rocheservière.
GUITTER, Docteur-Médecin.
MERCIER, Notaire, *Secrétaire.*
CHAILLAUD, Propriétaire.
HILLEREAU, Maire de l'Herbergement-Entier.

Les membres de ce Comité pensent qu'il est de leur devoir de se mettre en communication directe avec tous, de vous donner, en conséquence des explications sur leur réunion et le but qu'ils se proposent.

Vous savez tous que la dynastie fondée en Juillet 1830 est tombée en Février 1848 : Louis-Philippe a quitté la France avec toute sa famille. Un Gouvernement provisoire Républicain s'est formé immédiatement aux acclamations du Peuple. Les hommes qui le composent se sont fait connaître par leur intelligence, leur dévouement, leur désintéressement et par les services rendus à la Patrie, en nous préservant du désordre et de l'anarchie ; ils ont posé pour principe du Gouvernement, respect de la Liberté individuelle, protection pour la Religion, inviolabilité de la Propriété et maintien de l'Ordre public. Nous ne parlerons point des opinions ; elles ont laissé dans notre pays de tristes souvenirs. Il n'y a plus aujourd'hui qu'une seule opinion, qu'un seul parti possible, celui des honnêtes gens, qui veulent l'ordre et le bonheur de la commune Patrie.

Citoyens du même canton, jettons un voile sur le passé. Les temps sont changés ; ne nous effrayons pas de la qualification de notre Gouvernement nouveau. La République de 1848 ne sera jamais la terreur de 93 ; la civilisation et l'instruction ont progressé ; nous ne demanderons plus à notre voisin quelle est sa couleur politique ; il nous suffira, pour lui accorder nos sympathies et notre confiance, de connaître sa probité, son caractère bienveillant pour tous et son dévouement à son pays.

Plus d'égoïsme, confiance et dévouement au Gouvernement Républicain, parce que c'est le seul possible ; c'est le seul qui puisse nous donner la tranquillité et la Paix si utiles pour la prospérité de l'agriculture, les transactions commerciales et la continuation des grands travaux.

Les Représentants du Peuple que nous sommes appelés à élire, le *neuf avril prochain*, auront une grande mission à remplir. L'élection, nouvelle dans sa forme, est donc un devoir grave que nous devons accomplir avec le discernement d'hommes indépendans. Le Comité correspondra avec tous les Comités du Département, afin d'apprécier le mérite des candidats ; à ce titre, fort de vos suffrages, il discutera leur valeur personnelle et leur valeur morale, et vous donnera, avant les élections, tous les renseignements que vous pourrez désirer.

Cette formalité n'est point établie pour gêner la liberté de vos votes, mais seulement pour éviter l'éparpillement des voix et arriver à un résultat que l'on ne saurait obtenir sans cela, à raison des deux mille suffrages exigés.

Nous aurons des réunions à Rocheservière, les Jeudi et Dimanche de chaque semaine, à midi ; chacun aura le droit d'y émettre son avis, de faire part de ses observations, et nous vous prions instamment, chers Concitoyens, d'y assister.

Salut et fraternité.

Rocheservière, le 20 mars 1848.

Jollet, Propriétaire, *Président*, Bossis, François, Juge de Paix, Fresniez, Maire de Mormaison, Daviau, Entrepreneur de Travaux publics, Noeau, Notaire, Tigé, Propriétaire, Hillereau, Maire de St-Philbert-de-Bouaine, Bossis, Marie, Maire de Rocheservière, Guitter, Docteur-Médecin, Mercier, Notaire, *Secrétaire*, Chaillaud, Propriétaire, Hillereau, Maire de l'Herbergement-Entier.

A Napoléon, chez C. LECONTE, Imprimeur de la Préfecture.

AUX ÉLECTEURS
DU CANTON
DE SAINTE-HERMINE.

CITOYENS !

La Convocation faite par le Gouvernement Provisoire, pour l'élection des Représentants du Peuple, nous impose de graves devoirs.

Nous ne pouvons laisser inachevée l'œuvre de Rénovation politique et sociale, si admirablement commencée à Paris.

Pour que les conséquences utiles de la Révolution ne soient pas éludées, pour que ses promesses soient remplies, et aussi pour que l'ordre ne perde pas ses droits au milieu des élans de la Liberté, il faut que tous les Citoyens prêtent leur concours à l'œuvre commune.

Ce concours doit être général ; il est indispensable.

Dans la sphère d'action où nous sommes placés, notre part, pour le moment, consistera à envoyer à la Représentation Nationale des hommes qui comprennent la Révolution, qui aient assez de sagesse pour la retenir si elle s'engageait sur une pente trop rapide, et assez d'énergie pour lui faire produire tous les fruits qu'elle promet : la paix et le bonheur de la France sont à ce prix.

Il est donc bien essentiel de s'entendre sur le choix des Représentants.

Il est essentiel aussi de faire en sorte que les nominations ne soient pas annulées par double emploi; il faut que tous les postes soient occupés; il faut éviter de revenir sur le champ de bataille électoral, au moment où il est si urgent de débattre les grands intérêts de la Nation.

Pour cela, encore une fois, il faut s'entendre.

Nous aurons à nommer 9 Représentants.

Chaque canton, votant isolément et formant une liste, dont le recensement sera fait au chef-lieu de département, il s'ensuit que, si nous ignorons les intentions des autres cantons, nous pourrons avoir accompli, en pure perte, nos devoirs de Citoyens.

Nous ne devons pas abandonner au hasard les décisions de l'urne électorale.

Concertons-nous donc avec les autres Electeurs de la Vendée; proposons-leur nos Candidats, et sachons quels sont les leurs, afin que les hommes dévoués de cœur à la cause Républicaine, puissent voter avec tout l'ensemble désirable.

En conséquence, nous proposons la formation, dans chaque canton, d'un Comité électoral, qui correspondra directement avec le Comité central que l'on organise dans ce moment à Napoléon (Vendée).

Chaque comité cantonnal serait composé de sept membres dont un président et un secrétaire-trésorier. Ce dernier serait chargé de recueillir les souscriptions, de faire imprimer et publier les délibérations.

Chaque Comité désignerait deux délégués qui se rendraient à jour fixe à Napoléon, pour s'entendre sur le choix des Candidats.

Le jour de la réunion préparatoire ne saurait être trop rapproché. Nous adjurons donc tous les électeurs de la circonscription de Sainte-Hermine de se trouver au chef-lieu de ce canton, dimanche 19 de ce mois, à une heure après midi.

Sainte-Hermine, le **10** *Mars* **1848.**

Les Membres de la Commission Provisoire :

CHABOT, président;
DAVID, aîné;
PELLETREAU, aîné;
H. GARAT;
PARENTEAU;
H. TILLIER;
Eug. BOUTET, secrétaire.

Napoleon, Imprimerie de C.-L. IVONNET, place Napoléon.—[600].

Aux Électeurs

DU DÉPARTEMENT

DE LA VENDÉE

Paris, le 6 Avril 1848.

Citoyens et Frères,

Il est généralement admis qu'il est nécessaire qu'il y ait un certain nombre de Prêtres dans l'Assemblée nationale.

C'est à ce titre que j'aspire à l'honneur de vous y représenter.

La politique dont je veux être l'organe peut se résumer en un seul mot qui devrait être inscrit sur tous nos monuments à la suite des trois mots : *Liberté, Égalité, Fraternité;* ce mot est celui d'*Abnégation*.

Le désintéressement de la France sera sa grandeur au dehors, au dedans son union et sa force.

En se renonçant sincèrement elle-même, la France parviendra avant peu à créer la fédération de tous les États indépendants de l'Occident, Républicains et Constitutionnels; et cette fédération, digne complément de la fédération de 1790, sera la clef de voûte de l'avenir.

C'est en se fédérant, en effet, que les États de l'Occident opposeront d'abord une barrière infranchissable à l'absolutisme du Nord; que plus tard, réunis en Congrès, ils diminueront ou retrancheront une multitude de droits différentiels pour la prospérité commune, sans nuire aux prospérités particulières; reconnaîtront les sacrifices que chaque peuple peut offrir à ses voisins et les justes compensations qu'il doit en attendre; détruiront successivement les murailles qui empêchent le commerce et l'industrie de parcourir le monde comme un fleuve fécond, et qui les forcent de refluer vers leurs sources et d'inonder souvent les pays qu'ils doivent enrichir; amélioreront d'une manière simultanée, et cette manière sera la plus bienfaisante, la condition des travailleurs; renouvelleront, en un mot, la face du monde, en changeant en harmonie la concurrence de nations contre nations, concurrence souvent inhumaine et plus funeste en définitive que favorable au commerce et à l'industrie.

Mais, je le répète, cette fédération, sans laquelle rien de grand et de durable ne pourra être fait en France comme en Europe, ce n'est pas la France ambitieuse, égoïste et conquérante, mais la France pacifique et dévouée au bonheur de tous qui pourra l'obtenir.

Sans abnégation, point de solution non plus à la plus grande et plus difficile question du jour, celle de l'organisation du travail. Quiconque touchera à cette question avec les mains de l'intérêt personnel sera un imprudent, il en fera sortir des tempêtes. Eh! travailleurs, mes Frères, ne le voyez-vous pas chaque jour? Quand vous discutez votre avenir dans vos ateliers avec l'intérêt personnel dans le cœur, bientôt la colère est dans la bouche, maîtres et ouvriers se séparent et l'industrie dépérit. Quand vous écoutez au contraire vos sentiments généreux, maîtres et ouvriers sont frères, l'union succède à la discorde, l'industrie refleurit.

Association au dedans, basée sur l'abnégation des individus;

Fédération au dehors, basée sur l'abnégation des États; voilà les deux colonnes et le fondement de notre avenir. Et qu'on ne regarde pas ce fondement comme illusoire, le monde a vécu jusqu'ici par le sacrifice; seulement le sacrifice n'a pas été universel; il faut qu'il soit réciproque.

Tels sont mes sentiments et mes convictions comme citoyen, à plus forte raison comme prêtre; car l'abnégation est le complément sublime de la doctrine de Jésus-Christ.

Comme prêtre, j'userai du crédit que je devrai à votre confiance pour conjurer les évêques de France d'aviser, entre eux, aux garanties et aux améliorations que réclame la condition du clergé secondaire; le clergé secondaire de s'unir plus fortement que jamais aux évêques et au souverain pontife, notre digne et admirable chef. Qui donc se renoncera dans ce monde, si les prêtres ne se renoncent pas les premiers; si, pour quelques mécontentements personnels, il en est qui attaquent d'abord l'autorité, puis la hiérarchie, puis l'unité dans la foi, puis les dogmes, puis les croyances générales, et finissent par traîner leur robe sacerdotale dans la boue de l'incrédulité et du mépris public?

Le clergé grandit en France comme en Italie. L'abnégation achèvera de faire des prêtres les meilleurs amis et les pères du Peuple : pères qui seront les premiers à offrir à la grande famille de la patrie tous les sacrifices que permettent les intérêts sacrés de la religion.

Mon passé, citoyens et frères, est modeste et ne répond peut-être pas à l'avenir pour lequel j'ai une généreuse et sainte ambition.

Prêtre depuis 1838, j'ai été professeur de théologie, premier aumônier d'un collége royal à Paris, premier vicaire dans une paroisse de la même ville, professeur suppléant d'éloquence sacrée à la Sorbonne, pendant douze années; enfin, j'ai prêché, pendant quinze années, les grandes stations dans les principales églises de Paris et des départements : à Lyon, à Bordeaux, à Bayonne, à Caen, à Marseille, à Brest, etc.

Je suis encore aujourd'hui chanoine honoraire de Bordeaux, titre que j'ai reçu, en 1835, de l'amitié toute paternelle du vénérable cardinal de Cheverus après avoir prêché un carême dans sa métropole.

Puissé-je me pénétrer des sentiments de cet homme, qui fut si aimé et si digne de l'être, et la République aura en moi un citoyen utile et dévoué de plus.

Vendéen comme vous, j'ai encore au milieu de vous mon vieux père, mes parents, mes meilleurs amis, mes amis d'enfance; ils vous garantiront que j'ai dans le cœur un véritable amour du pays natal et un désir ardent de le servir.

Comptez sur mon esprit de conciliation et mon amour du progrès; mais comptez aussi sur ma fermeté et mon énergie pour sauvegarder la Religion, la propriété, la famille, sans laquelle il n'y a point de société.

La République, telle que la veulent tous les hommes sensés et désintéressés, telle que je la veux moi-même, comme le seul gouvernement possible aujourd'hui, sera tout à la fois réparatrice et pure d'excès.

ÉDOUARD CHAILLOT,

Prêtre, Chanoine honoraire de Bordeaux.

Paris, Imprimerie de Paul DUPONT, rue de Grenelle-St-Honoré, 55.

TABLEAU SYNOPTIQUE

Des Élections générales du département de la Vendée.

AVRIL 1848.

CANTONS.	NOMBRE D'ÉLECTEURS.	NOMBRE DE VOTANTS.	L'Abbé de LESPINAY.	GRELLIER DU FOUGEROUX.	MAREAU.	DE FONTAINE (Guy).	ROUILLÉ (Ernest).	BOUHIER DE L'ECLUSE.	LUNEAU.	DE TINGUY DE NESMY.	PARENTEAU.	CHARBON.	BARON.	GUYET DES FONTAINES.	LAMARTINE.	CHAMBOLLE.	ISAMBERT.	GAGJA.
Napoléon.	6117	4810	3320	2239	2760	2727	2696	2702	1087	2900	1698	2283	1329	1354	1192	1313	1363	1236
Chantonnay.	3936	3099	1277	1190	1213	1188	1163	1193	1932	731	1922	578	2881	1758	2061	1782	1815	2200
Les Essarts.	3303	2367	1863	1623	1625	1607	1633	1593	757	1637	718	1419	705	638	580	498	646	173
Saint-Fulgent.	2863	2511	2138	1988	1850	1744	1858	1835	656	1312	618	1136	168	655	539	617	457	588
Les Herbiers.	3863	3278	2760	2075	2566	2024	2572	2592	605	2525	667	2253	572	536	818	668	553	170
Mareuil.	2529	2128	755	660	534	666	665	615	1515	695	1528	612	1150	1451	1193	1436	1421	1059
Montaigu.	4145	3553	2735	2102	2130	2072	2091	2001	1512	2078	1465	1800	1305	1397	1161	1393	1150	1003
Mortagne.	4051	3603	3027	2918	2639	2765	2689	2698	750	2685	874	2705	805	832	619	832	570	311
Le Poiré.	4168	3356	3057	2980	2974	2066	2079	2057	400	2900	385	2731	300	380	335	377	300	252
Rocheservière.	1835	1540	928	805	858	853	836	838	606	763	664	871	600	685	531	610	610	520
Fontenay.	4824	3808	925	820	734	730	580	817	3180	989	3123	607	3107	2935	3389	2004	2724	868
Chaillé-les-Marais.	2918	2504	322	291	302	283	276	283	2217	270	2271	300	2205	2207	2249	2213	2219	1581
La Chataigneraie.	5712	4921	2976	2898	2811	2085	2720	2693	2214	118	2108	852	1085	2111	3886	2062	1020	2500
L'Hermenault.	3150	2500	345	322	352	280	359	288	2318	228	2012	339	2651	2132	1833	2118	1885	721
Sainte-Hermine.	3001	2006	131	157	282	305	319	296	2381	287	2054	244	2513	2030	2519	2392	2342	1009
Saint-Hilaire-des-Loges.	3136	2398	478	377	358	380	335	320	2052	142	1815	903	1994	1931	2063	1813	1665	387
Luçon.	4200	3709	870	551	532	519	516	523	3155	501	3182	416	3092	3090	2771	2070	3014	2311
Maillezais.	5363	3519	1068	1063	1088	973	955	992	2515	816	2501	922	2354	4422	2117	2443	2410	727
Pouzauges.	4589	3232	3210	3181	3123	3118	3127	3138	865	1992	781	1645	754	772	923	755	711	1203
Les Sables.	3063	2511	1216	1183	1110	1093	1070	1151	1325	1100	1292	1088	1271	1253	358	1250	1250	809
Beauvoir.	2254	2017	1357	1206	1150	1136	1127	1130	1011	1138	874	913	797	867	709	787	724	1027
Challans.	3484	2858	2527	2376	2321	2214	2312	2321	532	2300	585	2270	116	598	486	480	434	506
Saint-Gilles.	3257	2683	2120	2081	2051	2019	2018	1994	634	2056	631	2012	592	620	480	612	501	353
l'Ile-Dieu.	620	400	58	44	50	47	49	50	352	44	354	51	330	318	297	341	350	358
Saint-Jean-de-Mont.	2731	2136	2338	2277	2471	2265	2263	2254	217	2268	215	2268	207	183	138	186	182	1673
La Mothe-Achard.	2752	2233	1935	1973	2005	1915	1927	1985	437	1891	377	1923	352	370	180	344	328	806
Palluau.	3124	2753	2582	2514	2467	2281	2170	2287	471	2150	291	2307	280	938	235	241	214	242
Les Moutiers-les-Mauxfaits.	2616	2095	1127	1334	1327	1323	1316	1327	891	1403	860	1321	851	701	813	765	896	693
Talmont.	2852	2248	1329	1306	1375	1352	1360	1375	894	1381	863	1370	853	769	744	771	849	486
Noirmoutier.	1915	1630	578	521	527	444	442	513	1170	511	1077	532	1145	1070	1155	1030	1063	1084
Totaux de l'arrondissement de Napoléon....	—	—	21860	19868	19258	19002	19136	19034	10878	18923	10339	16380	9764	9663	8757	9536	6983	7852
Totaux de l'arrondissement de Fontenay....	—	—	10631	10220	9072	9613	9194	9160	21008	4703	20445	5482	20256	20089	22083	15672	18997	13310
Totaux de l'arrondissement des Sables.......	—	—	17563	16800	16003	16151	16385	16387	7861	16634	7351	16104	7034	6946	5827	6716	6781	8717
VOTES DE L'ARMÉE.	»	»	110	44	96	112	51	1	1033	10	758	24	895	488	232	560	692	135
TOTAUX.........	[illegible]	84607	50072	47032	45089	44918	44767	44572	40940	39870	30093	38086	37879	37191	30929	36513	35453	30053

CANTONS.	JAULEIN.	BUCHET.	DE GUINEBAUD.	ROBERT DUBREUIL.	MARTIN.	LEMERCIER.	BEAUSSIRE.	FILLON.	GAUDIN.	BOUILLAUD.	CAVERNAULT.	BAILLY (de Poyré).	AUDIAT.	DUGAST-MATIFEUX.	MERCIER.	FLOTTARD.	JUCHAULT.	CHAIGNEAU.	DE SAINT-PONCY.	LEBRETON.	COUTIN.	VERDIER.	ALLIX.	RENAULT.	LEDRU-ROLLIN.	SUBAULT.
Napoléon.	910	561	1594	1100	1160	5	958	630	24	6	320	»	144	273	86	232	301	3	27	»	180	214	181	—	36	15
Chantonnay.	1801	216	414	060	283	7	29	80	»	3	11	»	34	8	136	27	32	2	»	»	2	6	4	—	12	7
Les Essarts.	638	1019	514	109	411	»	4	240	»	»	32	»	74	18	1	42	11	»	»	»	1	1	—	—	7	12
Saint-Fulgent.	428	36	1655	1370	46	»	»	17	»	»	63	»	11	»	13	3	»	»	»	»	—	—	—	—	—	—
Les Herbiers.	510	14	2551	107	417	6	2	98	»	»	165	»	5	»	»	1	1	»	»	»	—	—	1	—	1	—
Mareuil.	1079	388	180	31	107	11	290	395	»	»	3	»	4	8	»	23	»	»	»	»	—	—	—	—	—	—
Montaigu.	830	1102	587	687	427	»	6	118	1	»	130	»	10	134	223	8	5	1	2	»	6	4	4	—	2	6
Mortagne.	546	2378	358	221	557	3	25	60	»	»	328	»	20	31	10	23	»	»	»	»	—	—	—	—	—	—
Le Poiré.	321	1014	1057	209	115	1	3	5	1	»	16	»	2	1	»	3	»	»	3	»	1	1	—	—	—	—
Rocheservière.	649	550	285	130	149	»	1	131	»	»	20	»	2	12	3	7	»	8	»	»	—	—	—	—	—	—
Fontenay.	653	148	338	358	305	2835	568	727	895	»	28	»	5	5	2	25	»	»	»	»	—	—	23	24	—	4
Chaillé-les-Marais.	1400	250	15	20	75	854	556	53	4	»	6	»	2	44	»	45	43	»	»	»	44	3	3	—	—	—
La Chataigneraie.	1800	587	550	1300	174	234	98	»	21	2427	3	90	»	»	14	»	»	»	»	»	—	—	—	9	3	—
L'Hermenault.	475	88	149	73	150	1875	1746	76	214	»	»	»	1	»	39	3	»	330	»	»	—	—	1	106	3	—
Sainte-Hermine.	2119	183	62	120	548	25	170	37	1	»	183	»	6	4	25	3	40	»	»	»	3	1	8	1	13	—
Saint-Hilaire-des-Loges.	1507	104	169	316	135	1030	85	158	86	10	8	733	1	»	1	8	»	87	»	»	—	—	4	20	19	1
Luçon.	2859	255	215	839	318	16	820	120	458	»	8	»	36	»	1	»	7	»	»	»	31	—	—	—	—	—
Maillezais.	1042	830	110	111	956	1172	57	989	109	3	9	48	45	»	»	28	»	»	»	»	—	—	2	8	12	1
Pouzauges.	684	940	1151	1742	209	14	2	20	8	393	59	»	7	»	3	0	»	»	»	»	—	—	—	—	»	»
Les Sables.	1181	30	1030	56	857	12	20	312	30	2	12	»	14	4	»	»	»	»	2	»	5	—	—	5	—	—
Beauvoir.	561	652	283	225	111	91	»	2	3	»	53	»	1	12	»	»	»	»	»	»	—	—	—	—	—	—
Challans.	442	2150	150	96	26	11	1	24	1	»	32	»	24	1	»	»	»	»	»	»	—	—	—	—	—	—
Saint-Gilles.	577	1011	438	41	133	5	1	12	3	»	39	»	2	4	»	»	»	»	50	»	—	—	—	—	1	—
l'Ile-Dieu.	256	40	1	9	19	1	»	1	129	»	»	»	16	»	»	1	»	»	»	»	—	—	—	—	—	—
Saint-Jean-de-Mont.	193	504	104	66	51	3	»	23	2	»	7	»	»	»	»	»	»	»	»	»	—	—	—	—	1	—
La Mothe-Achard.	310	233	1133	37	203	1	3	30	1	»	16	»	18	3	»	3	2	15	26	»	2	3	2	—	1	—
Palluau.	226	1728	737	120	53	»	»	12	»	»	53	»	13	»	»	20	»	»	176	»	2	—	—	—	—	—
Les Moutiers-les-Mauxfaits.	619	971	135	81	270	11	2	172	186	»	6	»	134	»	»	»	»	»	»	»	1	2	1	—	1	—
Talmont.	738	512	396	»	196	»	»	91	397	»	6	»	81	»	»	»	»	»	»	»	—	—	—	—	—	—
Noirmoutier.	104	386	58	7	46	18	»	10	416	»	»	»	9	»	»	»	»	»	»	289	—	—	—	—	—	—
Totaux de l'arrondissement de Napoléon....	7097	7708	10021	3806	3277	36	927	1673	26	10	1160	—	312	508	498	360	363	6	32	»	196	256	190	—	59	40
Totaux de l'arrondissement de Fontenay....	13770	3414	2760	4301	2939	8081	1388	1171	1626	2835	291	871	103	50	86	191	90	417	»	»	78	4	44	168	50	6
Totaux de l'arrondissement des Sables.......	5357	8905	4554	737	1974	183	27	785	1679	2	218	—	339	24	—	24	2	15	253	287	10	5	3	5	4	—
VOTES DE L'ARMÉE.	79	27	76	134	603	27	»	542	»	»	14	»	»	83	»	»	»	»	»	»	—	—	—	—	—	—
TOTAUX.........	24894	20114	17511	10375	3803	8327	3012	4171	3131	2850	1723	871	754	665	509	511	455	438	285	287	284	265	234	173	106	46

Comparant entre elles toutes les voix obtenues par les divers Candidats et ci-dessus établies, le bureau a reconnu que les neuf premiers avaient réuni la majorité.

En conséquence il a, par l'organe de son président, proclamé Représentants à l'Assemblée Nationale, pour le département de la Vendée, les citoyens : 1° l'Abbé *de l'Espinay*, grand vicaire de l'évêque de Luçon; 2° *Mareau*, filateur, à Mortagne; 3° *de Fontaine* (Guy), ancien juge, propriétaire, à la Chataigneraie; 4° *Grellier du Fougeroux*, propriétaire, à la Chapelle-Thémer; 5° *Rouillé*, avocat, aux Sables; 6° *Bouhier de l'Écluse*, avocat, à Paris; 7° *Luneau*, ancien député, propriétaire, à Bouin; 8° *de Tinguy de Nesmy*, propriétaire, à Nesmy; 9° *Parenteau*, Armand, propriétaire, à Sainte-Hermine.

L'Opération du présent recensement a duré le **29** avril et le lendemain. La salle avait été disposée de manière que le public put facilement circuler autour des tables. Toutes les pièces des Élections cantonnales avaient été envoyées au bureau, classées et cachetées.

Le Procès-Verbal a été fait en double expédition. Il a été clos le **28** avril, à 4 heures du soir. Lecture faite de ce Procès-Verbal aux Membres du bureau, il a été signé par eux tous, au nombre de **60**, et par les citoyens *Pervinquière*, président, *Deshayes* et Léon *Audé*, secrétaires.

Napoléon, Imprimerie de C.-L. IVONNET, place Napoléon.—(746).

Citoyens Soldats,

ELECTEURS DU DÉPARTEMENT

DES VOSGES.

Je me présente à vos suffrages : je serais fier de représenter à l'Assemblée nationale un des départements les plus patriotes de France, celui qui, en 1792, offrit de lui-même, et avec un élan dont il n'y a pas deux exemples, et son argent et son sang à la patrie en danger.

Enfant des Vosges, par le choix de mon cœur, dès le jour que j'y mis le pied, je le suis devenu par alliance, et si je puis m'exprimer ainsi, par le sang, en prenant pour femme, dans vos montagnes, une héritière de ces races fortes et pures qui, depuis des siècles, consacrent de leurs généreuses sueurs ce patriotique sol.

Homme nouveau, je n'ai pas de nom retentissant à faire valoir, jeune encore, de longs services à étaler; tous mes titres sont dans la confiance dont les membres du comité central de Paris m'ont honoré en me déléguant auprès de vous, dans ma foi républicaine qui ne date pas d'hier, ainsi que vous le prouve cette délégation, dans mon ardeur pour en propager les principes, dans mon amour passionné et réfléchi pour la forme de gouvernement qui, à mes yeux, élève le plus les âmes, et tout à la fois offre le plus de garanties aux intérêts de l'individu, comme à ceux de la communauté, qui ne connaît pas de privilégiés, et ne fait de tous, des riches et des pauvres, des soldats comme des bourgeois, que des Français, que des frères. Si, d'ailleurs, je pouvais alléguer ici mes modestes services, je vous dirais que du jour où j'ai eu l'honneur de monter dans une chaire pour enseigner, je n'ai cessé de faire de ma voix, autant que je le pouvais, un écho de liberté.

Voilà, citoyens soldats, l'homme qui se présente à vos suffrages; il est républicain de cœur, il l'est de tête, et pour soutenir sa foi politique, il n'est genre de sacrifices qu'il ne fît avec bonheur. Quoi qu'il en soit, que vous m'honoriez de vos suffrages ou que vous les réunissiez sur un plus digne, je veux toujours fraterniser avec vous au cri immortel de : Vive la République!!!

A. CAMPAUX-LECOANET,

Ancien élève de l'École Normale, membre délégué du Comité central de Paris.

1848

Paris. — Typographie de Firmin Didot Frères, rue Jacob, 56.

RÉPUBLIQUE FRANÇAISE.

Liberté, Egalité, Fraternité.

LE COMITÉ CENTRAL DES CLUBS DE LA VILLE D'AUXERRE

aux Electeurs du département de l'Yonne.

Citoyens,

Encore quelques jours et nous aurons à remplir un grand devoir, à exercer le plus sacré de nos droits. Encore quelques jours et nous serons tous appelés à nommer une constituante qui doit fonder l'impérissable monument de notre gloire et de nos libertés.

Le moment décisif approche et cependant rien n'est encore arrêté dans nos esprits sur le choix des candidats. Partout il s'en présente en foule; partout on discute sur leur mérite, sur leurs antécédents, sur leurs promesses. Mais ces discussions, faute d'un centre où elles se résument, ne laissent parmi nous que doute et incertitude. A l'exception de quelques hommes que l'éclat de leur mérite personnel et de leurs vertus républicaines signala à tous les yeux, la plupart des candidats ne sont point recommandés en dehors du cercle étroit de leurs localités.

Si les cantons, si les arrondissements même, si les campagnes, par défiance des villes, si les villes, par défiance des campagnes, cherchent à se concerter isolément, il arrivera que les voix des patriotes, dispersées sur un trop grand nombre de noms, ne pourront contrebalancer les suffrages qu'aura groupés une minorité intrigante et habile. Alors les élections seront mauvaises, seront faussées; elles ne donneront point la véritable représentation du pays. Alors la Constituante sera composée d'hommes timides ou aveugles, d'hommes à systèmes incertains, qui ne pourront qu'enrayer le char de la Révolution, et retarder le cours de nos destinées, des destinées de la France, des destinées du monde.

Pour prévenir de pareils malheurs, que faut-il? Que tous les citoyens dévoués à la République agissent de concert, et dans le but de faire triompher les mêmes noms. Que dans toutes les communes du département, des clubs s'organisent; que ces clubs soient largement ouverts à tous les citoyens, aux travailleurs des villes et des campagnes surtout, c'est particulièrement à eux que nos paroles s'adressent; que dans ces assemblées populaires les noms des candidats soient passés en revue, qu'on y expose toute leur vie, leurs opinions politiques, les solutions qu'ils offrent aux grands problèmes que la Constituante est appelée à résoudre.

Tous ces clubs nommeront des délégués qui formeront un Comité central départemental, où, dans une dernière et solennelle discussion, le choix des neufs candidats sera irrévocablement arrêté. Sur ces neuf noms se concentreront tous les efforts des délégués, toutes les forces des sociétés démocratiques.

Le Comité central des clubs de la ville d'Auxerre, pénétré de la nécessité de cet accord, et jaloux de donner l'exemple de la fraternité, vient, avec le concours d'un grand nombre de communes du département, d'arrêter les propositions suivantes :

1° Toutes les communes du département sont invitées à former un ou plusieurs clubs, et à se mettre en rapport avec lui par le moyen de délégués ou des présidents des clubs;

2° Tous les délégués et les présidents des clubs du département peuvent assister aux séances ordinaires du Comité central, qui ont lieu le mardi, le jeudi et le samedi, à 7 heures du soir, à la mairie d'Auxerre;

3° Tous les clubs nommeront au scrutin des délégués qui devront se réunir au Comité central, à Auxerre, pour une séance extraordinaire et solennelle, fixée au mardi, 18 avril, à midi;

4° Comme il est juste que la délégation soit autant que possible proportionnelle à la population, les communes de 1,000 habitants, et au-dessous, ne pourront envoyer qu'un délégué; celles de 1,001 à 2,000, deux délégués; celles de 2,001 à 3,000, trois délégués, et ainsi de suite. Un tableau publié soit par l'administration, soit par les journaux du département, indiquera le nombre des délégués que chaque commune sera appelée à élire;

5° Comme les délégués doivent être choisis exclusivement par les clubs, si dans une commune il n'y a qu'un seul club ou société populaire, sous quelque titre que ce soit, ce club nommera toute la délégation de la commune. S'il y a plusieurs sociétés, et un seul candidat à élire, ou un nombre de candidats qui ne soit pas tel qu'il puisse se partager également entre tous ces clubs, ces clubs décideront eux-mêmes s'ils doivent voter en commun ou séparément sur le choix de ces délégués, qui dans tous les cas ne pourront dépasser le chiffre indiqué au tableau;

6° Dans la séance solennelle du 18 avril, après la lecture d'un rapport général, résumant les travaux du Comité central d'Auxerre, il sera procédé, par un vote au scrutin, à la désignation des neuf candidats sur lesquels toutes les sociétés démocratiques devront concentrer leurs efforts. La liste de ces candidats sera publiée immédiatement au nom du Comité central;

7° La séance du 18 avril ne sera point publique. Pour y être admis, chaque délégué devra être muni d'une carte qui constatera son mandat, et portera les signatures des membres du bureau du club auquel il appartiendra, et le cachet de la mairie de sa commune;

8° Les maires ou présidents des clubs feront connaître, au moins deux jours à l'avance, au Comité central, les noms des délégués choisis, afin qu'une liste d'appel et de vérification puisse en être dressée.

Ces propositions, arrêtées définitivement par le Comité de la réunion extraordinaire du lundi, 3 avril, seront immédiatement publiées et affichées dans toutes les communes du département.

Les Membres du Bureau : **Bonard, *président*; Rousseau, ouvrier typographe; Guillocheau, menuisier; Munier; Petit-Sigault, *secrétaire*.**

Auxerre, 4 avril 1848.

Pour copie conforme : 1848 Petit-Sigault.

Auxerre, Imprimerie et Lithographie de Ed. Perriquet.

LE COMITÉ CENTRAL DES CLUBS DE LA VILLE D'AUXERRE

AUX ÉLECTEURS DU DÉPARTEMENT DE L'YONNE.

CITOYENS,

Encore quelques jours et nous aurons à remplir un grand devoir, à exercer le plus sacré de nos droits. Encore quelques jours et nous serons tous appelés à nommer une Constituante qui doit fonder l'impérissable monument de notre gloire et de nos libertés.

Le moment décisif approche et cependant rien n'est encore arrêté dans nos esprits, sur le choix des candidats. Partout il s'en présente en foule; partout on discute sur leur mérite, sur leurs antécédents, sur leurs promesses. Mais ces discussions, faute d'un centre où elles se résument, ne laissent parmi nous que doute et incertitude. A l'exception de quelques hommes que l'éclat de leur mérite personnel et de leurs vertus républicaines signale à tous les yeux, la plupart des candidats ne sont point recommandés en dehors du cercle étroit de leurs localités.

Si les cantons, si les arrondissements même, si les campagnes, par défiance des villes, si les villes, par défiance des campagnes, cherchent à se concerter isolément, il arrivera que les voix des patriotes, dispersées sur un trop grand nombre de noms, ne pourront contrebalancer les suffrages qu'aura groupé une minorité intrigante et habile. Alors les élections seront mauvaises, seront faussées; elles ne donneront point la véritable représentation du pays. Alors la Constituante sera composée d'hommes timides ou aveugles, d'hommes à systèmes incertains, qui ne pourront qu'enrayer le char de la Révolution, et retarder le cours de nos destinées, des destinées de la France, des destinées du monde.

Pour prévenir de pareils malheurs, que faut-il? Que tous les citoyens dévoués à la République agissent de concert, et dans le but de faire triompher les mêmes noms. Que dans toutes les communes du département, des clubs s'organisent; que ces clubs soient largement ouverts à tous les citoyens, aux travailleurs des villes et des campagnes surtout, c'est particulièrement à eux que nos paroles s'adressent; que dans ces assemblées populaires les noms des candidats soient passés en revue; qu'on y expose toute leur vie, leurs opinions politiques, les solutions qu'ils offrent aux grands problèmes que la Constituante est appelée à résoudre.

Tous ces clubs nommeront des délégués qui formeront un Comité central-départemental, où, dans une dernière et solennelle discussion, le choix des neuf candidats sera irrévocablement arrêté. Sur ces neuf noms se concentreront tous les efforts des délégués, toutes les forces des sociétés démocratiques.

Le Comité central des clubs de la ville d'Auxerre, pénétré de la nécessité de cet accord, et jaloux de donner l'exemple de la fraternité, vient, avec le concours d'un grand nombre de communes du département, d'arrêter les propositions suivantes :

1° Toutes les communes du département sont invitées à former un ou plusieurs clubs, et à se mettre en rapport avec lui par le moyen de délégués ou des présidents des clubs;

2° Tous les délégués et les présidents des clubs du département peuvent assister aux séances ordinaires du Comité central, qui ont lieu le mardi, le jeudi et le samedi, à 7 heures du soir, à la mairie d'Auxerre;

3° Tous les clubs nommeront au scrutin des délégués qui devront se réunir au Comité central, à Auxerre, pour une séance extraordinaire et solennelle, fixée au mardi, 18 avril, à midi;

4° Comme il est juste que la délégation soit autant que possible proportionnelle à la population, les communes de 1,000 habitants, et au-dessous, ne pourront envoyer qu'un délégué; celles de 1,001 à 2,000, deux délégués; celles de 2,001 à 3,000, trois délégués, et ainsi de suite. Un tableau publié soit par l'administration, soit par les journaux du département, indiquera le nombre des délégués que chaque commune sera appelée à élire;

5° Comme les délégués doivent être choisis exclusivement par les clubs, si dans une commune il n'y a qu'un seul club, ou société populaire, sous quelque titre que ce soit, ce club nommera toute la délégation de la commune. S'il y a plusieurs sociétés, et un seul candidat à élire, ou un nombre de candidats qui ne soit pas tel qu'il puisse se partager également entre tous ces clubs, ces clubs décideront eux-mêmes s'ils doivent voter en commun ou séparément sur le choix de ces délégués qui dans tous les cas ne pourront dépasser le chiffre indiqué au tableau;

6° Dans la séance solennelle du 18 avril, après la lecture d'un rapport général, résumant les travaux du Comité central d'Auxerre, il sera procédé, par un vote au scrutin, à la désignation des neuf candidats sur lesquels toutes les sociétés démocratiques devront concentrer leurs efforts. La liste de ces candidats sera publiée immédiatement au nom du Comité central;

7° La séance du 18 avril ne sera point publique. Pour y être admis, chaque délégué devra être muni d'une carte qui constatera son mandat, et portera les signatures des membres du bureau du club auquel il appartiendra, et le cachet de la mairie de sa commune;

8° Les maires ou présidents des clubs feront connaître, au moins deux jours à l'avance, au Comité central, les noms des délégués choisis, afin qu'une liste d'appel et de vérification puisse en être dressée.

Ces propositions, arrêtées définitivement par le comité dans la réunion extraordinaire du lundi, 3 avril, seront immédiatement publiées et affichées dans toutes les communes du département.

Les Membres du Bureau :

Bonard, président;
Rousseau, ouvrier typographe;
Guillocheau, menuisier;
Munier;
Petit-Sigault, secrétaire.

Pour copie conforme : Petit-Sigault, secrétaire.

Auxerre, 4 avril 1848.

Imp. Perriquet, à Auxerre.

LE COMITÉ CENTRAL DES CLUBS

D'AUXERRE.

Séance du 11 avril 1848.

A TOUS LES CLUBS, A TOUTES LES COMMUNES DU DÉPARTEMENT.

Vu le travail immense et pressant que réclament les besoins du moment ;

Vu la multiplicité de lettres qui arrivent de toutes les parties du département ;

Le Comité central arrête qu'il sera fait et imprimé, dans l'*Union républicaine*, une réponse générale à tous les Présidents de clubs qui ont donné ou demandé des renseignements.

Ils seront remerciés d'avoir si bien compris la sagesse des mesures que propose le Comité central, pour donner de l'ensemble aux opératisns électorales.

L'adhésion si prompte et si générale de toutes les associations populaires fait espérer que les forces dont les clubs disposent, exerceront, dans les élections, une influence décisive.

Toutefois, le Comité voit avec peine et étonnement que, dans certaines communes, on se préoccupe plus de faire prévaloir des candidats de la localité, que de donner à la France de bons représentants.

Il n'a pas lui-même la prétention d'imposer des noms ; il ne fera que donner les renseignements qui lui sont arrivés ; et la majorité des délégués arrêtera, par un vote, la liste définitive des candidats ; seulement, il recommandera aux cantons de soutenir, avec plus de zèle et d'ensemble, les candidatures d'ouvriers.

Le Comité central félicite la plupart des clubs du département de l'empressement qu'ils ont mis à nommer leurs délégués.

Ceux très-peu nombreux, qui ne sont pas encore en mesure, doivent promptement s'y mettre, en consultant, pour le nombre des délégués à nommer, le tableau général de la population, qui est inscrit dans l'Annuaire du département. Une vérification des pouvoirs aura lieu à l'ouverture de la séance générale du 18 avril.

Il rappelle qu'elle aura lieu à midi, dans la salle de spectacle, et qu'elle ne sera pas publique.

Les candidats ne seront point admis à la séance du 18, à quelque titre qu'ils se présentent.

Il est bien entendu que ni les communes, ni les comités ne peuvent nommer de délégués : c'est aux clubs seuls que ce droit appartient.

Les membres du bureau :

BONNARD, président.
ROUSSEAU, typographe.
GUILLOCHEAU, menuisier.
PETIT-SIGAULT.
MUNIER.

Auxerre, Imp. de PERRIQUET.

RÉPUBLIQUE FRANÇAISE.

LIBERTÉ, ÉGALITÉ, FRATERNITÉ.

CITOYEN,

Un comité central des élections du département a convoqué à Auxerre, pour le 18 de ce mois, des représentants de chaque canton, à l'effet d'arrêter la liste définitive des candidats à l'assemblée nationale.

Le canton de Joigny ne doit pas rester étranger à cette démonstration de sympathies.

Nous vous invitons, en conséquence, citoyen, à venir à Joigny, samedi prochain, à midi, avec le plus grand nombre d'électeurs possible pour former une assemblée cantonnale.

Cette assemblée aura à nommer des délégués qui se rendront, le 18, au chef-lieu, pour soutenir de leurs paroles et de leurs votes les deux candidats que notre arrondissement veut faire porter sur la liste.

Ces mêmes délégués, après s'être éclairés par la discussion sur les autres candidats, nous feront connaître les choix et les titres sur lesquels ils seront fondés, afin que nous puissions ainsi former la liste définitive du département.

Salut et fraternité.

Pour les membres du bureau central de Joigny,

GRENET,
Président.

DANJOU-ARTAULT et LEVRAT,
Secrétaires.

Joigny, impr. de veuve Zanote.

RÉPUBLIQUE FRANÇAISE

LIBERTÉ, ÉGALITÉ, FRATERNITÉ

CITOYEN MAIRE,

Une réunion des Délégués des divers Cantons composant le Département de l'Yonne a eu lieu à Auxerre le 16 du présent mois.

A cette réunion, divers Candidats ont été proposés à l'examen des Citoyens-électeurs.

La liste de ces Candidats a été insérée dans le dernier numéro du journal *l'Union*.

Dans cette circonstance, le Comité électoral de Joigny a pensé qu'il était nécessaire de convoquer dans une assemblée générale les Délégués des diverses Communes du Canton de Joigny pour choisir, avec eux, ceux des Candidats ci-dessus qu'ils devront proposer à l'agrément de leurs Concitoyens.

Cette assemblée a été fixée à Lundi prochain, 27 du courant, à midi, Salle de Spectacle, à Joigny.

Veuillez, je vous prie, citoyen Maire, réunir immédiatement les Habitants de votre Commune pour leur faire part de l'objet de la présente lettre, et les engager à nommer des Délégués pour les représenter à l'assemblée dont s'agit.

Salut et fraternité.

Le Président,
GRENET.

Les Secrétaires,
LEVRAT ET DANJOU-ARTAULT.

1848

RÉPUBLIQUE FRANÇAISE

LIBERTÉ, ÉGALITÉ, FRATERNITÉ

CITOYENS,

Une réunion de Délégués de toutes les Communes de l'Arrondissement de Joigny aura lieu Lundi, 27 du courant, à midi précis, dans la Salle de Spectacle de Joigny, à l'effet de s'entendre sur la formation de la liste des Représentants du Département de l'Yonne.

Vous êtes invités à vous y trouver.

Salut et fraternité.

Le Président du Comité,

GRENET.

, IMPRIMERIE DE VEUVE ZANOTE. — MARS 1848.

RÉPUBLIQUE FRANÇAISE

Le Comité Républicain, dans sa réunion d'hier, ayant décidé que sur les neuf Représentants que doit nommer le Département de l'Yonne, deux Candidats seulement seraient proposés par l'Arrondissement de Joigny,

Invite les Citoyens-électeurs à se réunir à cet effet, ce soir, à huit heures précises, dans la Salle de Spectacle.

Voici les noms qui ont été proposés et parmi lesquels on devra choisir les deux Représentants de l'Arrondissement :

Messieurs

CORMENIN, ancien député;
FENET, avocat, domicilié à Paris;
ROUSSEL, propriétaire à Charny;
CARREAU fils, propriétaire à Tannerre;
ROCHÉ, propriétaire à Villiers-Saint-Benoît;
BOURGOIN-DUGAS, propriétaire à Mézilles, ancien membre du Conseil général;
DUVAL, ancien notaire à Joigny;
RAGON DES ESSARTS, membre du Conseil général et maire de Béon;
CHEREST, avocat à Auxerre;
DELAMOUR, Achille, propriétaire à Bléneau;
LELORRAIN, avoué à Joigny;
GAUNÉ-GENTY, négociant à Joigny.

Joigny, le 14 Mars 1848.

JOIGNY, IMPRIMERIE DE VEUVE ZANOTE. — MARS 1848.

RÉPUBLIQUE FRANÇAISE

LIBERTÉ, ÉGALITÉ, FRATERNITÉ

Les Citoyens sont prévenus que, conformément à l'instruction du Ministre de l'Intérieur du 8 Mars courant, la Liste électorale pour la nomination des Représentants à l'Assemblée nationale sera close aujourd'hui, et qu'à partir de demain, *Lundi*, ladite Liste sera déposée pendant cinq jours au Secrétariat de la Mairie, chaque électeur pourra prendre communication sans déplacement.

Joigny, le **26** Mars **1848**.

Les Commissaires municipaux chargés de l'administration provisoire de la ville de Joigny,

Signé : GRENET, MOREAU, CAPPÉ, H. ÉPOIGNY et BOURGOIN-ESCLAVY.

JOIGNY, IMPRIMERIE DE VEUVE ZANOTE. — MARS 1848.

RÉPUBLIQUE FRANÇAISE.

Liberté. Egalité. Fraternité.

ELECTIONS
GÉNÉRALES.

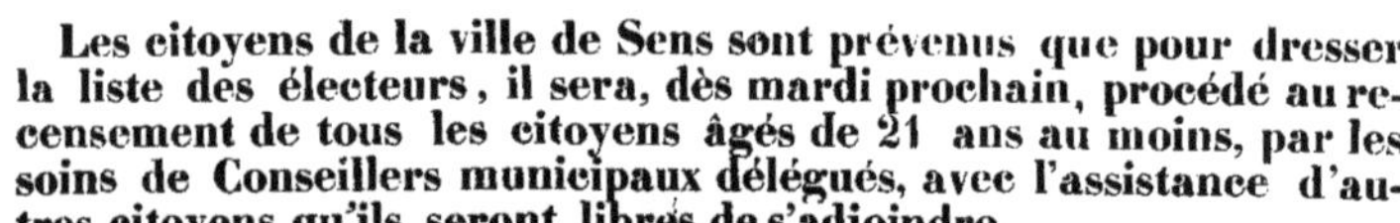

Les citoyens de la ville de Sens sont prévenus que pour dresser la liste des électeurs, il sera, dès mardi prochain, procédé au recensement de tous les citoyens âgés de 21 ans au moins, par les soins de Conseillers municipaux délégués, avec l'assistance d'autres citoyens qu'ils seront libres de s'adjoindre.

Les réclamations seront admises depuis le 26 mars jusqu'au 8 avril.

Sens. — Typographie et Lithographie TH. JEULAIN, Grande-Rue, 148.
1848

LIBERTÉ, ÉGALITÉ, FRATERNITÉ.

Aux Electeurs de l'Yonne.

Le citoyen Eugène O'DDOUL,

Candidat du peuple pour la représentation nationale.

COMITÉ CENTRAL

DES ÉLECTIONS GÉNÉRALES

POUR L'ASSEMBLÉE NATIONALE.

Convaincus du dévouement et des principes solides du citoyen O'ddoul, nous invitons tous les bons républicains du département de l'Yonne à vouloir bien l'accueillir avec confiance et à lui donner dans les opérations de leurs comités électoraux tout l'appui qu'ils nous accorderaient à nous-mêmes.

Nous leur recommandons de n'adopter pour candidats que des hommes d'une moralité éprouvée et d'un républicanisme sincère.

Les membres du bureau présents :

RECURT, adjoint au maire de Paris.
FENET, avocat, candidat de l'Yonne.
FOY.
J. MICHELET.
YVON VILLARCEAU.
A. DELMAS.
CHEVALLON.
DUBOIS.
Fr. ADAM, adjoint au maire de Paris.
SAVARY.
CROIZAT.
PELVILAIN.
Ph. LEBAS, de l'Institut.
Ch. RIBEYROLLES, rédacteur en chef de la Réforme.

AVALLON, IMPRIMERIE DE [illegible].

Agriculteurs, ouvriers, commerçants et industriels, vous tous qui vivez d'un travail toujours pénible, souvent ingrat;

— hier peuple esclave, aujourd'hui peuple souverain!

Chacun de vous va prononcer, pour sa part, non-seulement sur son sort à lui-même, mais sur le sort d'un peuple entier.

Au moment de remplir ce devoir solennel, rappelez-vous bien ceci :

Vous n'étiez rien il y a deux mois.

Vous n'étiez pas des citoyens sous la monarchie. Ses partisans vous appelaient des barbares (1) : à peine vous reconnaissaient-ils pour des hommes.

Ils voulaient river le peuple à la nécessité d'un travail sans repos et sans espoir (2) : ils voulaient maintenir sans relâche à sa porte l'effrayant fantôme de la faim (3).

« Travaille, souffre et meurs! lui disaient-ils, voilà ton lot!

« A nous le repos, à nous les jouissances, à nous la vie... » — Sous ce gouvernement sans entrailles, 200,000 privilégiés s'intitulaient eux-mêmes le *pays légal*, et supprimaient, par la fraude et par la violence, les droits de 35 millions d'hommes.

Ce temps d'oppression et de honte est passé. La révolution du 24 février a rendu au peuple sa souveraineté, sa dignité, les grandeurs morales du citoyen, et la possession prochaine de toutes ces institutions bienfaisantes qui naîtront de la République comme l'eau sort d'une source.

Montrez au monde que vous êtes dignes de cette liberté si glorieusement conquise par le sang de vos frères!

Vous connaissez les hommes qui servaient d'instrument à la monarchie, et qui se gorgeaient à son râtelier. En dix-sept années de calamiteuse mémoire, qu'ont-ils fait pour soulager nos souffrances? Rien. Et quand le peuple meurtri, affamé, se débattant dans son désespoir, relevait sa tête pour leur dire : « Rendez-moi les droits que vous m'avez dérobés, donnez-moi du travail, et laissez-moi manger un peu de ce pain que je produis! » ils étaient heureux de lui répondre par les baïonnettes, par la mitraille et par le bourreau. Lyon et Toulouse, Paris et Buzançais en sont les lugubres témoins. Vous citerai-je encore, Saint-Merry et Transnonain, noms sanglants?

Si l'on parlait du suffrage universel, qui est à-la-fois l'épée et le bouclier de vos droits, pas un de ces dynastiques corrompus qui ne haussât les épaules en signe de mépris pour le peuple, et ne se vantât de faire voter aveuglément, celui-ci ses ouvriers, celui-là tout son village, avec une menace ou quelques écus. Insolence et folie dont vous ne tarderez pas à les guérir.

Hier ils poursuivaient les républicains de leurs calomnies et de leurs imprécations : aujourd'hui ils chantent l'hosannah à la République....... mais ils parlent un langage étranger à leur bouche comme à leur cœur.

En prenant ce masque hypocrite, quel est leur but? C'est d'égarer votre opinion. Quelle est leur espérance? C'est d'étouffer dans leur germe tous les bienfaits que la République nous apporte, et de nous ramener par des chemins obliques à la nullité sociale et à la servitude dont nous sortons.

Il y a dans la nation, vous ne l'ignorez pas, une petite caste égoïste et orgueilleuse qui maudit dans l'ombre notre jeune République, et qui enrage dans son âme, si elle en a une, de voir l'égalité rétablie.

« Quoi! les hommes du peuple, les hommes qui ne possèdent ni l'argent, ni les places, ni les honneurs; nos fermiers, nos marchands, les artisans, les prolétaires, seront nos égaux! Et nous serons confondus avec cette canaille! Quelle indignité! Mais nous ne serons plus les maîtres, mais nous n'aurons plus de priviléges, mais notre influence est perdue... Nous n'avons plus qu'à rentrer dans la poussière si le peuple maintient ses droits en envoyant à l'Assemblée nationale les hommes qui l'ont toujours aimé. Heureusement le peuple est crédule, et nous avons encore le temps de le tromper. Efforçons-nous donc de reconquérir par la ruse cette domination que les puissantes mains de la République nous ont arrachée! »

Voilà ce que dit tout bas dans ses conciliabules cette aristocratie trois fois insensée! Voilà les vœux et les projets coupables qu'elle roule dans son esprit. Soyez sûrs que ces gens-là veulent se faire représenter exactement. Leurs regrets, leurs tendances rétrogrades, leur audace réactionnaire, en un mot leur haine contre la république va se traduire, s'il est possible, dans le choix de leur candidat.

Ils vous engageront précisément à voter pour ce candidat.

Mais chacun de vous se dira avec sagesse :

« Les hommes ne changent qu'à la surface, au fond ils restent les mêmes.

« Ceux qui m'ont volé mes droits sous la restauration et sous Louis-Philippe veulent me les voler encore.

« C'est bien malgré eux que je suis électeur, c'est-à-dire juge dans ma propre cause : tout qu'ils ont pu l'empêcher ils l'ont fait. Aujourd'hui, ne pouvant plus mettre obstacle à l'exercice de mon droit, ils veulent me faire voter contre moi-même et à leur profit. *Je ne tomberai pas dans ce piége grossier.*

« S'ils choisissent un candidat, c'est évidemment pour qu'il représente leur intérêt.

« Or, leur intérêt, c'est le peuple chassé des comices électoraux, où ils veulent régner seuls et sans partage; c'est le privilége rétabli en leur faveur sous toutes ses formes; c'est l'autorité, dont ils savent si bien faire abus; c'est la possession exclusive de tous les avantages sociaux; c'est le bâillon sur ma bouche et l'entrave à mes pieds, comme auparavant. — je n'en veux pas!

« Mon intérêt à moi, c'est de maintenir l'égalité, que Dieu a faite pour tous les hommes, et que la république m'a donnée;

« C'est de maintenir cette liberté qui a coûté si cher, et qui est le premier bien de l'homme et du citoyen;

« C'est d'avoir le travail garanti, et d'y trouver un gage certain de bien-être pour moi et pour ma famille;

« C'est de voir mes enfants anoblir leur âme et développer leur intelligence par le bienfait de l'éducation nationale; de les voir grandir à l'abri des misères qui écrasaient le peuple sous la monarchie, et vivre tranquilles avec leurs semblables dans les conditions d'une fraternelle solidarité.

« Voilà mon intérêt...., et ces hommes-là le repoussent.

« Leur intérêt n'est donc pas mon intérêt.

« Et leur candidat ne peut pas être mon candidat.

« Je serais bien dupe, bien ennemi de moi-même, de suivre leur conseil.

« Ils ne me consultaient pas autrefois pour nommer leur député aristocrate;

« Je ne les consulterai pas aujourd'hui pour nommer mon représentant républicain! »

Citoyens électeurs, c'est ainsi que vous déjouerez les misérables calculs de vos ennemis.

Vous avez pour vous la force irrésistible du nombre; vous êtes en France trente-cinq millions d'hommes :

Ils ont contre eux leur imperceptible minorité.

Vous avez pour vous la justice aujourd'hui victorieuse et la toute-puissance qui doit assurer les fruits de la victoire :

— ils ont contre eux la longue usurpation de vos droits, la défaite et la ruine de leur système odieux, et l'impuissance de le relever autrement que par vos mains.

Ne prêtez pas vos mains à cette œuvre funeste et impie!

Encore une fois ne vous livrez pas à vos ennemis.

Ne laissez pas à vos enfants le triste héritage de l'oppression que vous avez subie.

Il est temps que le genre humain ne soit plus conduit comme un troupeau par quelques hommes habiles et pervers.

Il est temps que le peuple profite des révolutions qu'il fait.

Pour cela que vous faut-il?

De la volonté : rien de plus. — Ce que le peuple veut, Dieu le veut!

Que d'autres sollicitent le vote des privilégiés.

Moi, je suis le candidat de ceux qui ont été jusqu'à présent victimes des iniquités sociales;

De ceux qui n'ont connu que des nuits inquiètes et des jours menaçants;

Je suis le candidat des prolétaires jusqu'à présent pressurés, jusqu'à présent foulés aux pieds par les aristocraties de tous les régimes et de tous les étages. Les travailleurs, les hommes autrefois déshérités, et dont le sort réclame une amélioration immédiate et profonde, le peuple, en un mot, moins les vampires qui le dévoraient, voilà les électeurs dont je serais fier d'obtenir le suffrage;

Parce que j'ai dans mon cœur une foi ardente en la sainteté de leur cause;

Parce que j'ai la volonté inébranlable de défendre cette cause jusqu'à la mort.

Tout pour le peuple et par le peuple!

VIVE LA RÉPUBLIQUE!

O'DDOUL.

(1) Journal des Débats.
(2) M. Guizot.
(3) M. Duchâtel.

Citoyens du département de l'Yonne,

Des amis que je compte dans l'arrondissement d'Avallon m'ont proposé la candidature pour le département de l'Yonne ; j'ai accepté ce haut témoignage de confiance avec bonheur, mais avec un bonheur mêlé de crainte en raison des grands et redoutables devoirs qu'il impose.

Ignoré de la plupart d'entre vous, il était indispensable que vous me connussiez. On m'a appelé ; je suis venu ; et déjà dans plusieurs assemblées générales j'ai nettement et franchement exprimé mes idées et mes opinions.

Aussi éloigné de cet empressement servile qui court après les suffrages que de cette fausse modestie qui voudrait avoir l'air de les subir, je vous l'avoue en toute sincérité, je serais heureux et fier que vous me fissiez l'honneur de me croire digne de vous. Je ne connais pas de plus haute ni de plus légitime ambition.

Beaucoup, sans doute, pourront vous offrir un mérite plus éclatant, un nom plus entouré de prestige ; personne ne vous apportera plus d'indépendance, plus de zèle, plus de loyauté, plus de dévouement.

Toutefois, des électeurs appartenant à divers arrondissements m'ayant demandé un exposé de principes, je m'empresse de me rendre à leur juste désir.

Voici cet exposé :

Le gouvernement républicain est dorénavant le gouvernement NÉCESSAIRE de la France.

Hors de cette forme de gouvernement il n'y a plus que guerre civile, désordre, anarchie, chaos.

Que la république soit arrivée brusquement, inopinément, sans que la France y fût peut-être suffisamment préparée, la question n'est pas là ; elle existe.

Il importe donc essentiellement de l'établir sur des bases sincères et indestructibles.

Ce sera la tâche de l'assemblée nationale.

En conséquence, cette assemblée doit être composée de députés républicains. Choisissez des hommes honnêtes, capables et dévoués ; mais ne choisissez que des hommes animés de la foi républicaine, des hommes profondément et consciencieusement républicains.

Et cela pour deux motifs :

1° Parce qu'il n'y a que des républicains de longue date qui aient sérieusement réfléchi aux conditions d'une société républicaine, et aux lois constitutives de son existence.

2° Parce qu'il n'y a que des républicains convaincus et éprouvés qui puissent également résister, et aux prétentions surannées qui voudraient ramener un passé impossible, et aux folles exigences qui essayeraient de nous entraîner vers un avenir irréalisable.

Ne l'oubliez pas, citoyens, du choix que vous ferez dépend non-seulement le sort de la république, mais le sort de la France, mais le sort de l'Europe, mais le sort de l'humanité dont la France est le modèle et le guide.

Ne vous laissez donc pas prendre à de décevantes promesses, à des protestations prononcées du bout des lèvres. Défiez-vous des conversions trop récentes, et ne vous fiez qu'aux opinions connues et éprouvées depuis long-temps. Recherchez les hommes de cœur et de conviction, les hommes dont la vie publique et privée peut impunément braver l'éclat du jour et de la discussion ; c'est ceux-là seulement que vous devez écouter.

Cela dit, il est juste que vous sachiez qui je suis.

Originaire du département de l'Yonne ; je compte dans l'arrondissement d'Avallon des parents et des amis qui ont suivi mon existence depuis mes plus jeunes années ; ils savent si mes principes ont varié ; j'en appelle à leur témoignage.

Ils peuvent vous dire : que ces principes ont toujours été républicains ; qu'ils m'ont maintes fois entraîné dans des discussions ardentes, dans des luttes politiques, et qu'à deux reprises différentes j'ai expié par la prison le tort de trop aimer la liberté.

Indépendant par position, j'aurais pu ne connaître de la vie que les plaisirs ; j'ai préféré m'occuper des grands intérêts de mon pays.

Indépendant par caractère, je suis constamment demeuré étranger à toutes les coteries qui désertent trop souvent les idées pour exploiter les passions, les principes pour servir les intérêts.

Jeune, j'ai commencé à aimer la république par instinct ; plus tard, l'étude et la réflexion ont développé et mûri les pensées qui m'avaient d'abord entraîné par leur sympathique affinité, et qui sont devenues depuis le culte d'une inébranlable conviction.

Il ne s'agit ni d'un engouement passager, ni d'un entraînement irréfléchi, ni d'une opinion de circonstance.

Je suis républicain parce que la république a toujours été à mes yeux le plus beau, le plus noble et le plus honorable des gouvernements.

Parce que la république n'est autre chose que le développement libre et régulier de toutes les facultés humaines.

Parce que dans une république bien ordonnée l'homme n'obéit qu'à la loi ; ne s'inspire que de sa conscience ; ne relève que de Dieu.

Pour discréditer la république on l'a calomniée. On a été chercher les jours les plus tristes de notre histoire ; et l'on a dit aux crédules et aux timides : Voilà la république.

Non, ce n'est point là la république.

La république telle que la veulent tous les esprits sensés, tous les honnêtes gens, tous les nobles cœurs, telle que nous la voulons tous, c'est une république grande, glorieuse et pure ; grande comme les sentiments dont elle s'inspire, glorieuse comme les idées qu'elle représente, pure comme le principe d'abnégation et de vertu qui doit constituer son essence ; une république qui s'appuie sur le respect de tout ce qui est saint et légitime aux yeux des hommes.

Ainsi, respect au sentiment religieux. — La religion est la pierre angulaire de l'édifice social ; c'est la religion qui enseigne aux hommes leurs devoirs envers Dieu, envers leurs semblables, envers eux-mêmes. La religion est la sœur de la liberté. La liberté sans la religion, c'est la licence ; la religion sans la liberté, c'est l'hypocrisie.

Respect à la famille. — C'est par les liens sacrés de la famille que se développent l'esprit et le cœur de l'homme ; c'est sur le sein de sa mère que l'âme de l'enfant s'ouvre aux premières émanations du bien, du beau et du bon ; c'est dans les traditions de son père qu'il puise les sentiments du devoir, du dévouement et de l'honneur. Sans la famille, le monde serait un champ de bataille livré à l'égoïsme et à la brutalité des plus basses et des plus sauvages passions. Arrière donc ces systèmes insensés qui, sous prétexte d'améliorer la nature humaine, feraient rétrograder l'homme au-delà de la barbarie.

Respect à la propriété. — Le droit de propriété n'est

pas autre chose que la libre jouissance des biens légitimement acquis; or, les hommes ne travaillent que pour acquérir; donc sans propriété point de travail, point d'émulation, point d'activité; partant, la décadence, la ruine, l'anéantissement de la société.

Respect au travail. — C'est le travail qui enrichit les hommes; c'est le travail qui crée la propriété; c'est sur la propriété que s'appuie la famille; donc respect au travail. Les travailleurs qui, le plus souvent, n'ont pas d'autre capital que leurs bras méritent toutes les sympathies; tout l'intérêt de la société; elle doit leur venir efficacement en aide. Il ne faut pas que des hommes honnêtes et laborieux soient exposés à manquer de pain. Un tel état est contraire aux lois de la politique, de la religion, de l'humanité; il ne peut plus exister.

En un mot : Respect à tout ce qui est grand, à tout ce qui est saint, à tout ce qui est sacré, à tout ce qui est généreux, à tout ce qui est légitime parmi les hommes.

Autres temps, d'ailleurs, autres idées, autres mœurs.

Nous ne sommes plus en 1792; nous sommes en 1848.

En 1792, il fallait jeter par terre un édifice profondément enraciné dans le sol; un édifice de dix siècles de durée; un édifice cimenté par la féodalité et la monarchie absolue. Aujourd'hui la place est nette; il ne s'agit plus de renverser, il s'agit de créer.

La république, ou plutôt la révolution de 1792, était une révolution de destruction; la république de 1848 est une république d'édification.

La révolution de 1792 a été la torche qui a embrâsé l'Europe; la république de 1848 est le flambeau qui doit éclairer les peuples et diriger l'humanité dans la voie de progrès où la conduit le doigt de Dieu.

Les peuples l'ont bien compris; en 1792, ils se portaient menaçants contre nos frontières; en 1848, ils saluent la France comme leur libératrice, et battent des mains aux premiers pas de notre jeune république.

Le temps des légitimités et des dynasties est passé; il n'y a que des coupables ou des fous qui pourraient en rêver le retour.

En trois jours, la France a marché de trois siècles.

En conséquence, je repousse absolument les royautés sous quelque forme, sous quelque déguisement qu'elles se présentent.

Mais si je repousse les royautés et tout ce qui y ressemble de près ou de loin, je provoque, j'appelle, je désire du fond de mon âme une fusion sérieuse et réelle de tous les partis.

Unissons-nous tous; mais unissons-nous sans arrière-pensée, franchement, sincèrement, loyalement.

N'ayons désormais qu'un seul esprit, un seul cœur, un seul but; ne formons qu'un seul parti, un seul peuple, une seule famille.

Plus de ces distinctions artificielles qui fractionnent la société, qui irritent et divisent. Plus de classes, plus de castes, plus de *pays légal* ou *extra-légal*, mais un peuple de frères composant l'universalité de la nation française.

Pour arriver à ce but, il y a sans doute des difficultés à vaincre, mais nous pouvons l'atteindre; il suffit de le vouloir.

Sachons nous faire des sacrifices mutuels, des concessions réciproques; consentons-y avec joie, et nous verrons les obstacles disparaître.

Ces sacrifices cimenteront le pacte de l'avenir, et rendront la France plus grande, plus heureuse, plus prospère qu'elle ne l'a jamais été, parce que la sécurité qui repose sur le bonheur de tous est inébranlable.

Que la noblesse et la bourgeoisie se rassurent; elles ne descendent pas, c'est le peuple qui s'élève.

Il l'a mérité par ses efforts, ses travaux, ses sueurs, ses souffrances, ses privations, son intelligence.

Il l'a mérité par ses combats de géant; ses titres de gloire sont signés de son sang; ils sont gravés sur tous les champs de bataille, non seulement de l'Europe mais du monde entier.

Il l'a mérité par sa sublime colère contre un gouvernement corrupteur et corrompu; par son courage pendant la lutte; par sa modération après la victoire.

On disait autrefois des Francs nos ancêtres qu'ils étaient un *peuple de nobles*.

Qu'on en dise à l'avenir autant de nous, mais rappelons-nous cette devise trop oubliée, *noblesse oblige*.

Oui, noblesse oblige; elle oblige à l'abnégation, à la justice, à l'honneur, au dévouement, à la vertu.

Le symbole de notre foi politique comprend tout cela; sachons y rester fidèles, et nous ne dérogerons pas.

Ce symbole, celui de la société que nous sommes appelés à fonder, celui que *nous devons tous porter vivant dans nos cœurs*, est le symbole admirable que la république *inscrit en tête de ses actes*, et qu'elle grave sur la façade de nos monuments :

LIBERTÉ ÉGALITÉ FRATERNITÉ.

L'esprit des temps à venir est dans ces trois mots.

Liberté. — C'est-à-dire pouvoir de faire tout ce qui ne peut pas nuire à nos semblables; tout ce qui n'est pas un acte d'hostilité envers la société; tout ce qui n'est pas un outrage à la morale publique; et comme garantie de ce droit d'être libre, que tout homme apporte en naissant dans le monde, liberté d'association, liberté de la presse, liberté de *la parole*, liberté de conscience, *liberté religieuse*, liberté d'enseignement, avec les garanties qu'exige *l'existence et la conservation de la société*, et sans autre répression que celle de la loi pénale.

Égalité. — C'est-à-dire, égalité de tous devant la loi; égalité de tous pour l'exercice des droits civils et politiques; faculté pour tous d'arriver à toutes les fonctions publiques, sans autres conditions que celles de l'honnêteté, de l'aptitude spéciale et du mérite individuel, et comme garantie de ce droit, instruction et éducation gratuites pour tous les citoyens; en d'autres termes, développement de l'esprit et du cœur pour tous les hommes. Ainsi plus de supériorité basée sur les hasards de la naissance ou les avantages de la fortune; mais une seule supériorité, supériorité reconnue et vénérée de tous : la supériorité de l'intelligence et de la vertu.

Fraternité. — C'est-à-dire, paix, union, concorde, harmonie, abnégation; dévouement des hommes les uns pour les autres; concessions mutuelles; bienveillance dans les rapports; nécessité de s'entr'aider; amour sincère de nos semblables; sympathie ardente, inépuisable pour toutes les douleurs, toutes les souffrances, toutes les misères; désirs incessants, efforts infatigables pour l'amélioration morale et matérielle de toutes les conditions humaines; sentiment profond du devoir impérieux pour la société de ne reculer devant aucun sacrifice dans le but de remplir le grand devoir de justice et de philantropie que la religion, l'humanité et la civilisation lui imposent; en un mot : réalisation pratique, aussi parfaite que possible, dans la société et dans la loi, de ces divines paroles du Christ : *Aimez-vous les uns les autres comme des frères.*

Voilà, citoyens, notre symbole à tous;

Voilà le symbole qui a toujours été celui de ma vie politique, et qui le sera toujours.

Et maintenant s'il en est parmi vous qui me jugent digne de leur confiance, et qui me disent : Nous avons foi en vous.

Je leur répondrai : Comptez sur mon absolu dévouement.

HIPPOLYTE PEUT (DE LYON).

Avallon, 30 mars 1848.

Avallon, imp. de Morlobig.

RÉPUBLIQUE FRANÇAISE

Liberté, Égalité, Fraternité.

AUX CITOYENS
DE LA PROVINCE
DE CONSTANTINE

La République vous a rendu votre liberté, indignement enchaînée depuis dix-sept années.

Vous jouissez de tous vos droits de citoyens français.

Vous deviez espérer que le Gouvernement provisoire formerait immédiatement trois départements, et, par conséquent, que la province de Constantine aurait son représentant spécial.

Il n'en est pas ainsi. La province d'Alger l'a emporté, et les quatre députés sont pour l'Algérie tout entière.

Dans cette circonstance, il est urgent, citoyens de la province de Constantine, de vous unir avec la province d'Oran, et de ne pas permettre à Alger d'accaparer tous les représentants, car alors aucune voix ne serait à l'assemblée pour défendre vos intérêts.

Les habitants de la province d'Oran veulent bien m'honorer de leurs suffrages; les leurs et les vôtres réunis formeront une majorité assez imposante, et les provinces alors auront, un député à elles seules, et compteront dans la balance algérienne.

Mais, en briguant vos suffrages, en sollicitant l'honneur de vous représenter, je dois vous parler de mes antécédents, et vous faire ma profession de foi.

En 1830 j'ai fait partie de l'armée qui a conquis l'Algérie.

Depuis quatorze ans, propriétaire parmi vous, j'ai eu encore l'honneur de défendre votre sol contre l'ennemi; puis, chargé de l'administration d'une partie de cette province, j'ai pu, malgré des luttes nombreuses et pénibles, obtenir des résultats avantageux, et donner l'essor à la colonisation

J'ai pris en main vos intérêts, et les ai soutenus chaleureusement contre des ambitions funestes et ennemies de tout progrès.

Éloigné de vous par une injustice sans exemple, je n'ai pas cessé depuis deux années de combattre avantageusement dans la presse pour la cause algérienne.

Si vous daignez me choisir pour votre représentant, voilà mon programme.

Il sera court, mais franc et loyal.

Je voterai pour le maintien du Gouvernement republicain, à l'exclusion de tous autres.

Je demanderai immédiatement la formation de départements algériens.

Franchise des ports de Bone, Philippeville, Alger, Tenez, Mostaganem et Oran.

Similitude complète d'administration entre l'Algérie et la France.

Admission comme citoyens français, de tous les citoyens séjournant en Algérie depuis cinq ans, et y étant établis.

Citoyens de la province de Constantine, aimant votre pays, y ayant jeté ma fortune et celle d'une partie des miens, je m'y suis entièrement consacré.

En tout et partout, je saurai prendre la défense de vos intérêts; je dirai les nombreux avantages de votre climat, les richesses de votre territoire; j'appellerai sur vous l'attention des représentants de la France et du Gouvernement de la République.

Vous savez l'indépendance de mon caractère.

Je ne me dissimule pas les difficultés, les dangers même du poste que je sollicite, mais j'ai la conscience que je l'occuperai avec courage.

Je serai digne de votre confiance et de l'honorable caractère de représentant de la République.

A. BERTIER DE SAUVIGNY.

Paris, 18 mars 1848.

Paris. — Typographie de Firmin Didot Frères, rue Jacob, 56.

RÉPUBLIQUE FRANÇAISE

Liberté, Égalité, Fraternité.

AUX CITOYENS

DE LA PROVINCE

D'ORAN.

La République vous a rendu votre liberté, indignement enchaînée depuis dix-sept années.

Vous jouissez de tous vos droits de citoyens français.

Vous deviez espérer que le Gouvernement provisoire formerait immédiatement trois départements, et, par conséquent, que la province d'Oran aurait son représentant spécial.

Il n'en est pas ainsi. La province d'Alger l'a emporté, et les quatre députés sont pour l'Algérie tout entière.

Dans cette circonstance, il est urgent, citoyens de la province d'Oran, de vous unir avec la province de Constantine, et de ne pas permettre à Alger d'accaparer tous les représentants, car alors aucune voix ne serait à l'assemblée pour défendre vos intérêts.

Les habitants de la province de Constantine veulent bien m'honorer de leurs suffrages; les leurs et les vôtres réunis formeront une majorité assez imposante, et les provinces alors auront un député à elles seules, et compteront dans la balance algérienne.

Mais, en briguant vos suffrages, en sollicitant l'honneur de vous représenter, je dois vous parler de mes antécédents, et vous faire ma profession de foi.

En 1830 j'ai fait partie de l'armée qui a conquis l'Algérie.

Depuis quatorze ans, propriétaire parmi vous, j'ai eu encore l'honneur de défendre votre sol contre l'ennemi; puis, chargé de l'administration d'une partie de cette province, j'ai pu, malgré des luttes nombreuses et pénibles, obtenir des résultats avantageux, et donner l'essor à la colonisation.

J'ai pris en main vos intérêts, et les ai soutenus chaleureusement contre des ambitions funestes et ennemies de tout progrès.

Éloigné de vous par une injustice sans exemple, je n'ai pas cessé depuis deux années de combattre avantageusement dans la presse pour la cause algérienne.

Si vous daignez me choisir pour votre représentant, voilà mon programme.

Il sera court, mais franc et loyal.

Je voterai pour le maintien du Gouvernement républicain, à l'exclusion de tous autres.

Je demanderai immédiatement la formation de départements algériens.

Franchise des ports de Bone, Philippeville, Alger, Tenez, Mostaganem et Oran.

Similitude complète d'administration entre l'Algérie et la France.

Admission comme citoyens français, de tous les citoyens séjournant en Algérie depuis cinq ans, et y étant établis.

Citoyens de la province d'Oran, aimant votre pays, y ayant jeté ma fortune et celle d'une partie des miens, je m'y suis entièrement consacré.

En tout et partout, je saurai prendre la défense de vos intérêts; je dirai les nombreux avantages de votre climat, les richesses de votre territoire; j'appellerai sur vous l'attention des représentants de la France et du Gouvernement de la République.

Vous savez l'indépendance de mon caractère.

Je ne me dissimule pas les difficultés, les dangers même du poste que je sollicite, mais j'ai la conscience que je l'occuperai avec courage.

Je serai digne de votre confiance et de l'honorable caractère de représentant de la République.

A. BERTIER DE SAUVIGNY.

Paris, 18 mars 1848.

Paris. — Typographie de Firmin Didot Frères, rue Jacob, 56.

RÉPUBLIQUE

FRANÇAISE.

LIBERTÉ, ÉGALITÉ, FRATERNITÉ.

Mes chers Concitoyens,

L'un de vos représentants a déposé entre vos mains les pouvoirs que vous lui aviez confiés.

J'aspire à l'honneur de lui succéder, et afin que vous puissiez me juger en connaissance de cause, je vais vous présenter en quelques mots la déclaration loyale de mes principes et de mes idées.

Je prends l'engagement formel de ne solliciter et de n'accepter pour moi-même, ou pour les membres de ma famille, aucune fonction publique rétribuée par l'Etat : car je crois que l'indépendance ne se conserve que par le désintéressement.

Toutes mes sympathies sont acquises aux populations agricoles. Les gouvernements déchus n'avaient témoigné à cette classe, qui est la plus nombreuse, la plus utile, la plus sage de notre patrie, qu'une odieuse indifférence. Cette longue injustice doit être réparée.

La destinée du cultivateur et de l'ouvrier sera plus heureuse, lorsque l'impôt foncier sera considérablement diminué par la réduction des cadres de l'armée;

Lorsque l'organisation du crédit foncier donnera à tous les petits propriétaires l'argent indispensable à l'amélioration de leurs terres, et fera refluer les capitaux de la ville au village;

Lorsque le gouvernement de la République s'attachera à protéger les associations libres entre les ouvriers et les chefs d'établissement, afin d'assurer à tous les avantages compatibles avec l'ordre et la liberté;

Lorsque enfin les vexations de l'administration forestière seront rendues impossibles.

Je voterai invariablement pour l'adoption de ces mesures.

Ennemi juré de toute intolérance, je soutiendrai de toutes mes forces la liberté d'enseignement, en exigeant toutefois des personnes qui voudront s'occuper de cette importante fonction, les garanties nécessaires de capacité et d'honnêteté.

Tels sont, chers concitoyens, les principes que je professerai, si vous m'honorez de vos libres suffrages.

Bien persuadé à l'avance que je ne dévierai jamais de la ligne que je me suis tracée, je m'engage ici à vous soumettre tous les trois mois le tableau de mes votes, afin que vous puissiez juger vous-mêmes qu'ils m'auront été inspirés par le seul amour de mon pays et ma sollicitude sans bornes à vos intérêts.

SALUT ET FRATERNITÉ

YVAN, Médecin.

Digne, Mme Ve A. GUICHARD, Imprimeur.

RÉPUBLIQUE

FRANÇAISE.

LIBERTÉ, ÉGALITÉ, FRATERNITÉ.

A mes Compatriotes de l'Armée.

Mes chers Compatriotes,

Aux élections générales vous m'avez accordé un très-grand nombre de voix; j'ai dû ce témoignage de votre estime bien moins à mon mérite personnel qu'à mon ardent amour pour le pays.

En me présentant une seconde fois aux suffrages des Electeurs des Basses-Alpes, je croirais manquer à mon devoir si je ne vous adressais pas spécialement mes remerciments pour la manière bienveillante dont vous avez accueilli ma candidature. Puissiez-vous me continuer votre sympathie et vous rappeler de nouveau mon nom lorsque vous serez appelés à donner un remplaçant à celui de nos représentants qui vient de se désister de son mandat.

Avec vous, mes chers compatriotes, une Profession de Foi est bien facile à faire; voici la mienne :

Fidèle à la devise de l'Etoile de l'Honneur qui décore ma poitrine, si vous m'envoyez à l'Assemblée nationale, je trouverai la règle de ma conduite dans ces deux mots : Honneur et Patrie !

SALUT ET FRATERNITÉ

YVAN, Médecin.

Digne, Me V. A. GUICHARD, Imprimeur.

AUX ÉLECTEURS

DES

BOUCHES-DU-RHONE

CITOYENS,

L'option de M. Lamartine et de M. Cormenin pour le département de la Seine laisse deux places vacantes sur la liste des représentants des Bouches-du-Rhône, vous êtes appelés à de nouvelles élections, et je viens de nouveau solliciter vos suffrages.

Vous me connaissez, j'ai paru dans la plupart de vos réunions. Une fois déjà vous m'avez prouvé votre sympathie en m'accordant un nombre de voix presque égal à celui des candidats élus. Je n'ai donc pas besoin de renouveler devant vous ma profession de foi comprise; mais j'ai rencontré dans certains esprits des préventions et de la défiance, je m'adresse à ces préventions pour les dissiper, je m'adresse à ces défiances pour obtenir un impartial examen.

Républicains.

Vous tous, qui n'avez pas subi la République comme une nécessité regrettable, vous tous qui l'aimez, qui saluez en elle l'aurore du bonheur universel, vous surtout qui attendez de la République de nouvelles institutions sociales, qui lui demandez la réalisation de la *liberté* par le pain et le travail garantis à tous, de l'*égalité* par l'éducation visitant les chaumières, de la *fraternité* par la protection assurée au malade, au vieillard, à tous les faibles, je n'ai pas chez vous de préventions à combattre. Vous m'avez accepté comme un frère dont le cœur bat à l'unisson des vôtres; mon nom s'est trouvé le troisième sur la liste de votre comité central. Je compte aujourd'hui sur vous, car je n'ai pas démérité depuis un mois. Dans la lutte qui se prépare, il faut serrer nos rangs et combattre avec ensemble; ne disséminez plus vos suffrages. Ma candidature, déjà patronée par vous, est une de celles qui vous sont recommandées par la voix du scrutin; vous n'hésiterez pas à vous y rallier dans l'unité démocratique.

Défenseurs des libertés nationales et religieuses.

J'ai trouvé chez vous des adversaires et pourtant la devise que vous avez adoptée est aussi la mienne. Ce sont des illusions et des malentendus qui nous séparent. De divisions politiques il ne saurait y en avoir entre nous. Écho de la voix du peuple qui répétait la voix de la Providence, l'Assemblée nationale a proclamé la République. Tout bon Français est républicain. Ce n'est donc pas comme républicain que vous me repousseriez, ce serait comme ennemi de la liberté religieuse.

Eh bien! demandez aux clubs auxquels le clergé catholique inspire le plus de défiance, si je ne me suis pas prononcé partout et toujours pour la liberté de conscience et d'enseignement la plus largement pratiquée. J'ai compromis ma popularité près de quelques ouvriers en soutenant que le droit au travail et la liberté d'association devaient être respectés dans les couvents comme dans les associations séculières. Je me suis aliéné quelques professeurs universitaires en soutenant que l'État devait enseigner, mais ne devait pas enseigner seul. Parmi les représentants que vous avez envoyés à l'Assemblée nationale, il en est sans doute qui me dépassent de fort loin par le talent et la renommée, mais j'ai la prétention de les égaler tous par la largesse et la sincérité de mon libéralisme en matière de conscience. On abuse de votre crédulité si l'on me représente à vous comme un sectaire brûlant d'installer par la contrainte je ne sais quelle religion monstrueuse.

Conservateurs de la Propriété.

Vous aussi, vous vous êtes défiés de moi; j'ai eu beau multiplier, dans les clubs et par la voix de la presse, les expressions de mon respect pour la propriété, vous avez pris ces déclarations pour une habileté électorale. Ces doutes sont la plus cruelle épreuve que j'aie traversée de ma vie. Quand on a tout sacrifié à la recherche et au culte de la vérité; quand à la commode profession de l'avocat on a préféré la carrière aventureuse de l'apôtre, on est disposé à tout souffrir, excepté l'injure d'un doute. Si je voulais vous tromper, je commencerais par abjurer ce titre de phalanstérien qui vous effraie. Cependant, je ne le répudie pas, je ne le répudierai jamais. Je me contenterai de vous l'expliquer, et sans doute vous ne le craindrez plus quand vous l'aurez bien compris.

Mes opinions sociales sont résumées entièrement par cette devise de la *Démocratie pacifique* : ASSOCIATION LIBRE ET VOLONTAIRE DU CAPITAL, DU TRAVAIL ET DU TALENT.

L'idéal du travail organisé suivant nous, rédacteurs de ce journal, c'est l'association de toutes les forces productives; le capital ou la propriété figure parmi ces éléments que nous respectons. Nous désirons que le capital s'associe au travail et au talent, mais qu'il s'associe avec pleine liberté, déterminé par les avantages que produiraient des expériences locales de colonies agricoles sociétaires.

Puisque nous tendons à l'association volontaire des trois éléments productifs, nous ne pouvons désirer la destruction d'aucun d'eux. On verra toujours le phalanstérien combattre les lois spoliatrices, défendre le principe de l'hérédité, s'opposer à une extension de l'impôt progressif qui arriverait au nivellement des fortunes, critiquer les lois somptuaires, comme inopportunes en temps de crise, repousser l'établissement de droits exclusifs sur les testaments et successions. Les actes viennent déjà confirmer nos paroles; et quand M. Louis Blanc proposa comme idéal de répartition l'égalité absolue du salaire, qui le combattit énergiquement au palais du Luxembourg ce fut Victor Considérant, chef de l'École sociétaire, aujourd'hui représentant du peuple, et nommé à la presque unanimité, dans son bureau, membre de la commission des travailleurs.

Je viens vous demander, Citoyens, le droit de continuer près de lui, comme législateur, la mission que nous avons toujours remplie comme journalistes, mission de conciliation entre le capitaliste et le prolétaire. Aujourd'hui chacun proclame à la tribune que la Révolution de février doit avoir des conséquences sociales; je viens vous demander une seconde fois si cette Révolution proscrira les hommes qui s'étaient occupés d'avance de toutes les questions qu'elle soulève. Je viens vous demander si, pour une situation toute nouvelle, vous voulez ou non des hommes nouveaux. En persistant ainsi dans ma candidature, j'accomplis un devoir de conscience; car je sais bien, et vous savez comme moi, que je ne cherche pas un marchepied d'ambition, mais un instrument de travail.

Citoyen, je n'ajoute plus qu'un mot, et je l'écris, le 15 mai, sur le seuil de l'Assemblé nationale. Je viens de voir son enceinte envahie, et je sollicite plus vivement que jamais l'honneur d'une mission dont je comprends et j'accepte tous les périls.

Victor HENNEQUIN.

Paris. — Imprimerie d'E. Duverger, rue de Verneuil, 4.

RÉPUBLIQUE FRANÇAISE.

Liberté, Égalité, Fraternité.

ÉLECTIONS

A L'ASSEMBLÉE NATIONALE CONSTITUANTE.

Le Maire de la Ville de Fougères,

Vu l'arrêté de la Commission du Pouvoir Exécutif en date du 22 mai présent mois, portant convocation des Assemblées Électorales de canton des départements désignés au *tableau qui est annexé à cet arrêté*, ladite convocation faite par suite d'option, démission, etc., de divers Représentants du Peuple;

Vu les actes du Gouvernement provisoire des 5 et 8 mars dernier, sur les élections à l'Assemblée nationale;

Considérant que le citoyen LAMARTINE, nommé Représentant du Peuple dans plusieurs départements et notamment dans l'Ille-et-Vilaine, a opté pour le département de la Seine;

Vu également ~~l'instruction~~ l'arrêté du Commissaire du Gouvernement dans le département d'Ille-et-Vilaine, en date du 26 de ce mois,

ARRÊTE, ainsi qu'il suit, l'ordre dans lequel les électeurs des diverses communes seront appelés à voter pour l'élection d'un Représentant du peuple en remplacement du citoyen Lamartine :

Fougères, Canton Nord,
~~à la Caserne.~~ au tribunal

Fougères,	**de**	**7 heures**	**à**	**10 heures.**
Le Loroux,	**10**	—	**11**	—
Luitré,	**11**	—	**12**	—
Chapelle-Jans.,	**12**	—	**1**	—
La Selle,	**1**	—	**2**	—
Landéan,	**2**	—	**3**	—
Parigné,	**3**	—	**4**	—
Fleurigné,	**4**	—	**5**	—
Laignelet, Beaucé,	**5**	—	**6**	—

Fougères, Canton Sud,
à la Mairie.

Fougères,	**de**	**7 heures**	**à**	**10 heures.**
Dompierre,	**10**	—	**11**	—
Combourtillé,	**11**	—	**12**	—
Saint-Sauveur,	**12**	—	**1**	—
Parcé,	**1**	—	**2**	—
Billé,	**2**	—	**3**	—
Romagné,	**3**	—	**4**	—
Javené,	**4**	—	**5**	—
Lécousse,	**5**	—	**6**	—

En Mairie, à Fougères, le 29 mai 1848.

Le Maire,

J. Couyer de la Chesnardière.

Fougères, imprimerie de Gastel, rue Pinterie.

RÉPUBLIQUE FRANÇAISE

LIBERTÉ, ÉGALITÉ, FRATERNITÉ.

Le Comité électoral républicain de Fougères,

Réuni à l'Hôtel-de-Ville, a déclaré à l'unanimité que pour éviter la division et l'éparpillement des voix, il adoptait pour son candidat, le citoyen *Méaulle*, et tous ses membres ont pris l'engagement d'user de toute leur influence pour assurer le succès de cette candidature.

Fougères, le 29 Mai 1848.

Les Membres du Comité.

J. COUYER DE LA CHESNARDIÈRE, président; MINIDRÉ; DELATOUCHE, ouvrier tanneur; MARTIN aîné; JUMELAIS (Armand); F.-F. MALHERBE; LE DÉSERT; Julien PELÉ; DÉCORCE; JOURDIN; L. MESLIN, secrétaire.

A Fougères, chez GASTEL, imprimeur-libraire, rue Pinterie.
1848

AUX
ÉLECTEURS
DU DÉPARTEMENT
DE LA MAYENNE.

Mes chers Concitoyens,

Appelé jadis par la confiance de plusieurs d'entre vous à des fonctions honorifiques que j'ai constamment remplies avec zèle et dévouement, je viens me présenter aujourd'hui à vos suffrages comme candidat à l'Assemblée nationale.

Je sais toute l'importance d'un parcil mandat; mais si j'en étais investi, je puiserais dans mon patriotisme la force de m'en rendre digne.

Le gouvernement républicain est le seul désormais applicable à notre pays, et ce serait le comble de l'aveuglement de songer à la restauration d'une monarchie, sous quelque forme, sous quelque dénomination que ce fût, je veux donc une République grande, forte et pure, avec toutes les améliorations sociales et politiques qui découlent naturellement de la devise inscrite sur nos drapeaux,

Liberté! Égalité! Fraternité!

La constance de mes opinions dans le passé répond de la fermeté de mes principes dans l'avenir.

Je n'ai qu'un désir, celui de servir mon pays dans la mesure de mes forces.

L'Assemblée, libre expression de la volonté du peuple, a déjà traversé des jours difficiles et orageux.

Le palais de nos Représentants a été souillé par des factieux et des anarchistes.

Il reste malheureusement encore à dompter de mauvaises passions, et peut-être de grands dangers à surmonter.

Dans ces circonstances, devant un avenir immense et périlleux, je me sens le cœur et l'énergie nécessaires pour mettre mes idées et ma vie au service de ma patrie.

Votre dévoué Concitoyen,

Émile CAMUS-GIRARD,

Ancien Négociant à Mayenne.

Imprimerie de HENNUYER et Cᵉ, rue Lemercier, 24. Batignolles.

RÉPUBLIQUE FRANÇAISE.

LIBERTÉ, ÉGALITÉ, FRATERNITÉ.

DÉPARTEMENT DU NORD. — VILLE DE CAMBRAI.

ÉLECTION

D'UN REPRÉSENTANT DU PEUPLE.

Le Maire de la ville de Cambrai informe les Citoyens inscrits sur les listes Électorales, dressées conformément à l'instruction du Gouvernement provisoire, du 8 Mars 1848, et à l'arrêté de la Commission du pouvoir exécutif du 22 Mai courant, que le scrutin pour l'élection d'un Représentant du Peuple, en remplacement du citoyen Lamartine, s'ouvrira le 4 Juin 1848, à 7 heures du matin, savoir :

Les Électeurs de CAMBRAI-VILLE (*Canton Est*), dans la salle du Consistoire, à l'Hôtel-de-Ville ;

Les Électeurs de CAMBRAI-VILLE (*Canton Ouest*), dans la salle de l'École Mutuelle de Filles, Place Fénélon.

Les noms des Électeurs seront appelés par ordre alphabétique.

Les Électeurs déposeront leurs bulletins de vote lorsque leurs noms seront appelés. Ils les remettront fermés ou pliés au Président de l'assemblée.

Le réappel sera fait le 5 Juin, à 7 heures du matin, et le scrutin sera fermé à 4 heures du soir, si le réappel a été terminé à 3 heures, de manière à ce qu'il y ait un intervalle d'une heure au moins entre le réappel et la clôture du scrutin.

Il est recommandé aux Électeurs de se rendre, ainsi que c'est leur droit et leur devoir, à l'assemblée électorale du canton, pour prendre part à l'élection pour laquelle ils sont convoqués.

Les Électeurs n'auront à porter qu'un nom sur leurs bulletins de vote, et ils ne devront donner leurs suffrages qu'à des Français, âgés de vingt-cinq ans accomplis et non privés ou suspendus judiciairement de leurs droits civiques.

Il n'y a plus, pour l'éligibilité, aucune condition de cens, ni de domicile.

Fait à Cambrai, le 31 Mai 1848.

LENGLET.

Cambrai. — Fénélon DELIGNE et Ed. LESNE, Imp.-Lib. de l'Archevêché.

RÉPUBLIQUE FRANÇAISE.

LIBERTÉ, ÉGALITÉ, FRATERNITÉ.

RECTIFICATIONS
A LA
LISTE DES ÉLECTEURS.

Le **PRÉSIDENT** de la Commission municipale provisoire de Valenciennes prévient les habitants que le tableau de rectifications à la liste des électeurs est déposé au secrétariat de la mairie où chacun pourra en prendre connaissance sans déplacement.

Les réclamations des citoyens qui n'y auraient pas été compris seront reçues jusqu'au premier juin à minuit, au plus tard.

Fait à l'hôtel-de-ville, à Valenciennes le **28** *mai* **1848.**

DUBUS.

Imprimerie de A. PRIGNET, à Valenciennes.

Déclaration de Principes

DU

COMITÉ ÉLECTORAL RÉPUBLICAIN

DU QUAI DE RETZ.

CITOYENS,

Le Comité électoral républicain qui, à l'époque du banquet réformiste de Lyon en 1847, portait le titre de *Comité électoral du Rhône*, a voulu, avant de se reconstituer et d'augmenter le nombre de ses sociétaires, formuler les principes largement démocratiques dont tous ses membres sont animés.

Nous devons nous présenter avec franchise et loyauté devant nos amis comme devant nos adversaires politiques.

Nous devons proclamer ce que nous désirons avec ardeur, comme nous devons repousser avec énergie les doctrines et les actes que nous croyons contraires au salut de la République.

Voilà ce que nous ferons avant toute chose, non-seulement pour appeler à nous tous les citoyens qui partagent nos convictions, mais encore pour mériter l'estime de nos adversaires, afin que personne ne puisse jamais se méprendre sur nos vœux et sur nos tendances.

Plus de trône; jamais d'anarchie: tel est le cri de notre conscience à tous.

Depuis soixante ans, nous avons vu tomber des gouvernements qui se croyaient indestructibles; ils ont succombé devant le dogme qui seul est vraiment impérissable, le dogme de la souveraineté du peuple.

Quand le misérable pouvoir vaincu en février eut jeté le défi à la France, elle n'eut qu'un cri, qu'une opinion, parce que tout entière elle avait réprouvé dans son âme un régime avili.

« *Le trône renversé*, a dit le gouvernement provisoire, *la dynastie s'exilant elle-même, nous ne proclamâmes pas la République; elle s'était proclamée elle-même par la bouche de tout un peuple, nous ne fîmes que répéter le cri de la nation.* »

La République convie tous ses enfants à la vie politique qui devient pour eux une nouvelle existence. La foule devient un peuple; les citoyens remplacent les ilotes. C'est parce que la monarchie n'a pas voulu se confier à tous, qu'elle est tombée devant le mépris de tous.

Le gouvernement républicain est le seul légitime. Seul, il peut donner l'ordre véritable; seul, il a pour fondement les droits de tous les citoyens;

seul, il peut concilier tous les intérêts et résoudre le problème formidable du travail que ne voulaient ni ne pouvaient aborder les gouvernements de privilége.

Toute réaction serait donc un crime aujourd'hui.

Le comité défendra de toute son énergie le gouvernement de la République et l'Assemblée nationale.

Il déclare hautement qu'il s'inclinera toujours devant cette expression, la plus haute et la plus vraie de la souveraineté populaire.

Tant que les droits de tous seront reconnus et consacrés, il reste aux mécontents un moyen loyal, le seul permis quand on est minorité : c'est la propagande active et pacifique. Ce moyen est le seul que puisse reconnaître la France actuelle qui a horreur de l'anarchie comme du despotisme.

Nous n'entendrons jamais contester aux minorités le droit de produire au grand jour leurs théories, leurs systèmes.

Si les théories sont fausses et inapplicables, leur émission libre et complète permettra au bons sens public d'en faire justice, car elles ne sauraient prévaloir contre la raison universelle. La compression seule leur est favorable en donnant à leurs auteurs le rôle de victimes.

Si au contraire elles ont un côté réalisable, pourquoi le pays serait-il privé d'une portion quelconque du travail des idées?

Ainsi donc, point de haine, point de réprobation anticipée contre les systèmes. Qu'ils se produisent partout : dans les livres, dans la presse, dans les réunions politiques, à la tribune nationale!

Nous n'avons pas de parti pris contre les combinaisons diverses des systèmes qui s'agitent au nom de la politique socialiste. Nous n'appartenons à aucune secte ; nous appuierons les projets que nous croirons utiles, sans regarder à leur origine.

Mais nous croyons fermement que la nation repoussera tout ce qui porterait atteinte aux conditions fondamentales de la société, aux droits de la famille et de la propriété.

Sur ce point notre foi est inébranlable.

Nous réclamerons protection pour tous ceux qui, même en se trompant, poursuivront pacifiquement le plus noble des buts, le bonheur de l'humanité.

Respect aux minorités. N'oublions jamais que toute doctrine a eu de longues luttes à soutenir dans le monde avant d'être acceptée par la majorité.

On ne fonde vraiment que ce qui est mûr dans la raison publique : on modifie une société, on ne la brise pas. Le génie politique consiste à distinguer ce qui peut être pratiqué sans froissement et sans convulsions.

La majorité a le droit de se garantir des attaques violentes de la minorité. Elle ne doit jamais, à son tour, user de représailles en attentant aux droits de la minorité.

La liberté de la presse, la liberté des cultes, la liberté de l'enseignement, le droit d'association et de réunion sont la garantie sacrée des minorités. La majorité ne peut y toucher sans crime.

Ainsi l'égalité, en rendant leurs droits à tous les citoyens, leur fera un devoir de défendre l'ordre et l'autorité qu'ils auront contribué à fonder.

La loi, l'autorité seront l'œuvre de tous; tous obéiront sans murmure. Les régimes d'exception dont nous sortons ne pouvaient qu'entretenir la révolte dans les esprits.

La révolution de février aura réhabilité l'exercice du pouvoir.

Quant à nous, nous accepterons avec respect tout ce que la volonté nationale aura écrit dans la constitution et dans la loi. Nous ne faisons qu'une réserve, c'est que cette volonté soit toujours libre, et qu'aucun changement ne soit l'œuvre de la violence.

La liberté ne peut pas être un mensonge. Nous voulons une République qui se fasse chérir, et qui ne soit pour personne un objet d'effroi.

La République de février n'a donné à son début que des exemples de générosité et de fraternité.

Son premier cri s'est traduit par cet admirable décret: *Plus d'échafaud politique!*

La haine dans notre nation est un supplice, a dit une bouche éloquente, *et l'harmonie est un instinct national.*

Nous avons dit que nous serions très explicites en formulant notre foi politique. Nous reproduisons, en leur donnant notre complète adhésion, quelques articles de la Déclaration des Droits de l'homme et du citoyen, extraits de la constitution la plus démocratique qu'ait eue la France.

Article premier. Le but de la société est le bonheur commun.

Le gouvernement est institué pour garantir à l'homme la jouissance de ses droits naturels, imprescriptibles.

Ces droits sont : l'égalité, la liberté, la sûreté, la propriété.

Art. 2. La loi est l'expression libre et solennelle de la volonté générale; elle est la même pour tous, soit qu'elle protége, soit qu'elle punisse; elle ne peut ordonner que ce qui est juste et utile à la société; elle ne peut défendre que ce qui lui est nuisible.

Art. 6. La liberté est le pouvoir qui appartient à l'homme de faire tout ce qui ne nuit pas aux droits d'autrui : elle a pour principe la nature, pour règle la justice, pour sauvegarde la loi; sa limite morale est dans cette maxime : Ne fais pas à un autre ce que tu ne veux pas qu'il te soit fait.

Art. 8. La sûreté consiste dans la protection accordée par la société à chacun de ses membres pour la conservation de sa personne, de ses droits, de ses propriétés.

Art. 9. La loi doit protéger la liberté publique et individuelle contre l'oppression de ceux qui gouvernent.

Art. 16. Le droit de propriété est celui qui appartient à tout citoyen de jouir et de disposer à son gré de ses biens, de ses revenus, du fruit de son travail et de son industrie.

Art. 21. Les secours publics sont une dette sacrée. La société doit la subsistance aux citoyens malheureux, soit en leur procurant le travail, soit en assurant les moyens d'exister à ceux qui sont hors d'état de travailler.

Art. 22. L'instruction est le besoin de tous. La société doit favoriser de tout son pouvoir les progrès de la raison publique, et mettre l'instruction à la portée de tous les citoyens.

ART. 23. La garantie sociale consiste dans l'action de tous pour assurer à chacun la jouissance et la conservation de ses droits ; cette garantie repose sur la souveraineté nationale.

ART. 25. La souveraineté réside dans le peuple. Elle est une et indivisible, imprescriptible et inaliénable.

ART. 26. Aucune portion du peuple ne peut exercer la puissance du peuple entier ; mais chaque section du souverain assemblée doit jouir du droit d'exprimer sa volonté avec une entière liberté.

ART. 33. La résistance à l'oppression est la conséquence des autres droits de l'homme.

ART. 34. Il y a oppression contre le corps social lorsqu'un seul de ses membres est opprimé. Il y a oppression contre chaque membre lorsque le corps social est opprimé.

Que de crimes on eût épargnés à l'humanité, si tous ces préceptes avaient été suivis depuis soixante ans !

La marche des divers gouvernements qui se sont succédé, n'a été qu'une réaction permanente contre ces doctrines fraternelles qui seront la règle de notre conduite.

Nous terminerons par les citations suivantes :

« La République a le bonheur d'être un gouvernement de nécessité. La » réflexion est pour nous. On ne peut pas remonter aux royautés impossi- » bles ; on ne veut pas descendre aux anarchies inconnues. On sera républi- » cain par raison. »

« La République a prononcé, en naissant et au milieu de la chaleur d'une » lutte non provoquée par le peuple, trois mots qui ont révélé son âme, et » qui appelleront sur son berceau les bénédictions de Dieu et des hommes : » Liberté, égalité, fraternité. Elle a donné le lendemain, par l'abolition de » la peine de mort en matière politique, le véritable commentaire de ces » trois mots. »

Avec de si nobles enseignements, Citoyens, nous ne pouvons nous égarer. Nous déclarons nous attacher invinciblement et du fond du cœur à la République démocratique qui, seule, peut assurer le bonheur commun, sauver la France des horreurs de la guerre civile et de l'anarchie, comme des hontes nouvelles d'une restauration monarchique.

Lyon, le 25 mai 1848.

LYON. — Imprimerie de Boursy fils.

RÉPUBLIQUE FRANÇAISE.

LIBERTÉ, ÉGALITÉ, FRATERNITÉ.

Mairie du 4e Arrondissement.

ÉLECTIONS

DES

REPRÉSENTANTS DU PEUPLE

De nouvelles Élections pour l'Assemblée Nationale devant avoir lieu dans le département de la Seine;

Le Maire du 4e Arrondissement invite les Citoyens domiciliés dans l'arrondissement depuis plus de six mois, âgés de 21 ans, jouissant de leurs droits civiques, et qui ont omis de se faire porter sur les Listes Électorales, à se présenter immédiatement à la Mairie pour réclamer leur inscription.

L'inscription sur les contrôles de la Garde nationale ne suffit pas.

Faute de remplir cette formalité, ils se verraient de nouveau privés de leur droit et manqueraient à leur devoir.

Cet avis ne concerne pas les Citoyens qui ont voté aux dernières Élections, leur inscription existe de droit et n'a pas besoin d'être renouvelée.

14

Le Maire,

CH. LEMOR.

Paris, imprimerie de Paul DUPONT, rue de Grenelle-St-Honoré, 55.

RÉPUBLIQUE FRANÇAISE.

LIBERTÉ, ÉGALITÉ, FRATERNITÉ.

Mairie du 4e Arrondissement.

ÉLECTION

DES

REPRÉSENTANTS DU PEUPLE

Vu l'Arrêté du Maire de Paris, en date du 25 de ce mois;

Le Maire prévient les Citoyens du 4e Arrondissement, que :

La Liste Électorale sera irrévocablement close le 1er Juin, à minuit;

Les Cartes de Votants seront délivrées aux Citoyens inscrits sur cette Liste les 2 et 3 Juin, depuis six heures du matin jusqu'à huit heures du soir, *au Louvre, salles A, B, C, D;*

Les Électeurs seront divisés en onze sections;

Le scrutin de vote restera ouvert deux jours, les 4 et 5 Juin, de six heures du matin à huit heures du soir;

Le vote aura lieu au Louvre, dans les salles désignées à cet effet;

Les Cartes porteront le numéro de la section où chaque Citoyen devra voter;

Les Électeurs ne seront admis dans leur section, pendant la durée du vote, qu'en présentant leur Carte;

Un Bulletin de vote sera délivré en même temps que la Carte;

Ce Bulletin devra être écrit par avance, et les noms des Candidats disposés, autant que possible, par ordre alphabétique, afin de faciliter le dépouillement.

Paris, le 28 Mai 1848.

Le Maire,

CH. LEMOR.

Paris, imprimerie de Paul DUPONT, rue de Grenelle-St-Honoré, 55.

RÉPUBLIQUE FRANÇAISE

LIBERTÉ, ÉGALITÉ, FRATERNITÉ

MAIRIE DU 10e ARRONDISSEMENT DE PARIS

ELECTIONS

COMPLÉMENTAIRES

DES

REPRESENTANTS DU PEUPLE

à l'Assemblée Nationale

Les anciennes cartes électorales étant annulées, il en sera délivré de nouvelles à tous les Électeurs.

Ces nouvelles cartes sont prêtes, et les Électeurs peuvent, dès à présent, de 8 heures du matin à 8 heures du soir, se présenter à la Mairie pour les retirer. *Il leur sera remis en même temps un bulletin en blanc pour qu'ils puissent y écrire leur vote.*

Les Électeurs ne seront admis dans leur section qu'en présentant leur carte et munis de leur bulletin.

Ce bulletin, écrit ou imprimé, doit être préparé d'avance, afin que, à leur entrée dans la salle, les Électeurs n'aient plus qu'à déposer leur vote. Cette mesure est indispensable pour la rapidité et la sûreté des élections.

C'est le Dimanche 4 et le Lundi 5 juin que les Électeurs du département de la Seine nommeront les onze Représentants du Peuple qui doivent compléter la députation du département de la Seine à l'Assemblée Nationale.

Les Electeurs du 10e Arrondissement voteront, suivant leur quartier et la lettre initiale de leur nom, dans les locaux ci-après désignés :

QUARTIER DES INVALIDES

1re Section. A, B, C, D, E, rue Saint-Dominique, 188, aux Écoles, 1re salle.
2e — F, G, H, rue Saint-Dominique, 188, aux Écoles, 2e salle.
3e — I, J, K, L, M, à l'entrepôt du Gros-Caillou.
4e — N, O, P, Q, R, S, T, U, V, W, X, Y, Z, aux Jeunes Aveugles, boulevard des Invalides, 32.

QUARTIER S.-THOMAS

5e Section. A, B, à l'école de garçons, rue du Bac, 109.
6e — C, D, E, F, rue Plumet, 33, chez les Frères.
7e — G, H, I, J, K, à l'école de filles, rue du Bac, 109.
8e — L, M, aux Incurables, rue de Sèvres, 54, 1er réfectoire.
9e — N, O, P, Q, R, aux Incurables, rue de Sèvres, 54, 2e réfectoire.
10e — S, T, U, V, W, X, Y, Z, à l'Asile, rue des Brodeurs, 20.

QUARTIER S.-GERMAIN

11e Section. A, B, à l'école des ponts-et-chaussées, rue des Saints-Pères, 24.
12e — C, D, au Conseil d'État, rue de Lille, 64.
13e — E, F, G, H, I, J, K, à l'Académie de médecine, rue de Poitiers, 8.
14e — L, M, N, O, à la Cour des Comptes, rue de Lille, 66.
15e — P, Q, R, S, T, U, V, W, X, Y, Z, au Musée d'artillerie, place Saint-Thomas-d'Aquin, 3.

QUARTIER DE LA MONNAIE

16e Section. A, B, C, à la Charité, ancienne clinique, rue des Saints-Pères, 51.
17e — D, E, F, à l'Institut, salle des séances publiques, sous le dôme.
18e — G, H, I, J, K, L, à l'École des Beaux-Arts, vestibule 1re cour.
19e — M, N, O, P, à l'Institut, grande cour.
20e — Q, R, S, T, U, V, W, X, Y, Z, à l'École des Beaux-Arts, chapelle Sixtine.

Au surplus et comme indication plus précise, la carte de chaque Électeur porte la designation du lieu où il doit aller voter.

Nous sollicitons le concours des Citoyens pour le maintien du bon ordre aux portes des Sections; notre tâche en deviendra plus facile, en même temps qu'ils rendront plus facile aussi pour eux l'accomplissement de leur patriotique devoir.

En Mairie, le 28 mai 1848.

La Municipalité provisoire du 10e Arrondissement,

PAGNERRE, *Maire.*

ROGER, Dns-BEAUMETZ, *Adjoints.*

E. Duverger, Imprimeur des actes du Gouvernement provisoire pour le XIe Arrondissement, rue de Verneuil, n. 4. — n° 3.

RÉPUBLIQUE FRANÇAISE

LIBERTÉ, ÉGALITÉ, FRATERNITÉ

MAIRIE DU 10e ARRONDISSEMENT DE PARIS

ELECTIONS

COMPLÉMENTAIRES

DES

REPRESENTANTS DU PEUPLE

à l'Assemblée Nationale

Les anciennes cartes électorales étant annulées, il en sera délivré de nouvelles à tous les Électeurs.

Ces nouvelles cartes sont prêtes, et les Électeurs peuvent dès à présent, de 8 heures du matin à 8 heures du soir, se présenter à la Mairie pour les retirer. Il leur sera remis en même temps un bulletin en blanc pour qu'ils puissent y écrire leur vote.

Les Électeurs ne seront admis dans leur section qu'en présentant leur carte et munis de leur bulletin.

Ce bulletin, écrit ou imprimé, doit être préparé d'avance, afin que, à leur entrée dans la salle, les Électeurs n'aient plus qu'à déposer leur vote. Cette mesure est indispensable à la rapidité et à la sûreté des élections.

Pour rendre le dépouillement du scrutin plus facile et plus prompt, il est à désirer que les noms portés sur les bulletins soient dans l'ordre alphabétique.

C'est le Dimanche 4 et le Lundi 5 juin que les Électeurs du département de la Seine nommeront les onze Représentants du Peuple qui doivent compléter la députation du département de la Seine à l'Assemblée Nationale.

Les Electeurs du 10e Arrondissement voteront, suivant leur quartier et la lettre initiale de leur nom, dans les locaux ci-après désignés :

QUARTIER DES INVALIDES

1re Section. A, B, C, D, E, rue Saint-Dominique, 188, aux Écoles, 1re salle.
2e — F, G, H, rue Saint-Dominique, 188, aux Écoles, 2e salle.
3e — I, J, K, L, M, à l'entrepôt du Gros-Caillou.
4e — N, O, P, Q, R, S, T, U, V, W, X, Y, Z, aux Jeunes Aveugles, boulevard des Invalides, 32.

QUARTIER S.-THOMAS

5e Section. A, B, à l'école de garçons, rue du Bac, 109.
6e — C, D, E, F, rue Plumet, 33, chez les Frères.
7e — G, H, I, J, K, à l'école de filles, rue du Bac, 109.
8e — L, M, aux Incurables, rue de Sèvres, 54, 1er réfectoire.
9e — N, O, P, Q, R, aux Incurables, rue de Sèvres, 54, 2e réfectoire.
10e — S, T, U, V, W, X, Y, Z, à l'Asile, rue des Brodeurs, 20.

QUARTIER S.-GERMAIN

11e Section. A, B, à l'école des ponts-et-chaussées, rue des Saints-Pères, 24.
12e — C, D, au Conseil d'État, rue de Lille, 64.
13e — E, F, G, H, I, J, K, à l'Académie de médecine, rue de Poitiers, 8.
14e — L, M, N, O, à la Cour des Comptes, rue de Lille, 66.
15e — P, Q, R, S, T, U, V, W, X, Y, Z, au Musée d'artillerie, place Saint-Thomas-d'Aquin, 3.

QUARTIER DE LA MONNAIE

16e Section. A, B, C, à la Charité, ancienne clinique, rue des Saints-Pères, 51.
17e — D, E, F, à l'Institut, salle des séances publiques, sous le dôme.
18e — G, H, I, J, K, L, à l'École des Beaux-Arts, vestibule, 1re cour.
19e — M, N, O, P, à l'Institut, grande cour.
20e — Q, R, S, T, U, V, W, X, Y, Z, à l'École des Beaux-Arts, chapelle Sixtine.

Au surplus et comme indication plus précise, la carte de chaque Électeur porte la désignation du lieu où il doit aller voter.

Nous recommandons avec instance, au nom de la République, à tous les Électeurs de se rendre dans leurs sections respectives, afin de prendre part aux élections, suivant leur droit et leur devoir.

En Mairie, le 1er juin 1848.

La Municipalité provisoire du 10e Arrondissement,

PAGNERRE, *Maire.*

ROGER, Din-BEAUMETZ, *Adjoints.*

E. Duverger, Imprimeur des actes du Gouvernement provisoire pour le 10e Arrondissement, rue de Verneuil, 4 — n° 3.

République Française.

LIBERTÉ, ÉGALITÉ, FRATERNITÉ.

MUNICIPALITÉ DU XIe ARRONDISSEMENT.

Des élections partielles vont avoir lieu prochainement pour l'Assemblée nationale.

Le Maire du XIe Arrondissement invite les Citoyens qui ne se sont pas encore fait inscrire à se présenter à la Mairie pour faire procéder à leur inscription et recevoir leurs cartes.

Les électeurs déjà inscrits seront admis à voter avec les cartes qui leur ont déjà servi pour la précédente élection.

Une nouvelle affiche fera connaître le jour de l'élection.

PARIS, 20 MAI 1848.

***Le Maire,* DAVID (D'ANGERS),**

DESGRANGES et BUCHÈRE, ***Adjoints.***

PARIS. — IMPRIMERIE DE MADAME VEUVE BOUCHARD-HUZARD, RUE DE L'ÉPERON, 7.

République Française.

MUNICIPALITÉ DU XIe ARRONDISSEMENT.

ÉLECTION

DE ONZE

REPRÉSENTANTS

DU PEUPLE.

Par suite d'une nouvelle instruction du Maire de Paris, les cartes délivrées pour l'Élection du mois d'avril dernier ne serviront plus pour l'Élection du 4 juin.

La distribution des nouvelles cartes aura lieu les 2 et 3 juin prochain, de six heures du matin à huit heures du soir, dans les locaux de sections où se sont faites les dernières Elections, et dont voici le tableau:

1re **SECTION**. Marché aux fourrages, n° 1.
2e **SECTION**. Marché aux fourrages, n° 2.
3e **SECTION**. Brasserie, rue de Fleurus.
4e **SECTION**. Rue Notre-Dame-des-Champs, n° 9.
5e **SECTION**. Rue Notre-Dame-des-Champs, n° 9.
6e **SECTION**. Aux Carmes, rue de Vaugirard.
7e **SECTION**. Salle des concours, rue des Poirées.
8e **SECTION**. Palais de justice, 5e chambre.
9e **SECTION**. École communale, rue Racine, n° 10.
10e **SECTION**. Ecole communale, rue des Grès, n° 11.
11e **SECTION**. Rue Jean-Bart, école des frères.
12e **SECTION**. Conseil de guerre.
13e **SECTION**. Ecole communale, rue Madame, n° 12.
14e **SECTION**. Séminaire, rue Férou. (*Section centrale.*)
15e **SECTION**. Ecole de médecine.
16e **SECTION**. Palais de justice, salle des Pas-Perdus.
17e **SECTION**. Ecole communale, rue du Pont-de-Lodi, n° 2.
18e **SECTION**. Ecole communale, rue des Grands-Augustins, n° 6.
19e **SECTION**. Caserne des pompiers, rue du Vieux-Colombier.
20e **SECTION**. Cour de Harlay, palais de justice, 10e chambre.

L'Election aura lieu, dans ces mêmes sections, le dimanche 4 et le lundi 5 juin, de six heures du matin à huit heures du soir.

On procédera au dépouillement du scrutin dans chaque section, le mardi 6 juin, à sept heures du matin.

Le Maire compte assez sur le patriotisme des Electeurs pour n'avoir pas besoin de leur rappeler que c'est un devoir pour eux de venir déposer leur vote.

AVIS IMPORTANT. ***Pour faciliter et abréger le dépouillement du scrutin, les Electeurs sont instamment priés d'écrire sur leurs bulletins de vote les noms des Candidats par ordre alphabétique.***

Les bulletins devront être écrits avant d'entrer dans la salle.

Paris, 29 mai 1848.

Le Maire, **DAVID** (D'ANGERS);
DESGRANGES ET **BUCHÈRE**, *Adjoints*.

IMPRIMERIE DE MADAME VEUVE BOUCHARD-HUZARD, RUE DE L'ÉPERON, 7.

RÉPUBLIQUE FRANÇAISE.

LIBERTÉ, ÉGALITÉ, FRATERNITÉ.

VILLE DE PARIS.

MAIRIE DU 12e ARRONDISSEMENT.

AVIS IMPORTANT.

Le MAIRE du Douzième Arrondissement s'empresse d'informer ses Concitoyens que, conformément à la Lettre du Citoyen MAIRE DE PARIS, du 19 Mai, il est procédé dans ce moment, à la Mairie, à la Rectification des Listes publiées les 16 et 20 Avril dernier.

En conséquence, il invite tous les Citoyens non encore inscrits sur ces Listes à se présenter immédiatement à la Mairie, de huit heures du matin à neuf heures du soir, pour requérir leur Inscription.

Pour exercer le Droit Électoral, il faut :

Être âgé de vingt-un ans au jour de l'Élection ;

Avoir accompli, à la même époque, six mois de Résidence à Paris ;

Être Français ou naturalisé Français ;

Avoir un Domicile réel dans l'Arrondissement.

Les Citoyens qui, ayant concouru aux dernières Élections, voudraient s'assurer de leur Inscription sur ces Listes, recevront, dans les Bureaux de la Mairie, tous les Renseignements et Communications qu'ils pourront désirer.

Cette dernière mesure est indispensable à l'égard de ceux des Citoyens qui ont requis leur Inscription à partir du 21 Avril dernier ; l'Inscription n'ayant eu lieu, pour la plupart d'entre eux, que sur des Bulletins individuels qui leur ont été remis pour prendre part aux Élections.

Tous les Citoyens comprendront combien il est important de se rendre à l'appel qui leur est fait, et qu'ils s'exposeraient, en n'y répondant pas, à être privés de l'exercice de leur droit d'Électeurs.

Une Élection partielle de Représentants du Peuple à l'Assemblée Nationale aura lieu le 4 Juin prochain.

Paris, le 23 Mai 1848.

Le 1er Adjoint,	*Le 2e Adjoint,*	*Le Maire du Douzième Arrondissement,*
GERONO.	**MARYE.**	**PINEL-GRANDCHAMP.**

LEBEGUE, Imprimeur de la Mairie du Douzième Arrondissement, rue des Noyers, 8. — 24 Mai 1848.

RÉPUBLIQUE FRANÇAISE.

LIBERTÉ, ÉGALITÉ, FRATERNITÉ.

MAIRIE DU 12e ARRONDISSEMENT.

ÉLECTIONS

Complémentaires des Représentants du Peuple à l'Assemblée Nationale.

Le **MAIRE** du Douzième Arrondissement a l'honneur d'informer les Électeurs appelés à voter aux Elections des 4 et 5 Juin prochain, que les Cartes seront distribuées les 2 et 3 Juin, de six heures du matin à dix heures du soir, dans le local de chaque Section; SAVOIR :

1re Section, *rue des Bernardins*, École Communale.
2e id. *rue des Sept-Voies*, impasse aux Bœufs.
3e id. *au Collége de France.*
4e id. *à la Caserne des Carmes.*
5e id. *aux Sourds-Muets.*
6e id. *rue de l'Arbalète*, à l'Ecole de Pharmacie.
7e id. *au Lycée Corneille* (Henri IV).
8e id. *rue des Postes*, *n°* 26.
9e id. *rue de Pontoise*, *n°* 21.
10e id. *rue des Fossés-Saint-Victor*, *n°* 45.
11e id. *rue de Poissy*, *n°* 10.
12e id. *rue Neuve-Saint-Etienne*, *n°* 6 bis.
13e id. *rue du Banquier*, Maison Bourse.
14e id. *au Jardin des Plantes* (Amphithéâtre d'Anatomie comparée).
15e id. *aux Gobelins.*
16e id. *rue des Francs-Bourgeois*, Ecole des Frères.

Les Cartes qui n'auraient pas été retirées dans ces Locaux avant le 4 Juin, seront délivrées le 4 et le 5 Juin, à la Mairie.

Aux termes des Instructions du Gouvernement provisoire, du 8 Mars dernier, les Electeurs devront rédiger leurs Bulletins de vote avant leur entrée dans la Salle, afin qu'il n'y ait plus qu'à faire l'Appel, et recevoir ces Bulletins.

Le Maire ne peut recommander avec trop d'instance, aux Electeurs, de se rendre exactement dans leurs Sections respectives, aux jours et heures ci-dessus indiqués, pour prendre part aux Elections; il croit inutile de leur rappeler qu'ils n'ont point seulement, dans cette circonstance, un droit à exercer, mais encore un devoir à accomplir.

Paris, le 30 Mai 1848.

Le 1er Adjoint,	*Le 2e Adjoint,*	*Le Maire du Douzième Arrondissement,*
GERONO.	**MARYE.**	**PINEL-GRANDCHAMP.**

LEBEGUE, Imprimeur de la Mairie du Douzième Arrondissement, rue des Noyers, 8. — Mai 1848.

REPUBLIQUE FRANÇAISE.

Liberté, Egalité, Fraternité.

MAIRIE

DU 12e ARRONDISSEMENT.

ÉLECTIONS

Complémentaires des Représentants du peuple à l'Assemblée Nationale.

Le Maire du 12e Arrondissement a l'honneur d'informer les citoyens appelés à concourir, le 4 Juin prochain, à l'Élection des Représentants du Peuple, que les lieux de réunion des Assemblées sont fixés ainsi qu'il suit :

1re Section. (Circonscription des 1re et 5e compagnies du 1er bataillon,) rue des Bernardins, Ecole communale.
2e id. (id. 2e et 4e du 1er bataillon), rue des Sept-Voies, impasse aux Bœufs.
3e id. (id. 3e et 8e id.) au Collége de France.
4e id. (id. 6e et 7e id.) à la Caserne des Carmes.
5e id. (id. 1re et 4e du 2e bataillon) aux Sourds-Muets.
6e id. (id. 2e et 6e id.) rue de l'Arbalète, à l'Ecole de Pharmacie.
7e id. (id. 3e et 5e id.) au Lycée Corneille (Henri IV).
8e id. (id. 7e et 8e id.) rue des Postes, 26.
9e id. (id. 1re et 3e du 3e bataillon) rue de Pontoise, 21.
10e id. (id. 2e et 8e id.) rue des Fossés-Saint-Victor, 45.
11e id. (id. 4e et 5e id.) rue de Poissy, 10.
12e id. (id. 6e et 7e id.) rue Neuve-Saint-Étienne, 6 *bis*.
13e id. (id. 1re et 8e du 4e bataillon) rue du Banquier, maison Bourse.
14e id. (id. 2e et 4e id.) au Jardin des Plantes, amphithéâtre d'Anatomie comparée.
15e id. (id. 3e et 5e id.) aux Gobelins.
16e id. (id. 6e et 7e id.) rue des Francs-Bourgeois, école des Frères.

Tous les citoyens Électeurs inscrits sur les listes, sont invités à se rendre aux lieux ci-dessus indiqués ledit jour 4 Juin, de 6 heures du matin à 8 heures du soir, pour y déposer leur vote.

Nous croyons devoir rappeler aux Électeurs qu'ils inscriront leur vote sur une simple feuille de papier ou sur des listes imprimées qu'ils pourront modifier à leur gré.

Les cartes qui n'auraient pas été retirées avant le 3 Juin à minuit seront délivrées le jour de l'élection à la Mairie.

Paris, le 29 Mai 1848.

Le premier Adjoint,
GERONO.

Le deuxième Adjoint,
MARYE.

Le Maire du 12e Arrondissement,
PINEL-GRANCHAMP.

Vu et approuvé :
Par le Représentant du Peuple, Maire de Paris,
Le Secrétaire-Général Délégué,
FLOTARD.

A l'Hôtel-de-Ville, le 29 Mai 1848.

LEBÈGUE, Imprimeur de la Mairie du 12e Arrondissement, rue des Noyers, 8.

RÉPUBLIQUE FRANÇAISE.

LIBERTÉ, ÉGALITÉ, FRATERNITÉ.

ELECTION

DE ONZE

REPRÉSENTANTS DU PEUPLE

A L'ASSEMBLÉE NATIONALE.

Nous, Maire de la ville de Batignolles-Monceaux.

Vu le décret du Gouvernement du 22 mai courant, relatif à l'élection de 11 Représentants du Peuple à l'Assemblée Nationale, par suite de la démission des Citoyens Béranger et Caussidière, de l'option des Citoyens Dupont (de l'Eure), Marrast, Crémieux, Bethmont, Cavaignac, Pagnerre, Recurt et Bastide, et de l'annulation de l'élection du Citoyen Schmitt;

Vu l'arrêté du Commissaire du Gouvernement provisoire, pour l'arrondissement de Saint-Denis, du présent mois, déterminant les sections qui fractionneront l'Assemblée électorale du canton de Neuilly, et érigeant Batignolles-Monceaux en section principale, avec faculté d'une subdivision en 2, 3 ou 4 sections partielles, pour faciliter l'opération de l'élection;

Attendu que le nombre d'électeurs inscrits sur la liste publiée le 28 courant s'élève à 7,829;

ARRÊTONS :

ART. 1er.—Quatre sections électorales seront formées à Batignolles-Monceaux, pour l'élection des 11 Représentants du Peuple à l'Assemblée Nationale.

La 1re section se composera de tous les électeurs dont le nom propre porte pour initiale l'une des lettres A, B, C; elle se réunira à la Mairie, salle du rez-de-chaussée;

La 2me section se composera de tous les électeurs dont le nom propre porte pour initiale l'une des lettres D, E, F, G; elle se réunira à la nouvelle Ecole des Garçons, rue de l'Eglise, salle du rez-de-chaussée.

La 3me section se composera de tous les électeurs dont le nom propre porte pour initiale l'une des lettres H, I, J, K, L, M; elle se réunira à l'École Chrétienne, rue d'Orléans;

La 4me section se composera de tous les électeurs dont le nom propre porte pour initiale l'une des lettres N, O, P, Q, R, S, T, U, V, W, X, Y, Z; elle se réunira à l'Ecole des Garçons, rue de la Santé.

ART. 2.—L'ouverture du scrutin, dans chaque section, aura lieu le Dimanche 4 juin prochain à 6 heures du matin, et sera suspendue à 9 heures du soir; l'opération sera reprise le lendemain à 6 heures du matin, et *le scrutin sera définitivement clos à 10 heures du soir*. Des bulletins seront tenus à la disposition des électeurs à partir du 2 juin, et pendant toute la durée du scrutin, pour l'inscription de leur vote. Ces bulletins devront être rédigés avant l'entrée des électeurs dans la salle de l'élection.

Le dépouillement des votes commencera le 6 juin à 7 heures du matin.

ART. 3.—Le 4 juin, à 9 heures du soir, les boîtes renfermant les votes seront closes provisoirement et scellées par le Président de chaque section; elles seront rapportées par lui à la Mairie, accompagné de tous les membres du bureau, sous l'escorte d'un piquet de la Garde Nationale. Ces boîtes seront déposées dans une pièce fermant à clef, et dont les issues seront gardées par des factionnaires; elles seront remises le lendemain 5, aux Présidents et aux Membres des bureaux, avant l'heure fixée pour la réouverture du scrutin. Le même dépôt aura lieu à la Mairie, ledit jour 5 juin, après la clôture *définitive* du scrutin, et la remise en sera faite de nouveau, le lendemain 6, aux Présidents et aux Membres des bureaux, avant l'heure indiquée pour le dépouillement.

ART. 4.—L'opération du dépouillement du scrutin aura lieu dans chaque section, et le résultat en sera adressé immédiatement à la Mairie, pour le résumé général des votes des électeurs des 4 sections.

ART. 5.—Les nouvelles cartes d'électeurs seront distribuées, à la Mairie, à partir du 2 juin; elles devront être conservées par les électeurs pour être représentées à leur entrée dans la salle de l'élection et au moment du dépôt de leur bulletin de vote.

LE MAIRE,

DROUX.

Imprimerie de HENNUYER et Ce, rue Lemercier, 24. Batignolles.

RÉPUBLIQUE FRANÇAISE,

LIBERTÉ, ÉGALITÉ, FRATERNITÉ.

DÉPARTEMENT DE LA SEINE.

MAIRIE DE BELLEVILLE.

ARRONDISSEMENT DE SAINT-DENIS.

ASSEMBLÉE NATIONALE

ÉLECTION

DE

ONZE REPRÉSENTANS DU PEUPLE

A l'Assemblée Nationale, les 4 et 5 Juin.

Le Maire prévient ses Concitoyens, que la liste des Electeurs close le 28 de ce mois, à minuit, restera exposée à la Mairie, jusqu'au 1er Juin, également à minuit, et que pendant ce délai, il sera reçu toutes les réclamations que pourront former les Electeurs, contre l'omission de leurs noms ou pour cause d'erreurs.

Ils les prévient aussi, que conformément à l'arrêté du Maire de Paris, en date du 27 Mai courant, les votes en faveur des onze représentans du peuple à l'assemblée nationale, pour le Département de la Seine, seront reçus le 4 Juin courant, de six heures du matin à huit heures du soir, et le 5 Juin, de six heures du matin à huit heures du soir.

Chaque Electeur, selon la Circonscription à laquelle il appartient, devra se rendre au Bureau désigné sur sa Carte électorale, *muni de son bulletin de vote*, ÉCRIT A LAVANCE.

Les Bureaux sont établis ainsi qu'il suit :

Section.	A.	Salle Boiteuzet, rue de Paris, 10,	circonscription de la	1re	compagnie.
Id.	B.	Salle Geoffroy, rue de Paris, 22,	id.	6me	id.
Id.	C.	Classe des Garçons, rue Levert,	id.	8me	id.
Id.	D.	Rue Ménilmontant, 134,	id.	5me	id.
Id.	E.	A la Mairie (grand salon),	id.	3me	id.
Id.	F.	A la Mairie (salle des mariages).	id.	7me	id.
Id.	G.	Classe des Filles, rue de la Mare, 27.	id.	4me	id.
Id.	H.	Salle Malessart, rue de Paris, 239.	id.	2me	id.

De nouvelles cartes seront délivrées aux Electeurs, pour chaque section respective, dans les bureaux ci-dessus indiqués, les 2 et 3 Juin, à partir de six heures du matin, jusqu'à huit heures du soir.

Belleville, *le* 30 *Mai* 1848.

Le Maire,

VILIN.

1848

Belleville—Imprimerie de GALBAN, maison à Paris, passage du Caire, 89.

REPUBLIQUE FRANÇAISE,

LIBERTÉ, ÉGALITÉ, FRATERNITÉ.

DÉPARTEMENT DE LA SEINE.

COMMUNE DE LA CHAPELLE.

ARRONDISSEMENT DE SAINT-DENIS.

ÉLECTION

DE ONZE REPRÉSENTANS DU PEUPLE.

AVIS.

Le Président de la Commission administrative remplissant les fonctions de Maire de La Chapelle, prévient ses Concitoyens que l'assemblée électorale du canton de St-Denis, a été divisée en sections, dont l'une est à La Chapelle, pour les les Electeurs de la Commune.

En conséquence, tous les Citoyens inscrits sur la liste les Electeurs, sont avertis de se rendre, *ainsi que c'est leur droit et leur devoir*, à l'Hôtel de la Mairie, salle d'audience, pour prendre part à l'élection de onze Représentans du peuple.

Le scrutin sera ouvert le Dimanche 4 Juin, à six heures du matin, et suspendu à huit heures du soir, pour être continué le Lundi 5, à six heures du matin et clos à huit heures du soir.

Le 6, le dépouillement des votes aura lieu à six heures du matin.

Les bulletins des électeurs devront être rédigés avant leur entrée dans la salle. *(Ils seront remis aux Electeurs, dans bureaux de la Mairie, à compter du 30 Mai, chaque jour, de 8 h. du matin à 10 h. du soir, et le 3 Juin, jusqu'à minuit.*

Pour éviter la confusion et faciliter l'opération du vote, les Electeurs sont invités à se présenter par groupes de noms, en suivant l'ordre alphabétique, et, autant que possible, aux heures indiquées ci-après, savoir :

Le Dimanche 4, les Electeurs dont les noms commencent par les lettres

A,	à six heures du matin.	**M,**	à une heure du soir.
B,	à sept heures du matin.	**N, O,**	à deux heures du soir.
C,	à huit heures du matin.	**P, Q,**	à trois heures du soir.
D,	à neuf heures du matin.	**R,**	à quatre heures du soir.
E, F,	à dix heures du matin.	**S,**	à cinq heures du soir.
G, H, I, J, K,	à onze heures du matin.	**T,**	à six heures du soir.
L,	à midi.	**U, V, X, Y, Z,**	à sept heures du soir.

Les Electeurs qui, pour une cause quelconque, n'auraient pu se présenter à l'heure indiquée par la lettre initiale de leurs noms, déposeraient leur bulletin le *Lundi* 25, de 6 h. du matin à 8 h. du soir.

La Chapelle, le 28 Mai 1848. 1848 **TOUTAIN.**

Belleville — Imprimerie de [illegible], rue de Paris 40; maison à Paris passage du Caire, 89.

DÉPARTEMENT DE LA SEINE.

RÉPUBLIQUE FRANÇAISE

Liberté, Egalité, Fraternité.

MAIRIE D'IVRY.

ELECTIONS COMPLÉMENTAIRES

Des Représentants du Peuple à l'Assemblée nationale.

Le Maire de la Commune d'Ivry donne avis à ses administrés qu'en conséquence de l'arrêté du citoyen Maire de Paris du 27 de ce mois, les citoyens inscrits sur les listes électorales du mois d'avril dernier et sur le tableau de rectification de ces mêmes listes, se réuniront en assemblée électorale le dimanche 4 juin et lundi 5 dudit mois dans les locaux ci-après désignés, à l'effet de nommer onze représentants du peuple pour compléter la députation de la Seine, sans aucune condition de cens ni de domicile, parmi tous les électeurs âgés de 25 ans, et non judiciairement privés de l'exercice de leurs droits civiques.

Les cartes d'électeur seront à cet effet délivrés à partir du 2 juin, à huit heures du matin, savoir :

Pour la section d'Ivry, ***à la Mairie, rue Neuve-St-Frambourg;***
Pour la section de la Gâre, ***au bureau du Maire, boulevard de la Gâre,*** **7;**
Pour la section des Deux-Moulins, ***chez le citoyen Guyot, Instituteur, rue Nationale,*** **38.**

Les locaux où se feront les opérations électorales sont fixés ainsi qu'il suit :

Pour la section d'Ivry, ***à la Mairie;***
Pour la section de la Gâre, ***à la Verrerie, quai,*** **22 ;**
Pour la section des Deux-Moulins, ***chez le citoyen Besançon, vieux chemin d'Ivry.***

Le scrutin sera ouvert :

Le 4 juin, à *six* heures du matin et suspendu à *huit* heures du soir ;

Le 5 juin le scrutin sera continué de *six* heures du matin à *huit* heures du soir ;

Le 6 juin, à *sept* heures du matin, il sera procédé au dépouillement du scrutin.

Le Maire d'Ivry rappelle aux Electeurs qu'aux termes des instructions du Gouvernement provisoire du 8 mars dernier, les Electeurs avant leur entrée dans la salle devront rédiger leurs bulletins de vote, afin qu'il n'y ait plus qu'à faire l'appel et recevoir les bulletins.

Le Maire espère que ses concitoyens comprendront l'importance de leur mission dans cette circonstance solennelle et qu'ils s'empresseront de venir exercer leurs droits civiques.

Ivry, le **30** *mai* **1848.**

Le Maire d'Ivry,

PICARD.

Imprimerie Chassaigne, rue [illegible]

RÉPUBLIQUE FRANÇAISE,

LIBERTÉ, ÉGALITÉ, FRATERNITÉ.

DÉPARTEMENT DE LA SEINE.

ARRONDISSEMENT DE SAINT-DENIS.

MAIRIE DE LA VILLETTE.

AVIS.

Le Maire de La Villette, Président de la Section Électorale principale de cette commune :

Vu le décret en date du 22 Mai présent mois, relatif aux Élections à faire pour compléter la députation du département de la Seine, à l'Assemblée Nationale ;

Vu l'arrêté pris le 27 Mai courant, par le Commissaire du Gouvernement près l'Arrondissement de Saint-Denis, et portant entr'autres dispositions, 1° que La Villette forme la 3me Section électorale du canton de Pantin, et 2° que les Sections générales pourront être subdivisées en 2, 3 ou 4 Sections, selon que l'opportunité en sera reconnu par le Maire, président de la Section principale ;

Prévient ses Concitoyens que les Electeurs de La Villette seront divisés en trois Sections qui procéderont simultanément, et dans les locaux différents, à l'élection de onze Représentants du peuple, qui seront choisis, sans aucune condition de cens ni de domicile, parmi tous les Electeurs âgés de vingt-cinq ans, et non judiciairement interdits ou suspendus de l'exercice des droits de citoyens.

LIEUX DE RÉUNION DES SECTIONS :

La 1re Section composée des Electeurs dont le nom commence par une des lettres A, B, C, D, se réunira dans le préau de l'Ecole des Filles, place de l'Hôtel-de-Ville.

La 2me Section composée des Electeurs dont le nom commence par une des lettres E, F, G, H, I, J, K, L, se réunira dans la Salle d'Asile, place de l'Hôtel-de-Ville.

Et la 3me Section composée des Electeurs dont le nom commence par une des lettres M, N, O, P, Q, R, S, T, U, V, X, Y, Z, se réunira à l'Entrepôt des Grains, quai de la Loire et rue de Marseille.

Le Maire de La Villette invite les Citoyens Electeurs à se rendre exactement à leur assemblée électorale respective, pour prendre part à la nomination des onze Représentants qui doivent compléter la députation du département de la Seine à l'Assemblée Nationale.

Les cartes seront délivrées à chaque Électeur, dans les bureaux de la Mairie, les 2 et 3 Juin prochain ; elles pourront aussi être remises pendant la durée du scrutin qui aura lieu les 4 et 5 Juin.

Des bulletins convenablement disposés pour recevoir les noms des onze Représentants à nommer, seront délivrés dans les bureaux de la Mairie aux Electeurs qui, pour faciliter les opérations, devront les remplir à l'avance et les porter, prêts à être déposés dans l'urne disposée dans chaque bureau pour les recevoir.

L'emploi de ces bulletins n'étant pas obligatoire, tout citoyen Electeur pourra les remplacer, soit par une liste imprimée, soit par des bulletins sur papier en couleur ou tous autres.

Aux termes de l'arrêté du Maire de Paris, en date du 27 Mai courant, le scrutin sera ouvert le 4 Juin, à six heures du matin, et suspendu à huit heures du soir ; le 5 Juin, le scrutin sera continué à six heures du matin, et clos à huit heures du soir. Le 6 Juin, à sept heures du matin, commencera le dépouillement.

Fait en Mairie de La Villette, le 30 Mai 1848.

Le Maire,

1848 **ANTHOINE-PRÉLARD.**

Belleville—Imprimerie de GALBAN, maison à Paris, passage du Caire, 89.

RÉPUBLIQUE FRANÇAISE.

Liberté, Égalité, Fraternité.

MAIRIE DE MONTMARTRE.

ÉLECTIONS

DE

Onze Représentants du Peuple

A L'ASSEMBLÉE NATIONALE,

POUR COMPLÉTER LA DÉPUTATION DU DÉPARTEMENT DE LA SEINE.

LE PRÉSIDENT DE LA COMMISSION ADMINISTRATIVE, REMPLISSANT LES FONCTIONS DE MAIRE,

Vu l'arrêté du Commissaire du Gouvernement près l'arrondissement de Saint-Denis, en date du 27 mai 1848,

ARRÊTE :

Art. 1er. Les Elections auront lieu dans les salles de la Mairie.

Art. 2. Quatre sections seront formées, par ordre alphabétique, pour recevoir les votes des citoyens Electeurs.

Art. 3. La 1re section, comprenant les lettres A B C, votera dans la salle ordinaire des Elections.

Art. 4. La 2e section, comprenant les lettres D E F G, devra voter dans la salle de l'école des Garçons.

Art. 5. La 3e section, comprenant les lettres H I J K L M N O, votera dans la salle de l'Asile.

Art. 6. La 4e section, comprenant les lettres P Q R S T U V W X Y Z, devra voter dans la salle de l'école des Filles.

Art. 7. Le scrutin sera ouvert le dimanche 4 juin, à 6 heures du matin, et clos à 9 h. du soir, pour être réouvert le lendemain matin à 6 h.

Art. 8. Une heure devra s'écouler entre la fin du réappel des électeurs qui n'auraient pas voté et la clôture du scrutin, fixée au lundi 5, à 10 heures du soir.

Art. 9. Les citoyens qui auraient négligé de retirer de *nouvelles* cartes électorales, avec les bulletins de vote, pourront encore les trouver à leur disposition, dans les bureaux de la Mairie, pendant le scrutin, c'est-à-dire durant les journées des 4 et 5 juin.

Art. 10. Le dépouillement du scrutin aura lieu le mardi 6, à 7 heures du matin.

Art. 11. Les citoyens sont invités à rédiger à l'avance leur bulletin, afin qu'il n'y ait plus qu'à faire l'appel des Electeurs et recevoir les votes.

Les citoyens de Montmartre comprendront que c'est pour eux un devoir d'exercer leur droit d'Electeurs, afin de contribuer, par leur vote, au triomphe de la République démocratique qui, désormais, peut seule faire le bonheur et la gloire de la France.

Le Président de la Commission administrative,

DUVAL.

Fait en Mairie, à Montmartre, le 31 mai 1848.

[illegible]

RÉPUBLIQUE FRANÇAISE.

LIBERTÉ, ÉGALITÉ, FRATERNITÉ.

MAIRIE DE PASSY.

ÉLECTION
DES REPRÉSENTANTS DU PEUPLE.

AVIS.

Le Maire provisoire de la commune de Passy a l'honneur de prévenir ses Concitoyens qu'aux termes de l'article 2 de l'arrêté du Gouvernement du 22 mai courant, relatif aux Elections des Représentants du Peuple, le tableau de rectification de la liste des Electeurs a été provisoirement clos le 27 mai à minuit, et que les liste et tableau sont exposés à la Mairie, où chaque Citoyen pourra en prendre connaissance et présenter ses réclamations jusqu'au 1er juin prochain à minuit, époque de la clôture définitive de cette liste.

La distribution des cartes d'électeurs aura lieu *à la Mairie* à partir de vendredi prochain 2 juin, et se continuera les jours suivants, de six heures du matin à huit heures du soir, jusqu'au 4 juin/ et même les 4 et 5 juin, pendant le scrutin.

L'Assemblée électorale de la commune de Passy, formant une seule section, se tiendra à *la Mairie* les dimanche 4 et lundi 5 juin prochains.

Le scrutin sera ouvert le dimanche 4 juin, à six heures du matin, et suspendu à huit heures du soir, pour être continué le lundi 5 juin, à six heures du matin, et clos à huit heures du soir. Le dépouillement commencera le mardi 6 juin, à sept heures du matin.

Les Electeurs devront remplir leurs bulletins de vote avant d'entrer dans la salle de l'élection.

Fait en Mairie, à Passy, le 29 mai 1848.

Le Maire provisoire,

DAUVERGNE.

Imprimerie GERDÈS, rue Saint-Germain-des-Prés, 10.

RÉPUBLIQUE FRANÇAISE.

Liberté, Égalité, Fraternité.

COMITÉ

GÉNÉRAL DES ÉLECTEURS.

Réunion générale le 1848.

CITOYENS,

C'est des Élections seules que vont désormais sortir toutes les destinées de la France.

Mauvaises, elles seraient des calamités publiques.

Bonnes, elles enfanteront tous les genres de bien être, de prospérités de grandeurs et de gloire.

Citoyens, occupons-nous donc des Élections comme de notre intérêt le plus pressant, le plus précieux, le plus immense.

Occupons-nous-en pour le présent ; car la carrière va se rouvrir devant les Candidats qui se présenteront pour remplir les vides causés par l'option des représentants élus dans plusieurs localités.

Occupons-nous-en pour l'avenir, en suivant les Représentants actuels dans leurs actes, pour être prêts à les repousser sciemment ou à les élire de nouveau après la dissolution de l'Assemblée constituante.

Lorsque le devoir des Représentants du peuple commence, celui des électeurs continue.

Les hommes que nous avons honorés de notre confiance devront tendre de tous leurs efforts à assurer la prospérité du pays. Ils devront montrer le sentiment profond des besoins du présent, et la prescience des grandeurs de l'avenir ; ils doivent être l'expression, la concentration des volontés populaires de notre époque. Ils ne doivent pas se contenter de replâtrer un ancien édifice et d'y inscrire le mot République, il faut qu'ils en fondent solidement un nouveau. Il faut que le règne de la Démocratie soit durable.

Nous voulons une République juste, fondée pour tous et par tous, parce qu'elle seule peut faire de la France une famille, et de tous les Français des frères

Nous voulons la liberté des cultes, la liberté d'enseignement, la liberté d'association, la liberté de la presse, toutes les libertés dans l'acception la plus vaste du mot, avec un seul pouvoir au-dessus de tous et émané de tous, la Loi.

Nous voulons l'abolition des impôts qui pèsent sur le peuple laborieux ; la création des écoles et cours gratuits nécessaires pour développer son éducation morale et politique. L'étude approfondie de l'organisation du travail, de tous les travaux, de toutes les fonctions, de toutes les positions : questions difficiles mais qu'il appartient aux vigoureux esprits de la nouvelle ère républicaine d'élaborer loyalement et résolument.

Nous voulons la Fraternité universelle des peuples.

Nous voulons enfin toutes les améliorations qui peuvent concourir au bonheur de tous.

Fidèles à notre mission, nous nous appuierons sur toutes les intelligences, sur toutes les sympathies, sur tous les dévoûments, pour faire du *Comité général des Électeurs* une tribune, une chaire d'enseignement populaire ; nous analyserons les actes de la Constituante, de la législative, et mettrons à l'ordre du jour toutes les grandes questions sociales et politiques.

Que la France électorale veille ; qu'elle se prépare à toutes les éventualités ; qu'elle s'instruise au magnifique et perpétuel mouvement de nos institutions républicaines. C'est à la fois son devoir et son bonheur, et le double objet de nos ardentes sollicitudes.

Pour les Comités des 12 arrondissements de Paris : **J. E. MARCONIS,** Président.

PIOT, Inspecteur.

CASSAIGNES, P. COULY, } Vice-Présidents.

MARLE, Secrétaire-Général.

Paris Imprimerie de SOUPE, passage du Ponceau, 18-20.

RÉPUBLIQUE FRANÇAISE.

LIBERTÉ, ÉGALITÉ, FRATERNITÉ.

RÉUNION ÉLECTORALE

DU 4e ARRONDISSEMENT.

Sur la proposition d'un délégué du *Club démocratique de l'Industrie, du Travail et du Commerce*, il a été décidé qu'une Réunion de tous les Électeurs du 4e Arrondissement aurait lieu à l'effet de proposer 12 Candidats à l'Assemblée Nationale dans les proportions suivantes :

- 4 *Industriels ou Producteurs*,
- 4 *Commerçants*,
- 4 *Travailleurs ou Ouvriers*.

En conséquence, les Citoyens Électeurs du 4e Arrondissement sont invités à se rendre le Samedi 15 Avril courant, au Louvre, *salle Henri IV*, à 7 heures précises du soir, pour proposer leurs Candidats et discuter le mérite de ceux qui seraient présentés.

Les Membres de la Commission :

LAFFORE,	**FRANCK,**
DUBOIS,	**BIENAIMÉ,**
P. THURÉ,	**RENÉE,**
BLAISON,	**A. OUTIN.**

Paris, imp. de Paul DUPONT, rue de Grenelle-St-Honoré, 55.

RÉPUBLIQUE FRANÇAISE.

AVIS.

La Réunion des délégués définitifs au Comité Electoral démocratique du 14me arrondissement, aura lieu *Mardi prochain*, à midi précis, au Conservatoire, rue Bergère, n° 2.

Salut et fraternité.

PANAY père.

[illegible]. — Imprimerie de A. POILLEUX, rue de Seine, n. [illegible].

Ni coterie !

NI MONARCHIE !

NI ANARCHIE !

UNION RÉPUBLICAINE.

FERDINAND DE LESSEPS, le diplomate **honnête**.

ÉMILE DE GIRARDIN, Courage { Liberté de la Presse. Liberté individuelle.

GUINARD, colonel d'artillerie, ex-représentant.

DUPONT (de **BUSSAC**), le jurisconsulte démocrate.

JULES FAVRE, orateur républicain.

BARILLON, rédacteur en chef de la *Liberté*.

BUVIGNIER, ex-représentant.

RIBEYROLLES, presse démocratique persécutée.

CH. MENESSIER, aide-major de la Garde répucaine, démocrate (Courage civil et militaire).

JOLY père, ex-représentant.

OLIVIER (DÉMOSTHÈNES), ex-représentant.

2575

Impression et distribution de Circulaires et Bulletins de vote, rue Dauphine, 22 et 24, à Paris.
(Imprimerie Bonaventure et Ducessois, 55, quai des Augustins.)

CANDIDATURE

DU CITOYEN

d'ALTON-SHÉE,

ANCIEN PAIR DE FRANCE,

à L'ASSEMBLÉE NATIONALE

CITOYENS,

Après avoir obtenu une première fois à Paris 45,500 suffrages, je me présente cette fois encore comme Candidat à l'Assemblée nationale.

Le premier, j'ai tenu à la tribune de la Chambre des pairs un langage républicain.

Le premier, j'ai jugé les rois comme les peuples les jugent aujourd'hui.

Seul contre les fureurs d'une chambre ultra-royaliste, j'ai défendu la grandeur de notre première Révolution, indignement calomniée.

Enfin, invité à assister au Banquet du XIIe Arrondissement, j'ai accepté, et malgré l'interdiction et les menaces du ministre Duchâtel, j'ai été l'un des SEPT qui ont persisté à faire honneur à leurs engagements.

Si ce sont là, Citoyens, des états de service suffisants, je serai heureux de recevoir de vous un mandat que j'aurai à cœur de remplir dignement. Je suis Republicain, dès longtemps ami des principes démocratiques, décidé à défendre toutes les libertés, mais décidé aussi à défendre l'ordre public et la volonté du pays librement manifestée par le suffrage universel.

Citoyens, je n'espère ni ne désire les voix des pessimistes qui pousseraient au désordre pour nous ramener à la monarchie par la terreur, ou des anarchistes ambitieux qui seraient tentés de renouveler le criminel attentat du 15 mai.

Je sollicite les suffrages de tous les bons Citoyens.

D'ALTON-SHÉE.

Paris, 29 *Mai* 1848.

Paris. — Imprimerie de Wittersheim, rue Montmorency, 8.

Candidature

DE

G. D'AUDIFFRET

CITOYENS,

Un magistrat qui a consacré plus de quarante ans à la pratique des finances et de l'économie politique se croit appelé au devoir d'offrir son concours à l'Assemblée nationale pour le rétablissement du crédit et de la fortune de l'Etat. Un ancien serviteur du pays qui a dévoué sa vie au triomphe de l'ordre et de la vérité, par l'amélioration des contrôles publics, et par ses travaux sur le système financier, sur le budget et sur la comptabilité de la France, croit pouvoir aspirer à l'honneur d'être utile à ses concitoyens.

Il n'invoque d'autre titre au suffrage des Electeurs du département de la Seine que les leçons de l'expérience et l'indépendance d'un caractère qui ne fléchira jamais sous le joug des partis.

Cette déclaration sera sa seule profession de foi politique et sa seule démarche auprès de ses compatriotes.

Salut et fraternité,

G. D'AUDIFFRET

Président à la Cour des comptes.

Imprimerie de Guiraudet et Jouaust, rue Saint-Honoré, 315.

N°2 31 mai
communiqué par [illegible]
du Courrier français — rue de la paix

AUX ÉLECTEURS

DU

DEPARTEMENT DE LA SEINE.

CITOYENS,

En sollicitant le plus grand honneur que je puisse ambitionner, celui d'être un de vos Représentants, je vous dois le compte de mes convictions et de mes actes.

MES CONVICTIONS:

La fortune publique n'est bien et solidement constituée que par l'équité et l'ordre. Elle n'est stable qu'autant que la nation, elle même, a fondé ses institutions et qu'elle choisit ses gouvernants; une bonne République doit l'assurer.

Ainsi, j'ai toujours été Républicain.

L'égalité des droits, je la comprends; celle des fortunes, je ne la comprends pas plus que celle des intelligences.

Tout essai de nivellement, à cet égard, serait funeste et conduirait notre Patrie à la ruine, au déshonneur.

Il faut, au contraire, que toutes les capacités sociales,— je place la richesse au nombre de ces capacités,— soient encouragées, protégées et défendues scrupuleusement.

Que le Peuple choisisse ses serviteurs parmi les plus capables et les plus dévoués sans faiblesse.

MES ACTES:

Fermement patriote avant tout; soldat dès l'âge de **16** ans, pour l'honneur et la gloire de la France; je combattais encore à Waterloo pour la défense de nos libertés et de notre indépendance.

La seconde Restauration m'a donné la prison et l'exil comme suspect.

La Révolution de **1830** m'a appelé au commandement de la ville de Lyon.

En **1831**, envoyé à la chambre des députés par le suffrage de mes Concitoyens, je n'ai pas hésité un moment de me placer à côté de ceux qui me paraissaient animés, comme moi, du plus pur patriotisme; j'ai constamment voté avec l'opposition.

A aucune époque je n'ai encensé le pouvoir.

Républicain sincère et de dévouement pratique, voilà ce que j'ai été, ce que je suis, ce que je serai toujours.

LE GÉNÉRAL DE DIVISION.

BACHELU,

6, rue de la Paix.

PARIS, 31 Mai 1848.

Typog. Bénard et Comp.; pass. du Caire, 2.

BIÉTRY

A SES CONCITOYENS.

CHERS CONCITOYENS,

Le 4 juin, vous serez appelés à élire onze représentants du Peuple à l'Assemblée Nationale.

Je viens franchement, loyalement vous demander votre voix. Travailleur et homme pratique, je crois être en état d'éclairer certaines questions de commerce et d'industrie qui se rattachent à la responsabilité du producteur et du vendeur, et à l'amélioration des travailleurs. Ces questions seront bien certainement discutées prochainement à l'Assemblée Nationale.

Dans cette grande Assemblée, qui est appelée à marquer le point de départ des nouvelles destinées de notre pays, tous les intérêts, toutes les professions, toutes les intelligences doivent être représentés. C'est aux hommes pratiques dans toutes les carrières qu'il faut demander des lumières pour éclairer les questions complexes qui vont surgir.

Travailleur depuis trente ans, j'ai été d'abord simple ouvrier. Aujourd'hui filateur de cachemires et négociant, je crois avoir rendu non-seulement à mon industrie, mais au commerce en général, quelques services qui militent en faveur de ma candidature. Le premier, et c'est mon seul titre à la confiance de mes concitoyens, j'ai combattu en faveur des transactions honnêtes contre la fraude et le mensonge dans l'ordre industriel et commercial, ont fait autant de mal que la corruption dans l'ordre politique et administratif. Le premier, je le répète, j'ai appelé l'attention du public et des tribunaux (1) sur un système éhonté, qui consistait à tromper l'acheteur, à l'abuser sur la valeur des duits à l'aide de désignations et de titres mensongers. J'ai obtenu à ce sujet tout le succès que je pouvais désirer. Mais le principe de probité que j'ai appliqué à mon industrie, il faut l'appliquer désormais à toutes les branches de l'industrie française. Il faut que notre commerce se moralise ; il faut que l'Étranger puisse, dans la plus grande sécurité, entretenir des relations avec nous ; il faut enfin, que chacun soit responsable de ses œuvres comme tout homme honnête doit l'être de ses actions. Alors la concurrence, circonscrite dans les limites honnêtes, deviendra un moyen d'émulation qui tournera au profit de tous.

Ma carrière tout entière est là pour répondre de mes principes. Les ouvriers me connaissent d'ailleurs, et si j'ai conquis leurs sympathies, c'est parce que, habitué à vivre avec eux, j'ai pu étudier leurs besoins. Ils trouveront donc en moi un représentant naturel de leurs intérêts ; car je suis convaincu que leurs demandes seront dictées par l'équité et la justice, bases naturelles d'une société composée d'hommes probes et libres.

Ma devise est comme celle de tous les bons Français : le bien-être général du peuple et l'affermissement de la république. Tout pour la probité et la prospérité nationale, tout pour le pays et par le pays.

LIBERTÉ, ÉGALITÉ, FRATERNITÉ.

BIETRY,

Filateur de cachemires, ancien ouvrier pendant dix ans dans la fabrique de l'honorable Richard-Lenoir, membre du comité de commerce, de la société d'encouragement et du conseil des prud'hommes.

(1) J'avais pour appui et pour conseil Mr Marie, aujourd'hui Membre du Pouvoir exécutif.

Typographie Bénard et Comp., passage du Caire, 2.

République Française.

LIBERTÉ, ÉGALITÉ, FRATERNITÉ.

ELECTIONS

POUR L'ASSEMBLÉE NATIONALE CONSTITUANTE.

Une centaine d'ouvriers de la commune de VILLEPREUX et des communes environnantes, viennent d'adresser la lettre ci-jointe à leurs camarades ouvriers du département de la Seine.

Aux ouv[illegible]ers du département de la Seine.

CITOYENS FRÈRES,

Dans quelques jours, vous allez être appelés pour exercer vos droits d'électeurs, afin de choisir les onze représentants du peuple du département de la Seine.

Comme citoyens français et comme travailleurs, nous pensons qu'il faut élire avant tout des hommes probes, loyaux, dévoués à la République, à la Liberté et au bien général du peuple.

Ce motif si puissant pour nous tous, Citoyens, motif dont vous appréciez toute l'importance, nous engage à vous proposer un homme de cœur, un homme entièrement dévoué à nos intérêts, et possédant tout le dévoûment, tout le patriotisme que nous pouvons désirer; cet homme, c'est le citoyen BIETRY, autrefois ouvrier comme nous, aujourd'hui filateur de cachemires. Vous le savez, Citoyens, c'est lui qui, par sa lutte énergique et persévérante, a combattu seul, avec succès, la fraude et le mensonge qui s'étaient glissés dans le commerce.

Nous n'hésitons pas à vous proposer un tel citoyen; presque tous nous travaillons ou nous avons travaillé chez lui pendant plusieurs années; aussi est-il pour nous, non seulement un ami dévoué, mais le meilleur des pères.

Nous aimons à croire, citoyens Frères, que vous approuverez le choix que nous vous proposons et que vos suffrages appuieront vivement sa candidature

Salut et Fraternité.

Les Ouvriers délégués,

POIREY, CUVREAU, GUYARD, DOLLAND (Louis), DOLLAND (Henri), BÉGUIN, LEMAIRE, LOUIS JOSEPH, DUCOUDRAY. LAMARE.

IMPRIMERIE DE BOREAU ET COMP., RUE COQUILLIÈRE, 22.

E. BLANC,

ENTREPRENEUR DE ROULAGE,

Candidat à l'Assemblée nationale.

AUX ÉLECTEURS DE LA SEINE.

Paris, 1er juin 1848.

Mes chers Concitoyens,

Ainsi que j'ai eu l'honneur de vous le dire dans ma circulaire, avant de me présenter à vos suffrages, j'avais cru devoir prendre plusieurs avis.

Dans ma circulaire, je ne vous ai donné que deux réponses (dont une seule textuellement), parce que les autres ne m'étaient pas encore parvenues au moment du tirage et que, pressé par le temps, je ne pouvais attendre.

Depuis, je les ai reçues, et je crois devoir les porter à votre connaissance.

J'avais demandé ou fait demander quatre avis, savoir :

1° Celui de mes pairs en industrie, les entrepreneurs de roulage de Paris, que dix ans de relations ont faits les juges naturels de ma considération commerciale, et qui, d'ailleurs, pendant des années, m'ont honoré de la présidence de leur Société.

J'ai reçu la lettre suivante :

« Paris, le 30 mai 1848.

« *Monsieur E. Blanc de la maison Blanc et Cie, à Paris*,

« Vous nous demandez de quel œil nous verrions votre candidature à l'Assemblée nationale.

» Voici notre réponse. — **NOUS VOTERONS TOUS POUR VOUS.**

» Agréez l'assurance de notre estime et de notre considération.

» A. Langlois, A. Imbert, A. Auffant, Aug. Tesnière, Barthe
» Debladis, Bequemie, Ch. Lair, Dibez, Dommartin, Faure
» Beaulieu, Gouge fils, Gontier, H. Dejon, J. Cruzel,
» J. Langlois, Lair aîné, Lemort, Léon Auffant, Mathieu,
» Moreau, Pigneau, Piton, Terral, Victor Alexis. »

2° Celui des délégués *de la corporation ouvrière* de mon industrie. Nul ne peut, en effet, donner mieux qu'eux à tous mes concitoyens *de la classe ouvrière* qui ne me connaissent pas, la mesure de la *confiance* qu'ils peuvent m'accorder en m'envoyant débattre des questions de *salaires et d'association*.

J'ai reçu la lettre qui suit :

« Paris, le 30 mai 1848.

« *Au citoyen E. Blanc de la maison Blanc et Cie.*

» Citoyen,

« On nous demande si le corps des ouvriers du roulage vous verrait avec confiance à l'Assemblée nationale ?

» Nous aurions voulu, pour réponse, vous envoyer *l'adhésion* de tous les membres de notre corporation, qui certainement vous la donneraient; mais le temps nous manque, nous nous bornons donc au possible, en vous déclarant que, *dans notre conviction*, **TOUTE LA CORPORATION VOTERA POUR VOUS.**

» Salut et fraternité.

» Les délégués des ouvriers du roulage :

» Aunay, Botton, Chvoord, Ch. Levillain, Collombe, Jacrand,
» Jacob, Joseph Olivier, Joseph J. Hotot, Gamain, Grégoire,
» Hery, Hiernard, Oger fils, Oger père, Mariel, Mollin,
» Pechinet, Sellier-Sulpice. »

3° Celui de plusieurs hommes politiques au jugement desquels je devais tenir à honneur de déférer.

Voici la lettre qu'ils m'ont écrite :

« Paris, 30 mai 1848.

» Citoyen,

» Quelques-uns de vos amis nous ont demandé s'il nous paraît utile que vous vous portiez aux élections du 4 juin prochain.

» N'hésitez pas à poser votre candidature devant les électeurs de la Seine.

» L'Assemblée nationale aura toujours besoin d'hommes qui, comme vous, peuvent apporter des lumières dans les questions économiques et financières.

» Dans cette époque de crise, l'expérience qu'une longue pratique des affaires vous a fait acquérir contribuerait utilement à la solution de ces questions si difficiles.

» Salut et fraternité.

» Les Représentants soussignés :

» Bethmont, Beaune, Ch. Hingray, V. Considerant, David
» (d'Angers), Dupont (de Bussac), A. Gouin, Laboissière, Latrade.
» Mathieu (de l'Institut), Sarrans, Th. Raynal. »

4° Enfin, celui d'un homme dont l'amitié *oblige*. — Béranger.

Voici sa lettre :

« 31 mai.

» Mon cher Blanc, ma position toute exceptionnelle vis-à-vis des électeurs de la Seine ne me permet de lui recommander aucun candidat; je m'en suis fait une loi, et vous m'approuverez; mais vous savez que je tiendrai à honneur que vous vous disiez de mes amis, si vous tenez à ce que le public le sache.

» Je n'ai pas le temps de vous en dire plus. A vous de cœur.

» Béranger. »

Maintenant, mes chers concitoyens, en raison de ce que j'ai eu l'honneur de vous dire dans ma circulaire, sous les auspices des témoignages que je viens de vous donner :

Permettez-moi de m'abandonner à votre décision, en ne reproduisant qu'un seul passage de ma circulaire :

« Si mes sentiments vous paraissent droits, mes idées justes; si, à défaut de plus digne, vous croyez pouvoir m'envoyer à l'Assemblée nationale, j'ose vous affirmer que vous n'y aurez pas regret.

» J'irai porter le concours de tout ce que j'ai de force, de dévouement et d'ardentes convictions à ceux de nos Représentants qui voient la position comme je la vois. J'en chercherai l'amélioration, non dans la *compression*, mais dans la bonne solution des questions économiques et sociales posées par la Révolution, et dans la conciliation (moins difficile qu'on ne croit) des intérêts du salariant et du salarié. »

Salut et fraternité.

E. BLANC,

De la maison Blanc et Cie, entrepreneur de roulage.

PARIS. — TYPOGRAPHIE PLON FRÈRES, RUE DE VAUGIRARD, 36.

N° 3 28 mai
Commandé par Bodson à Grenelle.

28 mai
Bodson

CITOYENS,

Je viens m'offrir à vos suffrages pour être votre Représentant à l'Assemblée Nationale.

Vos intentions, je crois, sont que chaque classe de la société y ait ses mandataires; or, il doit être évident à vos yeux comme il l'est aux miens, que les travailleurs, faute de s'entendre, et aussi parce qu'une bonne partie d'entre eux ont obéi à des impulsions qui ne sont plus de notre époque, n'ont pas obtenu le nombre de représentants auxquels lui donnerait droit la somme immense des besoins sociaux à satisfaire.

Espérant que les nouvelles élections amèneront des appoints à la représentation des véritables travailleurs, je n'ai pas craint d'offrir ma candidature d'ouvrier.

Ce n'est pas d'aujourd'hui que je suis républicain; déjà, en 1834, j'étais condamné comme tel dans le procès intenté eux ouvriers bijoutiers, dont j'étais le délégué et le caissier. Arrêté préventimement aux affaires d'avril, je n'ai dû mon élargissement qu'à cette circonstance, que je ne faisais partie d'aucune société secrète, car ma devise, celle d'un véritable républicain, a toujours été d'agir au grand jour.

Je ne suis point pour l'égalité des salaires, tous les hommes n'ayant pas les mêmes capacités, la même force, ni la même volonté, mais pour une rétribution qui puisse faire vivre honorablement le travailleur. Je ne suis pas non plus pour le communisme, car il tend à éteindre chez l'homme toute noble ambition, et solliciter sa paresse en même temps que l'anéantissement de son génie.

Possesseurs du suffrage universel, les Travailleurs ne doivent pas perdre de vue que le seul moyen de le conserver, c'est de le respecter dans toute son expression, quelle qu'elle soit; à mon sens, les premiers réactionnaires sont ceux-là même qui voudraient renverser l'Assemblée Nationale. Ma conviction inébranlable est donc celle-ci, que si, avant le 24 février, l'insurrection était un droit pour la masse à laquelle était dénié le droit de citoyen, aujourd'hui, tout complot, toute insurrection, sont essentiellenent condamnables.

Telles sont, citoyens, mes convictions; si ce sont les vôtres, nommez-moi, j'y serai fidèle.

SALUT ET FRATERNITÉ.

A. BODSON,

Métallurgiste, A GRENELLE.

VIVE LA RÉPUBLIQUE.

Paris. — Imprimerie de A. APPERT, Passage du Caire, 54.

AUX
ÉLECTEURS
de la Rive Gauche
DE LA SEINE

CHERS CONCITOYENS,

Pendant plusieurs années votre bon sens vous a fait comprendre que l'avenir était menacé par les projets d'une double entrée dans Paris pour le *Chemin de fer de l'Ouest.* Si le projet des anciens ministres avait réussi, la population de Paris se déplaçait; bientôt on eût vu croître l'herbe dans les rues, et vos maisons, vos propriétés, votre commerce perdaient la moitié de leur valeur.

Vous savez avec quelle constance nous avons combattu pour les intérêts des 10me, 11me et 12me arrondissements et pour ceux de la banlieue. — Malheureusement, les nouveaux ministres *n'ont* pas décidé la question. Comme actionnaires, comme administrateurs et propriétaires, nous venons vous demander vos suffrages, afin d'aller soutenir à l'Assemblée *vos justes droits* et tous les grands intérêts de la Patrie.

BUREAUD-RIOFREY,
Administrateur du Chemin de Versailles, Rive gauche.

DE GIAC,
Administrateur du Chemin de Versailles, Rive gauche.

Imprimerie de HENNUYER et Ce, rue Lemercier, 24. Batignolles.

CABET
AUX ÉLECTEURS.

De pain d'abord! Du pain par le travail! Du travail et du pain! Plus de misère pour le travailleur, mais le bien-être en travaillant, le bien-être pour sa femme et ses enfans comme pour lui! Il n'y aura pas de justice, pas d'humanité, pas de religion, pas de société même, pas d'ordre et pas de sécurité pour personne, tant qu'il existera des créatures humaines qui s'adresseront en vain au Ciel et à la Terre pour obtenir du travail et des moyens d'existence en utilisant leur intelligence et leurs bras! Voilà, Citoyens, ce que je réclamerai sans cesse si vous me confiez la mission officielle de défendre vos intérêts et vos droits.

Je demanderai donc l'*Organisation du travail* et des *Ateliers nationaux*, en conciliant tous les intérêts, en évitant les perturbations et les bouleversemens, en préférant les améliorations progressives aux changemens qui seraient trop précipités, en consultant toujours la justice et la possibilité comme la nécessité sociale.

Je demanderai la suppression des impôts sur les objets de première nécessité et la juste réduction de beaucoup d'autres.

Je demanderai l'*Education* gratuite pour tous, la justice réellement gratuite aussi, de profondes améliorations dans le sort des femmes, des enfans et des vieillards, en un mot, toutes les réformes sociales justes et nécessaires.

Car vous savez tous que je suis *Socialiste* et *Communiste-Icarien*; et quelque danger que mes doctrines, dénaturées et calomniées, aient attiré sur moi, je ne puis et ne veux rien en désavouer, dussé-je en être victime et martyr.

Mais rassurez-vous, ô mes concitoyens!

1° Ma doctrine (ou mon système d'organisation sociale et politique) a été dénaturée, falsifiée, travestie par la plus audacieuse et la plus inconcevable calomnie; car c'est le vrai *Christianisme* dans la pureté primitive, la *Démocratie* et la *République* dans toute leur vérité. Personne n'est plus ardent défenseur du mariage, de la famille, de la dignité de la femme et de la pureté des mœurs, personne ne repousse plus énergiquement toute espèce de violence et de contrainte, toute espèce de spoliation et de pillage, toute loi agraire et tout partage, en un mot toute atteinte à la propriété comme à la liberté; personne ne désire plus le bonheur de toutes les classes sans aucune exception.

2° Depuis dix ans, dans plus de 40 écrits, j'ai toujours déclaré que je ne désirais rien que par la propagande légale et pacifique, par la discussion, par la persuasion, par l'opinion publique, par le consentement de chacun et par la volonté nationale; j'ai toujours dit (et je défie qui que ce soit de me démentir) qu'après une révolution je ne demanderais pas l'application immédiate de la communauté, mais la République démocratique et sociale.

Dès le 25 février, je me suis rallié franchement et sans arrière pensée, avec tous mes amis, au Gouvernement provisoire, pour lui offrir notre concours à tous, sans rien exiger pour la Communauté, en ne nous présentant que comme des démocrates sincères et des républicains dévoués, en ne demandant pour nous comme pour tous les autres Français nos frères que le droit d'association, de réunion et de discussion publique.

Si donc vous m'honorez de votre confiance en me jugeant capable et digne d'être l'un de vos défenseurs, je ne me présenterai que comme démocrate, républicain et socialiste, pour réclamer la réalisation de la république démocratique et sociale.

Mais je n'oublierai jamais ces immortelles paroles d'un des plus illustres martyrs de la liberté :

« Toute révolution qui n'a pas pour but d'améliorer profondément le sort du peuple, n'est qu'un crime remplaçant un autre crime. »

Je demanderai donc toutes les améliorations, toutes les réformes raisonnables, justes et possibles, et j'en demanderai la réalisation non brusque et prématurée, mais successive et progressive.

Je demanderai toutes les conséquences de la Révolution, de la Démocratie et de la République basée sur la souveraineté du Peuple.

Je demanderai que la liberté, l'égalité et la fraternité ne soient pas de vains mots, mais des réalités gravées dans toutes les institutions comme dans tous les cœurs.

Je demanderai la fraternité entre tous les peuples comme entre tous les citoyens, et le désarmement général pour garantir la paix universelle.

Enfin je demanderai l'amnistie comm preuve et gage de concorde.

Mais point de conspiration, point d'émeute! tout par la discussion, par l'opinion publique, par l'organisation des assemblées populaires et de la presse.

Signalé comme ayant été en 1833 l'organe le plus avancé de la démocratie à la tribune, c'est dans les rangs démorates les plus sincères que l'on me trouvera toujours.

Condamné en 1834, exilé pendant cinq ans pour avoir défendu la République et la Pologne, je ne puis cessecrde crier vive la République!

CABET.

CE 3 JUIN [illegible]

Typographie et Lithographie FELIX MALTESTE et Ce, rue des Deux-Portes-St-Sauveur, 18.

CABET AUX ÉLECTEURS.

Du pain d'abord! Du pain par le travail! Du travail et du pain! Plus de misère pour le travailleur, mais le bien-être en travaillant, le bien-être pour sa femme et ses enfans comme pour lui! Il n'y aura pas de justice, pas d'humanité, pas de religion, pas de société même, pas d'ordre et pas de sécurité pour personne, tant qu'il existera des créatures humaines qui s'adresseront en vain au Ciel et à la Terre pour obtenir du travail et des moyens d'existence en utilisant leur intelligence et leurs bras! Voilà, citoyens, ce que je réclamerai sans cesse si vous me confiez la mission officielle de défendre vos intérêts et vos droits.

Je demanderai donc l'*organisation du travail* et des *Ateliers nationaux*, en conciliant tous les intérêts, en évitant les perturbations et les boulversemens, en préférant les améliorations progressives aux changemens, qui seraient trop précipités, en consultant toujours la justice et la possibilité, comme la nécessité sociale.

Je demanderai la suppression des impôts sur les objets de première nécessité et la juste réduction de beaucoup d'autres.

Je demanderai l'*éducation* gratuite pour tous, la justice réellement gratuite aussi, de profondes améliorations dans le sort des femmes, des enfans et des vieillards, en un mot, toutes les réformes sociales, justes et nécessaires.

Car vous savez tous que je suis *Socialiste* et *Communiste Icarien*; et quelque danger que mes doctrines, dénaturées et calomniées, aient attiré sur moi, je ne puis et ne veux rien en désavouer, dussé-je en être victime et martyr!

Mais rassurez-vous, ô mes concitoyens!

1° Ma doctrine (ou mon système d'organisation sociale et politique) a été dénaturée, falsifiée, travestie, par la plus audacieuse et la plus inconcevable calomnie; car c'est le vrai *Christianisme* dans sa pureté primitive, la *Démocratie* et la *République* dans toute leur vérité. Personne n'est plus ardent défenseur du mariage, de la famille, de la dignité de la femme et de la pureté des mœurs; personne ne repousse plus énergiquement toute espèce de violence et de contrainte, toute espèce de spoliation et de pillage, toute loi agraire et tout partage, en un mot toute atteinte à la propriété comme à la liberté; personne ne désire plus le bonheur de toutes les classes, sans aucune exception.

2° Depuis dix ans, dans plus de quarante écrits, j'ai toujours déclaré que je ne désirais rien que par la propagande légale et pacifique, par la discussion, par la persuasion, par l'opinion publique, par le consentement de chacun et par la volonté nationale; j'ai toujours dit (et je défie qui que ce soit de me démentir) que, après une révolution, je ne demanderais pas l'application immédiate de la communauté, mais la République démocratique et sociale. Dès le 25 février, je me suis rallié franchement et sans arrière pensée avec tous mes amis, au Gouvernement provisoire, pour lui offrir notre concours à tous, sans rien exiger pour la Communauté, en ne nuos présentant que comme des démocrates sincères et des républicains dévoués, en ne demandant pour nous comme pour tous les autres Français nos frères que le droit d'association, de réunion et de discussion politique.

Si donc, vous m'honorez de votre confiance en me jugeant capable et digne d'être l'un de vos défenseurs, je ne me présenterai que comme démocrate, républicain et socialiste, pour réclamer la réalisation de la République démocratique et sociale.

Mais je n'oublierai jamais ces immortelles paroles d'un des plus illustes martyrs de la liberté :

« Toute révolution qui n'a pour but d'améliorer profondément le sort du peuple, n'est qu'un crime remplaçant un autre crime. »

Je demanderai donc toutes les améliorations, toutes les réformes raisonnables, justes et possibles, et j'en demanderai la réalisation, non brusque et prématurée, mais successive et progressive.

Je demanderai toutes les conséquences de la Révolution, de la Démocratie et de la République basée sur la souveraineté du Peuple.

Je demanderai que la Liberté, l'Égalité et la Fraternité, ne soient pas de vains mots, mais des réalités gravées dans toutes les institutions, comme dans tous les cœurs.

Je demanderai la Fraternité entre tous les Peuples comme entre tous les citoyens, et le désarmement général pour garantir la paix universelle.

Enfin je demanderai l'amnistie comme preuve et gage de concorde.

Mais point de conspirations, point d'émeutes! Tout par la discussion, par l'opinion publique, par l'organisation des assemblées populaires et de la presse.

Signalé comme ayant été en 1833 l'organe le plus avancé de la Démocratie à la tribune, c'est dans les rangs démocrates les plus sincères que l'on me trouvera toujours.

Condamné en 1834, exilé pendant cinq ans pour avoir défendu la République et la Pologne, je ne puis cesser de crier vive la Réplublique!

3 Juin 1848. CABET.

Imprimerie FÉLIX MALTESTE et Cie.

AUX

ÉLECTEURS

DE LA SEINE

MES CONCITOYENS,

En adressant à l'Assemblée nationale ma démission de Représentant du département de la Seine, je rendais hommage à vos consciences. Votre mandataire avait été l'objet de quelques soupçons. Il ne devait pas plus les supporter pour vous que pour lui. A vous seuls appartient le droit de le juger.

C'est ce jugement que je viens provoquer, en réclamant aujourd'hui vos suffrages que vous m'aviez accordés spontanément le 20 avril dernier.

La Révolution qui m'avait amené à la Préfecture de police le 24 février, m'y a soutenu et secondé durant deux mois et demi. C'est à la faveur même des hommes et des idées qui m'avaient porté que j'ai pu opérer quelque bien, rétablir la tranquillité de Paris, la sécurité des familles, la protection des intérêts, la liberté des transactions, en un mot, faire de l'ordre avec du désordre.

Premier magistrat de la première ville de France, je compris combien les exemples, donnés par nous, agiraient puissamment sur le pays tout entier, sur l'Europe elle-même, inquiète et jalouse, qui guetterait nos fautes et profiterait de nos malheurs. Je savais que nous avions à dissiper tous les préjugés, toutes les craintes que le saint nom de la République, autrefois profané, éveillerait parmi les populations. J'avais à me défendre aussi contre les passions du moment: la moitié de Paris, si je l'avais écoutée, aurait fait arrêter l'autre. Ma bonne volonté, des instincts droits, et, peut-être, une de ces illuminations subites qu'un homme reçoit d'une position élevée et du sentiment de ses devoirs, m'inspirèrent une conduite franche, nette et décisive.

J'avais conspiré dix-huit ans pour le bon sens; je voulus faire de la police pour le bon sens également; une police de conciliation, sans distinction des républicains de la veille ou du lendemain, une police qui ne mentît pas à la devise de LIBERTÉ et de FRATERNITÉ arborée par le nouveau régime.

J'explique, dans un écrit à part, qui sera publié prochainement, tous les actes de mon administration, et presque toutes les corporations de Paris rendront justice, j'en suis sûr, à mes décisions, à mes intentions. J'avais établi, à la Préfecture de police, une sorte de justice de paix, amiable, consentie par tous les intérêts, sous l'empire de circonstances exceptionnelles, et j'ai eu le bonheur de voir accepter avec satisfaction, et d'un commun accord, les arrangements que me dictaient ma raison et mon bon vouloir. Que de troubles ont été évités par cette fraternelle intervention! Services obscurs, dont on tient peu de compte, parce qu'ils ont prévenu secrètement le mal, au lieu de le réparer bruyamment. Vingt heures de travail par jour, qui, au bout de deux mois et demi, avaient abattu mes forces, ont été consacrées à cette tâche ingrate; et, je le proclame avec empressement, j'ai trouvé dans tous les agents de l'administration, même précédente, comme dans mes nouveaux auxiliaires, un zèle infatigable pour aider à cette œuvre pénible. Tous avaient jugé la loyauté de mes intentions: tous se montrèrent ardents à les seconder.

Le compte rendu de mon administration sera donc public. Vous y verrez que je n'ai pas failli à mes devoirs. Le 15 mai, on m'avait exclu du concours que tous les dépositaires de l'autorité devaient prêter au maintien de l'ordre. Je dirai comment, si je ne dis pas pourquoi. Cet exposé (j'en suis certain) dissipera pour vous, mes concitoyens, pour vous tous, à qui je ne demande que de l'impartialité, les fables répandues sur l'état de siége de la Préfecture, et sur les prétendus projets de mes amis et de mes auxiliaires.

L'honneur me dictait ma démission comme Préfet; ma reconnaissance pour vous me commandait, comme représentant, de venir me retremper dans votre confiance. Je sollicite, aujourd'hui, vos suffrages, au nom des efforts, heureux peut-être, que j'ai faits pour rendre à la capitale la tranquillité dont elle jouit. Cette démarche suffit, je le crois, pour démentir et pour écarter de vos esprits ces accusations perfides de conspiration que propagent contre moi ceux que ma retraite n'a pas encore satisfaits. En me renvoyant au sein de l'Assemblée, vous y renverrez un défenseur ardent et sincère de notre République de 1848, et un ami de la légalité et de la conciliation, qui peuvent seules la consolider.

CAUSSIDIÈRE.

Paris. — Imprimerie ...

AUX
CITOYENS ÉLECTEURS
DU DÉPARTEMENT
DE LA SEINE.

Citoyens,

Aux élections d'avril, plus de 13,000 d'entre vous m'ont jugé digne de représenter le département de la Seine à l'Assemblée nationale.

Je viens essayer de justifier cette confiance, en sollicitant de nouveau vos suffrages.

Les explications verbales que j'ai été appelé à fournir dans quelques-unes de vos réunions préparatoires vous ont fait connaître mes sentiments; ma profession de foi, imprimée et répandue à grand nombre, a posé nettement mes principes : permettez-moi d'en remettre sous vos yeux les points essentiels.

Les conséquences nécessaires de nos institutions nouvelles sont :

Que le suffrage universel, conquête inaliénable de la République, garantisse à tous les citoyens le droit d'intervenir SINCÈREMENT ET LIBREMENT dans la constitution du pouvoir législatif.

Que l'impôt soit progressif, en toutes matières. Que les revenus soient imposés, à défaut du capital. Que les lois de douane et les taxes de consommation épargnent les denrées nécessaires, et frappent de préférence les objets de luxe. Que les droits de succession croissent à mesure que le titre moins sacré.

En revanche, et sous ces conditions, que l'Etat garantisse solennellement, et protége contre toute atteinte quelconque, les fruits accumulés du travail. L'inviolabilité absolue de la propriété n'intéresse pas moins fortement les travailleurs d'aujourd'hui et ceux de demain que les travailleurs d'hier.

Que tous les citoyens soient également soumis aux charges sociales personnelles, et notamment au service de la garde nationale et de l'armée.

Qu'il soit immédiatement procédé à l'établissement d'un vaste système d'enseignement public national, dette sacrée entre toutes, toujours reconnue jusqu'ici, mais jamais acquittée. Que l'instruction primaire et professionnelle soit gratuitement donnée à tous, l'instruction secondaire et supérieure aux plus dignes.

Qu'il n'y ait plus de place, dans les services publics, pour le privilége et le favoritisme. Que, dans ce but, toutes les fonctions soient convenablement rétribuées, et le cumul radicalement aboli.

L'Assemblée nationale doit, avant toutes choses :

S'appliquer à résoudre les questions relatives à la meilleure organisation possible des institutions de crédit, à la création de banques locales de prêt et d'escompte, et à la réforme du régime hypothécaire ;

Rendre progressivement accessible à tous les travailleurs la propriété individuelle, source de moralité, de liberté, de dignité, et premier élément de l'ordre public ;

Récompenser le travail et encourager la prévoyance par la création de caisses de retraite pour les travailleurs ;

Honorer le dévouement comme la première des vertus sociales ;

Pourvoir aux besoins des incapables et des infirmes ;

Organiser nationalement sur les terres en friche de nos départements et dans les plaines de la France d'Afrique de vastes essais de colonisation ;

Mettre la justice à la portée de tous ; simplifier l'organisation judiciaire et la procédure.

Il est temps de pratiquer enfin, sous toutes les formes et dans tous les ordres d'idées et de faits, cette solidarité fraternelle qui est la loi de notre développement national. Ainsi seulement nous épargnerons à notre chère patrie des révolutions nouvelles, et nous rallierons tous les sentiments honnêtes, tous les intérêts légitimes, à la cause de la République que nous venons d'établir, et qu'il faut maintenant consolider.

Citoyens, la tâche de l'Assemblée nationale est immense! Selon qu'elle la remplira bien ou mal, elle vous donnera sur-le-champ la paix, la liberté et l'ordre, ou prolongera indéfiniment le malaise général, d'où ne tarderaient pas à sortir la ruine et l'anarchie; elle acquerra une gloire immortelle, ou se couvrira d'un éternel déshonneur. Que vos représentants soient énergiques, vigilants, dévoués; qu'ils constituent la République avec ce même esprit, ardent et modéré à la fois, que l'admirable population de la Seine a mis à la fonder : et la liberté, la paix, l'ordre et le travail seront les fruits heureux de leurs veilles. Un peu d'hésitation, au contraire, un peu de défiance ou de faiblesse, et tout pourrait être sérieusement compromis !...

Voué par les travaux de toute ma vie à l'étude historique des lois et des institutions de la France : n'ayant jamais désiré rien au monde, que d'être appelé par mes concitoyens à l'honneur de les servir : si vous croyez que l'heure soit venue pour moi, Citoyens, je suis prêt. Il me sera doux d'employer à la grande œuvre de la constitution de l'ordre nouveau, ce que j'ai pu acquérir d'aptitude, d'expérience et de dévouement, dans l'étude de ce passé de quatorze siècles, où la Providence a si visiblement jeté les germes des progrès actuels, si nettement écrit la loi dans l'avenir.

A.-C. CHAMBELLAN.
Rue des Martyrs, 27.

Paris, **21** *mai* **1848.**

Imprimerie centrale des chemins de fer, de NAPOLÉON CHAIX et Cie, rue Bergère, 8, près le boulevart Montmartre.

CITOYENS

ELECTEURS

Le Citoyen CLARY, l'homme de bien par excellence, sollicite vos suffrages; il a fait distribuer sa profession de foi, dans laquelle il explique ses huit campagnes en Afrique, où il fut fait officier d'ordonnance du Maréchal Gouverneur, et reçut la Croix d'honneur. Au 24 Février, il organisa le premier bataillon de la Garde mobile, dont il est aujourd'hui le Chef.

Mais ce quil n'a pas dit, les malheureux qui ont été l'objet de sa généreuse sollicitude se font un devoir de venir ici le révéler, comme un témoignage de leur vive reconnaissanse: pendant la dizette de 1847, le citoyen CLARY a secouru tous les malheureux qui l'ont imploré, il a distribué tous ces revenus aux infortunés de toutes les classes et de tous les âges, le titre de Représentant du Peuple sera la juste récompense de ses bienfaits.

TYPOG. BÉNARD ET COMP., PASSAGE DU CAIRE, 2

CANDIDATURE
DU CITOYEN
CLAVELLE-DOISY
à
L'ASSEMBLÉE NATIONALE.

Citoyens,

Homme nouveau, non pas en sentiments républicains, mais sur la scène politique, je suis profondément convaincu qu'aux institutions nouvelles il faut des hommes dévoués de cœur et de tête à l'ordre du programme de : Liberté, Égalité et Fraternité. Convaincu de cette vérité, je me présente à vos suffrages comme candidat *républicain démocratique*.

1° J'entends par la démocratie, le bonheur et les intérêts de tous!

2° Amélioration positive et immédiate de la classe des travailleurs. Plus de promesses, des actes; et dans la suite, l'organisation du travail, qui peut seul affranchir le prolétaire du despotisme de la misère qui, tant qu'elle pèsera sur lui, rendra illusoire son indépendance.

3° Le crédit établi sur de larges bases et sur un système hypothécaire.

4° L'avancement de l'armée par voie d'ancienneté, et le tour de faveur accordé à l'élection.

5° L'élection de la magistrature judiciaire et administrative par des électeurs compétents.

6° L'impôt progressif, le dégrèvement de la propriété territoriale pour diminuer le prix des denrées alimentaires nécessaires à la vie de l'ouvrier.

7° L'instruction gratuite et obligatoire jusqu'au dernier degré pour les enfants qui se seront distingués par leur intelligence.

8° Formation de la caisse des invalides civils, et établissements propres à les recevoir.

9° Réforme complète de l'administration des hôpitaux et des bureaux de charité, ce mot ne devant plus exister dans une République qui a pour devise : *Fraternité*.

10° Indépendance et unité de l'Italie et de l'Allemagne.

11° La Pologne rétablie dans ses limites de 1771.

Convaincu de ces vérités, ma devise sera : Tout pour tous, rien que par tous.

Salut et Fraternité.

CLAVELLE-DOISY,

Auteur d'un projet financier concernant les Caisses d'épargne et la Banque de France.— Rue Hauteville, 21.

Imprimerie centrale des Chemins de Fer, de NAPOLÉON CHAIX et Cie, rue Bergère, 8, près le boulevart Montmartre.

AUX OUVRIERS.

Candidature du Citoyen ADRIEN DELAIRE,

OUVRIER ÉBÉNISTE.

FRÈRES,

Après la cruelle déception que nous avons éprouvé dans le choix des Candidats qui se sont présentés à nous sous le titre d'ouvriers; nous osons croire que l'expérience nous guidera pour les prochaines *Élections*.

Frères! sachons-le bien, il est de la plus grande urgence que des Ouvriers soient envoyés à la Chambre, afin de démontrer réellement à toutes les autres fractions de la société française, quel est le meilleur moyen à prendre pour arriver à l'extinction du Prolétariat; car bien qu'il soit aboli par la Révolution de Février, il existe encore de fait par notre position trop nécessiteuse; mais il faut que ce soient réellement des Ouvriers qui se présentent à vous, et non des hommes se parant de ce nom. Nous en avons vu beaucoup qui, quelques jours avant la Révolution, nous repoussaient avec un profond mépris. Mais nous leur pardonnons en oubliant le passé et les maux qu'ils ont accumulés sur nous.

Frères, je n'ai pas brigué l'honneur de vous représenter à l'Assemblée Nationale, je remercie tous mes amis qui m'ont donné leurs suffrages, je n'oublierai jamais que j'ai obtenu neuf mille et quelques cents voix aux dernières élections, et si je me présente de nouveau, c'est afin de consacrer à mon pays et à tous mes frères d'industrie le peu de lumières que j'ai pu me procurer en dehors de mon travail. — Si vos suffrages me portaient à l'auguste mission, je vous dois d'avance la franchise de vous prévenir que je n'accepterais ce mandat sacré qu'à la condition expresse de défendre partout et toujours les droits du Peuple, et particulièrement ceux des Travailleurs contre toutes les tendances des aristocraties quelles qu'elles soient. Je suis démocrate pur, je n'appartiens à aucune des différentes écoles qui se proposent d'imposer à la société toutes les théories qu'elles ont rêvées jusqu'à ce jour, comme devant amener le bien-être général; car je suis convaincu que le Peuple Français peut seul dicter les lois qui doivent le régir, et que lui seul a le droit de puiser dans une doctrine ce qu'il jugera convenable à sa nouvelle constitution. Mais quand je dis le Peuple, je dis tous les Citoyens quelles que soient leurs positions sociales.

Je repousse de toutes mes forces l'accusation de communisme que l'on a répandu sur moi: et je répète mon opinion sur cette doctrine, en disant, comment nous, le Peuple Français, nous qui marchons en tête de la civilisation; nous, dont le Monde attend les lois qui doivent le régénérer, on nous proposerait une organisation sociale qui renverserait l'intelligence humaine. Oh! jamais! jamais! et comme ouvrier, je le dis hautement à la face de toute la France, ce nombre est si minime, que dans tous les ateliers où j'ai travaillé jusqu'à ce jour, les Communistes, quand il s'en trouve, ne peuvent être comparés que comme une goutte d'eau à l'immensité de l'Océan. Non, le Peuple n'en veut pas, et je proteste hautement en son nom. Voilà quelle est la volonté du Peuple, et comme son Représentant, ce que je défendrai jusqu'à la mort.

La République Démocratique, une et indivisible, et l'exclusion à jamais de tout gouvernement monarchique et des institutions qui en découlent. Le Peuple le veut ainsi.

Plus d'impôts sur les classes laborieuses, mais l'impôt progressif et proportionnel sur les autres classes de la société. La vie à bon marché, l'abolition de l'exploitation de l'homme par l'homme, plus de paupérisme, c'est la lèpre qui dévore l'humanité.

L'éducation uniforme et gratuite pour toutes les classes de la société, c'est l'école de la fraternité, le droit au travail pour tous, et lorsque l'âge où les infirmités pénètrent dans la maison de l'ouvrier, qu'il ait une position douce et que la société subvienne à tous ses besoins. Car tout homme a le droit de vivre, c'est la loi de Dieu et la volonté du Peuple.

Salut et fraternité.

ADRIEN **DELAIRE**,

Ouvrier Ébéniste, rue Tribouleт, 8, à Passy.

ÉLECTEURS

DU

DÉPARTEMENT DE LA SEINE.

MES CHERS CONCITOYENS,

Vous êtes appelés à nommer onze Représentants : plus votre choix sera nombreux, meilleur vous pourrez le faire.

C'est dans cette hypothèse que je viens solliciter vos suffrages.

Je suis peu connu de vous : je ne vous parlerai pas de moi.

Je vais en quelques mots vous exprimer ma pensée : si vous la trouvez digne, vous me conférerez un mandat auquel je ne faiblirai pas.

Je vous dirai, Citoyens : Nous venons de renverser un Gouvernement dont la corruption, l'exploitation et l'agiotage étaient les seuls mœurs.

C'est donc le baptême de la purification que nous avons donné les 23 et 24 Février.

Il faut que notre jeune République, qui l'a reçu, soit le Gouvernement de la Probité, de l'Union et de la Paix.

Ouvriers et Employés, que demandez-vous ? Vingt années passées dans vos rangs m'ont appris à connaître vos besoins.

Vous désirez tous une répartition uniforme, autant que possible, du travail ; une rétribution plus équitable de salaire, afin que votre part à chacun puisse vous faire vivre honorablement ; donner l'instruction à vos enfants, et une petite aisance pour vos vieux jours ; enfin, lorsque vous serez malade, pouvoir vous donner les soins de famille ; ne pas être obligés d'aller frapper aux portes d'un hôpital, qui souvent ne vous sont ouvertes lorsqu'il n'est plus temps, que pour livrer vos corps au scalpel du carabin

Fabricants, Négociants et Rentiers, vous désirez sécurité pour vos affaires et pour vos loyers.

Vous demandez donc tous de réformer les abus et prévenir les accidents.

De former une Caisse générale de Prévoyance par association mutuelle, à la portée de l'ouvrier comme du Fabricant, pour que tous y participent.

Cette Caisse assurerait au malade des soins, à l'ouvrier sans travail des secours, et au vieillard une petite pension

Il est très-facile d'arriver à ce résultat sans rien bouleverser.

Tel est, Citoyens, et tel sera toujours le but de ma sollicitude.

SALUT ET FRATERNITÉ.

DESMOULINS,

Rue du Ponceau, 9.

Paris. Imprimerie de SOUPE, passage du Ponceau, 16-20

AUX ÉLECTEURS DU DÉPARTEMENT DE LA SEINE.

CHERS CONCITOYENS,

Vous serez convoqués pour de nouvelles élections; j'ose solliciter vos suffrages : voyez si je suis digne de cet honneur et de votre confiance.

L'instruction publique est un des plus importants sujets sur lesquels puisse être appelée l'attention de l'Assemblée nationale.

Attaché toute ma vie à l'enseignement, ayant passé par tous les degrés, j'ai dû réfléchir aux moyens propres à mettre les études de la jeunesse en harmonie avec les besoins et les exigences de l'époque.

Un système d'instruction primaire dans lequel on donne à tous les enfants les connaissances les plus utiles à la vie, dans lequel on leur parle des droits et des devoirs du Citoyen, dans lequel on leur fait comprendre le vrai sens, la véritable signification de **LIBERTÉ**, **ÉGALITÉ**, **FRATERNITÉ**, est le premier, le plus grand service qu'on puisse rendre à la société tout entière; c'est aussi la base la plus solide d'une République démocratique.

La propagation de l'instruction chez tous les enfants n'est pas une solution immédiate des questions sociales qui préoccupent tous les esprits; mais, sans nous interdire de rechercher dès à présent les moyens pratiques d'améliorer le sort des travailleurs, l'instruction doit infailliblement hâter le moment où le grand problème du travail sera entièrement résolu par le concours franc et sincère de tous les intéressés; car nous devons, pour l'avantage général, chercher à organiser la solidarité qui nous enchaîne tous aujourd'hui.

J'ai toujours voulu l'instruction et le développement moral du peuple :

Puisque j'ai contribué, par mes démarches persévérantes près du conseil municipal de la ville de Paris, à faire établir pour les enfants pauvres des salles d'asile, un enseignement rationnel de chant et des premiers éléments de musique;

Puisque j'ai insisté, avant la révolution, sur la nécessité d'ajouter au programme des écoles primaires des campagnes quelques notions simples et pratiques d'hygiène et d'agriculture : les habitations seraient mieux construites, plus salubres, la terre produirait davantage; ceux qui la cultivent seraient plus heureux, et moins tentés d'aller dans les grands centres manufacturiers augmenter l'encombrement, y trouver rarement le bonheur, et plus souvent la misère.

J'ai toujours voulu le principe de l'égalité :

Puisque, dans un ouvrage publié au mois d'août 1847, j'ai réclamé avec énergie la stricte observation des lois et des règlements de l'instruction publique dans tous les degrés;

Puisque j'ai cru, dans tous les temps, et que je crois plus fermement sous le gouvernement républicain, que la déclaration de l'égale admissibilité à tous les emplois est illusoire, si un article de la Constitution n'exprime formellement que *nul ne pourra être appelé à un emploi s'il n'a passé par les emplois inférieurs* (les ministres exceptés): il est bien entendu que les plus capables, les plus dignes, doivent avoir un avancement plus rapide, ce qui est juste; mais pour tous, il doit être hiérarchique, ce qui est à la fois juste et utile. On ne verrait pas de ces avancements scandaleux qui excitent toutes les ambitions et éteignent toute espèce d'émulation.

Quelle sera ma conduite à l'Assemblée nationale, si j'ai l'honneur d'y siéger? Je le dirai en peu de mots.

Je voterai pour les lois qui, basées sur le principe de l'égalité, protégeront la liberté individuelle, le droit sacré de la propriété et les droits acquis par des services rendus au pays.

Je voterai pour une répartition équitable des charges et des bénéfices de la société, pour l'abolition de l'impôt sur les matières de première nécessité, et pour toutes les propositions praticables concernant l'organisation du travail.

Je serai avec les hommes qui veulent sincèrement le bien du peuple, et qui seuls, à mes yeux, peuvent ramener la confiance, le crédit, le travail, et assurer ainsi la prospérité et la grandeur de la République.

C. DESPRETZ,

Membre de l'Institut, professeur de physique à la Faculté des Sciences.

PARIS. — IMPRIMÉ PAR E. THUNOT ET Cie, SUCCESSEURS DE FAIN ET THUNOT, 28, RUE RACINE, PRÈS DE L'ODÉON.

N° 4. 1er juin } Commandé par le Cen Clémenceau aux [illegible] caisse N° 3

LE VICE-AMIRAL

DUPETIT-THOUARS

CANDIDAT

POUR LA REPRESENTATION DU PEUPLE.

Électeurs de Paris et du département de la Seine,

Au nom de la France entière si noblement vengée dans l'Océanie de l'insulte faite à notre drapeau, vous voudrez tous donner votre vote à l'amiral Dupetit-Thouars.

Vous le savez tous, Pomaré, reine de Taïti, s'était placée sous le protectorat et le drapeau de la France; mais séduite par les perfides conseils de Pritchard, consul anglais, elle reçut de lui un autre drapeau, au nom de la reine d'Angleterre, et fit abattre le drapeau français.

Mais l'amiral Dupetit-Thouars veillait à l'honneur national; aussi, à la face et en dépit des forces anglaises, la conquête de Taïti fut la juste punition de Pomaré.

Un gouvernement national aurait appliqué la devise: *aux grands hommes, la Patrie reconnaissante.*

Mais ô honte! le brave amiral a été lâchement désavoué et rappelé par le gouvernement de Louis-Philippe, tremblant devant l'Angleterre; Pomaré a été rétablie dans son autorité; Pritchard, cause de la mort des marins et soldats français, a été indemnisé par l'or français voté par d'indignes députés.

Toute la France a ressenti au cœur et au front ce sanglant outrage, et ce n'a pas été une des moindres causes de la chute de la dynastie d'Orléans.

Que la capitale de la France, par un vote unanime, répudie énergiquement la politique de ce honteux juste-milieu, valet des Anglais et de l'apothicaire Pritchard.

Que ce soit une solennelle protestation nationale contre le désaveu de l'amiral, contre le droit de visite concédé à l'Angleterre, contre l'abaissement de notre marine.

Réparation et honneur à Dupetit-Thouars!

Il est du sang de celui dont Aboukir, aux temps de la première République, a vu le glorieux trépas.

Pour leur pays, *ils meurent, mais ne se rendent pas.*

La France doit à Dupetit-Thouars une défense active et vaillante des intérêts de son commerce maritime, pendant quarante-quatre ans de service effectif, dont trente-huit sous voiles; la France lui doit le plan maritime de l'expédition d'Alger, lequel nous a valu cette glorieuse conquête et l'extinction de la piraterie barbaresque.

Si un seul électeur, à Paris, rejetait le nom de Dupetit-Thouars, son vote serait nul, car ce serait sans doute quelque Anglais fourvoyé parmi nous.

Aussi l'illustre candidat a été, dans les clubs qui l'ont entendu lors des dernières élections, accueilli avec des acclamations telles, qu'elles semblaient le cri de la France entière soulevant sa poitrine trop longtemps oppressée : *Jamais en France, jamais l'Anglais ne régnera!*

Citoyens, si à quatre mille lieues de notre pays l'amiral Dupetit-Thouars a su si bien représenter la France, que ne fera-t-il pas à Paris même, pour relever et soutenir haut et ferme la gloire nationale?

France, ô ma patrie! reine des nations! reprends ton sceptre, et confie à Dupetit-Thouars l'honneur de ton pavillon!

Aug. **CLÉMENCEAU,**

Électeur de Paris, membre du Club du Salut du Peuple.

Imprimerie de Gustave GRATIOT, rue de la Monnaie, 11.

CANDIDATURE

DU VICE-AMIRAL

DUPETIT-THOUARS

AUX ELECTEURS DU DÉPARᵀ DE LA SEINE

CITOYENS,

Dans un moment où tant d'ambitions inquiètes cherchent à s'assouvir, où tant de réputations usurpées s'agitent pour se maintenir, sachons honorer le mérite modeste, ennemi de la brigue, qui seul a le droit aux suffrages des vrais Républicains.

Dans les élections nouvelles qui vont avoir lieu le 4 Juin, portons nos voix sur l'Amiral DUPETIT-THOUARS, qui, sous le régime de la paix à tout prix, a su noblement défendre l'honneur de notre pavillon et qui pour prix de son patriotisme, n'a recueilli que le désavœu d'un gouvernement pusillanime.

Présenté tardivement comme candidat à l'Assemblée Nationale par quelques Citoyens jaloux de notre gloire, DUPETIT-THOUARS a réuni aux précédentes élections **28,000** suffrages qu'il n'avait pas sollicités. Aujourd'hui que la lice est ouverte de nouveau, son nom figurera au bulletin de tous les patriotes. L'affaire de Taïti (Pritchard) a prouvé ce que la France peut attendre de son énergie et de son dévouement. Le soin scrupuleux qu'il a mis à s'effacer, pour attendre les suffrages de ses Concitoyens, au lieu de les provoquer, est un sûr garant de ses vertus républicaines.

E. SAINT-MAURICE CABANY.

Homme de Lettres, rue Cassette, N. 8.

juin 1848

1ᵉʳ JUIN 1848.

Typographie Bénard et Comp., passage du Caire, 2.

CANDIDATURE

DE

L'AMIRAL DUPETIT-THOUARS

CITOYENS,

Votons pour l'Amiral DUPETIT-THOUARS! ami de l'ordre, il a aussi donné des gages éclatant de patriotisme

Son Oncle, ARISTIDE DUPETIT-THOUARS, périt à Aboukir, il s'abîma dans l'incendie et dans la mer, plutôt que de baisser devant l'Anglais le pavillon de notre République.

Digne héritier d'un si brave Marin, l'Amiral DUPETIT-THOUARS maintint noblement l'honneur de notre Pays en face de l'orgueil britannique, en face de PRITCHARD.

Le boulet de l'Anglais a fait périr l'Oncle, Louis-Philippe a désavoué le Neveu.

***Républicains*, soyons reconnaissants! la royauté a payé 25,000 fr. d'indemnité à Pritchard, que la République paie à la fin l'indemnité due à ces deux braves Marins! Le nom de DUPETIT-THOUARS manquerait à l'Assemblée Nationale.**

Signé SULLY LEIRIS,

Avocat à la Cour d'appel, 291, rue Saint-Honoré.

Typographie Renard et Comp., passage du Caire, 2.

AUX ÉLECTEURS

DE

La Seine

CITOYENS,

La République est fondée : il s'agit de la constituer.

Ceux dont la République fut toujours la passion et la conviction, ceux-là sont intéressés entre tous, d'un intérêt personnel et presque filial, à la diriger dans des voies d'honneur et de droiture.

C'est à ce titre que je sollicite le mandat de Représentant.

Je fus toujours républicain; je le fus même au prix d'une carrière que m'ouvrait un patronage illustre et puissant. En 1833, je refusai une place dans la magistrature, place qui d'ailleurs eût comblé tous mes vœux, par un scrupule de conscience politique dont M. Dupin aîné a gardé le souvenir.

J'ai conservé avec respect les convictions de ma jeunesse. La République, avec un président élu pour cinq ans et non rééligible, avec une seule chambre de représentants, est toujours à mon sens la meilleure forme de gouvernement; j'ajoute qu'elle est la meilleure garantie d'ordre et de stabilité en présence des seuls candidats qui peuvent aspirer au trône, l'un réprouvé comme la restauration, l'autre inquiétant comme une minorité.

Tout en fortifiant ces croyances, l'étude et le temps les ont complétées.

Je crois à de grands devoirs de la part du gouvernement et je lui voudrais une force égale à ces devoirs. Point de droits illimités, point de liberté qui n'ait son réglement, pas même celle d'enseigner, celle de produire, celle de se réunir et de s'associer; tel est le fond et la substance de ma foi politique. La liberté à d'autres conditions, c'est un pas en arrière, c'est le retour à l'état de nature; c'est, à l'ombre d'un grand mot, quelque chose de rétrograde et de désordonné où périrait l'œuvre et la pensée de nos révolutions. Au sortir d'une crise sociale, en face d'un gouvernement né du suffrage universel, le premier devoir du pays, envers la civilisation et envers lui-même, est de venir en aide à ce gouvernement, et de lui donner sa force comme il lui a donné sa confiance.

Parmi ces grandes obligations de l'État, je place en première ligne celle que lui impose le paupérisme, cette plaie des pays industriels. Ici, la voie nous est toute tracée. La charité dans les lois, ce fut la théorie de l'Assemblée Constituante et c'est encore la pratique de la Grande-Bretagne.

Se rattacher à de tels précédents, à de telles autorités, c'est répudier apparemment tout ce qui s'appelle spoliation, violence, ébranlement de la famille et de la propriété.

Sur ces limites, où doivent se contenir les réformes sociales, mon sentiment n'est pas d'hier. Je suis heureux de pouvoir m'en référer ici à un écrit que je publiai il y a deux ans (1), non que je veuille m'en faire un titre, lequel serait à coup sûr bien médiocre et bien insuffisant, mais pour établir, en rappelant une date, la sincérité d'opinions qui n'ont pas été improvisées pour les besoins d'une candidature.

Cette profession de foi serait incomplète, si elle n'était surtout une profession de respect pour la volonté du pays, dès qu'elle aura parlé par la voix d'une majorité constituante. Accepter et même soutenir à tous risques la Constitution et les lois adoptées par les suffrages de la majorité; stipuler et défendre en toute occasion l'indépendance de l'Assemblée, l'inviolabilité de ses délibérations, tel est le devoir que l'on serait heureux de remplir; telle est l'obéissance due au principe de souveraineté nationale, hors duquel s'éteint toute morale et toute lumière politique.

Ch. DUPONT-WHITE,

Secrétaire général du ministère de la justice.

(1) *Essai sur les relations du capital avec le travail*, 1 volume in-8°.

Imprimerie de Gustave Gratiot, 11, rue de la Monnaie.

RÉPUBLIQUE FRANÇAISE.

Liberté — Égalité — Fraternité.

MES CHERS CONCITOYENS,

Si ma vie, souvent engagée depuis vingt-cinq ans dans nos luttes politiques, est restée sauve; si ma santé s'est étiolée sous les verrous de Sainte-Pélagie, dans les caveaux du château de Louis IX, dans les cabanons du palais Médicis et dans ces casemates de la citadelle de Doullens où s'ensevelissait ma fortune avec ma liberté, du moins ce que l'homme a de plus précieux m'est resté: c'est la conscience d'avoir toujours soutenu les intérêts du bien et du vrai; c'est la probité du caractère et de l'opinion; c'est la religion de l'honneur; c'est le souvenir que pour propager les principes de la démocratie et préparer son jour de victoire; que dans les veilles du cabinet, sous les verrous, sur la place publique, ma tête, mon cœur, mon bras n'ont cessé de battre, de penser, d'agir pour cette cause républicaine que nous avons enfin vue triompher!

J'ai donc pensé que vous saisiriez l'occasion de flétrir, par mon élection, une des plus grandes monstruosités politiques et judiciaires du dernier règne, et même des temps modernes, *la complicité morale!* J'ai espéré que vous voudriez compléter ce qu'ont fait, il y a sept ans, la Garde nationale de Paris, en m'appelant à l'honneur d'être un de ses chefs, quelques jours après ma condamnation; la jeunesse des Ecoles en venant, par milliers, protester contre un arrêt dont l'infamie est retombée sur mes juges; et la Presse indépendante de la France et de l'Europe, en s'élevant, par une déclaration solennelle, unanime, contre le coup d'Etat qui l'atteignait tout entière dans ma personne.

Si je vous rappelle le passé du rédacteur en chef du JOURNAL DU PEUPLE, c'est que notre insurrection parisienne n'aura pas été cette fois une révolution de palais; c'est qu'elle doit enfanter une évolution véritablement républicaine, démocratique et sociale;

C'est que les pouvoirs issus d'elle ne seront forts et féconds qu'à la condition de travailler à l'amélioration physique, morale et intellectuelle des classes les plus nombreuses, les plus utiles et, jusqu'à présent, hélas! les plus souffrantes;

C'est que ceux-là seuls peuvent à la fois diriger ce grand mouvement avec énergie et avec sagesse, qui le sentent, le comprennent et l'ont amené;

C'est que les idées, les sentimens et les actes de ceux-là seuls peuvent, en donnant satisfaction légitime aux intérêts généraux, concilier l'ordre et le progrès.

Oui, ceux-là seuls peuvent maintenir la force au service du droit; ceux-là seuls peuvent conserver à notre admirable révolution son calme et sa clémence, conjurer les désordres qu'amèneraient partiellement soit d'impatientes exagérations, soit surtout la présence et l'intervention des hommes du passé, et avec eux, des tendances réactionnaires vers le privilége et l'oppression, le mépris ou l'oubli de cette sainte devise: LIBERTÉ! EGALITÉ! FRATERNITÉ!

Voilà pourquoi, chers concitoyens, j'ai voulu fixer sur moi votre attention; voilà pourquoi j'appelle votre confiance; voilà pourquoi, représentant du Peuple, à mes risques et périls sous la monarchie, je réclame l'honneur de le représenter officiellement sous la République.

A. DUPOTY.

Paris. — Imprimerie BOULÉ, rue Coq-Héron, 3.

1848

AVIS

TOUS NOS BRAVES CITOYENS.

J'ai eu l'honneur de présenter à l'Assemblée nationale cette demande, et tous nos braves concitoyens ont reconnu le mérite de mes intentions pour faire le bonheur et la tranquillité de la France, et les faire régner dans tous les cœurs patriotiques, en observant avec attention les observations ci-jointes. Je crois qu'il y aurait un moyen à prendre, ce serait de faire rentrer tous les ouvriers dans leurs ateliers; car depuis la déchéance du gouvernement passé, on n'a su comment faire pour donner de l'emploi à tous nos braves ouvriers et pères de familles pour leur donner l'existence. On leur avait fait faire pour vivre des travaux qu'ils n'étaient pas habitués à faire, vu que ce n'était pas leur état; il faut encore quelque temps pour que la tranquillité renaisse; et comment ferons-nous pour pouvoir nourrir tous nos braves citoyens ouvriers qui ont combattu pour renverser le gouvernement déchu avec l'héroïsme et le courage d'un cœur vraiment français? C'est ainsi que j'appelle l'attention de la Chambre et de son mérite à l'égard de la demande que je viens lui adresser.

1° Nous avons le faubourg Saint-Antoine, qui est le quartier le plus populeux, et qui fatigue le plus dans ce moment; car tous les maîtres qui font travailler, tous ces braves citoyens sont engorgés de marchandises; ils ne savent comment faire eux-mêmes pour pouvoir suffire à leurs besoins. Dans cet état de choses, ils ne peuvent pas donner de l'ouvrage à leurs ouvriers. C'est ainsi que je demande à la Chambre d'avoir la bonté d'admettre mes observations.

2° Il faudra donc acheter pour une somme de 3 millions de meubles ordinaires et les emmagasiner en dépôt jusqu'au moment où tous les ouvriers de cet état soient rentrés dans leurs ateliers.

3° Il faudrait immédiatement faire prendre à tous les fournisseurs, où l'on pourrait acheter ces meubles, l'engagement de faire faire la même quantité de meubles que l'on aurait prise chez eux.

4° Il est bien entendu que tous les ouvriers de tous corps d'états ne pourront demander aucune augmentation du prix de ces travaux, et que le prix soit le même comme avant la Révolution, vu que le temps présent n'est pas favorable. Je pense que tous les bons citoyens ouvriers n'auront pas d'observations à faire à ma demande.

5° Pour faciliter le commerce, il faudrait que le Gouvernement fît un sacrifice de [illegible] millions pour acheter des draps, des matelas, des couvertures, pour changer la position de tous les malheureux qui couchent sur la paille. Par ce changement de position, nous ferons donc voir à toutes les puissances étrangères, et à toutes les personnes de fortune, que nous regardons notre semblable comme nous-mêmes, à seule fin de les retirer d'une position si malheureuse.

6° J'en appelle encore à la Chambre pour la classe ouvrière, tels que maçons, tailleurs de pierres, menuisiers, serruriers, etc.; enfin tout ce qui concerne le bâtiment.

Il faudrait donc faire pour eux un sacrifice: ce serait de faire exécuter des travaux assez considérables, au moins d'une quinzaine de millions. Mais comment faire pour les dépenser suivant ma manière de voir, sauf l'avis de l'Assemblée nationale?

7° Au lieu de rétablir les pavillons des barrières qui ont souffert, et de faire faire des [illegible], il faudrait mieux les démolir avec soin, et les faire transporter au droit dont ils se trouvent à chaque fortification, à seule fin de les faire reconstruire par des entrepreneurs; car moi-même je me chargerai de prendre de ces travaux pour mon compte et de les exécuter avec célérité; donc je crois que les entrepreneurs seraient comme moi en se chargeant de prendre pour leur compte tous ces vieux matériaux qui viendraient à effectuer le dernier payement que le Gouvernement aurait à faire.

8° Le gouvernement pourrait peut-être dire: Comment pourrait-on faire pour arriver à une dépense aussi considérable? Enfin, il faudrait 24 à 30 millions dans l'espace d'une année pour faire faire les travaux que j'ai l'honneur de vous annoncer.

9° Il faudrait donc prendre les fortifications pour les murs d'enceinte de Paris, et pour favoriser les propriétaires et les habitants de la banlieue, il faudrait ne leur faire payer que la moitié des droits d'entrée pendant deux années de ce que l'on paie dans l'intérieur de Paris; car si on leur faisait payer les mêmes droits, les propriétaires se trouveraient sans locataires, vu que Paris se trouvant dépourvu d'une grande quantité de population qui s'en est allée et qui reviendrait peut-être si ce n'était cette circonstance, les locataires de la banlieue redescendraient à Paris s'ils n'avaient un bénéfice sur les entrées qui les engage à demeurer au loin; par ce moyen les propriétaires des banlieues se trouveraient sans locataires; ils ne pourraient donc payer les entrées et les contributions. Il faut donc attendre que la nombreuse population revienne à Paris pour que les propriétaires puissent payer les mêmes droits, d'après les règlements voulus par la loi.

10° Par ces modifications, le Gouvernement trouvera donc un bénéfice de quelques millions, rien que des droits d'entrée par an sur toutes les banlieues; il trouvera au moins de 25 à 30 millions, rien que sur la vente des terrains et des murs de ronde que je viens d'indiquer, ce qui viendrait à l'aide du Gouvernement.

11° J'observerai qu'il y a plusieurs propriétés dans Paris qui ne sont pas dans des dispositions convenables, et qui ne font que gêner le commerce, et que l'on pourrait, en les démolissant, faire travailler les ouvriers, dont je pourrais en donner un détail plus tard.

12° Il faudrait donc vendre les terrains et tous les murs de ronde aux propriétaires, la longueur de mur qui se trouve en face de leurs propriétés jusqu'au boulevart, avec une facilité de dix années pour payer, ou au comptant, moyennant une remise de quatre pour cent, et leur vendre moitié de ce qu'il vaut réellement à présent, au-dessous du cours, à seul fin de donner la facilité aux propriétaires acquéreurs de ces terrains de pouvoir construire pour embellir la capitale, et de se clore eux-mêmes, en leur laissant les matériaux des murs de ronde.

13° J'appelle l'attention de la Chambre pour le besoin des gens de la banlieue et des environs de Paris, nos braves citoyens, qui sont pour nous donner de la nourriture et alimenter notre capitale, et qui, au besoin, offriraient leurs bras pour la défendre. Il ne faut pas les oublier, car ils sont encombrés d'une quantité de vins très-ordinaires, dont ils ne peuvent se défaire, n'étant pas d'une forte qualité. Il faudrait faire un sacrifice de quelques cent mille francs, pour acheter ces vins et les faire distribuer par petites quantité aux pauvres familles.

14° J'aurais à demander à l'Assemblée nationale les mêmes secours que je viens de demander pour la capitale pour nos villes de province. Je crois qu'il n'est pas possible de demander une plus belle œuvre, et tous mes braves concitoyens qui ont de la fortune, tels que les propriétaires, boutiquiers et les entrepreneurs, suivant leur cœur et leurs moyens de fortune, veuillent bien [illegible] en déposant une somme de 20 fr. dans un trône, pour pouvoir aider au gouvernement et le favoriser des bienfaits que j'ai l'honneur de demander, pour favoriser tous nos concitoyens ainsi que les gens de commerce. Je demande à la chambre qu'elle veuille bien m'admettre en sa présence, si elle le juge convenable, pour démontrer personnellement toutes les avances que j'ai l'honneur d'annoncer, car dans l'espace de huit jours on peut mettre 200,000 ouvriers en œuvre, à chacun leurs travaux; je désirerais, par ce moyen, faire le bonheur et la tranquillité de la France, en mettant en œuvre toutes les exécutions que j'ai eu l'honneur de présenter à l'Assemblée nationale et à nos braves citoyens: car je crois qu'il est temps, si l'on veut sauver la France.

Je suis votre dévoué et très-obéissant serviteur.

DUPUY,

Serrurier et entrepreneur de Bâtiments, rue d'Amsterdam, 64.

Candidat à l'Assemblée nationale.

NAPOLÉON CHAIX et Cie, rue Bergère, 8, près le boulevart Montmartre.

CANDIDATURE

DU CITOYEN DURANTON OUVRIER.

Lettre des Ouvriers des Ateliers nationaux de la Réforme *et du* Constitutionnel.

Frères et Citoyens des Clubs!

Pour que notre République reste sainte et sublime, confions nos futures destinées à des hommes riches d'âme et de cœur, d'énergie et de loyauté.

Frères, nous vous proposons comme candidat le citoyen Duranton, demeurant rue du Faubourg-du-Temple, 85, ouvrier lui-même et ex-compagnon. Quinze mille d'entre nous, pauvres ouvriers sans travail, avons été à même de juger, soit à la caserne Saint-Martin, soit à la mairie du 5e arrondissement, de son énergie pour nous faire obtenir plus de travail et plus de justice, de son humanité et de ses consolations pour un meilleur avenir.

Il a payé de sa personne au feu des barricades, et ses idées sont celles d'un vrai et généreux républicain.

Avons, frères, de tels représentants, et aux mots : *Liberté, Fraternité, Égalité*, se joindront ces mots, *Honnêteté, Philanthropie, Bonheur.*

Faites comme nous l'avons fait nous-mêmes : examinez et jugez!

SALUT, FRATERNITÉ ET ESPOIR.

Les Ouvriers du 5e arrondissement.

PROFESSION DE FOI.

Citoyens Électeurs!

Depuis l'âge de 14 ans, et j'en ai 45, j'ai passé par la filière d'apprenti, d'ouvrier, de compagnon, de contre-maître et de directeur; par suite je sais par cœur et n'ai que trop appris les souffrances du corps, les angoisses de l'âme et l'état permanent de gêne et de misère qui frappent les ouvriers. Par suite de cette expérience, je crois connaître à fond ce qu'il faudrait pour une régénération sociale et morale de la classe dont je fais partie. Mais, loin de nous la triste page du passé, mettons-le seulement à profit pour nos futurs progrès; supportons, à l'aide du dévouement de tous et de la fraternité, l'embarras du moment et mettons tout notre bonheur, celui de nos familles et celui de la France entière, dans un avenir prochain qui cette fois ne nous fera pas défaut. N'oublions pas que l'institution républicaine est véritablement d'essence divine. Les attributs de Dieu ne sont-ils pas *Justice* et *Vérité*, et n'est-ce pas de son œuvre entière que nous vient notre impérissable formule :

LIBERTÉ, ÉGALITÉ, FRATERNITÉ.

La République démocratique n'est-elle pas le gouvernement de *tous, par tous* et *pour tous!* Sans abus ni privilèges, sans corrupteurs ni corrompus, et par conséquent l'état social le plus logique comme le plus fraternel et le plus moral. Mais pour la plus fructueuse application possible, que chaque institution découle de la justice, de la vérité des sentiments du cœur ou de la philanthropie pratique!

Permettez-moi de vous dire un mot de mon passé. J'ai toujours fait l'application, dans l'atelier, des principes que je professe aujourd'hui devant vous : le développement de l'intelligence, l'exactitude au travail, de bonnes mœurs, des actes d'humanité et le respect pour les faibles et les vieillards, ont été à mes yeux autant de titres que j'ai consignés sur les livrets des ouvriers dont j'ai été le frère et le chef.

Comme compagnon, je suis heureux d'avoir puissamment contribué à éteindre les rivalités entre les corps d'état, pour y substituer un mutuel appui et la fraternité. Aussi beaucoup de mes frères, qu'on me permette de le dire, m'ont donné pour baptême du tour de France le nom de *Noble Cœur!*

Mon père était un des vaillants soldats de la République : sa mort a été un deuil pour sa petite ville natale : c'est dire assez qu'il avait été utile et qu'il était estimé et aimé. Je m'efforcerai, toute ma vie, de marcher sur ses traces.

Je veux donc :

La famille et la propriété;

L'égalité de tous les droits et de tous les devoirs;

La liberté d'association, car par elle nous arriverons plus vite à la sainte fraternité;

La liberté de conscience;

La vérité de la représentation nationale;

La liberté de la presse et le suffrage universel.

Je voudrais voir la France la plus grande et la plus heureuse nation de la terre, vivifiant par son industrie, ses lumières et ses généreux sentiments, l'Europe aujourd'hui, le monde entier bientôt.

Salut et fraternité!

DURANTON.

Belleville, rue de Paris, nº 165. — Faubourg du Temple, nº 85.

Paris. Imprimerie de Paul DUPONT, rue de Grenelle-Saint-Honoré, 55.

CANDIDATURE

DU

CITOYEN DURANTON, OUVRIER;

LETTRE

Des Ouvriers des Ateliers à la *Réforme*, et au *Constitutionnel*.

Frères et Citoyens des Clubs !

Pour que notre République reste sainte et sublime, confions nos futures destinées à des hommes riches d'âme et de cœur, d'énergie et de loyauté.

Frères, nous vous proposons comme candidat le citoyen DURANTON, demeurant rue du Faubourg-du-Temple, 83, ouvrier lui-même et ex-compagnon. Quinze mille d'entre nous, pauvres ouvriers sans travail, avons été à même de juger, soit à la caserne Saint-Martin, soit à la mairie du 5e arrondissement, de son énergie pour nous faire obtenir plus de travail et plus de justice, de son humanité et de ses consolations pour un meilleur avenir.

Il a payé de sa personne au feu des barricades, et ses idées sont celles d'un vrai et généreux républicain.

Ayons, frères, de tels représentants, et aux mots : *Liberté*, *Fraternité*, *Égalité*, se joindront ces mots : *Honnêteté*, *Philanthropie*, *Bonheur*.

Faites comme nous l'avons fait nous-mêmes : examinez et jugez !

Salut, fraternité et espoir.

Les Ouvriers du 5e Arrondissement.

PROFESSION DE FOI.

Citoyens Électeurs,

Depuis l'âge de 14 ans, et j'en ai 45, j'ai passé par la filière d'apprenti, d'ouvrier, de compagnon, de contre-maître et de directeur; par suite je sais par cœur et n'ai que trop appris les souffrances du corps, les angoisses de l'âme et l'état permanent de gêne et de misère qui frappent les ouvriers. Par suite de cette expérience, je crois connaître à fond ce qu'il faudrait pour une régénération sociale et morale de la classe dont je fais partie. Mais, loin de nous la triste page du passé, mettons-le seulement à profit pour nos futurs progrès; supportons, à l'aide du dévouement de tous et de la fraternité, l'embarras du moment, et mettons tout notre bonheur, celui de nos familles et celui de la France entière, dans un avenir prochain qui, cette fois, ne nous fera pas défaut. N'oublions pas que l'institution républicaine est véritablement d'essence divine. Les attributs de Dieu ne sont-ils pas *justice* et *vérité*, et n'est-ce pas de son œuvre entière que nous vient notre impérissable formule :

LIBERTÉ, ÉGALITÉ, FRATERNITÉ !

La République démocratique n'est-elle pas le gouvernement de *tous, par tous* et *pour tous !* Sans abus ni priviléges, sans corrupteurs ni corrompus, et par conséquent l'etat social le plus logique comme le plus fraternel et le plus moral. Mais, pour la plus fructueuse application possible, que chaque institution découle de la justice, de la vérité des sentiments du cœur ou de la philanthropie pratique !

Permettez-moi de vous dire un mot de mon passé. J'ai toujours fait l'application, dans l'atelier, des principes que je professe aujourd'hui devant vous : le développement de l'intelligence, l'exactitude au travail, de bonnes mœurs, des actes d'humanité et le respect pour les faibles et les vieillards, ont été à mes yeux autant de titres que j'ai consignés sur les livrets des ouvriers dont j'ai été le frère et le chef.

Comme compagnon, je suis heureux d'avoir puissamment contribué à éteindre les rivalités entre les corps d'état, pour y substituer un mutuel appui et la fraternité. Aussi beaucoup de mes frères, qu'on me permette de le dire, m'ont donné pour baptême du tour de France, le nom de *Noble Cœur !*

Mon père était un des vaillants soldats de la République ; sa mort a été un deuil pour sa petite ville natale : c'est dire assez qu'il avait été utile et qu'il était estimé et aimé. Je m'efforcerai, toute ma vie, de marcher sur ses traces.

Je veux donc :

La famille et la propriété ;
L'égalité de tous les droits et de tous les devoirs ;
La liberté d'association, car par elle nous arriverons plus vite à la sainte fraternité ;
La liberté de conscience ;
La vérité de la représentation nationale ;
La liberté de la presse et le suffrage universel.

Je voudrais voir la France la plus grande et la plus heureuse nation de la terre, vivifiant par son industrie, ses lumières et ses généreux sentiments, l'Europe aujourd'hui, le monde entier bientôt.

Salut et fraternité.

DURANTON.

Belleville, rue de Paris, 163.—Faubourg-du-Temple, 85.

Paris, Imp. de Paul Dupont.

CANDIDATURE

DU

CITOYEN DURANTON, OUVRIER ;

LETTRE

Des Ouvriers des Ateliers nationaux, de la *Réforme*, et du *Constitutionnel*.

Frères et Citoyens des Clubs!

Pour que notre République reste sainte et sublime, confions nos futures destinées à des hommes riches d'âme et de cœur, d'énergie et de loyauté.

Frères, nous vous proposons comme candidat le citoyen DURANTON, demeurant rue du Faubourg-du-Temple, 83, ouvrier lui-même et ex-compagnon. Vingt mille d'entre nous, pauvres ouvriers sans travail, avons été à même de juger, soit à la caserne Saint-Martin, soit à la mairie du 5e arrondissement, de son énergie pour nous faire obtenir plus de travail et plus de justice, de son humanité et de ses consolations pour un meilleur avenir.

Il a payé de sa personne au feu des barricades, et ses idées sont celles d'un vrai et généreux républicain.

Ayons, frères, de tels représentants, et aux mots : *Liberté*, *Fraternité*, *Égalité*, se joindront ces mots : *Honnêteté*, *Philanthropie*, *Bonheur*.

Faites comme nous l'avons fait nous-mêmes : examinez et jugez !

Salut, fraternité et espoir.

Les Ouvriers des Ateliers nationaux.

Note du journal la Réforme, ce 12 avril 1848.

Dans notre numéro du 27 mars, nous avons inséré une adresse des ouvriers des Ateliers nationaux au citoyen Duranton dont ils ont proposé la candidature aux clubs parisiens. Le citoyen Duranton nous remet sa réponse à l'élan sympathique des travailleurs. Nous citons le dernier paragraphe, qui résume la profession de foi du citoyen Duranton, dont nous avons vu et apprécié les titres démocratiques, *et dont nous recommandons la candidature aux électeurs.*

« Frères, ouvrier comme vous, j'ai été profondément touché de l'estime que vous m'avez exprimée, soit de vive voix, soit dans le journal la *Réforme*, à la date du 27 mars, soit dans le *Constitutionnel*, à la même date, et à celle du 11. Recevez l'expression de ma vive reconnaissance, autant pour ce précieux témoignage que pour l'appel fait aux clubs parisiens en faveur de ma candidature comme représentant de la classe ouvrière à l'Assemblée nationale. Je serai fier de vos suffrages, et si le plus entier dévouement, si le profond désir de voir s'accomplir une régénération complète, peuvent tenir lieu de talent, vous n'aurez pas de plus zélé défenseur. »

SALUT ET FRATERNITÉ.

PROFESSION DE FOI.

CITOYENS ÉLECTEURS,

Je rétablis ici ma lettre dont le journal LA RÉFORME n'a donné que le dernier paragraphe.

Depuis l'âge de 14 ans, et j'en ai 45, j'ai passé par la filière d'apprenti, d'ouvrier, de compagnon, de contre-maître et de directeur ; par suite je sais par cœur et n'ai que trop appris les souffrances du corps, les angoisses de l'âme et l'état permanent de gêne et de misère qui frappent les ouvriers. Par suite de cette expérience, je crois connaître à fond ce qu'il faudrait pour une régénération sociale et morale de la classe dont je fais partie. Mais loin de nous la triste page du passé, mettons-le seulement à profit pour nos futurs progrès ; supportons, à l'aide du dévouement de tous et de la fraternité, l'embarras du moment et mettons tout notre bonheur, celui de nos familles et celui de la France entière, dans un avenir prochain qui cette fois ne nous fera pas défaut. N'oublions pas que l'institution républicaine est véritablement d'essence divine. Les attributs de Dieu ne sont-ils pas *justice* et *vérité*, et n'est-ce pas de son œuvre entière que nous vient notre impérissable formule :

LIBERTÉ, ÉGALITÉ, FRATERNITÉ !

La République démocratique n'est-elle pas le gouvernement de *tous*, *par tous* et *pour tous !* Sans abus ni priviléges, sans corrupteurs ni corrompus, et par conséquent l'état social le plus logique comme le plus fraternel et le plus moral. Mais pour la plus fructueuse application possible, que chaque institution découle de la justice, de la vérité des sentiments du cœur ou de la philanthropie pratique !

Permettez-moi de vous dire un mot de mon passé. J'ai toujours fait l'application, dans l'atelier, des principes que je professe aujourd'hui devant vous : le développement de l'intelligence, l'exactitude au travail, de bonnes mœurs, des actes d'humanité et le respect pour les faibles et les vieillards, ont été à mes yeux autant de titres que j'ai consignés sur les livrets des ouvriers dont j'ai été le frère et le chef.

Comme compagnon, je suis heureux d'avoir puissamment contribué à éteindre les rivalités entre les corps d'état, pour y substituer un mutuel appui et la fraternité. Aussi beaucoup de mes frères, qu'on me permette de le dire, m'ont donné pour baptême du tour de France, le nom de *Noble Cœur !*

Mon père était un des vaillants soldats de la République ; sa mort a été un deuil pour sa petite ville natale : c'est dire assez qu'il avait été utile et qu'il était estimé et aimé. Je m'efforcerai, toute ma vie, de marcher sur ses traces.

Je veux donc :

La famille et la propriété ;

L'égalité de tous les droits et de tous les devoirs ;

La liberté d'association, car par elle nous arriverons plus vite à la sainte fraternité ;

La liberté de conscience ;

La vérité de la représentation nationale ;

La liberté de la presse et le suffrage universel.

Je voudrais voir la France la plus grande et la plus heureuse nation de la terre, vivifiant par son industrie, ses lumières et ses généreux sentiments, l'Europe aujourd'hui, le monde entier bientôt.

Salut et fraternité !

DURANTON.

Belleville, rue de Paris, 165.—Faubourg du Temple, 83.

Paris, Paul Dupont.

AUX ÉLECTEURS

DU DÉPARTEMENT

DE LA SEINE.

Citoyens,

Candidat à l'Assemblée Nationale, il est de mon devoir de vous dire ce que je suis et ce que je veux.

Mes explications seront courtes et nettes.

Journaliste démocrate la veille de la Révolution, combattant du 24 Février, je suis aujourd'hui encore à mon poste, continuant, après le triomphe, à défendre de ma plume la cause à laquelle j'ai voué ma vie.

Cette cause est celle de la République démocratique, que rien désormais ne peut nous enlever.

Armés, grâce au suffrage universel, du plus énergique instrument de réformes et de progrès, nous avons maintenant à le faire servir à l'organisation de la République.

Les institutions nouvelles doivent être la consécration des principes démocratiques.

Dans la pratique large et fraternelle de l'association, les droits du travail, sacrifiés ou méconnus jusqu'à présent, trouveront la satisfaction qui leur est due sans compromettre l'élément social de la propriété et de la famille.

La République ne vient pas pour faire prévaloir tel ou tel intérêt sur tel ou tel autre, mais pour les concilier; car la République, c'est le gouvernement de tous pour tous, c'est-à-dire le produit suprême de la volonté générale, l'expression nécessaire de l'intérêt commun.

Développement intellectuel des esprits, moralisation des cœurs, augmentation des sources de la prospérité publique, — Agriculture, Commerce, Industrie, — voilà le but que la France veut atteindre; c'est là que doivent la conduire, par l'application intelligente et sincère des principes démocratiques, ceux qu'elle aura chargés de ses destinées.

Je ne me dissimule ni la grandeur, ni les difficultés d'une pareille mission; mais si j'étais appelé par le suffrage de mes concitoyens à les représenter à l'Assemblée Nationale, je puiserais dans le sentiment du devoir la force d'accomplir cette tâche; et si d'autres y apportaient plus de lumières que moi, nul, à coup sûr, n'y consacrerait un plus absolu dévouement.

L. DURAS,

Rédacteur en Chef du National.

Paris, Paul DUPONT, Imprimeur, rue de Grenelle-St-Honoré, 55.

AUX ÉLECTEURS DU DÉPAR^T DE LA SEINE.

CANDIDATURE

DU CITOYEN

ETEX,

STATUAIRE ET PEINTRE.

CITOYENS,

Vous avez onze Représentants à nommer! Enfant de Paris, patriote éprouvé, je viens m'offrir à votre choix pour vous représenter à l'Assemblée nationale.

Je suis convaincu qu'en ce moment difficile, un homme nouveau, libre de tout engagement politique, peut rendre de plus grands services au pays. qu'un homme illustre dont le nom aurait été compromis. C'est ce qui m'engage à suivre ma candidature.

Paris, la ville du goût, des arts, de la littérature et de l'industrie, doit vouloir des Représentants qui soutiennent ses besoins de luxe à la tribune nationale. Je les y soutiendrai; car à cette grave question se trouvent liées l'existence des artistes et celle du plus grand nombre des ouvriers de Paris.

En même temps je défendrai la liberté individuelle, qui donne la confiance; je travaillerai de toutes mes forces à l'union des citoyens entre eux, en m'efforçant d'effacer les nuances qui divisent les meilleurs esprits.

En un mot, Citoyens, je veux entrer énergiquement dans la vie pratique: assez de théories! des actes! des faits!

Pour fonder notre jeune République d'une manière forte et durable, il faut armer ceux que nous aurons choisis d'une grande force d'initiative: l'élu du peuple à cent mille voix, doit sentir en lui une puissance qui lui donne le droit d'agir avec vigueur dans l'intérêt de tous.

C'est cette force, que je sens en mon âme, qui me donne le courage de me présenter à vos suffrages.

Votre tout dévoué concitoyen,

ETEX,

Statuaire et Peintre à l'Institut.

Paris, le 24 mai 1848.

Imprimerie de COSSE et J. DUMAINE, rue Christine, 2.

Aux Electeurs du département de la Seine.

CANDIDATURE DU CITOYEN

ETEX,

STATUAIRE ET PEINTRE.

CITOYENS,

Vous avez onze Représentants à nommer! Enfant de Paris, patriote éprouvé, je viens m'offrir à votre choix, pour vous représenter à l'Assemblée nationale.

Je suis convaincu, qu'en ce moment difficile, un homme nouveau, libre de tout engagement politique, peut rendre de plus grands services au pays, qu'un homme illustre dont le nom aurait été compromis. C'est ce qui m'engage à suivre ma candidature.

Paris, la ville du goût, des arts, de la littérature et de l'industrie, doit vouloir des Représentants qui soutiennent ses besoins de luxe à la tribune nationale. Je les y soutiendrai; car, à cette grave question se trouvent liées l'existence des artistes et celle du plus grand nombre des ouvriers de Paris.

En même temps je défendrai la liberté individuelle, qui donne la confiance; je travaillerai de toutes mes forces à l'union des citoyens entre eux, en m'efforçant d'effacer les nuances qui divisent les meilleurs esprits.

En un mot, Citoyens, je veux entrer énergiquement dans la vie pratique; assez de théories! des actes! des faits!

Pour fonder notre jeune République d'une manière forte et durable, il faut armer ceux que nous aurons choisis d'une grande force d'initiative; l'élu du peuple à cent mille voix, doit sentir en lui une puissance qui lui donne le droit d'agir avec vigueur dans l'intérêt de tous.

C'est cette force, que je sens en mon âme, qui me donne le courage de me présenter à vos suffrages.

Votre tout dévoué concitoyen,

ETEX,

Statuaire et Peintre à l'Institut.

Paris, le 24 mai 1848.

Imprimerie de Cosse et J. Dumaine, rue Christine, 2.—PARIS.

Aux Electeurs du département de la Seine.

CANDIDATURE DU CITOYEN

ETEX,

STATUAIRE ET PEINTRE.

CITOYENS,

Vous avez onze Représentants à nommer! Enfant de Paris, patriote éprouvé, je viens m'offrir à votre choix, pour vous représenter à l'Assemblée nationale.

Je suis convaincu, qu'en ce moment difficile, un homme nouveau, libre de tout engagement politique, peut rendre de plus grands services au pays, qu'un homme illustre dont le nom aurait été compromis. C'est ce qui m'engage à suivre ma candidature.

Paris, la ville du goût, des arts, de la littérature et de l'industrie, doit vouloir des Représentants qui soutiennent ses besoins de luxe à la tribune nationale. Je les y soutiendrai; car, à cette grave question se trouvent liées l'existence des artistes et celle du plus grand nombre des ouvriers de Paris.

En même temps je défendrai la liberté individuelle, qui donne la confiance; je travaillerai de toutes mes forces à l'union des citoyens entre eux, en m'efforçant d'effacer les nuances qui divisent les meilleurs esprits.

En un mot, Citoyens, je veux entrer énergiquement dans la vie pratique; assez de théories! des actes! des faits!

Pour fonder notre jeune République d'une manière forte et durable, il faut armer ceux que nous aurons choisis d'une grande force d'initiative; l'élu du peuple à cent mille voix, doit sentir en lui une puissance qui lui donne le droit d'agir avec vigueur dans l'intérêt de tous.

C'est cette force, que je sens en mon âme, qui me donne le courage de me présenter à vos suffrages.

Votre tout dévoué concitoyen,

ETEX,

Statuaire et Peintre à l'Institut.

Paris, le 24 mai 1848.

Imp. Cosse et Dumaine, r. Christine, 2.

FRÈRES,

NOMMONS ETEX

STATUAIRE, ETC.

Ouvrier comme nous, il est le fils de ses œuvres.

Celui qui, pour honorer la mémoire d'un artiste, mort malheureux, sacrifie ses épargnes et deux années de son temps pour lui élever un monument (celui du peintre Géricault), est digne de nos suffrages.

Assez d'avocats, médecins, professeurs, qui nous représentent tant bien que mal.

À notre France, à Paris, centre des arts, il faut des hommes qui les protégent, qui connaissent le travail, pour ne pas présenter d'utopies.

L'âme de l'artiste se peint dans ses œuvres.

L'auteur du beau groupe de *la Défense du sol de la Patrie*, qui décore l'Arc de triomphe de l'Etoile, doit être un Patriote qui défendra la République comme il a dépeint sa noble pensée.

L'auteur du sublime groupe de Caïn, qui personnifie si bien le prolétaire frappé de réprobation dès sa naissance, a compris sa position et saura le protéger. Nommons donc ETEX, le grand artiste!

VIVE LA RÉPUBLIQUE!

LIBERTÉ, ÉGALITÉ, FRATERNITÉ.

UN OUVRIER MARBRIER.

IMPRIMERIE DE LUSSE ET DEMAINE [illegible]

ORGANISATION PRATIQUE
DU TRAVAIL.

PROFESSION DE FOI
DU
CITOYEN H. FUGÈRE,
Fondateur de la Commandite nationale des Travailleurs,
CANDIDAT A L'ASSEMBLÉE NATIONALE.

Je viens réclamer vos suffrages, pour partager les difficiles travaux de l'Assemblée Nationale.

Fils d'ouvrier, longtemps ouvrier moi-même, aujourd'hui fabricant, je connais par expérience les besoins des travailleurs et des patrons.

J'ai spécialement travaillé depuis dix-huit ans à la recherche de la solution des problèmes relatifs à l'Organisation du Travail ; je me suis rendu compte de tous les travaux qui sont produits dans cet ordre d'idée, et je suis parvenu à rencontrer un système dont l'application doit certainement résoudre la question.

Grâce à la révolution de Février chacun peut apporter publiquement au pays le concours de ses lumières; après un mûr examen, j'ai fondé dans le 8e arrondissement la COMMANDITE NATIONALE DES TRAVAILLEURS (1).

Je me propose de faire VOLONTAIREMENT retourner aux travaux des champs les ouvriers qui encombrent les villes, en leur garantissant des avantages certains.

Par suite de l'accroissement de la population, il est indispensable que, dans le plus bref délai et par une organisation méthodique du travail, la production du sol soit mise en rapport avec les besoins des consommateurs; résultat immense et dont la portée serait plus grande encore si l'on parvenait enfin à unir les travaux des champs avec ceux des fabriques, de manière à utiliser les nombreux chômages que laisse l'agriculture.

Les avantages de cette combinaison sont faciles à comprendre; elle deviendra* POUR TOUS LA SOURCE DU BIEN-ÊTRE *et réalisera cette sublime devise de notre glorieuse Révolution:

LIBERTÉ, ÉGALITÉ, FRATERNITÉ.

C'est pour poser, soutenir et faire triompher ces principes, que je sollicite vos suffrages. Si j'obtiens l'honneur de vous représenter à l'Assemblée Nationale, je m'acquitterai avec énergie et conscience du mandat que vous m'aurez confié.

VIVE LA RÉPUBLIQUE !

Salut et Fraternité,

H. FUGÈRE,

PARIS, 28 MAI 1848.

Graveur-Estampeur, **32**, rue Amelot.

(1) Le Rapport du Comité de la Commandite nationale des travailleurs se distribue à la mairie du 8e arrondissement, de 1 à 3 heures

1848

Paris. — Imprimerie de Wittersheim, rue Montmorency, 8.

CANDIDATURE

DU CITOYEN

LÉONARD GALLOIS

à la Représentation nationale.

Citoyens,

Un homme de lettres, que ses opinions républicaines avaient mis à l'index sous les gouvernements déchus; un historien, dont le nom et les œuvres ne vous sont pas tout à fait inconnus, vient demander à vos suffrages l'accomplissement du plus beau rêve de sa vie, celui de siéger parmi les représentants du peuple français.

Ceux d'entre vous qui ont lu quelques-uns de mes ouvrages; ceux qui connaissent ma longue lutte contre la royauté, ne me demanderont pas qui je suis, ni d'où je viens pour me mettre sérieusement sur les rangs; ceux-là n'ont pas besoin que je leur présente une déclaration de mes principes, que je leur fasse une profession de foi; ils savent d'ailleurs que les professions de foi courent les rues. Mais comme je m'adresse à la généralité des citoyens, je n'en dois pas moins exposer ici ma vie politique, afin qu'on puisse la comparer avec celle de la plupart des candidats qui sollicitent en ce moment le suffrage du peuple.

Enfant de la Révolution de 1789 et de celle de 1792, les premiers mots que je balbutiai furent ceux de : *Vive la République une et indivisible!* Le premier livre que l'on mit entre mes mains fut cette admirable déclaration des Droits de l'homme proclamée par la Convention nationale; la première étude à laquelle je pus me livrer fut celle d'un *Moniteur* patrimonial, que j'avais lu en entier dès l'âge de treize ans.

Je suis donc républicain de naissance, par éducation, par principes, par conviction, et par cet instinct qui dit à la créature de l'Être suprême : « Tu es née pour être libre. »

Dois-je vous dire qu'à l'âge de vingt-deux ans j'étais capitaine dans les cohortes appelées à compléter l'armée active au moment où la patrie fut menacée de l'invasion étrangère? Mes services militaires furent bien peu de chose, sans doute; mais ils eurent quelque portée politique, car ils cessèrent volontairement au premier et au second retour des Bourbons.

Depuis lors, Citoyens, ma vie a été un long, un très-long combat, que j'ai soutenu avec quelque courage pour la cause de l'affranchissement des peuples. En butte à des saisies nombreuses et à des condamnations, jeté deux fois dans la prison politique, rien n'a pu m'empêcher de faire revivre les grands principes que nos pères avaient proclamés.

Le radieux soleil du 29 juillet 1830 se leva enfin; mais ce ne fut pour moi qu'un jour de déception. Dès le lendemain, je déchirais et je jetais à la face des crieurs salariés les journaux qui osaient engager l'héroïque population des barricades à se courber de nouveau sous le joug des rois. La trahison fut manifeste pour moi, et je me résignai à reprendre ma plume libre.

Depuis vingt-cinq ans, Citoyens, je me suis voué principalement à l'étude si attrayante de cette grande époque de nos annales, alors si mal connue, si mal jugée, si mal appréciée; époque si riche en hauts enseignements historiques; époque qui nous a laissé tant et de si sublimes exemples, malheureusement perdus pour les hommes chargés aujourd'hui des destinées de la France et du monde.

Permettez-moi de vous le dire, Citoyens, ces études, auxquelles je me suis livré avec ardeur, n'ont pas été tout à fait stériles pour la chose publique; j'ai pu faire quelque bien à la cause de la Révolution.

L'*Histoire de France* depuis 1789 jusqu'en 1832, que je publiai avec succès; l'*histoire des journaux et des journalistes de la Révolution française*; l'*histoire de la Convention Nationale* dont je viens d'achever le 8e et dernier volume, et enfin cette *histoire des jacobins*, si curieuse, que la *Réforme* devait publier, travail immense, qui m'a coûté tant d'années de recherches, prouvent au moins ma ténacité à faire connaître et chérir la liberté, ainsi que les grands hommes qui se dévouèrent pour la faire triompher.

Maintenant que, malgré ma répugnance à parler de moi, j'ai mis sous vos yeux une partie de ce que j'ai fait pour la sainte cause de l'émancipation des peuples, je vous demanderai, citoyens, quels hommes vous voulez envoyer à l'Assemblée nationale pour y renforcer le principe démocratique et y protester contre la réaction, si ce ne sont ceux qui ont donné des gages constants de l'inflexibilité de leur patriotisme, de leur républicanisme. S'il est vrai que nous ayions un indispensable besoin de voir siéger au milieu de cette assemblée quelques uns de ces esprits en assez petit nombre ayant spécialement étudié les grandes questions politiques et sociales qui vont s'y agiter, je ne vois pas pourquoi, permettez-moi de vous le dire franchement, celui qui a passé sa vie à méditer ces questions n'y serait pas envoyé par vous tous.

J'invoque ici le témoignage des citoyens Lamartine, Ledru-Rollin et de tous les hommes compétants; demandez-leur de vous indiquer l'écrivain laborieux qui a le plus profondément pénétré dans les entrailles de notre révolution-mère, véritable encyclopédie politique, l'homme qui la connaît le mieux, et, si je ne m'abuse, leur réponse pourra achever d'éclairer votre religion sur mon compte.

Eh! qui ne reconnaît aujourd'hui l'urgente nécessité d'élire pour représentants du peuple des publicistes familiarisés avec ces mémorables époques! Qui pourrait nier que la situation actuelle ne présente de nombreuses analogies avec celles où se trouvèrent nos pères? Que d'utiles enseignements ne doit-on pas puiser dans les mesures vigoureuses que nos assemblées nationales de 1789 et 1792 surent prendre pour faire triompher la cause des peuples, la cause de l'humanité? Qui fera ressortir ces analogies, qui indiquera instantanément ces déterminations salutaires, si ce ne sont les hommes qui ont médité l'histoire de nos premières révolutions, non pas cette histoire telle que nous l'ont apprise les livres écrits par les réactionnaires et les royalistes, mais telle qu'on la trouve, avec son irrévocable authenticité, dans les trop rares journaux qui nous restent de cette grande époque?

Citoyens, il ne faut pas se le dissimuler, la République renaissante ne se raffermira qu'autant qu'elle sera appuyée sur les grands principes démocratiques professés par nos premières assemblées nationales, et principalement par la Convention : toute autre base, tout autre système aurait pour inévitable résultat de fonder l'édifice sur le sable, et de l'exposer aux oscillations incessantes que lui imprimeraient les factions, jusqu'au jour où elles se croiraient assez fortes pour le renverser.

Rappelez-vous bien, citoyens, que si vous avez le bon et patriotique esprit d'envoyer à l'Assemblée Constituante de la nouvelle République des républicains instruits aux bonnes écoles, des publicistes pratiques, des amis du progrès indéfini, la France et l'Europe ne tarderont pas, malgré les manœuvres des réactionnaires et les complots de la trahison, à être affermies sur les bases de la *Liberté*, de l'*Égalité*, de la *Fraternité*; que si, au contraire, trompés par le masque qu'ont su prendre les *modérés* du lendemain, ou par les lâches calomnies des contre-révolutionnaires, on se laissait entraîner à voter pour des hommes sans principes comme sans antécédants, pour les *métis* et les *traîtres en herbe*, on léguerait à la France vingt années de troubles et de guerre civile; on donnerait au monde, qui a tant applaudi à notre dernière révolution, le spectacle d'un peuple frivole, qui ne sait que se battre un jour pour briser ses fers, mais qui, après avoir héroïquement vaincu, se rendort imprudemment au bord du précipice.

Citoyens, un homme qui a fait beaucoup de mal à la cause de la liberté, mais dont la puissante voix retentit encore dans toutes les contrées qu'il a foulées tour à tour en vainqueur et en vaincu, prédisait, lors de sa mort, ce qui se passe aujourd'hui : — « *Avant quarante ans*, disait-il, *l'Europe sera toute républicaine ou toute cosaque!* Les vieux amis de la République et les jeunes hommes dont les sentiments généreux garantissent un dévouement sans bornes à la cause des peuples, ont commencé à accomplir la première partie de cette prédiction. En ce moment, les réactionnaires se mettent en travers; et si on les laissait marcher, ils arriveraient, sans s'en douter peut-être, à faire rétrograder de cent ans la civilisation du monde. Aujourd'hui tout reste indécis, tout est remis en question : SERONS-NOUS RÉPUBLICAINS! SERONS-NOUS COSAQUES!

Citoyens qui voulez la République, c'est-à-dire la LIBERTÉ, l'ÉGALITÉ, la FRATERNITÉ, le PROGRÈS, choisissez! Le sort de la France, celui du monde qui vous contemple, est entre vos mains!

Quant à moi personnellement, quoi qu'il arrive, je ne cesserai, jusqu'au dernier souffle de ma vie, de répéter le premier cri de mon enfance : VIVE LA RÉPUBLIQUE DÉMOCRATIQUE, UNE ET INDIVISIBLE!

LÉONARD GALLOIS.

Paris. — Imp. Lacrampe et Fertiaux, rue Damiette, 2.

D'un autre côté, la crise des subsistances a rendu nécessaires des importations considérables de grains étrangers. Nos ports de mer y ont employé la plus grande partie de leurs bâtiments, et les colonies ont [illegible] manqué, en temps utile, de moyens de transports suffisants. Au lieu d'effectuer leurs expéditions par masses et au commencement de l'année, ainsi qu'elles le font d'ordinaire, elles ont dû les échelonner en quelque sorte sur l'année tout entière, au fur et à mesure que les moyens de transport se présentaient, par petites fractions et à des intervalles plus ou moins éloignés.

Il en est résulté que, les approvisionnements antérieurs étant épuisés, les sucres nouveaux, attendus par la consommation, n'ont fait pour ainsi dire que toucher barre à l'entrepôt et sont sortis de nos mains en n'y laissant que le produit restreint d'un court stationnement.

D'autres causes de diminution se sont encore fait sentir.

Les chemins de fer ont enlevé à la navigation fluviale une grande partie de nos transports, et cette substitution a eu pour nous un double effet également regrettable. D'une part, nos recettes sur les débarquements ont éprouvé une diminution sensible, et de l'autre nos dépenses de manutentions d'entrée ont été augmentées de toute la portion qui, dans les arrivées par eau, se trouvait couverte par le bénéfice résultant du débarquement lui-même.

Si on ajoute à ces différentes causes que je viens d'énumérer l'augmentation accidentelle de certaines dépenses, celle, par exemple, de l'entretien d'immeuble qui atteint cette année le chiffre élevé de 18,000 fr., parce qu'elle forme le solde des travaux considérables rendus nécessaires, il y a deux ans, par l'infiltration sous nos magasins des eaux de Belleville et de Ménilmontant, on arrive facilement à se rendre compte de la différence en moins de 40,000 fr. que présente le bénéfice de 1847 comparé à celui de 1846.

En définitive, et malgré les circonstances difficiles que nous avons traversées, ce bénéfice représente encore 5 pour cent du capital social.

Aux termes de l'art. 19 des statuts, il vous est acquis en entier.

Mais vous savez, Messieurs, combien les circonstances politiques et financières ont rendu les recouvrements difficiles. Nos rentrées, garanties du reste par des marchandises en magasin, ne se sont pas effectuées avec l'exactitude habituelle, et notre caisse n'a pas en ce moment en numéraire de quoi faire face à la distribution du dividende tout entier. Nous sommes donc obligés de scinder cette distribution.

En conséquence, une première moitié, soit 25 fr. par action, sera payable, comme d'habitude, le 1er juillet prochain; l'autre moitié ne sera distribuée que plus tard, à une époque qui sera fixée de concert avec le comité de surveillance, en raison des rentrées effectuées ultérieurement.

Ce court exposé de notre situation ne serait pas complet si je ne vous disais quelques mots de celle que nous ont faite les événements politiques qui ont marqué le commencement de cette année.

Les transactions sur les marchandises qui font l'objet habituel de nos opérations, c'est-à-dire les marchandises étrangères, ont été, depuis trois mois, complétement nulles.

En revanche, une nouvelle source de produits nous a été ouverte par le décret du 21 mars dernier, portant création de magasins généraux, placés sous la surveillance de l'État, où les

TABLEAU DES PRODUITS COURANTS

ET DÉPENSES Y RELATIVES POUR L'ANNÉE 1867.

PRODUITS

Ceux applicables aux manutentions.

Manutentions ordinaires	93,277 40	130,529 80	137,570 60
Manutentions extra	20,474 95		
Débarquements	16,777 45		
Matériaux de conditionnement		7,040 80	

Ceux applicables à l'ensemble des opérations.

Magasinage liquidé et à liquider	126,785 00	135,322 79
Stationnement après acquittement	2,282 95	
Locations fixes	3,923 40	
Balayures	1,040 26	
Produits divers, intérêts, escomptes, etc	1,290 58	

Ceux applicables au travail en douane pour le Commerce.

Droits de bureaux	33,044 40	38,072 85
Commission sur acquittements	5,028 45	
Total des produits		310,966 24

CANDIDATURE

DU CITOYEN

LÉONARD GALLOIS

à l'Assemblée nationale.

Citoyens,

Un homme de lettres, que ses opinions républicaines avaient mis à l'index sous les gouvernements déchus; un historien, dont le nom et les œuvres ne vous sont pas tout à fait inconnus, vient demander à vos suffrages l'accomplissement du plus beau rêve de sa vie, celui de siéger parmi les représentants du peuple français.

Ceux d'entre vous qui ont lu quelques-uns de mes ouvrages; ceux qui connaissent ma longue lutte contre la royauté, ne me demanderont pas qui je suis, ni d'où je viens pour me mettre sérieusement sur les rangs; ceux-là n'ont pas besoin que je leur présente une déclaration de mes principes, que je leur fasse une profession de foi; ils savent d'ailleurs que les professions de foi courent les rues. Mais comme je m'adresse à la généralité des citoyens, je n'en dois pas moins exposer ici ma vie politique, afin qu'on puisse la comparer avec celle de la plupart des candidats qui sollicitent en ce moment le suffrage du peuple.

Enfant de la Révolution de 1789 et de celle de 1792, les premiers mots que je balbutiai furent ceux de : *Vive la République une et indivisible!* Le premier livre que l'on mit entre mes mains fut cette admirable déclaration des Droits de l'homme proclamés par la Convention nationale; la première étude à laquelle je pus me livrer fut celle d'un *Moniteur* patrimonial, que j'avais lu en entier dès l'âge de treize ans.

Je suis donc républicain de naissance, par éducation, par principes, par conviction, et par cet instinct qui dit à la créature de l'Être suprême : « Tu es née pour être libre. »

Dois-je vous dire qu'à l'âge de vingt-deux ans j'étais capitaine dans les cohortes appelées à compléter l'armée active au moment où la patrie fut menacée de l'invasion étrangère? Mes services militaires furent bien peu de chose, sans doute; mais ils eurent quelque portée politique, car ils cessèrent volontairement au premier et au second retour des Bourbons.

Depuis lors, Citoyens, ma vie a été un long, un très-long combat, que j'ai soutenu avec quelque courage pour la cause de l'affranchissement des peuples. En butte à des saisies nombreuses et à des condamnations, jeté deux fois dans la prison politique, rien n'a pu m'empêcher de faire revivre les grands principes que nos pères avaient proclamés.

Le radieux soleil du 29 juillet 1830 se leva enfin; mais ce ne fut pour moi qu'un jour de déception. Dès le lendemain, je déchirais et je jetais à la face des crieurs salariés les journaux qui osaient engager l'héroïque population des barricades à se courber de nouveau sous le joug des rois. La trahison fut manifeste pour moi, et je me résignai à reprendre ma plume libre.

Depuis vingt-cinq ans, Citoyens, je me suis voué principalement à l'étude si attrayante de cette grande époque de nos annales, alors si mal connue, si mal jugée, si mal appréciée; époque si riche en hauts enseignements historiques; époque qui nous a laissé tant et de si sublimes exemples, malheureusement perdus pour les hommes chargés aujourd'hui des destinées de la France et du monde.

Permettez-moi de vous le dire, citoyens, ces études, auxquelles je me suis livré avec ardeur, n'ont pas été tout à fait stériles pour la chose publique : j'ai pu faire quelque bien à la cause de la Révolution.

L'*Histoire de France* depuis 1789 jusqu'en 1839, que je publiai avec succès; l'*histoire des journaux et des journalistes de la Révolution française*; l'*histoire de la Convention Nationale* dont je viens d'achever le 8e et dernier volume, et enfin cette *histoire des jacobins*, si curieuse, que la *Réforme* devait publier, travail immense, qui m'a coûté tant d'années de recherches, prouvent au moins ma tenacité à faire connaître et chérir la liberté, ainsi que les grands hommes qui se dévouèrent pour la faire triompher.

Maintenant que, malgré ma répugnance à parler de moi, j'ai mis sous vos yeux une partie de ce que j'ai fait pour la sainte cause de l'émancipation des peuples, je vous demanderai, citoyens, quels hommes vous voulez envoyer à l'Assemblée nationale pour y renforcer le principe démocratique et y protester contre la réaction, si ce ne sont ceux qui ont donné des gages constants de l'inflexibilité de leur patriotisme, de leur républicanisme. S'il est vrai que nous ayions un indispensable besoin de voir siéger au milieu de cette assemblée quelques uns de ces esprits en assez petit nombre ayant spécialement étudié les grandes questions politiques et sociales qui vont s'y agiter, je ne vois pas pourquoi, permettez-moi de vous le dire franchement, celui qui a passé sa vie à méditer ces questions n'y serait pas envoyé par vous tous.

J'invoque ici le témoignage des citoyens Lamartine, Ledru-Rollin et de tous les hommes compétents; demandez-leur de vous indiquer l'écrivain laborieux qui a le plus profondément pénétré dans les entrailles de notre révolution-mère, véritable encyclopédie politique, l'homme qui la connaît le mieux, et, si je ne m'abuse, leur réponse pourra achever d'éclairer votre religion sur mon compte.

Eh! qui ne reconnait aujourd'hui l'urgente nécessité d'élire pour représentants du peuple des publicistes familiarisés avec ces mémorables époques! Qui pourrait nier que la situation actuelle ne présente de nombreuses analogies avec celles où se trouvèrent nos pères? Que d'utiles enseignements ne doit-on pas puiser dans les mesures vigoureuses que nos assemblées nationales de 1789 et 1792 surent prendre pour faire triompher la cause des peuples, la cause de l'humanité? Qui fera ressortir ces analogies, qui indiquera instantanément ces déterminations salutaires, si ce ne sont les hommes qui ont médité l'histoire de nos premières révolutions, non pas cette histoire telle que nous l'ont apprise les livres écrits par les réactionnaires et les royalistes, mais telle qu'on la trouve, avec son irrévocable authenticité, dans les trop rares journaux qui nous restent de cette grande époque?

Citoyens, il ne faut pas se le dissimuler, la République renaissante ne se raffermira qu'autant qu'elle sera appuyée sur les grands principes démocratiques professés par nos premières assemblées nationales, et principalement par la Convention : toute autre base, tout autre système aurait pour inévitable résultat de fonder l'édifice sur le sable, et de l'exposer aux oscillations incessantes que lui imprimeraient les factions, jusqu'au jour où elles se croiraient assez fortes pour le renverser.

Rappelez-vous bien, citoyens, que si vous avez le bon et patriotique esprit d'envoyer à l'Assemblée Constituante de la nouvelle République des républicains instruits aux bonnes écoles, des publicistes pratiques, des amis du progrès indéfini, la France et l'Europe ne tarderont pas, malgré les manœuvres des réactionnaires et les complots de la trahison, à être affermies sur les bases de la *Liberté*, de l'*Égalité*, de la *Fraternité*; que si, au contraire, trompés par le masque qu'ont su prendre les *modérés* du lendemain, ou par les lâches calomnies des contre-révolutionnaires, on se laissait entraîner à voter pour des hommes sans principes comme sans antécédants, pour les *mitis* et les *traîtres en herbe*, on lèguerait à la France vingt années de troubles et de guerre civile; on donnerait au monde, qui a tant applaudi à notre dernière révolution, le spectacle d'un peuple frivole, qui ne sait que se battre un jour pour briser ses fers, mais qui, après avoir héroïquement vaincu, se rendort imprudemment au bord du précipice.

Citoyens, un homme qui a fait beaucoup de mal à la cause de la liberté, mais dont la puissante voix retentit encore dans toutes les contrées qu'il a foulées tour à tour en vainqueur et en vaincu, prédisait, lors de sa mort, ce qui se passe aujourd'hui : — « *Avant quarante ans*, disait-il, *l'Europe sera toute républicaine ou toute cosaque!* Les vieux amis de la République et les jeunes hommes dont les sentiments généreux garantissent un dévouement sans bornes à la cause des peuples, ont commencé à accomplir la première partie de cette prédiction. En ce moment, les réactionnaires se mettent en travers; et si on les laissait marcher, ils arriveraient, sans s'en douter peut-être, à faire rétrograder de cent ans la civilisation du monde. Aujourd'hui tout reste indécis, tout est remis en question : SERONS-NOUS RÉPUBLICAINS! SERONS-NOUS COSAQUES!

Citoyens, qui voulez la République, c'est-à-dire la LIBERTÉ, l'ÉGALITÉ, la FRATERNITÉ, le PROGRÈS, choisissez! Le sort de la France, celui du monde qui vous contemple, est entre vos mains!

Quant à moi personnellement, quoi qu'il arrive, je ne cesserai, jusqu'au dernier souffle de ma vie, de répéter le premier cri de mon enfance : VIVE LA RÉPUBLIQUE DÉMOCRATIQUE, UNE ET INDIVISIBLE!

LEONARD GALLOIS.

Paris. — Imp. Lacrampe et Fertiaux, rue Damiette, 2.

CANDIDATURE

DE

M. DE GENOUDE.

ÉLECTEURS DE PARIS,

Pendant dix-huit ans, et avant tout le monde, j'ai réclamé le Vote universel.

Le Vote universel, seul recours contre l'arbitraire, exclut toute idée de guerre civile.

Le Vote universel a produit l'Assemblée nationale.

Le Vote universel doit vous donner le droit d'accepter ou de rejeter la Constitution.

Le Vote universel doit vous donner le droit exclusif et souverain de proclamer directement le dépositaire du Pouvoir exécutif.

C'est pour réaliser toutes les conséquences de ce grand principe que je défends depuis si longtemps; c'est pour consacrer l'**APPEL AU PEUPLE** dans tous les actes de la souveraineté nationale que je sollicite vos suffrages.

J'ai toujours eu confiance dans le peuple, le peuple peut compter sur moi.

VOTRE DÉVOUÉ CONCITOYEN,

GENOUDE.

Paris. — Imprimerie [illegible], rue d'Erfurth, 1.

CANDIDATURE

DE

M. DE GENOUDE.

Programme du Candidat :

Souveraineté nationale, — Emancipation de la Commune, — Vote universel, — le Corps législatif divisé en deux Chambres, — l'Unité du Pouvoir, — le bon Marché de la Vie du Peuple, — les Limites du Rhin et des Alpes, — les Nationalités et le Remaniement de la Carte de l'Europe par les congrès et les négociations, — une grande Charte contenant tous les Droits et toutes les Libertés, — RIEN QUE DE LA NATION, PAR LA NATION ET AVEC LA NATION.

ÉLECTEURS DE PARIS,

Pendant dix-huit ans, et avant tout le monde, j'ai réclamé le Vote universel.

Le Vote universel, seul recours contre l'arbitraire, exclut toute idée de guerre civile.

Le Vote universel a produit l'Assemblée nationale.

Le Vote universel doit vous donner le droit d'accepter ou de rejeter la Constitution.

Le Vote universel doit vous donner le droit exclusif et souverain de proclamer directement le dépositaire du Pouvoir exécutif.

C'est pour réaliser toutes les conséquences de ce grand principe que je défends depuis si longtemps ; c'est pour consacrer l'APPEL AU PEUPLE dans tous les actes de la souveraineté nationale que je sollicite vos suffrages.

J'ai toujours eu confiance dans le peuple, le peuple peut compter sur moi.

VOTRE DÉVOUÉ CONCITOYEN,

GENOUDE.

Imprimerie SCHNEIDER, rue d'Erfurth, 1.

GERVAIS (de Caen)

AUX ÉLECTEURS

DU

DÉPARTEMENT DE LA SEINE.

CITOYENS,

Je sollicite l'honneur de vous représenter à l'Assemblée Nationale.

En 1830, et depuis, j'ai combattu la Monarchie sur les barricades, dans la presse, à la barre des tribunaux et de la Cour des pairs.

Je voulais et je veux encore aujourd'hui la République que je crois la seule forme de gouvernement capable de maintenir l'unité et la grandeur de la France.

La République démocratique sage et progressive, sans despotisme et sans anarchie.

Le règne absolu de la loi, le gouvernement des majorités, un pouvoir fraternel et fort, sortant du peuple par le suffrage universel, et puisant dans son origine l'autorité nécessaire pour être juste et respecté, pour maintenir l'ordre en assurant la liberté.

La prospérité publique par le développement graduel des institutions démocratiques dans les limites que comporte le respect de la famille et de la propriété.

J'ai passé ma jeunesse dans l'étude et la pratique des sciences; placé plus tard, pendant dix ans, à la tête d'une grande exploitation industrielle, j'ai pu suivre, dans tous leurs détails, les graves questions de production et de consommation dont l'examen et la solution imposent en ce moment des devoirs si sérieux à vos Représentants.

Je serais heureux et fier de pouvoir consacrer le fruit de mes études et de mon expérience à l'accomplissement du mandat que je sollicite; je prends envers vous l'engagement de mettre, à le remplir, la volonté, la persévérance et le dévouement dont j'ai fait preuve dans les luttes politiques.

GERVAIS (de Caen.)

Imprimerie centrale des Chemins de Fer, de NAPOLÉON CHAIX ET Cie, rue Bergère, 8, près le boulevart Montmartre.

RÉPARATION

AUX ÉLECTEURS DU DÉPARTEMENT DE LA SEINE.

CITOYENS,

Nos frères du département de la Creuse n'ayant pas compris que la nomination de M. EMILE DE GIRARDIN était un devoir pour eux et un bien pour le pays, c'est à nous de montrer une plus grande intelligence de la situation.

Ecrivain hors ligne, penseur profond, travailleur infatigable, M. DE GIRARDIN se recommande à nos suffrages :

Par l'étendue de ses connaissances, qui le met à même de vivifier tous les projets;

Par son habitude du travail, qui lui fera creuser toutes les questions à l'ordre du jour, sans s'arrêter à la superficie;

Par sa persévérance à provoquer ou à soutenir toutes les bonnes mesures, à poursuivre tous les abus;

Par la lucidité et la simplicité de ses idées, qui combattront toujours le vide caché sous ces grandes phrases et sous ces mots sonores si communément employés aujourd'hui;

Par sa profonde intelligence, qui s'est rarement trouvée en défaut, et qui lui permet si souvent de nous écrire le tableau de l'avenir.

Toutes ces qualités éminentes qui le désignent à notre choix, lui ont valu de tout temps, de la part de ses rivaux, de perfides insinuations et d'odieuses calomnies, seules armes d'une envieuse médiocrité contre les esprits vraiment supérieurs.

Que n'a-t-on pas dit sur les débuts de sa vie privée! Quelles fables absurdes n'a-t-on pas débitées, dont les tribunaux n'aient fait bonne et prompte justice!

Par quels moyens indignes n'a-t-on pas cherché à exploiter un événement malheureux, conséquence fatale de l'application d'une idée dont l'avenir a suffisamment prouvé la justesse!

Aujourd'hui que toutes ces accusations paraissent trop vieilles et trop fanées, on s'attaque à ses sentiments : on lui prête une basse envie contre ceux qui sont au pouvoir, la volonté de les discréditer et le désir de s'élever en les abaissant.

Tout cela n'est que mensonge et calomnie.

Reconnaissons chez M. EMILE DE GIRARDIN la noble ambition qui nous anime tous de servir la Patrie dans la limite de nos forces. Rendons hommage à son intelligence et à son énergie. Prouvons-lui que nous sommes reconnaissants du courage qu'il a montré en prenant la défense de nos institutions et de nos libertés. En agissant ainsi, nous réparerons une injustice, nous remplirons un devoir, nous ferons acte des bons citoyens.

SALUT et FRATERNITÉ.

QUELQUES ÉLECTEURS

QUI VEULENT LE BONHEUR DE LEUR PAYS, ET DONT LES NOMS SONT TROP OBSCURS POUR ÊTRE PLACÉS ICI.

Paris. — Imp. d'Ad. BLONDEAU, rue du Petit-Carreau, 32.

Sur

LE CITOYEN

EMILE DE GIRARDIN

CAMARADES,

Il manque à l'Assemblée Nationale un homme qui ait en lui les idées, la volonté et l'énergie nécessaires pour assurer, dans des limites raisonnables, le triomphe des réformes administratives. Cet homme est M. E. DE GIRARDIN. Ses idées sont que les rouages administratifs ont un impérieux besoin de simplification; que le nombre des employés doit être réduit, mais qu'il faut au travail une honnête rémunération et l'avancement non à la faveur, mais à l'ancienneté et au mérite personnel.

Sa volonté de faire prévaloir ses idées, sous ce rapport, ne saurait être douteuse; il est trop engagé par ses écrits pour reculer. Quant à son énergie, elle sera sur ce même point, ce qu'elle est en toute chose; et quel homme en met plus que lui au service de ses principes et de ses convictions? A un autre point de vue, M. E. DE GIRARDIN doit rencontrer de profondes sympathies dans vos rangs. — Il est l'adversaire le plus prononcé des armements militaires non indispensables; et Dieu sait ce qu'il adviendrait des fonctionnaires bureaucrates comme de la ***Liberté***, du ***Commerce*** et de l'***Industrie***, le jour vers lequel on semble marcher et où les armées de terre et de mer absorberaient toutes les ressources du budjet! Donc, que ceux d'entre nous qui tiennent à contribuer, autant qu'il est en eux, à faire arriver à l'Assemblée Nationale un défenseur éclairé, ardent des intérêts légitimes des employés bureaucrates et de la paix, que ceux-là réunissent leurs voix sur le nom de M. EMILE DE GIRARDIN.

Celui qui vous parle de la sorte, Camarades, ne connaît pas même de vue M. E. DE GIRARDIN. Quasi-aristocrate par sa position officielle, il est démocrate par sentiment, et pour lui la Fraternité n'est point un vain mot. Le salut commun, l'amélioration du sort des plus faibles, tels sont les deux principaux mobiles de l'appel qu'il vous adresse.

2 Juin 1848.

N° 1. — 2 Juin — d'après des informations, l'auteur de cette réclame électorale est un nommé Gillard ex-employé au Comptoir d'escompte.

Imprimerie de [illegible] et Ce, rue St-Denis, [illegible].

AUX ÉLECTEURS
DE LA
VILLE DE PARIS.

Citoyens,

La Convention avait dans son sein plusieurs étrangers. C'était là une manifestation éclatante de l'impérissable principe de la fraternité des peuples.

Il appartient aux démocrates de Paris de faire revivre un tel précédent, en envoyant à l'Assemblée Nationale un condamné politique de Nicolas, qui a combattu sans relâche pour l'humanité et la liberté.

La cause de la France est celle du monde, comme la cause du monde est celle de la France. J'apporte à ma patrie de prédilection, l'expérience et les idées de tous les pays qui m'ont d'abord abrité, car pour arriver jusqu'à vous, Citoyens, j'ai marqué de grandes étapes, en étudiant les peuples, leurs institutions et leurs langues.

Si la France a beaucoup à enseigner aux autres nations, elle a, à son tour, plusieurs institutions à leur emprunter.

La révolution de 1848 est surtout sociale; il faut en poursuivre les conséquences, et je crois que rien de durable ne sera édifié tant que l'état de l'ouvrier et la condition de la femme ne seront pas modifiés.

La solution de ces questions n'est pas introuvable, mais il faut marcher d'un pas résolu. Je ne cesserai d'être à cet égard PROGRESSISTE DANS LE PROGRÈS MÊME. Mon passé répond de mon avenir.

En prétendant à l'honneur insigne d'être Représentant, j'obéis à mon devoir plus qu'à mon ambition. Les libertés conquises le 24 février, assurées à la France, pourraient être escamotées à l'Europe. Je saurai les défendre, si vous me confiez le mandat que je sollicite.

IVAN GOLOVINE,
Auteur de *la Russie sous Nicolas Ier*.

Imprimerie de A. GUYOT ET SCRIBE,
rue Neuve-des-Mathurins, 18.

AUX

ÉLECTEURS

DU DÉPARTEMENT

DE LA SEINE.

Je ne viens reproduire, Messieurs, ni une déclaration de principes politiques dont rien, dans une vie toute privée, ne constate la sincérité, ni un exposé de travaux que les passions de la place publique ne vous ont pas permis de remarquer il y a un mois.

Je viens vous dire ce que je ferais si vous aviez assez de confiance en moi pour [illegible] que [illegible] doit surtout vous importer.

Je demanderais immédiatement le renvoi de la Commission exécutive pour que l'Assemblée gouverne elle-même, et change successivement de ministres jusqu'à ce qu'elle en trouve de bons.

Je le demanderais, parce que M. Garnier-Pagès est l'auteur de notre discrédit; M. Ledru-Rollin, celui de nos inquiétudes; M. Marie, celui de la stérilité de nos ateliers nationaux; parce que M. Arago ne me semble occupé que de placer sa famille; M. Lamartine, que de couvrir de sa magnifique éloquence le danger de notre situation.

Ce danger, Messieurs, c'est tout simplement de faire revenir tous les peuples de la sympathie que nous leur avions inspirée; c'est de dégoûter de nos idées jusqu'à nos compatriotes, et de les attirer dans Paris, soit pour le détruire comme on brûle un nid de guêpes, soit pour aider une moitié de nous à exterminer l'autre moitié; c'est de disparaître par la guerre civile, car nous sommes un peuple aussi vieux que l'étaient, quand ils ont péri, dix peuples dont il ne reste plus que le nom.

Beaucoup travailler, parler le moins possible : voilà ma profession de foi.

Louis GOUPY.

Imprimerie centrale des Chemins de fer, de NAPOLÉON CHAIX et Cie rue Bergère, 8, près le boulevard Montmartre.

A L'HÉROIQUE ET GÉNÉREUSE

GARDE NATIONALE DE PARIS

J^n GRANDVALLET

SON DÉVOUÉ COMPATRIOTE.

MES CHERS CONCITOYENS,

Je suis fier, je m'honore d'être né parmi le Peuple, de ce Peuple qu'on a tenté vainement d'avilir et de vouloir faire ramper, mais à qui le courage, la patienee et la persévérance n'ont jamais manqué. Vous en avez donné une éclatante preuve dans les faits admirables que vient d'accomplir, avec votre puissant concours, l'immortelle et héroïque population de Paris, guidée et conduite par un Dieu vengeur du parjure, de l'astuce et de la perfidie.

« Comme le sable chassé par un vent impétueux; comme les flots soulevés par une effroyable tempête, à la » voix de cet Etre puissant dont le centre est partout et la circonférence nulle part, en un instant, trône, » dynastie, royauté, tout a disparu, tout a été balayé. La vue d'un grand Peuple a suffi! Il n'a fait que paraître. [illegible] me n'était déjà plus!.. »

Je me présente pour remplir votre mandat à l'Assemblé nationale.

C'est la noble et héroïque Garde nationale, c'est la classe ouvrière, ce sont les innombrables misères, c'est le Peuple enfin que je désire représenter!

Si par un amour sincère, si par un dévouement inaltérable et sans bornes à vos intérêts, vous me jugez digne de votre choix, voici en deux mots quelques unes des nombreuses mesures de réforme que je proposerai et que je poursuivrai avec l'énergie et la persévérance dont je suis pourvu, savoir :

VIN. — Un seul droit modéré, dégagé de toute taxe vexatoire.

SEL. — Au prix le plus modéré, afin que l'indigent puisse assaisonner abondamment ses modestes aliments.

PATENTES. — A établir d'une manière plus équitable et par gradation.

PORTES ET FENÊTRES. — Le modeste logement qui n'a qu'une porte et une étroite lucarne suffisante à peine pour laisser pénétrer quelques faibles rayons de l'éclatante lumière que l'Éternel a versée sur l'Univers avec tant de magnificence et de profusion; ce modeste logement ne paiera que moitié de l'impôt. Fasse le Ciel que par la suite il ne la paie plus!

OCTROIS. --- Modifications des tarifs dans le puissant intérêt du commerce et de l'industrie. Il est possible d'y parvenir par la réduction dans les dépenses.

Peut-être serai-je assez heureux; peut-être suis-je appelé par le puissant Arbitre de nos destinées à contribuer à ce que chaque créature humaine puisse recevoir et jouir de la part du bonheur qu'elle a droit d'espérer et d'attendre sur cette terre.

Ne vous laissez pas éblouir par les intrigans et les flatteurs qui cherchent à vous tromper. Semblables aux frélons dont ils possèdent l'astuce, ils veulent dérober à l'intelligente et industrieuse abeille (le Peuple), les produits de son admirable et précieux travail. Vous en avez l'expérience, ne vous y laissez plus prendre.

MA PROFESSION DE FOI POLITIQUE :

Je ne suis pas un homme du lendemain de la victoire, à principes exagérés et effrontés. Je suis aujourd'hui ce que j'étais avant : Républicain par conviction, ami sincère et défenseur inaltérable du Peuple et de l'humanité.

Votre affectionné Concitoyen,

Paris, 2 juin 1848.

JOSEPH GRANDVALLET,

Rue de Grenelle-Saint-Honoré, 17.

Paris. -- Typ. Vinchon.

VICTOR HUGO

A SES CONCITOYENS.

MES CONCITOYENS,

Je réponds à l'appel des soixante mille Electeurs qui m'ont spontanément honoré de leurs suffrages aux élections de la Seine. Je me présente à votre libre choix.

Dans la situation politique telle qu'elle est, on me demande toute ma pensée. La voici :

Deux Républiques sont possibles.

L'une abattra le drapeau tricolore sous le drapeau rouge, fera des gros sous avec la colonne, jettera bas la statue de Napoléon et dressera la statue de Marat, détruira l'Institut, l'Ecole polytechnique et la Légion-d'Honneur, ajoutera à l'auguste devise : *Liberté, Égalité, Fraternité,* l'option sinistre : *ou la Mort;* fera banqueroute, ruinera les riches sans enrichir les pauvres, anéantira le crédit, qui est la fortune de tous, et le travail, qui est le pain de chacun, abolira la propriété et la famille, promènera des têtes sur des piques, remplira les prisons par le soupçon et les videra par le massacre, mettra l'Europe en feu et la civilisation en cendre, fera de la France la patrie des ténèbres, égorgera la liberté, étouffera les arts, décapitera la pensée, niera Dieu; remettra en mouvement ces deux machines fatales qui ne vont pas l'une sans l'autre, la planche aux assignats et la bascule de la guillotine; en un mot, fera froidement ce que les hommes de 93 ont fait ardemment, et, après l'horrible dans le grand que nos pères ont vu, nous montrera le monstrueux dans le petit.

L'autre sera la sainte communion de tous les Français dès à présent, et de tous les peuples un jour, dans le principe démocratique; fondera une liberté sans usurpations et sans violences, une égalité qui admettra la croissance naturelle de chacun, une fraternité, non de moines dans un couvent, mais d'hommes libres; donnera à tous l'enseignement comme le soleil donne la lumière, gratuitement; introduira la clémence dans la loi pénale et la conciliation dans la loi civile; multipliera les chemins de fer, reboisera une partie du territoire, en défrichera une autre, décuplera la valeur du sol; partira de ce principe qu'il faut que tout homme commence par le travail et finisse par la propriété, assurera en conséquence la propriété comme la représentation du travail accompli et le travail comme l'élément de la propriété future; respectera l'héritage, qui n'est autre chose que la main du père tendue aux enfants à travers le mur du tombeau; combinera pacifiquement, pour résoudre le glorieux problème du bien-être universel, les accroissements continus de l'industrie, de la science, de l'art et de la pensée; poursuivra, sans quitter terre pourtant, et sans sortir du possible et du vrai, la réalisation sereine de tous les grands rêves des sages; bâtira le pouvoir sur la même base que la liberté, c'est-à-dire sur le droit; subordonnera la force à l'intelligence; dissoudra l'émeute et la guerre, ces deux formes de la barbarie; fera de l'ordre la loi des citoyens, et de la paix la loi des nations; vivra et rayonnera, grandira la France, conquerra le monde, sera en un mot, le majestueux embrassement du genre humain sous le regard de Dieu satisfait.

De ces deux Républiques, celle-ci s'appelle la civilisation, celle-là s'appelle la terreur. Je suis prêt à dévouer ma vie pour établir l'une et empêcher l'autre.

VICTOR HUGO.

VICTOR HUGO

A SES CONCITOYENS.

Mes Concitoyens,

Je réponds à l'appel des soixante mille Electeurs qui m'ont spontanément honoré de leurs suffrages aux élections de la Seine. Je me présente à votre libre choix.

Dans la situation politique telle qu'elle est, on me demande toute ma pensée. La voici :

Deux Républiques sont possibles.

L'une abattra le drapeau tricolore sous le drapeau rouge, fera des gros sous avec la colonne, jettera bas la statue de Napoléon et dressera la statue de Marat, détruira l'Institut, l'Ecole polytechnique et la Légion-d'Honneur, ajoutera à l'auguste devise : *Liberté, Égalité, Fraternité,* l'option sinistre : *ou la Mort;* fera banqueroute, ruinera les riches sans enrichir les pauvres, anéantira le crédit, qui est la fortune de tous, et le travail, qui est le pain de chacun, abolira la propriété et la famille, promènera des têtes sur des piques, remplira les prisons par le soupçon et les videra par le massacre, mettra l'Europe en feu et la civilisation en cendre, fera de la France la patrie des ténèbres, égorgera la liberté, étouffera les arts, décapitera la pensée, niera Dieu ; remettra en mouvement ces deux machines fatales qui ne vont pas l'une sans l'autre, la planche aux assignats et la bascule de la guillotine ; en un mot, fera froidement ce que les hommes de 93 ont fait ardemment, et, après l'horrible dans le grand que nos pères ont vu, nous montrera le monstrueux dans le petit.

L'autre sera la sainte communion de tous les Français dès à présent, et de tous les peuples un jour, dans le principe démocratique ; fondera une liberté sans usurpations et sans violences, une égalité qui admettra la croissance naturelle de chacun, une fraternité, non de moines dans un couvent, mais d'hommes libres ; donnera à tous l'enseignement comme le soleil donne la lumière, gratuitement ; introduira la clémence dans la loi pénale et la conciliation dans la loi civile ; multipliera les chemins de fer, reboisera une partie du territoire, en défrichera une autre, décuplera la valeur du sol ; partira de ce principe qu'il faut que tout homme commence par le travail et finisse par la propriété, assurera en conséquence la propriété comme la représentation du travail accompli et le travail comme l'élément de la propriété future ; respectera l'héritage, qui n'est autre chose que la main du père tendue aux enfants à travers le mur du tombeau ; combinera pacifiquement, pour résoudre le glorieux problème du bien-être universel, les accroissements continus de l'industrie, de la science, de l'art et de la pensée ; poursuivra, sans quitter terre pourtant, et sans sortir du possible et du vrai, la réalisation sereine de tous les grands rêves des sages ; bâtira le pouvoir sur la même base que la liberté, c'est-à-dire sur le droit ; subordonnera la force à l'intelligence ; dissoudra l'émeute et la guerre, ces deux formes de la barbarie ; fera de l'ordre la loi des citoyens, et de la paix la loi des nations ; vivra et rayonnera, grandira la France, conquerra le monde, sera en un mot, le majestueux embrassement du genre humain sous le regard de Dieu satisfait.

De ces deux Républiques, celle-ci s'appelle la civilisation, celle-là s'appelle la terreur. Je suis prêt à dévouer ma vie pour établir l'une et empêcher l'autre.

VICTOR HUGO.

IMPRIMERIE DE JULES-JUTEAU ET Cᵉ, RUE ST-DENIS, 345.

CANDIDATURE
DU CITOYEN CHARLES LESSEPS,

Ancien Rédacteur en chef du *Commerce* et le *l'Esprit public*, ex-Député de Lot-et-Garonne.

AUX ÉLECTEURS DU DÉPARTEMENT DE LA SEINE.

Electeurs,

La France, cette fille aînée de l'humanité, vient de se mettre encore une fois, et pacifiquement, en marche à la tête des peuples.

L'Assemblée que vous êtes appelés à compléter a pour mission d'accomplir une œuvre d'où dépendent notre gloire et l'avenir du monde.

Il faut qu'elle institue un pouvoir fort, actif, intelligent, moral, à côté de la liberté la plus entière et des droits les plus larges qu'une nation ait jamais promulgués.

Il faut que, par la sagesse élevée et pratique de ses idées, par la résolution de son initiative, elle sache à la fois moraliser, rajeunir et rasseoir l'état et la société.

Il faut qu'elle travaille à nous assimiler progressivement l'Europe par le spectacle de nos exemples et la propagande de la paix. La paix, dans la mesure de ce qui est dû à nos alliances naturelles, à notre dignité, à nos intérêts, est notre arme la plus puissante. Vingt-cinq ans de guerre ne firent, en 1815, aboutir l'Europe qu'au despotisme universel; les trente-trois ans de paix dont ces guerres ont été suivies l'ont conduite, à pas rapides aujourd'hui, vers la République Universelle.

Cependant que de travaux parallèles et indispensables à côté de ces grands travaux! Par l'effet de la révolution, par le cours des intelligences, par le cri des besoins, que de questions sont engagées et à résoudre! Rétablir la confiance, le crédit public et privé, ranimer les transactions et le travail, améliorer le sort du travailleur et assurer à sa vieillesse la sollicitude de la fraternité sociale, vivifier les sources de la production et de la consommation, répandre sur tous la semence de l'instruction et de l'éducation, organiser nos colonies pour une vie nouvelle, voilà aussi quelles seraient mes préoccupations immédiates si j'avais l'honneur de vous représenter.

Il me semble, je l'avoue, que les idées de fiscalité et la tendance à créer des impôts prennent trop de développement dans les combinaisons politiques. Je n'oublierai jamais et je rappellerai toujours que la République, dans son essence comme dans ses nécessités, est *le gouvernement à bon marché*.

Peut-être, Citoyens, ne vous suis-je pas entièrement inconnu. Ma carrière politique est déjà longue. Mes travaux dans la presse périodique n'ont pas été si obscurs, qu'ils ne m'aient valu la glorieuse récompense d'être investi du mandat de député par un collége électoral où je n'avais d'autre crédit, d'autre influence que ceux de l'écrivain. Je crois avoir fait mon devoir dans la chambre comme dans la Presse, et l'accueil bienveillant qu'a rencontré ma candidature parmi vous m'a donné la preuve, chère à mon cœur, que ma persévérance et mes efforts ont laissé quelques traces.

Les humbles services que j'ai pu rendre, ce n'est pas à moi qu'il appartient d'en parler; mais ici, au milieu de tous ceux qui m'ont suivi et connu dans ma vie politique, j'ai le droit de faire cette déclaration, sans crainte d'être démenti : je n'ai jamais été l'homme d'un homme, d'une coterie ou d'une grandeur présomptive; je n'ai jamais été, envers tous, que l'homme des principes et de l'intérêt public.

Si donc un passé droit et pur, une croyance ferme, une indépendance éprouvée, quelque habitude des questions et des luttes politiques, suffisent pour aspirer à l'honneur d'être votre représentant, la main sur la conscience, j'ose m'offrir à vos suffrages.

Salut et fraternité.

CHARLES LESSEPS.

Imprimerie GERDÈS, rue Saint-Germain-des-Prés, 10.

CANDIDATURE DU CITOYEN CHARLES LESSEPS,

Ancien rédacteur en chef du *Commerce* et de l'*Esprit public*, ex-député de Lot-et-Garonne.

AUX ÉLECTEURS DU DÉPARTEMENT DE LA SEINE.

ÉLECTEURS,

La France, cette fille aînée de l'humanité, vient de se mettre encore une fois, et pacifiquement, en marche à la tête des peuples.

L'Assemblée que vous êtes appelés à compléter a pour mission d'accomplir une œuvre d'où dépendent notre gloire et l'avenir du monde.

Il faut qu'elle institue un pouvoir fort, actif, intelligent, moral, à côté de la liberté la plus entière et des droits les plus larges qu'une nation ait jamais promulgués.

Il faut que, par la sagesse élevée et pratique de ses idées, par la résolution de son initiative, elle sache à la fois moraliser, rajeunir et rasseoir l'état et la société.

Il faut qu'elle travaille à nous assimiler progressivement l'Europe par le spectacle de nos exemples et la propagande de la paix. La paix, dans la mesure de ce qui est dû à nos alliances naturelles, à notre dignité, à nos intérêts, est notre arme la plus puissante. Vingt-cinq ans de guerre ne firent, en 1815, aboutir l'Europe qu'au despotisme universel; les trente-trois ans de paix dont ces guerres ont été suivies l'ont conduite, à pas rapides aujourd'hui, vers la République Universelle.

Cependant que de travaux parallèles et indispensables à côté de ces grands travaux! Par l'effet de la révolution, par le cours des intelligences, par le cri des besoins, que de questions sont engagées et à résoudre! Rétablir la confiance, le crédit public et privé, ranimer les transactions et le travail, améliorer le sort du travailleur et assurer à sa vieillesse la sollicitude de la fraternité sociale, vivifier les sources de la production et de la consommation, répandre sur tous la semence de l'instruction et de l'éducation, organiser nos colonies pour une vie nouvelle, voilà aussi quelles seraient mes préoccupations immédiates si j'avais l'honneur de vous représenter.

Il me semble, je l'avoue, que les idées de fiscalité et la tendance à créer des impôts prennent trop de développement dans les combinaisons politiques. Je n'oublierai jamais et je rappellerai toujours que la République, dans son essence comme dans ses nécessités, est *le gouvernement à bon marché*.

Peut-être, citoyens, ne vous suis-je pas entièrement inconnu. Ma carrière politique est déjà longue. Mes travaux dans la presse périodique n'ont pas été si obscurs qu'ils ne m'aient valu la glorieuse récompense d'être investi du mandat de député par un collége électoral où je n'avais d'autre crédit, d'autre influence que ceux de l'écrivain. Je crois avoir fait mon devoir dans la chambre comme dans la Presse, et l'accueil bienveillant qu'a rencontré ma candidature parmi vous m'a donné la preuve, chère à mon cœur, que ma persévérance et mes efforts ont laissé quelques traces.

Les humbles services que j'ai pu rendre, ce n'est pas à moi qu'il appartient d'en parler; mais ici, au milieu de tous ceux qui m'ont suivi et connu dans ma vie politique, j'ai le droit de faire cette déclaration, sans crainte d'être démenti : je n'ai jamais été l'homme d'un homme, d'une coterie ou d'une grandeur présomptive; je n'ai jamais été, envers tous, que l'homme des principes et de l'intérêt public.

Si donc un passé droit et pur, une croyance ferme, une indépendance éprouvée, quelque habitude des questions et des luttes politiques, suffisent pour aspirer à l'honneur d'être votre représentant, la main sur la conscience, j'ose m'offrir à vos suffrages.

Salut et fraternité.

CHARLES LESSEPS.

Paris. — Imprimerie Gerdès, 10, rue Saint-Germain-des-Prés.

1er Juin M Deloffre 92 rue St quentin

N° 6 - 1er Juin Commandé par Deloffre rue St quentin, 92.

Nommons

CH. LESSEPS

Ecrivain de la *Tribune* de 1832 à 1834, ancien rédacteur du *Commerce* et de l'*Esprit Public*, ex-député de l'Opposition radicale, l'un des 17 qui vota pour que l'Opposition se rendît au Banquet. — L'un des 4 qui ne purent être détournés de la résolution de s'y rendre que par la nouvelle qu'il n'aurait pas lieu.

C'est **LESSEPS** qui, le 10 février dernier, formula cet amendement accusateur contre la Dynastie, amendement qui fut jugé si hardi que l'opposition elle-même n'osa l'appuyer.

Celui-là nous a donné des gages; donnons-lui nos voix; ses lumières, sa probité et son dévouement à la cause démocratique, seront un renfort dans l'Assemblée Nationale.

ATTENTION!.. LA RÉACTION LÈVE LA TÊTE!..

Nous avons su vaincre, ne laissons pas escamoter notre Victoire; pour cela, ne confions nos destinées qu'à des mains connues et éprouvées.

VIVE LA REPUBLIQUE.

Protection du Travail et Droits du Peuple!..

Typ. et Lith. de A. APPERT, Passage du Caire, 54. — Paris.

NOMMONS

CH. LESSEPS

Ecrivain de la *Tribune* de 1832 à 1834, ancien rédacteur du *Commerce* et de l'*Esprit public*, ex-député de l'Opposition radicale, l'un des 17 qui vota pour que l'Opposition se rendît au Banquet. — L'un des 4 qui ne purent être détournés de la résolution de s'y rendre que par la nouvelle qu'il n'aurait pas lieu.

C'est **LESSEPS** qui, le 10 février dernier, formula cet amendement accusateur contre la dynastie, amendement qui fut jugé si hardi que l'opposition elle-même n'osa l'appuyer.

Celui-là nous a donné des gages; donnons-lui nos voix; ses lumières, sa probité et son dévouement à la cause démocratique seront un renfort dans l'Assemblée Nationale.

ATTENTION!.. LA RÉACTION LÈVE LA TÊTE!..

Nous avons su vaincre, ne laissons pas escamoter notre Victoire; pour cela, ne confions nos destinées qu'à des mains connues et éprouvées.

VIVE LA RÉPUBLIQUE!

Protection du Travail et Droits du Peuple!..

Typographie de Wittersheim, rue Montmorency, 8, Paris.

AUX
ÉLECTEURS
DU
Département de la Seine.

CITOYENS,

Hier encore, je ne songeais guère à me présenter pour demander vos suffrages, mais voilà que par des lettres que l'on veut bien m'adresser, des personnes qui ne connaissent de moi que mon très-grand désir de procurer de l'ouvrage aux travailleurs en les occupant de manière à ce que leur travail devienne poductif pour le Trésor, loin d'en augmenter les charges, m'engagent à me mettre sur les rangs. Je m'y décide en cédant aux conseils de mes amis. Heureux si je puis réussir! Il est si tard, que je ne l'espère guère.

J'ai passé une partie de ma vie au milieu des ouvriers, mettant souvent moi-même la main à la besogne pour les encourager et leur montrer que tout le monde doit savoir travailler. J'allais les visiter quand ils étaient malades, les consoler dans leurs souffrances. J'ai dépensé une partie de ma fortune pour procurer à cette classe laborieuse de l'ouvrage et du pain, en lui évitant l'humiliation de le demander. Quand l'ouvrier le gagne, il est à lui, et je crois que lui en fournir les moyens est la meilleure manière de lui faire du bien, dans son propre intérêt, dans l'intérêt de la dignité de l'homme.

J'ai proposé au Gouvernement un projet de boisement qui occuperait 60,000 ouvriers, et ferait rentrer des sommes importantes dans les caisses du Trésor par une combinaison agricole et financière en même temps; ce projet, dans son exécution, serait avantageux aux propriétaires de terrains qui seraient semés en bois, et ainsi ne froisserait en rien leurs intérêts. Enfin les travailleurs eux-mêmes employés à l'opération auraient part à son résultat.

Que si je suis honoré d'un assez grand nombre de suffrages pour arriver à l'Assemblée Nationale, ce sera pour y proposer ce projet et y appuyer tout ce qui pourrait être utile aux classes qui vivent des produits de leur labeur.

Ce sera pour y soutenir toutes les libertés politiques, intellectuelles, religieuses.

Ce sera pour y travailler franchement à fonder par sa constitution une République forte au dedans, grande, puissante et respectée au dehors.

Ce sera enfin pour remplir fidèlement et sans me permettre d'y rien changer ou modifier, le mandat qui me sera confié par mes commettants, ce qui est, je crois, le devoir sacré d'un Représentant.

Citoyens, soyez donc persuadés de tout mon dévoûment.

ALFONSE MAYNARD.

Belleville.—Imprimerie de GALBAN, rue de Paris, 10, Maison à Paris, Passage du Caire, 89.

AUX ÉLECTEURS

DU

DÉPARTEMENT DE LA SEINE.

MES CONCITOYENS,

Je me présente de nouveau à vos suffrages.

Seize années de fonctions administratives gratuites, exercées quelquefois avec péril, toujours avec indépendance;

Quatorze années de mandats législatifs remplis dans l'opposition;

Voilà pour mon passé.

Depuis la Révolution de février, mon dévouement à la République et à l'ordre ne saurait être douteux, puisque je n'ai cessé de donner mon concours le plus actif à leur affermissement.

Ces titres me suffiront-ils pour obtenir votre confiance?

Honoré, lors d'une première épreuve, de près de CENT MILLE SUFFRAGES, JE ME SUIS VU PLACÉ LE 35e SUR LA LISTE.

Une élection annulée depuis, par défaut de majorité, devait-elle me faire acquérir LE 34e RANG, à moi dont la majorité était incontestable?

L'accès de l'Assemblée nationale devait-il, dès-lors, m'être permis de plein droit?

Je me suis cru autorisé à le penser.

Le contraire ayant été décidé : c'est à votre souveraine justice que j'en appelle, en même temps que je m'adresse à vos sympathies.

Permettez-moi d'espérer, mes chers Concitoyens, qu'elles ne m'abandonneront pas dans la lutte qui va de nouveau s'engager.

Votre dévoué concitoyen,

MOREAU,

MAIRE DU 7e ARRONDISSEMENT,
ANCIEN DÉPUTÉ DE PARIS.

Paris, Mai 1848.

PARIS. — Imprimerie et Lithographie SIMONET-DELAGUETTE, rue Ste-Croix-de-la-Bretonnerie, 52.

ELECTEURS

De la Seine.

Pour éviter toute confusion, les Citoyens Electeurs sont prévenus que les Bulletins qui donneraient *le nom de* **MOREAU** sans prénom et sans qualification, pourraient être attribués au Citoyen **MOREAU**, MAIRE du **7**e arrondissement, ancien Député de l'Opposition.

Dans l'intérêt des divers Candidats *du nom de* **MOREAU**, les Electeurs sont invités à joindre à ce *nom*, soit *un prénom*, soit *une qualification*.

CANDIDATURE

APPUYÉE PAR LA SOCIÉTÉ INDUSTRIELLE ET COMMERCIALE.

AUX

ÉLECTEURS

DU DÉPARTEMENT

DE LA SEINE.

Citoyens,

Il ne peut pas exister de République sans républicains, ni de véritable républicanisme sans désintéressement et sans dévouement.

L'introduction de la forme républicaine dans le gouvernement de la France y doit logiquement avoir pour conséquence d'accroître la liberté de tous les citoyens.

C'est de la liberté que la propriété dérive. Chacun disposant librement de ses facultés physiques et intellectuelles est, de droit naturel, possesseur de la valeur qu'il crée par son travail. On ne peut attenter à la propriété sans attenter à la liberté.

Pour développer les facultés de l'homme, stimuler son activité et lui inspirer de sa dignité le sentiment le plus juste, il n'est pas de meilleur moyen que celui-ci : lui donner la complète certitude que le fruit de ses efforts lui appartient, et que sa liberté n'a d'autre limite que le respect dû à la liberté d'autrui.

Cette tâche me parait résumer presque entièrement l'action des pouvoirs publics sous le véritable régime républicain.

Ainsi compris, il réalisera le programme

D'un gouvernement à bon marché,
De la vie à bon marché,
Du progrès de l'industrie,
De l'amélioration morale et matérielle du sort des ouvriers,
Enfin d'un accroissement de bien-être au profit de tous les citoyens.

Mais, si tels doivent être les heureux effets de la liberté, devenue l'inébranlable base de notre édifice social et politique, c'est à la condition qu'elle servira toujours de règle à nos relations internationales.

Libres chez nous, laissons les autres peuples choisir librement chez eux et pour eux la forme de gouvernement qui leur convient. Qu'ils nous sachent bien fermes dans la résolution de ne pas sacrifier la justice à la gloire militaire, la paix à l'esprit de conquête, et de nous abstenir de toute propagande, si ce n'est de celle qu'exercera sans doute un jour le spectacle de notre prospérité, quand nous pourrons le donner au monde.

S'il est des électeurs auprès desquels le dévouement à ces principes soit un titre, et qui attachent quelque prix à des notions pratiques sur les intérêts de l'industrie, j'ose solliciter leur suffrage, tout dépourvu que je suis d'antécédents politiques, et n'ayant à faire valoir que ma qualité d'ancien fabricant, trois fois élu vice-président du premier conseil de prud'hommes établi à Paris.

P. PAILLOTET.

29 mai 1848.

Imprimerie centrale des Chemins de Fer, de NAPOLEON CHAIX et Ce, rue Bergère, 8, près le boulevart Montmartre.

AUX ÉLECTEURS
DU DEPARTEMENT
DE LA SEINE

CITOYENS,

Pour la seconde fois vous êtes appelés à jouir du premier, du plus sacré des droits conquis par notre immense révolution: Le droit d'élire et de nommer tous indistinctement vos Représentants à l'Assemblée Nationale.

Sous l'empire du monopole je serais resté à l'écart, sous l'empire nouveau du vote universel je sollicite de vous avec toute confiance le mandat représentatif.

J'en appelle en effet à l'élément réel d'une vraie représentation, j'en appelle à la voix du peuple. En elle est le principe qui doit nous aider à fonder sur des bases solides la République démocratique.

Vous dirai-je quels sont mes titres? — Parmi vous beaucoup me connaissent: ils savent qui je suis, d'où je viens où je vais.

Qui je suis? — Le fils de mes œuvres.

D'où je viens? — Des rangs de ce peuple auquel j'ai voué ma vie, au sein duquel j'ai trouvé successivement, travail, aisance et liberté.

Où je vais enfin? — Où va tout homme animé de l'amour de ses frères, de son pays, de l'humanité; à la réalisation la plus prompte du progrès et du bien-être social.

Soldat de l'Empire avant 18 ans, j'ai servi ma patrie sur les champs de bataille, travailleur pendant 30 années, je l'ai servie encore en activant le progrès de nos grandes Industries Nationales.

Je l'ai servie enfin par mes luttes avec les pouvoirs qui ont successivement essayé de comprimer en France nos saintes libertés. J'étais au nombre des souscripteurs du Banquet réformiste du 12e Arrondissement.

Travailleurs de tous les états, je ne suis point un étranger pour vous, je connais vos besoins, vos plaintes légitimes, et je veux y répondre.

Commerçants, industriels, j'ai vécu au milieu de vous; j'ai recherché la cause du malaise où vous êtes, et je veux la montrer à côté du remède.

A vous de prononcer, à vous de dire si la grande cause de l'Industrie française doit compter à l'Assemblée un Serviteur de plus.

Vous trouverez peut-être de plus dignes que moi; vous ne trouverez pas de dévouement plus sincère.

A. PAUWELS (DU GAZ).

Manufacturier, constructeur de machines.

A. PAUWELS

A SES CONCITOYENS

CHERS CONCITOYENS,

Pour la seconde fois vous êtes appelés à jouir du premier, du plus sacré des droits conquis par notre immense révolution; Le droit d'élire et de nommer tous indistinctement vos Représentant à l'Assemblée Nationale.

Sous l'empire du monopole je serais resté à l'écart, sous l'empire nouveau du vote universel je sollicite de vous avec toute confiance le mandat représentatif.

J'en appelle en effet à l'élément réel d'une vraie représentation, j'en appelle à la voix du peuple. En elle est le principe qui doit nous aider à fonder sur des bases solides la République démocratique.

Vous dirai-je quels sont mes titres? — Parmi vous beaucoup me connaissent: ils savent qui je suis, d'où je viens, où je vais.

Qui je suis? — Le fils de mes œuvres.

D'où je viens? — Des rangs de ce peuple auquel j'ai voué ma vie, au sein duquel j'ai trouvé successivement, travail, aisance et liberté.

Où je vais enfin? — Où va tout homme animé de l'amour de ses frères, de son pays, de l'humanité; à la réalisation la plus prompte du progrès et du bien-être social.

Soldat de l'Empire avant 18 ans, j'ai servi ma patrie sur les champs de bataille, travailleur pendant 30 années, je l'ai servie encore en activant le progrès de nos grandes Industries Nationales.

Je l'ai servie enfin par mes luttes avec les pouvoirs qui ont successivement essayé de comprimer en France nos saintes libertés. J'étais au nombre des souscripteurs du Banquet réformiste du 12me Arrondissement.

Travailleurs de tous les états, je ne suis point un étranger pour vous, je connais vos besoins, vos plaintes légitimes, et je veux y répondre.

Commerçants, industriels, j'ai vécu au milieu de vous; j'ai recherché la cause du malaise où vous êtes, et je veux la montrer à côté du remède.

A vous de prononcer, à vous de dire si la grande cause de l'Industrie française doit compter à l'Assemblée un Serviteur de plus.

Vous trouverez peut-être de plus dignes que moi; vous ne trouverez pas de dévouement plus sincère.

A. PAUWELS (DU GAZ).

Manufacturier, constructeur de machines.

Auteur d'UN MOT SUR LE TRAVAIL ET LES ATELIERS NATIONAUX.

3 juin 1848

[illegible] PASSAGE DU CAIRE, 2.

LIBERTÉ, ÉGALITÉ, FRATERNITÉ.

LES TRAVAILLEURS voteront pour

A. PAUWELS,

PARCE QUE, depuis plus de 30 ans qu'il est au milieu d'EUX, il connait LEURS BESOINS;

PARCE QUE, le premier en FRANCE, il a installé le Gaz, et, l'UN des premiers, propagé la navigation à la VAPEUR;

PARCE QU'IL a concouru à nationaliser les constructions mécaniques;

Parce qu'à la tribune de l'ancienne Chambre, il a constamment soutenu et défendu le travail NATIONAL;

PARCE QUE ses connaissances pratiques deviennent une nécessité dans l'état de crise actuel du TRAVAIL;

Parce qu'enfin il n'a jamais eu, jamais sollicité du gouvernement tombé, NI PLACE, NI FAVEUR.

VIVE LA RÉPUBLIQUE DÉMOCRATIQUE!

PEINAUD, Maître compagnon des Maçons et Briqueteurs;
LABUSSIÈRE, Maître compagnon Maçon;
CHAMPCOMMUNAL, Maître compagnon Briqueteur, ex-Maître compagon du Gaz français;
FEIGNEUX, Maître compagnon;
LENOBLE, Maître compagnon Paveur;

PROSPER, Compagnon Couvreur;
MARTIN;
DRIANCOURT, Chef ouvrier.
LECUIR, ajusteur mécanicien,
PINSON, entrepreneur de Maçonnerie;
AUDEBERT, Chef d'atelier de Maçonnerie;

BAUDET, Contre-Maître des Serruriers et Forgerons;
R. GÉRARD, Contre-maître, chef de fabrication du Gaz;
JAIME, Contre-maître charpentier;
GUILLET, Contre-maître Charpentier;
LE GENTIL, Mécanicien;
FRENISY, régulateur au Gaz.

Paris — Imp. Lacrampe et Fertiaux, rue Damiette, 2.

AUX
ÉLECTEURS
DU DÉPARTEMENT
DE LA SEINE.

Citoyens,

Au moment où la nation française va constituer sur les plus larges bases les lois fondamentales qui assureront l'ordre et la liberté, et qui relèveront la dignité de l'homme, tout citoyen se sentant le cœur assez haut placé doit offrir son concours à la grande œuvre de la République.

Manufacturier, pendant vingt ans, à Vaugirard, Grenelle et Saint-Denis, j'avais succédé à mon père : quarante années de ma vie se sont écoulées au milieu des usines.

La part que j'ai prise aux journées de 1830 me valut l'honneur de siéger dans la commission des récompenses nationales, d'examiner et de soutenir les droits des combattants, des blessés, des victimes de Juillet, d'obtenir enfin la décoration spéciale qui me fut décernée par le vote unanime de l'Assemblée.

Ce sont autant de gages de ma sympathie pour la glorieuse révolution de 1848, qui atteignit du premier coup toutes les espérances conçues en 1830.

A partir de cette dernière époque, ma position est devenue plus indépendante encore : débarrassé, depuis dix ans, de toute [illegible] je n'ai cependant perdu aucune de mes amicales relations avec les ouvriers, les fabricants, les agriculteurs; ces relations sont devenues, au contraire, plus intimes. Elles ont contribué aux témoignages de bienveillance accordés à mes cours publics des arts et métiers; elles m'ont souvent fourni l'occasion heureuse de signaler à la reconnaissance publique les observations utiles et les découvertes des agronomes, des élèves de nos écoles, des directeurs d'usines et des ouvriers; de faire proclamer leurs noms dans les concours ouverts par l'Institut national de France, la Société centrale et nationale d'agriculture, et la Société d'encouragement pour l'industrie nationale.

Mes travaux ont eu quelqu'influence sur les grandes applications qui se développent maintenant, au profit des améliorations agricoles.

Ce fut aussi par l'élection directe que je fus nommé membre de ces associations scientifiques, industrielles et agricoles.

Si, parvenant à m'élever encore dans la confiance de mes concitoyens, je rencontrais en cette circonstance une occasion nouvelle de travail assidu et consciencieux, je serais heureux de soutenir les vœux suivants dans l'Assemblée constituante, avec toute la fermeté que donnent les convictions profondes :

Maintien et affermissement de la République;

Abolition des sinécures, des priviléges et des distinctions non justifiées par des services rendus à la patrie;

Liberté entière dans l'expression de la pensée;

Développement des sciences, des lettres et des arts qui honorent la France;

Alliance des intérêts de l'agriculture, du commerce et des industries manufacturières;

Suppression de l'esclavage, abolition de la peine de mort en matières politiques;

Progrès de l'instruction populaire gratuite, et de l'enseignement supérieur rendu accessible à toutes les intelligences fortes;

Amélioration du sort des travailleurs, en favorisant les transports et les débouchés, les associations entre les capitaux, l'intelligence et le travail, ainsi que la fondation des caisses de secours.

Relations avec les nations étrangères, dirigées de façon à procurer à la France la réalisation des avantages naturels qu'offrent les productions spéciales de son sol, de son climat, du génie et de l'habileté de ses artistes, de ses industriels et de ses ouvriers;

La probité et l'ordre unis à la liberté dans toutes les fonctions publiques;

La dignité de la République française maintenue par le langage ferme et pacifique de ses organes, comme par l'honneur et la force de ses armées:

Respect aux droits de la famille, de la propriété du sol, comme à tous les fruits du travail et de l'intelligence;

Répartition rationnelle des impôts;

Suppression des dépenses improductives, afin de mieux rétribuer les fonctions laborieuses.

C'est ainsi que le travail et la franchise, mis partout en honneur, doivent rehausser l'éclat de cette devise inscrite sur notre bannière républicaine déployée au sommet de la civilisation du monde :

LIBERTÉ, ÉGALITÉ, FRATERNITÉ.

PAYEN

Membre de l'Institut, professeur au Conservatoire des Arts et Métiers.

Imprimerie centrale des Chemins de fer, de NAPOLÉON CHAIX et Cie, rue Bergère, 8, près le boulevart Montmartre.

Aux Électeurs

DU DÉPARTEMENT

DE LA SEINE.

Citoyens,

Je mets sous vos yeux la copie d'une lettre que je viens d'adresser à tous les journaux de Paris.

Citoyen Rédacteur,

A la veille des Élections, il convient que la presse qui a rendu de si grands services à la Société prévienne le public de se tenir en garde contre toutes ces professions de foi dont les murs de Paris et les journaux sont remplis; ceux qui méritent le plus les suffrages de leur concitoyens ne doivent pas avoir besoin de les solliciter, et en République, surtout, l'impudeur et l'intrigue ne doivent pas servir de moyen, pour arriver à l'honneur de représenter l'état nouveau fondé le 24 février par le courage et le bon sens des habitants de Paris.

Envoyons, chers Concitoyens, à l'Assemblée Nationale des hommes aux mœurs simples, au cœur généreux; dans ce but, je viens indiquer à vos suffrages le Citoyen PECQUEUR, ingénieur civil, rue Neuve-Popincourt, n° 11, comme digne et capable de représenter notre nouvelle République, capable d'y faire triompher les vrais intérêts des travailleurs.

Il serait trop long, chers Concitoyens, d'énumérer ici tous les titres du citoyen PECQUEUR à vos suffrages; je vous dirai seulement que, relativement à la grande question qui préoccupe à si justes titres tous les cœurs honnêtes, celle du sort des travailleurs, PECQUEUR comme ouvrier, comme industriel, connaît les besoins et les droits de ceux parmi lesquels il a toujours vécu; c'est pour s'occuper de ces besoins, de ces droits que je vous demande de lui accorder vos votes.

PECQUEUR est l'enfant de ses œuvres, et depuis 1819, les expositions de l'industrie nationale l'ont toujours vu sur la brèche, et jamais sans en rapporter un prix. A l'œuvre pour l'homme modeste si digne d'être le Représentant de notre brave et généreuse cité.

Paris, 28 mai 1848.

SERVEILLE AÎNÉ,

Constructeur de Chemins de Fer.

Paris, imprimerie de Paul DUPONT, rue de Grenelle-Saint-Honoré, 55.

CANDIDATURE.

ANSELME PETETIN

à ses Concitoyens Électeurs.

CONCITOYENS,

Je suis républicain et je l'ai toujours été.

Je ne suis pas jacobin et ne le serai jamais.

J'ai toujours voulu la souveraineté représentative du peuple; — et j'ai toujours combattu, dans le sein même du parti républicain, sans souci des camaraderies et des inimitiés, les théories de la dictature démagogique, tirées des mauvaises traditions de notre première révolution. — J'ai toujours repoussé cet argument funeste du *Salut public*, qui mettrait, à tout instant, et sous les plus misérables prétextes, la Société et la civilisation à la merci des factions sans idées, des passions inintelligentes, de la force sans droit.

Mon premier écrit politique posait le suffrage universel comme la base nécessaire du droit (Programme du journal *les Communes*, mai 1830).

Depuis lors, je n'ai pas cessé de demander que cette base fût réalisée par la modification progressive des institutions représentatives.

Rallié un instant à l'essai de monarchie populaire tenté en 1830, je m'en séparai moins de deux ans après (en juin 1832), quand il me fut démontré que la monarchie tendait à la restauration de tous les éléments du passé, bien loin de préparer les progrès démocratiques de l'avenir.

Rédacteur en chef du *Précurseur de Lyon*, je défendis pendant trois ans, au milieu d'un violent et continuel orage, la cause du droit républicain. Je la défendis à la fois contre les agents de la monarchie et contre ces aveugles ennemis de la royauté, qui ne savaient montrer à la France la République de l'avenir, que dans les sinistres souvenirs du passé.

Emprisonné, puis impliqué injustement dans le procès d'avril, forcé à l'exil, je ne rentrai en France qu'après ma mise hors d'accusation, sans jugement, par la cour des pairs.

ARMAND CARREL m'admit alors à partager avec lui la rédaction du *National*, à laquelle je participais de loin depuis longtemps. Jusqu'à sa mort, je l'assistai activement dans son labeur quotidien.

La perte de ce noble et généreux ami, de cette puissante intelligence, de ce cœur de héros, de ce grand homme (que le public n'a pas connu tout entier), me sépara un instant de la politique.

Né dans les plus humbles rangs du peuple, je n'ai reçu ni le bienfait de la commune éducation du collége, ni même celui de l'école primaire. A 29 ans, je commençai les études qui mènent aux professions libérales. Je devins avocat et je pus étudier, en qualité de conseil contentieux, les grandes affaires industrielles et commerciales, qui, depuis douze ans, ont tenu tant de place dans la vie générale du pays.

J'écrivis successivement dans le *Monde*, dans le *Siècle*, dans l'*Encyclopédie nouvelle*, dans le *National*, dans la *Revue indépendante*, des articles dont l'esprit n'a pas varié et qu'on pourrait fouiller jusqu'à la dernière ligne sans y trouver une contradiction à mes doctrines républicaines d'aujourd'hui, c'est-à-dire :

Le droit souverain du Peuple tout entier, sans exception, sans restriction;

L'inviolabilité de la volonté du Peuple, résumée dans la représentation nationale;

La liberté de la presse;

La liberté d'association et de réunion;

La liberté d'enseignement;

La liberté des cultes.

Toutes ces libertés, en un mot, qui sont non-seulement le droit inaltérable de l'individu, mais le droit souverain de la Société, cherchant où il lui plaît sa loi de progrès et la trouvant, le plus souvent, dans l'initiative des minorités.

Cette doctrine de toute ma vie, l'avènement de la République l'a proclamée comme la loi de la France, et la volonté de la nation a accompli avec tant d'éclat, qu'elle a dissipé, par un brusque miracle, les nuageuses théories de violence révolutionnaire qui roulaient, la veille, dans tant de cerveaux républicains.

Deux grandes paroles ont été prononcées par la République naissante :

« L'échafaud politique est aboli;

« Nul, désormais, ne mourra plus de faim! »

Il faut que ces paroles se réalisent.

Représentants ou Citoyens, il nous faut savoir mourir en soldats plutôt que de souffrir le rétablissement de la Terreur; il nous faut, si la vieille science est impuissante, trouver une science nouvelle qui introduise, dans la loi, l'humanité et la charité chrétienne.

Pour cela, deux choses sont, surtout, nécessaires :

Assurer l'inviolable sécurité de la représentation populaire, ce cœur et ce cerveau de la France;

Simplifier, d'abord, et ensuite faire manœuvrer, avec une infatigable et prudente énergie, cette grande machine administrative que l'Empire nous a léguée, et obtenir par elle les immenses ressources dont le pouvoir politique aura besoin pour remplir sa tâche paternelle.

Ce travail administratif, si humble qu'il paraisse, est pourtant, et de beaucoup, la plus grande et la plus urgente des difficultés que trouve devant lui un parti d'opposition arrivé si brusquement au pouvoir.

C'est par ce travail attentif et persévérant, par la vigoureuse et intelligente application du principe républicain au détail de la vie administrative, que pourra se réaliser ce qu'il y a d'applicable dans les mille théories contradictoires qui sollicitent à présent l'attention exclusive du public; — et c'est par ce labeur aussi que sera rejeté dans la région des rêves ce qu'elles nous présentent de contraire aux lois éternelles et nécessaires de la famille et de l'humanité.

Espérons. — Jamais la France, livrée depuis trois mois à ses propres et libres instincts, n'avait montré de tels éléments d'ordre et de civilisation pacifique. Que nous reste-t-il à désirer?

Un pouvoir politique et administratif qui résume activement ces instincts,

Des minorités qui acceptent religieusement cet axiome dont, plus que jamais, je persiste à faire la devise de ma vie publique :

« *L'impuissance de la Force.* »

ANSELME PETETIN.

Paris, Imprimerie de Paul DUPONT, rue de Grenelle-Saint-Honoré, 55.

Assemblée Nationale.

CANDIDATURE

DU

CITOYEN PRUS

Ancien Élève de l'École Polytechnique.

CITOYENS ÉLECTEURS,

Au moment où la question du travail a pris une si grande importance, un ingénieur en chef des ponts et chaussées, retiré du service, vient solliciter vos suffrages.

Je n'ai pas attendu les circonstances actuelles pour apprécier la gravité de cette question. Le 6 janvier 1847, je proposais au Ministre des travaux publics diverses mesures propres à créer de meilleurs rapports entre l'État et les entrepreneurs; de même qu'entre les entrepreneurs et leurs ouvriers. Je disais :

« Depuis longtemps, l'opinion publique se préoccupe de « la nécessité de moraliser la classe ouvrière et d'améliorer « sa situation matérielle. Quelques essais ont été tentés avec « succès par des propriétaires d'usines. Il appartient à « l'administration publique, qui emploie un nombre im- « mense de bras, de se mettre à la tête de cette réforme.... »

Il faut avoir vu de près les grands ateliers de travaux publics pour se faire une idée de la démoralisation de certains ouvriers nomades et des abus dont les uns et les autres ont à souffrir de la part de beaucoup d'entrepreneurs.

Chargé successivement de la direction de grands travaux, dans les ports de Lorient et de Rochefort, à Cayenne, à la Martinique, en Algérie, en Maine-et-Loire et à Paris, c'est surtout comme travailleur que je voudrais porter à l'Assemblée Nationale le tribut de mes études et de mon expérience pratique.

Je me suis efforcé néanmoins de rendre au pays des services d'une autre nature toutes les fois que la possibilité m'en a été offerte. Ainsi, j'ai rempli les fonctions de secrétaire perpétuel de la Société coloniale à la Guyane française, de membre du Comité des prisons d'Angers et du Conseil de salubrité de la Seine. A Alger, une double élection m'a élevé au grade de commandant en chef de la garde nationale et à la présidence de la Société de colonisation. A Paris, la Société nationale et centrale d'agriculture m'a conféré le titre de membre correspondant.

Ma croix d'officier de la Légion d'honneur a été conquise par un acte de dévouement à la chose publique, officiellement constaté.

Toujours indépendant par caractère, je le suis devenu aussi par position depuis mon admission à la retraite. Les habitants de Maine-et-Loire connaissent tous la lutte que j'ai soutenue pendant dix années contre l'administration supérieure, au sujet d'un grand ouvrage public (*les ponts de Cé*) dont la construction avait été ordonnée dans des conditions qui ne répondaient pas aux besoins et aux vœux du département. Mon système a fini par triompher et reçoit actuellement son exécution.

Voilà mon passé, venons à mes principes.

Ma ferme volonté est de maintenir la forme de gouvernement qu'a sanctionnée le vote unanime des Représentants du peuple. Je concourrais de toutes mes forces à la fondation de cette République honnête et morale, s'appuyant sur la justice et la probité, que nous promettait l'une des dernières proclamations du Gouvernement.

Nos nouvelles institutions doivent être les conséquences naturelles du principe de la souveraineté du Peuple, combiné avec le respect de la famille, de la propriété et en général des droits d'autrui. Le Peuple, ce n'est pas pour moi telle ou telle partie de la nation, c'est l'ensemble de tous les Citoyens français.

Ses mandataires de tout ordre sont tenus, sous peine d'encourir son mépris, de lui donner l'exemple de la droiture dans les intentions, de la sincérité dans les paroles, de la prudence, du courage et de la capacité dans les actes.

En un mot, je veux la liberté avec l'ordre, et serai toujours fidèle à mon ancienne devise :

Le progrès en tout par les voies légales.

Paris, le 30 mai 1848.

PRUS.

Paris, imprimerie de PAUL DUPONT, rue de Grenelle-Saint-Honoré, 55.

AUX
ELECTEURS
Du département de la Seine.

CITOYENS,

En vous demandant vos suffrages comme candidat à l'Assemblée nationale, je dois vous exposer mes principes.

Mes luttes politiques vous sont connues depuis longtemps.

Républicain démocrate, je crois notre Révolution politique et sociale.

Je m'attacherais donc à constituer fortement les rouages politiques de notre République, sans oublier que la fraternité n'est pas un vain mot, inscrit seulement sur nos bannières.

Je veux l'exécution complète de notre devise.

La Fraternité nous rendra facile la solution des questions sociales, en la combinant avec le droit sacré de la famille et de la propriété. Nous devrons toutes les résoudre.

La Liberté régnant sans entraves et par l'ordre sur notre belle France, nous garantira le progrès et le travail.

Enfin, l'Égalité sérieusement établie entre tous les citoyens, devant la loi, leur donnera des droits et leur imposera des devoirs relatifs.

C'est ainsi, citoyens, que j'entends la République.

En dehors de ces principes, pas de salut pour l'État et nous tombons dans l'anarchie, que je combattrai énergiquement sous quelque forme qu'elle se présente.

Salut et fraternité,

RAMOND DE LA CROISETTE,
COLONEL DE LA 4e LÉGION DE PARIS.

Imprimerie de Gustave GRATIOT, 11, rue de la Monnaie.

AUX CITOYENS ELECTEURS

DU DÉPARTEMENT DE LA SEINE.

RIGLET

Ancien Membre du Tribunal de Commerce,

Maire-Adjoint du 7e Arrondissement,

CANDIDAT

à l'Assemblée Nationale

Ma profession de foi a paru le mois dernier (1), j'en reproduis ici seulement la substance.

Je suis industriel, j'habite le septième Arrondissement depuis vingt ans, j'y occupe de nombreux ouvriers.

Ouvrier moi-même, je suis fils de mes œuvres, ce que j'ai, je le dois à mon travail.

Jamais je n'ai rien demandé au Gouvernement.

En 1830, j'ai été décoré de juillet.

En 1843, j'ai été nommé membre du Tribunal de Commerce de la Seine.

Le 25 fevrier dernier, le Gouvernement provisoire m'a confié les fonctions de Maire-Adjoint de mon Arrondissement.

Quelques études politiques et économiques me permettent de ne déserter aucune des grandes questions dévolues à l'Assemblée constituante ; cependant c'est plus particulièrement comme homme pratique, comme familier avec les questions d'économie commerciale et industrielle que je me crois appelé à être utile.

Je veux la République grande libérale généreuse.

Il faut que le pouvoir soit fort, qu'il soit en position de réprimer le désordre sous quelque drapeau qu'il se montre, anarchique, réactionnaire, où démagogique.

Le salut de la France est à ce prix.

L'admission de l'universalité des citoyens au droit électoral et aux fonctions de garde national a déjà fait ses preuves.

C'est à ces deux vastes éléments démocratiques qu'est dû le triomphe de l'ordre sur l'attentat du 15 Mai, cette négation brutale de toute civilisation.

Liberté, Égalité, Fraternité, cette devise française par excellence ne serait qu'un vain mot si elle n'avait pour piédestal *force* et *justice*, pour résultat l'*ordre* et la *paix*.

Je veux égalité réelle devant la loi, gratuité de la justice pour le pauvre.

Liberté des cultes, liberté et gratuité de l'enseignement.

Liberté du commerce, de l'industrie et du travail.

RIGLET,

Fabricant de Bronzes, 10, rue d'Orléans, à Paris.

(1) *Voir le Courrier et le* Siècle *du* 19 *Avril dernier.*

Paris.—Typographie de Wittersheim, rue Montmorency.

HORACE SAY

AUX CITOYENS ÉLECTEURS

DU DÉPARTEMENT DE LA SEINE.

CHERS CONCITOYENS,

Vous êtes appelés à de nouvelles élections pour compléter la représentation du département de la Seine. Je me mets de nouveau sur les rangs, encouragé par vos suffrages, [illegible] blicain assis sur des bases solides et libérales, ont été appréciés.

Plein d'espoir dans l'avenir de la France, je serais heureux d'apporter mon concours à cette grande œuvre de la Constitution, qui réalisant enfin le vœu unanime de la nation, doit fonder parmi nous le régime de la justice. La justice, c'est le droit pour le citoyen de disposer librement de ses facultés, c'est la liberté du travail. La justice, c'est le droit de disposer sans entraves du fruit de ses œuvres, c'est la garantie de la propriété. La justice, c'est le respect des sentiments gravés par Dieu au fond de tous les cœurs, c'est la protection de la famille.

La liberté ainsi comprise amènera la réforme de bien des privilèges, de bien des abus, héritages des temps de barbarie, qui ne sont autre chose que la spoliation plus ou moins bien déguisée, et qu'il faut effacer de nos codes. Dès lors les sentiments égoïstes feront place à ceux de la fraternité, et la devise de la République recevra sa complète et franche application.

Né dans ce département, élevé par un père dont le patriotisme s'est montré en toute circonstance, j'ai voyagé, de 1815 à 1817, dans les deux Amériques, et j'ai été ensuite pendant vingt ans négociant-commissionnaire à Paris.

Je n'ai rempli que des fonctions électives. Membre du Tribunal et de la Chambre de commerce, membre du Conseil général, constamment à mon poste, je me suis toujours occupé des questions qui touchent à l'industrie, au bien-être des ouvriers, aux secours publics, à l'éducation, au commerce et aux finances ; quelques écrits en font foi.

Si vous pensez que mon expérience spéciale puisse être utile à la patrie, disposez de moi, donnez-moi mission de vous représenter.

Votre dévoué Concitoyen,

HORACE SAY

13, rue Bleue.

Paris 16 Mai 1848.

Imprimerie de HENNUYER et Cᵉ, rue Lemercier, 24. Batignolles.

RÉPUBLIQUE FRANÇAISE.

ÉLECTEURS DE LA SEINE,

En venant vous demander l'honneur de vous représenter à l'Assemblée nationale, j'ai dû me dire que la République qui est sortie le 24 février d'une lutte de quelques heures, vous ne l'avez pas acceptée seulement comme la défaite de la monarchie représentative de 1830; mais que vous l'avez acceptée avant tout comme l'avènement de la France elle-même rétablie dans la plénitude de ses droits pour statuer avec une autorité suprême sur toutes les difficultés du présent et de l'avenir.

Vous avez noblement compris qu'une révolution qui en moins de trois jours avait passé d'une simple demande de réforme à la proclamation de la République, ne pouvait avoir ni vainqueurs ni vaincus.

Vous en avez tous conclu que dans un événement où se manifestait la force des choses bien plus que la puissance des hommes, il convenait que tous les partis, sans distinction de drapeaux ni d'antécédents, s'inclinassent avec respect devant la volonté nationale, dès qu'elle se montrait à la France, sortie non seulement des acclamations d'une fraction du peuple à la fin du combat, mais de plusieurs millions de votes déposés librement par le peuple tout entier dans les urnes du suffrage universel.

Dans cette révolution si rapidement accomplie le 24 février, qu'elle n'a été en quelque sorte qu'un éboulement du terrain peu solide de la monarchie représentative sous le travail incessant des idées, tout a pris de suite un caractère universel, les droits qu'elle a consacrés comme les sacrifices qu'elle a imposés au pays tout entier.

On ne concevrait donc pas que contrairement à toutes les idées de droit commun dont la République est le symbole et le triomphe, la France pût être divisée en deux camps, dont l'un s'attribuerait le monopole de toutes les fonctions publiques comme en pays conquis, en ne laissant à l'autre qu'une lourde part dans cette communauté de sacrifices et de tribulations inséparables de toute transition de gouvernement, et qui sont la couronne d'épine des révolutions victorieuses avant d'en être l'auréole!

Français de toutes les classes, citoyens de toutes les professions, ouvriers par le travail des mains comme par celui de la pensée, la République nous appartient à tous à droit égal, car si nous n'avons pas tous combattu pour elle dans les barricades, nous l'avons tous achetée depuis trois mois par une égalité de sacrifices qui implique nécessairement l'égalité des droits.

Perte ou dépréciation des valeurs de toutes sortes qui composent le patrimoine ou l'actif de chaque famille; perte également irréparable d'un capital non moins précieux pour l'ouvrier, celui de tant de milliers de journées de travail enlevées par le chomage des ateliers, ou généreusement offertes à la sûreté de tous sous les drapeaux de la garde nationale; agitations de la veille, anxiétés du lendemain, ce n'est là qu'un résumé bien incomplet des sacrifices de tous; c'est la médaille commémorative que nous avons jetée dans les fondations de la nouvelle République; et sur cette médaille qui représente un capital de plusieurs milliards perdus pour toutes les classes de citoyens, on voudrait n'écrire que les noms privilégiés de quelques républicains de la veille; mais cela n'est pas possible, le bon sens du peuple ne le permettra pas.

L'effort étant toujours proportionné à la résistance, et la République étant déjà dans nos institutions avant de leur donner son nom, on conçoit que le concours d'un grand parti tel que la Providence en suscite à de longs intervalles pour le salut des nationalités opprimées, a dû manquer à notre nouvelle République sortie presque inopinément d'une situation qui n'avait pas que cette seule issue. Mais c'est plus encore pour elle l'absence d'un danger que l'absence d'une force; que Dieu lui donne ou lui refuse, à défaut d'un grand parti, l'un de ces hommes prédestinés dans lesquels s'incarnent au même degré toutes les idées de préservation sociale et de progrès, la France ne se sauvera pas moins.

Née de l'action des idées, chaque jour plus irrésistible dans une situation épuisée bien, plus encore que d'un conflit de quelques heures dans les rues de Paris, notre nouvelle République n'a point devant elle d'exigences motivées avec lesquelles elle soit obligée de compter au préjudice de la généralité des citoyens; heureuse situation qui fait que son impartialité est dans la nature même des choses, et qu'il ne tient qu'à elle de ne pas périr comme tous les gouvernements qui l'ont précédée depuis un demi-siècle, par l'exagération de son principe.

C'est au peuple dont tous les instincts sont généreux et droits à la retenir au besoin sur cette pente fatale.

C'est au peuple, c'est-à-dire à nous tous, de ne pas permettre qu'un gouvernement de droit commun soit changé en un gouvernement d'exclusion et de catégories.

Le peuple doit vouloir que la constitution qui se prépare soit discutée par des hommes qui s'inspirent du génie national, car rien de ce qui se fait contre le génie d'une nation n'est durable; autant vaudrait écrire sur le sable!

Si le peuple veut avoir des amis sincères, des amis qui aient des sympathies pour toutes les souffrances, mais qui n'aient de défaillance devant aucune menace, il faut qu'il cherche des élus dans la France entière, en dominant de toute la hauteur de son regard et de sa pensée les factions qui s'interposent entre elle et lui.

Il faut qu'il en soit ainsi, si l'on veut que les ateliers du travail libre se rouvrent de toutes parts sous les auspices de la confiance et du crédit rassuré; si l'on veut que la misère croissante et la banqueroute ne creusent pas sous nos pieds, avant six mois, des abîmes que ne combleront pas toutes les théories socialistes.

Il faut qu'il en soit ainsi, si l'on veut que tous les problèmes de l'ordre social ébranlé, que tous ces problèmes dont la solution sera la gloire ou l'écueil de la nouvelle République, soient abordés et résolus par des législateurs courageux dans une sphère de principes et d'idées supérieure aux passions comme aux frayeurs du moment.

Il faut qu'il en soit ainsi, si l'on veut que toutes les espérances chrétiennes qui ont salué la nouvelle République soient justifiées; si l'on veut que l'apaisement se fasse dans les esprits, que la loi reprenne son autorité, et règne par elle-même pour le salut de tous, sans cet équilibre précaire de fer et d'acier que des milliers de baïonnettes ont peine à maintenir chaque jour sur nos places publiques entre les menaces des uns et les alarmes des autres.

Enfin, il faut qu'il en soit ainsi si le peuple veut que la Représentation nationale, qui est le peuple lui-même, soit placée si haut dans le respect de tous, qu'un attentat contre elle, semblable à celui du 15 mai, s'il était encore possible, n'ouvre à son déplorable auteur que les portes d'une maison d'aliénés au lieu des portes d'une prison d'État.

Si les électeurs de Paris, mes concitoyens, pensent que dans cet ordre d'idées loyalement exprimées, le concours d'une longue expérience, acquise au service de la patrie, et d'un dévoûment sans bornes à ses intérêts permanents, puisse trouver son emploi dans les travaux de l'Assemblée nationale, je serai fier de justifier leur confiance, et tous les principes d'ordre, de liberté et de fraternité qu'ils ont inscrits sur les drapeaux de la nouvelle République auraient un défenseur de plus.

Paris, le 27 mai 1848.

SULEAU.

Paris.—Typ. Lacrampe et Fertiaux, rue Damiette, 2.

AUX
ÉLECTEURS
DE LA SEINE.

Citoyens

Si du fond de mon obscurité j'ose aspirer à l'honneur insigne d'être l'un de vos représentants, c'est parce que je suis douloureusement affecté de voir combien est faible, dans l'Assemblée nationale, le noyau des vrais et énergiques défenseurs de la classe déshéritée, de ce nouveau *Tiers-État* qui s'est affranchi *politiquement* le 24 février, qui était déjà affranchi *intellectuellement* grâce à la philosophie du dernier siècle, *moralement* grâce à l'Evangile du Christ, qui veut maintenant s'affranchir *matériellement* par le travail, et qui le sera bientôt, car plus que jamais il est vrai de dire que la voix du peuple est la voix de Dieu.

Assez d'autres défendent les intérêts des rois et des riches; pour moi, je confesse hautement que les intérêts des rois et des riches me touchent peu, et que, sous ce rapport comme sous bien d'autres, je suis de l'avis du sage qui a dit: « Ce ne sont pas ceux qui « se portent bien qui ont besoin de médecin, mais ceux qui sont « malades. »

Or, le malade de notre époque c'est le *prolétaire*, comme avant ce dernier c'était le *serf*, comme jadis c'était l'*esclave*. Ce n'est pas à dire que chacun ne soit plus ou moins souffrant en ces temps de révolution ou d'enfantement; mais je soutiens que le plus malheureux aujourd'hui c'est le plus pauvre, c'est-à-dire le prolétaire qui n'a que ses bras pour se procurer le pain de chaque jour; de sorte que soit que le travail manque à ses bras, soit que ses bras manquent au travail, il ne peut plus vivre que d'aumône ou de vol s'il ne veut pas se laisser mourir de faim!

Que les riches me pardonnent de leur préférer les pauvres que le Christ appelle *les amis de Dieu*, que j'appelle *mes frères* par excellence, et que je jure de défendre quand même jusqu'à mon dernier soupir.

— Mais le peuple, qu'on a si souvent trompé par d'artificieuses promesses, par tant de faux serments, a le droit de me questionner et de me demander: 1° quelles garanties je puis donner de mon dévouement à ses intérêts; 2° ce que je ferais si les travailleurs me chargeaient de les représenter à l'Assemblée nationale?

Réponse à la première question. — J'offre en garantie ma vie tout entière, qui est de quarante-quatre ans, et dont la dernière moitié a été presque exclusivement consacrée à visiter, éclairer, encourager et défendre, même par les armes, la classe des travailleurs. C'est dans ce but qu'en 1831 j'ai *tout quitté* afin de m'initier aux travaux et aux privations de l'ouvrier des villes et des champs. Les travailleurs de Lyon et les charbonniers des Pyrénées savent que j'ai travaillé et vécu avec eux, et comme le dernier d'entre eux, en 1832 et 1833. Les Perpignanais se souviennent qu'en passant dans leur cité, à mon retour de la montagne, leur préfet (M. Pascal) me fit incarcérer parce que, sous le règne d'un roi sorti des barricades, j'avais l'audace de dire qu'on *trompait le peuple!...* J'étais un *calomniateur* et un *factieux*, comme je le suis peut-être encore pour tous les *nouveaux satisfaits* du nouvel état de choses, qui n'a de nouveau que la *forme* du gouvernement et les *personnes*.

J'offre encore tous mes discours et tous mes écrits dont l'avant-dernier (*La ligue nationale contre la misère des travailleurs*, Paris, 1844) traite de l'organisation du travail, et demande, comme moyen transitoire, la création par l'État: 1° d'une *caisse de retraite* pour les vieux et invalides travailleurs des deux sexes; 2° d'*ateliers sociaux* ou nationaux *sédentaires* et *mobiles* pour les travailleurs valides sans ouvrage; 3° et enfin des *banques industrielles* pour *commanditer* les travailleurs les plus capables et les plus méritants afin de les mettre à même de *parvenir* par leur propre mérite, pour leur bien-être et pour leur gloire, et non au profit de leurs maîtres.

Mon dernier ouvrage (*Les Droits du peuple*) a eu onze articles incriminés en 1846, ce qui m'a valu l'honneur d'être encore incarcéré à Sainte-Pélagie.

Les honorables citoyens Béranger, Pierre Leroux, Michelet, Eugène Sue, Caussidière, Louis Blanc, Agricol Perdiguier et bien d'autres savent que je dis la vérité. Les citoyens Lagrange, Beaune, Flocon, etc., n'ignorent pas comment je me suis conduit le 24 février.

Chargé d'une mission délicate dans l'Allier en qualité de *délégué spécial*, le citoyen Ledru-Rollin, alors ministre de l'intérieur, a été instruit par le citoyen Mathé, commissaire du gouvernement, aujourd'hui représentant de l'Allier, des *résultats prodigieux*, — ce sont ses propres expressions, — que j'ai obtenus dans ma mission.

Ce qui n'empêche pas que je suis revenu à Paris comme j'en étais parti, c'est-à-dire toujours pauvre et sans place, et forcé de demander du travail dans les ateliers nationaux au ministre Trélat, qui n'ignore pas, lui non plus, comment je me suis conduit dans l'Allier, ou, peut-être, parce qu'il sait que je m'entête à ne vouloir travailler que dans l'intérêt de la classe pauvre, qui, par cela même qu'elle est pauvre, ne peut rien donner à ceux qui le servent... Eh bien! soit, je suis entêté dans mon amour pour le peuple, et il est très probable que je mourrai dans l'impénitence finale. — Réponse à la seconde question, à savoir: « Que feriez-vous si vous étiez élu « représentant du peuple? »

— Si j'avais l'honneur de siéger à l'Assemblée nationale, je me placerais d'abord au sommet de la Montagne, et là je défendrais intrépidement la vérité, la justice, le progrès, la moralité et l'ordre dans la liberté; je serais l'ennemi implacable de tout mensonge, de toute hypocrisie politique ou religieuse, de toute exploitation de l'homme par l'homme, de toute tentative de rétrogradation vers un passé, dont les erreurs peuvent avoir une certaine justification dans l'imperfection des choses humaines, mais qui ne sauraient se reproduire sans faire remonter le fleuve du progrès de l'esprit humain vers sa source, c'est-à-dire vers le berceau de l'enfance des peuples.

Je voudrais que tout se fît pour le peuple et par les plus capables et les plus moraux d'entre le peuple.

Je voudrais que la République ne demandât de l'argent qu'aux citoyens qui ont du superflu, et qu'elle vînt immédiatement en aide aux pauvres, en créant des caisses de retraite pour les vieux travailleurs, et en commanditant ceux qui sont jeunes et valides.

Je voudrais qu'on allégeât le plus possible l'impôt qui pèse sur les objets de *première nécessité*, tels que viande, vin, sel, etc., et qu'on frappât sans ménagement sur les objets d'un luxe qui ne furent, en tout temps, qu'un symptôme de décadence sociale, et dont une République vraiment démocratique ne doit favoriser le développement qu'à mesure que ce luxe peut devenir accessible à tous les citoyens, car alors seulement le luxe est un signe de prospérité générale.

Je voudrais que tous les enfants, sans exception, fussent élevés et instruits en commun, et, qu'au sortir des colléges, chaque élève fût libre d'entrer dans une *école spéciale*, et enfin qu'au sortir de cette dernière école, tout élève fût mis à même d'exercer la profession ou l'état qu'il aurait librement choisi, de telle sorte que nul citoyen ne puisse reprocher à son frère d'avoir été plus favorisé que lui par la société.

Alors seulement que la société sera ainsi organisée, nous aurons une *République démocratique*, tandis que la République d'aujourd'hui n'est qu'une *République oligarchique*... n'en déplaise à tous les nouveaux satisfaits qui perdent la Révolution.

Vive donc la République démocratique!
Vive le Peuple travailleur!
Vive la France régénérée!

JEAN TERSON.

Ancien rédacteur en chef des *Droits du Peuple*, ancien condamné politique, etc.

PARIS. — Imprimerie de LACOUR, rue St-Hyacinthe-St-Michel, 33.

ÉLECTIONS COMPLÉMENTAIRES DE L'ASSEMBLÉE NATIONALE.

Onze Représentans à nommer.

(prononcer **TER**)

AUX ÉLECTEURS DU DÉPARTEMENT DE LA SEINE.

CHERS CONCITOYENS,

Il y a peut-être de la présomption à moi à venir de nouveau solliciter vos suffrages; cependant, je n'hésite pas à le faire. Les scènes du 15 mai imposent à tous ceux qui se sont mis en avant, le devoir de venir vous dire : Si vous me croyez digne de votre confiance, je suis prêt à accepter votre mandat et à le remplir avec fermeté et résolution.

Je m'exprimais ainsi dans ma profession de foi :

« Je n'ai jamais demandé au pouvoir ni places ni faveurs. Honoré sans « interruption depuis 1830 des suffrages de quelques-uns d'entre vous, « comme maire, comme officier de la garde nationale, et enfin comme « membre du conseil général de la Seine pour l'arrondissement de Saint-« Denis, je me suis toujours montré partisan déclaré des réformes et des « améliorations si nombreuses, si indispensables que réclamaient nos insti-« tutions : tous ceux qui me connaissent peuvent l'affirmer, car je n'ai « jamais dissimulé ma manière de voir et de sentir.

J'apporterais à l'Assemblée Nationale ma conviction bien arrêtée qu'une « République, reposant sur les principes d'une liberté complète et vraie sur « tous les points, peut seule aujourd'hui assurer le bonheur de la France, et « je travaillerai de tout mon pouvoir à la fonder, étant bien persuadé que « toute idée de retour vers une autre forme de Gouvernement serait funeste « et amènerait à sa suite des maux sans fin. Il faut que la République nous « donne le règne sincère de la *Liberté*, de l'*Egalité*, de la *Fraternité*. Il faut que « cette République soit grande, généreuse et pure; il faut que la vertu et « l'abnégation constituent son essence; elle doit détruire les abus et protéger « les droits constitutifs de la société, c'est-à-dire les droits sacrés de la « conscience, de la famille, du travail et de la propriété.

« Ainsi comprise, la République ne peut manquer de réunir l'assentiment « de tous, de faire disparaître toutes les divisions et de s'établir d'une « manière durable.

« Mon beau-père, LE GÉNÉRAL BERTRAND, a constamment, pen-« dant sa carrière parlementaire, réclamé avec instances la liberté d'asso-« ciation et la liberté de la presse, ces deux boulevards de toutes les libertés; « guidé par son exemple je serai toujours prêt à monter sur la brèche pour « les défendre. »

Je ne puis que répéter aujourd'hui ces paroles; plus que jamais il faut vouloir une République grande, généreuse et pure, reposant sur les bases immuables de l'ordre et de la moralité; plus que jamais il faut demander que la vertu et l'abnégation constituent son essence et brillent dans ceux qui la dirigent.

C'est en améliorant, par de bonnes institutions, le sort des travailleurs et de ceux qui souffrent; c'est en détruisant les abus et en protégeant les droits de tous, et non en se jetant dans des utopies irréalisables, que la République sera vraiment démocratique. A ces conditions seules, elle sera forte, admirée au dehors et stable au dedans, à ces conditions seules, elle assurera le bonheur de tous ses enfans.

AMÉDÉE THAYER,

Propriétaire, ancien membre du Conseil général de la Seine,
Chef de Bataillon dans la 1re Légion de la Banlieue.

Paris. — Imprimé chez PAUL RENOUARD, rue Garancière, n. 5.

CANDIDATURE.

NAPOLÉON THEIL

AUX ÉLECTEURS DU DÉPARTEMENT

DE LA SEINE.

ELECTEURS DE LA SEINE,

Un seul degré de l'enseignement public, l'enseignement supérieur, se trouve représenté à l'Assemblée nationale. **Ni l'enseignement secondaire ni l'enseignement primaire n'y ont de représentant direct; et cependant c'est l'instruction populaire qui doit surtout attirer l'attention des légis-** [illegible] tout le système est à remanier, à mettre en harmonie avec les besoins nouveaux, avec les idées nouvelles. **L'éducation n'existe nulle part;** nulle part, du moins, elle n'est ce qu'elle doit être. **N'est-il pas étrange que,** dans une Assemblée républicaine, l'élément démocratique et fondamental du corps enseignant n'ait pas son expression?

Cette considération, Citoyens, me détermine à me présenter à vos suffrages. **Je n'ai pas la prétention de combler à moi seul cette immense lacune:** mais je serais heureux de servir, au sein de la **Représentation nationale**, une cause à laquelle on sait que depuis longtemps j'ai voué ma vie et consacré ma plume.

Agrégé pour les classes supérieures, officier de l'Université, **professeur** de seconde au Lycée Corneille (collége **Henri IV**), je ne dois qu'au concours et à mon droit la position que j'occupe dans l'enseignement. — **J'ai publié un assez grand nombre de travaux d'érudition, tous adoptés par le Conseil de l'Université:** — je suis membre de l'Académie des sciences, lettres et arts de Nancy: — secrétaire de l'Association républicaine pour l'enseignement national, fondée en grande partie par mes soins; — enfin le suffrage de mes camarades de la XIe Légion a fait de moi, simple grenadier et absent, un commandant en premier. **Voilà pour ma personne.**

Quant aux principes, les miens n'ont jamais varié. **Ils sont consignés** dans divers écrits, notamment dans un discours prononcé, en **1841**, à la distribution des prix du collége de Nancy; dans un autre discours prononcé, en **1846**, devant le ministre de l'instruction publique, à la distribution des prix du collége **Henri IV**; **dans diverses réponses aux attaques** violentes dirigées contre moi, à l'occasion de ce discours, par la presse néocatholique et par les coryphées du parti ultramontain; enfin, dans une brochure adressée au pays et aux chambres, il y a huit mois, et intitulée : *La Vérité sur la question d'enseignement.* **Dans la déplorable querelle du clergé et de l'Université, j'ai toujours été le premier sur la brèche :** cela devait être. **Enfant de l'Université,** élevé gratuitement par elle, je n'ai fait, en la défendant contre d'injustes attaques, que remplir un devoir de piété filiale.

Je tiens ces divers écrits à la disposition de tous les rédacteurs de journaux, de tous les présidents de clubs qui voudront me faire l'honneur de discuter ma candidature. **Je déclare n'avoir pas une ligne à rétracter,** sous la **République**, de ce que j'ai écrit sous la monarchie. **Quatre mots,** en effet, résument toute ma doctrine politique, sociale et religieuse; ce sont ceux-là mêmes que la **République** est venue inscrire définitivement [illegible] **UNITÉ**: sublime devise qui, appliquée à l'état présent des esprits et des choses, doit signifier pour tous : *Ordre, conciliation, confiance, étude sérieuse et calme des problèmes sociaux, réalisation graduelle et pacifique des vœux de l'humanité*, et, par suite, *guerre impitoyable à l'esprit d'anarchie et de violence, guerre impitoyable à l'esprit stationnaire ou rétrograde.*

Tels sont mes principes généraux. Pour ce qui est de l'enseignement, voici ma pensée : **la République a, selon moi, le droit et le devoir de pourvoir par elle-même, le plus largement et le plus complétement possible, à l'instruction et à l'éducation de la jeunesse; elle a également le droit et le devoir d'exiger de quiconque veut s'associer à son œuvre d'instruction et d'éducation, sans se placer immédiatement sous ses auspices, les mêmes garanties de capacité, de moralité et de dévoûment qu'elle exige de ses agents directs.**

L'instruction primaire doit être universelle, obligatoire et gratuite:

Nul ne doit être admis à recevoir l'enseignement secondaire, même en payant, s'il n'a prouvé, dans un examen sérieux, qu'il possède suffisamment les matières de l'enseignement primaire:

Tout élève qui s'est distingué dans le cours des études primaires doit être admis gratuitement dans les écoles secondaires; et, plus tard, s'il y a lieu, **dans les écoles supérieures.**

Le corps enseignant (et sous cette dénomination je comprends aussi le personnel chargé plus spécialement de l'éducation) **exerce un véritable sacerdoce:** c'est un clergé civil, qui doit être honoré, sous la **République**, à l'égal du clergé religieux et des plus hautes magistratures.

Telle est la doctrine que j'ai toujours professée. Persuadé que les actes sont plus significatifs que les paroles, et qu'en fait de conduite politique, le plus sûr garant de l'avenir, c'est le passé, je vous livre mes écrits, Citoyens électeurs. **Jugez-moi sur pièces.**

NAPOLÉON THEIL,
Professeur de seconde au Lycée Corneille,
Commandant du deuxième bataillon de la XIe Légion,
14, *rue d'Enfer.*

Paris. — Imprimé par E. THUNOT et Ce, successeurs de Fain et Thunot, rue Racine, 28, près de l'Odéon.

AUX ÉLECTEURS.

Quelques amis beaucoup trop indulgents sans doute sont venus me demander une profession de foi. Bien que je m'abuse fort peu sur le résultat probable de leur généreuse initiative, je leur dois une réponse, et cette réponse, la voici :

Je n'ai jamais demandé la moindre faveur à aucun pouvoir existant : c'est assez dire que si je considérais la fonction de représentant du peuple comme un marchepied à la fortune, je ne chercherais point à l'obtenir ; mais dans les circonstances actuelles, cette éminente qualité me paraissant un honneur qui doit se résumer uniquement en des actes de courage et d'abnégation, je puis, sans mentir à mes principes antérieurs, solliciter les suffrages de mes concitoyens.

Né dans les rangs du peuple et fils d'un ouvrier, je suis resté peuple par mes sentiments et par mes sympathies. Tout autre gouvernement que celui de tous par tous me paraît un mensonge. La République est donc pour moi la seule forme de gouvernement possible, acceptable et logique, surtout après les essais successivement faits de la forme monarchique dans ses diverses combinaisons.

Fidèle aux convictions de ma jeunesse, j'ai figuré comme avocat dans les procès politiques les plus importants du règne de Louis-Philippe. Je puis citer ici, indépendamment de plusieurs affaires de presse, l'affaire du *Complot de Neuilly*, le procès fait à la *Société des Familles*, etc.

Dans le célèbre *procès d'avril*, seul de tous les avocats de Paris, j'ai signé une seconde fois, et même après les poursuites dirigées contre les défenseurs, la lettre qui leur valut une accusation collective devant la cour des pairs.

Seul aussi, dans le barreau parisien, et sacrifiant la question d'amour-propre à la question de principe, je restai fidèle à l'engagement pris par les avocats de s'abstenir de toute défense, si la cour n'admettait pas les défenseurs non inscrits au tableau.

Je laisse aux citoyens Barbés et Blanqui le soin de déclarer quelle fut ma conduite à leur égard pendant leur détention à Sainte-Pélagie, si je craignis de me compromettre pour le succès d'une opinion politique.

D'autre part, la profession d'avocat, telle que je l'envisageais alors, était plutôt dans ma pensée un sacerdoce qu'une profession. Avocat des patriotes et des pauvres, ma bourse me était à mes clients aussi bien qu'à moi, et je n'ai volontairement cessé ces honorables fonctions qu'au moment où les besoins de ma famille ne m'ont plus permis un sacrifice que je considérais comme un devoir.

Depuis lors je suis devenu journaliste. Mais également ennemi de toute opposition systématique et de tout optimisme irréfléchi, j'ai su, dans le journal que je dirigeais, dire la vérité à tous, sans acception de couleur et de parti ; reconnaissant le bien là où il se trouvait, stigmatisant le mal partout où il offusquait mes regards.

Telle est encore la seule ligne de conduite qui me paraîtrait à la Chambre digne d'un véritable représentant du peuple. Un partisan éclairé de la République doit, par cela même, être l'ennemi déclaré de tous les excès qui pourraient en compromettre la prospérité.

Toutes mes sympathies seraient donc pour le peuple, pour la classe ouvrière surtout, la plus intéressante de toutes, mais je ne deviendrai jamais l'adulateur de personne. Je ne serai donc pas plus le flatteur aveugle de la souveraineté populaire que je n'ai été le complaisant de la royauté.

Je crois que nous devons envoyer à la Chambre le moins possible de grands parleurs. Dans la situation actuelle de la France, il faut agir et non pérorer. L'éloquence est une fort belle chose ; mais l'intelligence vaut mieux encore, car elle comprend à demi-mot.

Un mot encore et je termine. Dans une République telle que je la conçois, forte au dedans, honorée au dehors, il y a une solidarité nécessaire entre toutes les actions composant la vie d'un homme qui aspire à une magistrature populaire. Pour ce citoyen, la vie privée ne saurait être murée. Un dissipateur, un débauché, un mauvais père de famille ne sauraient être, à mon avis, de bons et sincères représentants du peuple. Le cas échéant, de pareils hommes feraient infailliblement taire l'intérêt public devant l'intérêt privé, ils deviendraient à coup sûr tôt ou tard les agents d'affaires de leurs propres passions.

Si donc il faut à la République des hommes capables et habiles, il lui faut avant tout le gens probes, désintéressés et irréprochables dans leur vie intérieure.

Quant à moi, j'abandonne ma vie politique et privée toute entière à l'investigation de mes concitoyens, et s'ils y trouvent un acte qui démente mes paroles, je céderai sans regret, et même avec joie, mon humble candidature à un citoyen plus digne et mieux méritant.

C. VIRMAITRE,
Directeur du CORSAIRE.

40, rue des Martyrs.

Imp. de Mme de Lacombe, rue d'Enghien, 12.

AUX ÉLECTEURS.

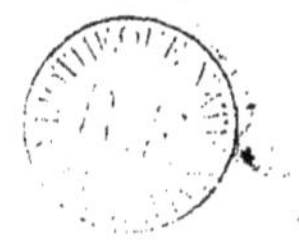

Quelques amis, beaucoup trop indulgents sans doute, sont venus me demander une profession de foi. Bien que je m'abuse fort peu sur le résultat probable de leur généreuse initiative, je leur dois une réponse, et cette réponse, la voici.

Je n'ai jamais demandé la moindre faveur à aucun pouvoir existant : c'est assez dire que si je considérais la fonction de représentant du peuple comme un marchepied à la fortune, je ne chercherais point à l'obtenir ; mais dans les circonstances actuelles, cette éminente qualité me paraissant un honneur qui doit se résumer uniquement en des actes de courage et d'abnégation, je puis, sans mentir à mes principes antérieurs, solliciter les suffrages de mes concitoyens.

Né dans les rangs du peuple et fils d'un ouvrier, je suis resté peuple par mes sentiments et par mes sympathies. Tout autre gouvernement que celui de tous par tous me paraît un mensonge. La République est donc pour moi la seule forme de gouvernement possible, acceptable et logique, surtout après les essais successivement faits de la forme monarchique dans ses diverses combinaisons.

Fidèle aux convictions de ma jeunesse, j'ai figuré comme avocat dans les procès politiques les plus importants du règne de Louis-Philippe. Je puis citer ici, indépendamment de plusieurs affaires de presse, l'affaire du *Complot de Neuilly*, le procès fait à la *Société des Familles*, etc.

Dans le célèbre *procès d'avril*, seul de tous les avocats de Paris, j'ai signé une seconde fois, et même après les poursuites dirigées contre les défenseurs, la lettre qui leur valut une accusation collective devant la cour des pairs.

Seul aussi, dans le barreau parisien, et sacrifiant la question d'amour-propre à la question de principe, je restai fidèle à l'engagement pris par les avocats de s'abstenir de toute défense, si la cour n'admettait pas les défenseurs non inscrits au tableau.

Je laisse aux citoyens Barbès et Blanqui le soin de déclarer quelle fut ma conduite à leur égard pendant leur détention à Ste-Pélagie, et si je craignis de me compromettre pour le succès d'une opinion politique.

D'autre part, la profession d'avocat, telle que je l'envisageais alors, était plutôt dans ma pensée un sacerdoce qu'une profession. Avocat des patriotes et des pauvres, ma bourse même était à mes clients aussi bien qu'à moi, et je n'ai volontairement cessé ces honorables fonctions qu'au moment où les besoins de ma famille ne m'ont plus permis un sacrifice que je considérais comme un devoir.

Depuis lors, je suis devenu journaliste. Mais également ennemi de toute opposition systématique et de tout optimisme irréfléchi, j'ai su, dans le journal que je dirigeais, dire la vérité à tous, sans acception de couleur et de parti ; reconnaissant le bien là où il se trouvait, stigmatisant le mal partout où il offusquait mes regards.

Telle est encore la seule ligne de conduite qui me paraîtrait à la Chambre digne d'un véritable représentant du peuple. Un partisan éclairé de la République doit, par cela même, être l'ennemi déclaré de tous les excès qui pourraient en compromettre la prospérité.

Toutes mes sympathies seraient donc pour le peuple, pour la classe ouvrière surtout, la plus intéressante de toutes, mais je ne deviendrai jamais l'adulateur de personne. Je ne serai donc pas plus le flatteur aveugle de la souveraineté populaire, que je n'ai été le complaisant de la royauté.

Je crois que nous devons envoyer à la Chambre le moins possible de grands parleurs. Dans la situation actuelle de la France, il faut agir et non pérorer. L'éloquence est une fort belle chose; mais l'intelligence vaut mieux encore, car elle comprend à demi-mot.

Un mot encore et je termine. Dans une République telle que je la conçois, forte au dedans, honorée au dehors, il y a une solidarité nécessaire entre toutes les actions composant la vie d'un homme qui aspire à une magistrature populaire. Pour ce citoyen, la vie privée ne saurait être murée. Un dissipateur, un débauché, un mauvais père de famille ne sauraient être, à mon avis, de bons et sincères représentants du peuple. Le cas échéant, de pareils hommes feraient infailliblement taire l'intérêt public devant l'intérêt privé, ils deviendraient à coup sûr tôt ou tard les agents d'affaires de leurs propres passions.

Si donc il faut à la République des hommes capables et habiles, il lui faut avant tout des gens probes, désintéressés et irréprochables dans leur vie intérieure.

Quant à moi, j'abandonne ma vie politique et privée toute entière à l'investigation de mes concitoyens, et s'ils y trouvent un acte qui démente mes paroles, je céderai sans regret et même avec joie, mon humble candidature à un citoyen plus digne et mieux méritant.

C. VIRMAITRE,
Directeur du CORSAIRE.
40, rue des Martyrs.

Imprimerie de Mme de Lacombe, 12, rue d'Enghien.

ANCIENNE ET NOUVELLE

CANDIDATURE POUR L'ASSEMBLÉE NATIONALE.

Paris, le 1er avril 1848;
— le 25 mai 1848.

ANTOINE WATBLED,

...teur en médecine de la faculté de Paris, chirurgien-major pensionné par l'État, résidant à Paris, rue d'Enfer, 85.

AUX ÉLECTEURS DU DÉPARTEMENT DE LA SEINE.

MES CHERS COMPATRIOTES,

De nouveau,
Nous sommes tous appelés à exercer librement notre droit d'électeurs, et nous ...mes même tous éligibles.

Ce sont là des droits que nous avons acquis par suite de la conversion de ...cien gouvernement en République française.

La République française, de laquelle nous tenons ces droits, est donc le gouvernement qui nous est le plus avantageux; il faut donc la conserver.

A cet effet, il faut que les Représentants de nos départements à l'Assemblée nationale soient d'un républicanisme éprouvé ou à l'épreuve, et capables de ...ttre la France au premier rang des nations et le peuple français au premier ...ng des peuples.

Il y a environ quarante-deux ans que je suis parti du village du département du ...s-de-Calais où je suis né le 9 février 1793, et où j'ai passé seulement mes ...ouze ou treize premières années d'existence, pendant lesquelles j'ai commencé ...es études littéraire, agricole, commerciale, et à connaître les besoins ou les pri...tions de nos campagnards.

Je suis allé, en 1806, continuer mes études à Boulogne-sur-Mer, où j'ai commencé à servir l'État et à étudier la navigation, l'administration, enfin l'art de ...érir, études que j'ai ensuite perfectionnées dans nos principaux ports militaires, Anvers en 1811, à Brest en 1814, à Toulon en 1834, et à Paris à diverses ...oques.

J'ai servi jadis pendant plus de vingt-cinq ans, durant lesquels j'ai fait d'assez ...mbreux voyages et vu des contrées européennes et coloniales différentes, qui ...'ont mis à même d'apprendre mieux encore la navigation, l'administration, le ...mmerce et la médecine, et qui m'ont fait connaître les nombreuses améliora...ons que l'on pouvait introduire en France et dans les colonies françaises, parmi ...s villageois et nos citadins, et parmi nos soldats, nos marins et nos ouvriers ou ...availleurs de tous sexes, de tous âges et de toutes classes.

Aujourd'hui je me crois donc capable de rendre les plus grands services à no...e patrie, surtout d'une manière générale. Je puis assurément indiquer à tous ...s compatriotes les moyens qu'ils ont à employer 1° pour conserver leur santé ...t leur vie, 2° pour leur éducation physique, morale et intellectuelle, 3° pour ...ur prospérité et pour celle de la République française, 4° pour leur perfection ...u perfectionnement, et 5° pour leur bonheur.

Depuis longtemps, et surtout depuis 1815, j'aurais pu faire jouir mes compa...riotes d'une grande partie de tous ces avantages, si 1° j'avais eu une meilleure ...onfiance dans ma manière de voir, et si 2° j'avais été mieux secondé par les ...ersonnes auxquelles je me suis adressé à cet effet, et surtout à celui de conser...er la France au premier rang des nations et le peuple français au premier rang des peuples.

En effet, j'avais écrit, à cet effet :

1° En 1815, de Brest, à Napoléon, avant la bataille de Waterloo, mot très-significatif pour moi, ce qu'il fallait principalement qu'il fît pour être plus sûrement vainqueur; mais, pour trois motifs que voici, je n'ai pas fait partir cette lettre, 1° parce que j'ai pensé qu'elle ne lui parviendrait, peut-être, point, 2° parce que j'ai estimé que, s'il la recevait, il n'y aurait aucun égard, c'est-à-dire qu'il ne ferait point ce que je lui indiquais, et 3° parce que je suis tombé malade avant de l'avoir mise au net; les événements m'ont prouvé que *j'y voyais bien;*

2° En 1822, j'ai encore écrit, de Brest, à Louis XVIII et à son ministre de la marine; mais celle de mes lettres qui regardait personnellement Louis XVIII pour la conservation de son existence, mise au net, ne lui a pas été envoyée, parce que je suis parti pour le Brésil (Amérique méridionale), comme chirurgien-major de la frégate *la Magicienne*, avant d'avoir pu la lui expédier; ce qui démontre que j'y voyais encore bien, c'est que peu de temps après notre arrivée au Brésil, on nous a annoncé sa mort; en écrivant celle du susdit ministre, j'avais pensé au salut de notre armée de terre: à cette époque, j'avais aussi écrit sur l'hygiène navale ou pour la conservation de nos marins;

3° En 1827, j'ai écrit, de Brest et de Paris, à Charles X; je n'ai pu avoir aucune relation ni avec lui, ni avec aucun membre de sa famille; je lui ai dédié alors mon travail manuscrit sur l'hygiène navale, et j'ai offert vainement, en 1830, au ministre de la marine la deuxième partie de ce travail, qui portait sur l'hygiène de nos ports et de nos arsenaux, ou pour la conservation de nos soldats, de nos marins, de nos ouvriers et même de tous les habitants de ces localités; je lui avais proposé précédemment, en 1825, l'admission des officiers de santé de deuxième classe à la table de l'état-major des navires, ce qu'ils ont obtenu un peu plus tard; j'ai proposé encore à mon commandant, de 1823 à 1824, les tables et les bancs dont se servent nos matelots pour faire leurs repas dans les batteries de nos navires de guerre, et dont ils pourraient se servir encore pour leur instruction; j'ai proposé, dans le travail hygiénique précité, l'ouverture des hublots à bord des vaisseaux; le placement de verres lenticulaires ouvrant comme des verres de montre dans les ponts, surtout dans ceux des petits navires; des latrines inodores partout; un appareil d'aération pour nos bâtiments, analogue à peu près à celui de la transmission du gaz pour l'éclairage; des tentes diversement peintes contre le soleil et la pluie; des poêles contre le froid et l'humidité; la modification ou la conversion des cuisines, des fours, des soufflets des forges de nos navires en moyens d'aération dans tous nos bâtiments, etc., etc.;

4° Et, depuis 1832, je me suis adressé, de Brest, de Toulon et de Paris, à Louis-Philippe, à MM. les pairs, les députés et les ministres secrétaires d'État de France, mais sans avoir pu obtenir d'aucun d'eux d'audience particulière ni de rendez-vous, car on ne peut pas regarder comme tels la remise de mon travail sur l'instruction publique, faite inopinément à MM. Guizot et Thénard; mais je leur ai 1° offert ou 2° envoyé de nombreuses améliorations manuscrites ou imprimées à réaliser; 1° parmi les premières se trouvaient mes précédents travaux sur l'hygiène, étendus presque à tout l'univers, travail qui ne différait de celui qu'on a mis à exécution, lors de l'épidémie du choléra, en 1832, que parce que, consistant surtout en moyens physiques et mécaniques, il devait être d'une durée plus prolongée que les moyens de propreté et chimiques qu'on a employés pendant l'épidémie susénoncée; une organisation du travail faite pendant les troubles de la ville de Lyon, lors de la révolution de 1830; 2° parmi les secondes doivent être signalées une lettre ou un mémoire manuscrit de 50 à 55 pages, adressée à M. Thiers, lorsqu'il était ministre des affaires étrangères, et qui était destinée à tirer la France de l'embarras dans lequel elle était alors, mais il m'a dit qu'il ne l'avait point vue; une autre lettre adressée à la Chambre des pairs, lors du procès de Louis-Napoléon, que j'ai défendu ainsi à son insu, et dans laquelle j'ai indiqué les moyens que nous avions à employer pour vivre plus à notre aise dans les hautes régions de l'air, dans la profondeur des eaux, à travers les flammes lors des incendies, et sous terre, dans les houillères, carrières et lieux souterrains quelconques; il y est fait mention d'un soufflet pneumatique pour rappeler les asphyxiés à la vie; ce soufflet est composé de deux soufflets réunis ensemble, mais distincts; il est pourvu de quatre soupapes, deux pour chaque soufflet et disposées de manière à ne laisser qu'entrer et sortir l'air que doivent recevoir lesdits soufflets, et cet air, quand on ouvre ou on remplit le soufflet en activité, arrive des poumons dans l'un des soufflets, et de l'extérieur dans l'autre; quand on ferme ou vide le soufflet, l'air venu des poumons est projeté par le moyen de l'une des deux soupapes à l'extérieur, et celui arrivé de l'extérieur est projeté en même temps dans les poumons également par l'intermédiaire d'une de ces deux soupapes; les deux autres soupapes produisent donc l'effet contraire; on continue à faire agir le soufflet pneumatique ainsi tant que l'exige l'affection morbide du malade; cet instrument est bien de mon invention, cependant il aurait pu être inventé par d'autres que par moi; mais personne, au moins que je sache, ne l'a fait encore exécuter pour le salut de l'humanité souffrante; j'ai disposé de même une seringue qui peut servir pour les poumons, l'estomac, etc., etc.; enfin, parmi les dernières lettres envoyées, on peut remarquer encore deux lettres imprimées, l'une sur les attributions du conseil d'État, et l'autre sur la prospérité commune de la France et des colonies françaises; on n'a pas eu égard à ces diverses améliorations jusqu'à ce jour, mais l'on peut encore aujourd'hui utiliser ces avis avec avantages.

J'ai donc acquis, par mon expérience ou le temps passé, la conviction qu'il ...ait, à l'effet susénoncé, que j'approchasse le Gouvernement français, et même ...'en fisse partie; car, en outre, en effet, sous les quatre gouvernements précédents et à l'époque de l'existence de leur plus grande prospérité, il me semble que la divine providence m'a appelé à les éclairer, à leur dire ce qu'il fallait qu'ils fissent pour réaliser le bonheur public et se conserver; et, comme je n'ai point pu les approcher assez près et assez longtemps à cet effet, ils ont conséquemment succombé prématurément.

La divine providence me paraît m'appeler aujourd'hui à éclairer, à instruire notre nation elle-même pour prévenir un aussi fâcheux résultat: je me rends donc très-volontiers à cette très-importante et très-honorable mission.

Et d'abord il faut que nos ministres donnent des audiences au public autrement que par lettres d'audience ou de rendez-vous, afin qu'on puisse leur faire mieux connaître les dangers, les périls qui menacent l'État ou la République française, car c'est cette manière d'agir, sous les gouvernements précédents, qui a été une des plus grandes causes de leurs pertes prématurées.

Ensuite vous êtes appelés à contribuer à nommer, cette année 1848, par votre vote libre et indépendant, trente-quatre Représentants à l'Assemblée nationale: vous devez vous acquitter de cet important devoir avec exactitude et connaissance de causes, ou faire des choix utiles.

Enfin je vous prie tous d'avoir la bonté de me désigner ainsi, avec liberté et indépendance, comme un de vos susdits Représentants à l'Assemblée nationale, pour que j'aie la faculté de voir tous les membres du Gouvernement de la République française, pour leur parler, leur écrire avec succès, dans l'intention de réaliser mes nombreuses améliorations en faveur de nos compatriotes qui habitent la terre, qui vivent sur la mer, qui leur fournissent l'une et l'autre leurs moyens d'existence, et pour faire naître, s'il est possible, dans tout le territoire, l'air et les eaux de la République française, comme l'on dit allégoriquement, l'âge d'or.

Mes améliorations, ci-dessus résumées d'une manière générale, portant sur toutes les classes de notre population, je ne parlerai d'aucune d'elles en particulier; et, pour qu'on ne puisse pas crier à la corruption, je ne ferai personnellement aucune promesse ni aucune offre à qui que ce soit à ce sujet; il faut donc qu'on s'en rapporte à ma probité politique à cet égard; mais on peut être persuadé que je continuerai à me comporter en homme d'honneur.

Je me borne donc aussi à dire que c'est parce que, seul, j'ai désiré qu'on réalisât ces améliorations, que depuis vingt-cinq ans je suis très-contrarié, qu'on m'a occasionné un grand préjudice ou un dommage considérable que je continuerai à faire réparer par nos tribunaux civils de Paris, conformément aux articles 59 du code de procédure civile et 1149, 1382, 1383, 1384 du code civil, ou d'après les articles 1, 2, 3 du code d'instruction criminelle, et 55, 60, 114, 117, 140, 148, 100, 301, 302, 303 du code pénal, les lois n'ayant point d'effets rétroactifs; je suis obligé de faire connaître ces faits pour préserver d'erreurs graves en ce moment les personnes qui demanderaient des renseignements sur mon compte à mes adversaires.

Nos tribunaux ont accordé assez récemment 1,500 fr. de provision à madame Lugardi pour plaider contre son mari; 6,000 fr. à l'Administration de l'un de nos théâtres pour plaider contre mademoiselle Plessy Arnould, qui a été condamnée à lui payer 100,000 fr. de dommages-intérêts; 4,000 fr. au comte Léon pour plaider contre sa mère, et 3,000 fr. à madame Petit (de Corbeil) pour plaider contre son mari; or je suis dans le même cas que toutes ces personnes-là; je demanderai donc aussi la moyenne de ces diverses provisions pour plaider contre mes adversaires.

Ces améliorations manuscrites ou imprimées susénoncées ont donc été adressées par moi aux gouvernements précédents, ou au moins à leurs délégués ou employés; quelques-unes furent aussi envoyées au lieutenant général Bugeaud, à Toulon, lorsqu'il fut nommé gouverneur général de l'Algérie; d'autres furent expédiées, de Toulon à Marseille, à l'inspecteur général du service de santé de l'armée de terre, M. Moizin, qui m'a dit ne les avoir point reçues; j'ai assurément, comme vous voyez, la priorité de leur proposition, ou au moins d'une grande partie d'elles; d'autres personnes ne peuvent pas les réaliser sans les recevoir de moi ou sans me les prendre et faire un ou plusieurs plagiats.

Or, vos votes devant être libres et indépendants jusqu'à l'élection définitive de vos Représentants à l'Assemblée nationale, ils ne peuvent donc pas encore être engagés définitivement envers qui que ce soit à ce sujet; il en est de même des votes de nos soldats et de nos marins employés dans nos armées de terre et de mer, et de ceux qui n'y sont pas occupés; enfin des ouvriers ou travailleurs employés dans nos places fortes ou nos arsenaux, et de ceux qui n'y sont pas occupés.

J'en appelle donc consciencieusement à vous tous, *citadins, campagnards*, soldats, marins, ouvriers ou travailleurs, électeurs et éligibles du département de la Seine, pour qu'il vous plaise de me désigner librement et indépendamment comme un de vos trente-quatre Représentants à l'Assemblée nationale, à cause des services que j'ai rendus ou voulu rendre.

Ensuite j'ai l'honneur de vous faire connaître ci-dessous ma profession de foi politique :

En outre de ce que je vous ai dit précédemment pour le bonheur de nous tous, je suis pour notre patrie avant tout, pour la consolidation de la République française, pour le maintien des justes arrêts du Gouvernement provisoire, pour la conservation de nos droits électoraux ou la reconnaissance de la souveraineté de la nation, de notre éligibilité à l'Assemblée nationale, de notre égalité surtout devant la loi, de toutes nos libertés légales, liberté individuelle, liberté religieuse ou de tous les cultes, liberté de l'enseignement, liberté de la presse, de tous les droits de la nation et des nôtres, de son indépendance et de la nôtre, de l'ordre à l'intérieur, sans lequel il n'y a pas de prospérité pour la République française; de la considération à l'extérieur, sans laquelle il n'y a pas de bonheur pour la nation française; d'une paix toujours honorable;

Je suis aussi pour la réunion immédiate de toutes les colonies françaises et même d'Alger à la France, à l'instar de nos départements; pour la conciliation de tous les intérêts, l'extinction du paupérisme par de sages combinaisons intellectuelles, et surtout par le travail des ouvriers ou travailleurs des deux sexes, dont le salaire sera fixé d'un commun accord entre les maîtres et les ouvriers ou travailleurs par une tierce commission;

Je suis encore pour l'affranchissement immédiat et facile des noirs, en faisant assurer leurs moyens d'existence libre et indépendante par les colons, à qui ils continueraient à rendre des services par suite d'une convention passée loyalement par une commission spéciale entre l'affranchi et son patron ou maître: par exemple, on estimerait la valeur de l'affranchi à 1,200 fr. ou 2,400 fr., d'une part; et le salaire qu'il doit recevoir à 300 ou 600 fr. par an, selon sa valeur, d'autre part; en outre, il aurait la nourriture, l'entretien et le logement; et sur ces 300 ou 600 fr. de salaire il laisserait 150 ou 200 fr. par an à son patron ou à son maître, pour s'acquitter, avec lui, de son affranchissement; si l'affranchi voulait quitter son ex-propriétaire, il le pourrait assurément, puisqu'il est libre; mais alors la susdite convention serait passée avec le nouveau patron ou maître de l'affranchi, dont les moyens d'existence seraient ainsi assurés et dont la redevance susénoncée serait payée à l'ancien propriétaire du noir par le nouveau colon;

Je suis surtout pour que nous ayons des armées de terre et de mer assez fortes, assez bien organisées et assez bien instruites pour conserver l'influence et le respect qui sont dus à notre nation par les autres nations, sans lesquels il n'y a pas de paix éternellement durable; je suis pour qu'on accorde la préférence et une valeur raisonnable aux productions de nos agriculteurs, de nos pêcheurs, de nos chasseurs, de nos travailleurs de tous sexes, de tous âges et de toutes professions, sans lesquelles on ne peut point maintenir le numéraire en France et le crédit de ces personnes; je suis pour qu'on établisse des ateliers nationaux de toute espèce, surtout pour les ouvriers qui ne peuvent pas se procurer de travail ailleurs, et pour qu'on crée des débouchés pour la vente des marchandises de tous les commerçants de France et des colonies françaises;

Je suis enfin pour l'admission de tous les Français aux emplois publics qu'ils peuvent remplir; pour la juste appréciation de la rémunération de leurs services ou de leurs appointements, solde ou salaire, soit pendant, soit après leur activité;

En définitive, je suis pour le rejet improbateur de toutes les atteintes portée... illégalement et injustement par des personnes, quelles qu'elles soient, contr... d'autres personnes et leurs propriétés, et contre tout ce qui est et sera illég... et injuste.

En conséquence, je prie nos compatriotes à qui cette lettre sera adressé... d'avoir la bonté de la rendre publique autant que possible, en la faisant placarde... sur les portes des maisons communes et sur celles des églises, ou au moins prè... d'elles, si elle en est susceptible, ou de la faire imprimer dans les journaux de l... localité.

VIVE LA RÉPUBLIQUE FRANÇAISE!

SALUT ET FRATERNITÉ.

A. WATBLED.

PARIS. — IMPRIMERIE DE Mme Ve BOUCHARD-HUZARD, RUE DE L'ÉPERON, 7.

RÉPUBLIQUE FRANÇAISE

LIBERTÉ, ÉGALITÉ, FRATERNITÉ

COMITÉ ÉLECTORAL DE JOIGNY

Séance à 8 heures du soir, salle de Spectacle.

CITOYENS,

Le 4 Juin, de nouvelles élections auront lieu dans notre département par suite de l'option de Cormenin et Marie pour celui de la Seine. L'arrondissement de Joigny est donc appelé à nommer deux Représentants à l'Assemblée nationale, et particulièrement à remplacer Cormenin.

Pour s'entendre sur le choix du candidat qui réunira le plus de sympathies, et pour le proposer aux autres arrondissements, une réunion préparatoire est nécessaire.

Vous comprenez trop bien, Citoyens, vos droits et vos intérêts pour refuser vos lumières et votre concours en pareille circonstance. Nous y comptons.

VIVE LA RÉPUBLIQUE!

JOIGNY, IMPRIMERIE DE VEUVE ZANOTE. — MAI 1848.
1848

AUX ÉLECTEURS DE LA CORSE.

Mes chers Compatriotes,

Des personnes intéressées à faire croire qu'il n'y a pas d'union parmi les membres de ma famille, ont persuadé à mon cousin Napoléon (fils de Jérôme), que Louis Napoléon Bonaparte se mettait encore une fois sur les rangs, après avoir donné sa démission. Je fonde mon jugement sur une lettre que j'ai de Louis Napoléon lui-même, par laquelle je suis en droit de croire que non seulement il ne concoure pas, mais qu'il n'approuve pas même qu'il y ait d'autres représentants de la Corse parmi les membres de ma famille. Au reste mon cousin ne m'ayant pas prévenu de ses nouvelles intentions, tout en sachant que je me suis présenté à vos suffrages, je dois croire nécessairement qu'il ne concoure pas, et ne voir dans le faux bruit qu'on a répandu, que des intentions malveillantes de quelques ennemis de ma famille, qui voudraient contrarier mon élection comme ils ont voulu contrarier celle de mon frère Pierre Napoléon.

J'espère par conséquent, mes chers concitoyens, que vous saurez faire justice de cet esprit d'intrigue et de malveillance, et que vous ne changerez pas vos sentiments à mon égard, en m'accordant l'honneur insigne de pouvoir vous représenter à l'assemblée nationale.

Bastia, le 12 septembre 1848.

Louis-Lucien BONAPARTE.

Ajaccio. — Imp. G. Marchi.

Bastia, le 19 septembre 1848.

Le citoyen abbé Nicolai qui, depuis l'abdication du prince Louis, se présentait aux suffrages de ses concitoyens pour la représentation nationale, a obtenu 209 suffrages dans la ville de Bastia, sur neuf-cent et quelques votans.

Le citoyen Nicolai rencontrait, devant lui, dans la lice électorale deux candidats dont le nom a le glorieux privilège d'être révéré sous la République comme sous l'Empire.

Le résultat obtenu par l'abbé Nicolai est un véritable triomphe, car l'on peut être battu par un Bonaparte, et avoir encore des titres à la gloire.

Profondément touché de l'éclatant témoignage d'estime qui lui a été donné par les habitants de Bastia, il les prie d'agréer ses vifs et sincères remercîments.

Salut et fraternité.

L'Abbé NICOLAI.

Bastia, — Imprimerie Fabiani.

NOTICE BIOGRAPHIQUE
sur le citoyen F.-V. Raspail,
et nommé à la Représentation nationale dans le département de la Seine

Le nom du citoyen Raspail est un de ceux qui jouissent, à juste titre, d'une immense popularité. Son savoir, aussi bien que son patriotisme, sont connus dès longtemps. Républicain, il a fait ses preuves à toutes les époques de sa vie, il s'est montré l'un des plus zélés défenseurs de la cause démocratique. Savant, il s'est acquis par de longs travaux, une réputation que les efforts de l'envie ont été impuissants à attaquer. Personne n'ignore les luttes acharnées qu'il a eu à soutenir contre la faculté de médecine de Paris qui avait épousé la querelle de M. Orfila, son doyen, avec lequel Raspail s'est trouvé plus d'une fois en dissidence d'opinion, notamment lors du célèbre procès Lafarge. Malgré les odieuses vexations auxquelles il était en butte, le citoyen Raspail a continué la publication de son Manuel hygiénique, ouvrage mis à la portée de toutes les classes de la société, tant par la modicité de son prix, que par la simplicité de la méthode indiquée pour le traitement. Mais c'était peu de la haine vouée à Raspail par le corps médical, et des procès qu'on lui a intentés sur des prétextes plus spécieux que fondés; les principes républicains, et les gages irrécusables de sympathie et de fidélité, qu'il a donnés à son parti, le rendirent l'objet de tracasseries continuelles, de la part des agents du pouvoir, sous le règne du dernier roi. On multiplia contre lui les injustices et les persécutions; tous les moyens furent mis en œuvre pour lui nuire. Cependant, comme il fut impossible à ses détracteurs, de même qu'à ses ennemis politiques de contester ses talents, la médecine des familles obtint un succès aussi prodigieux que mérité.

La révolution de Février 1848 vint distraire Raspail de ses travaux scientifiques, l'aurore républicaine le trouva debout, prêt, comme par le passé, à se dévouer aux intérêts du pays. Ses amis songèrent à lui décerner le mandat de représentant, juste récompense d'un libéralisme éprouvé. Toutefois, bien qu'il eût obtenu lors des élections du 22 avril, bon nombre de suffrages, soit à Paris, soit dans les départements. Le résultat du scrutin ne l'appela point à la chambre. Le 15 mai arriva, un coup de main fut dirigé contre l'Assemblée nationale. Raspail, accusé d'avoir pris une part active aux évènements de cette journée, et arrêté avec Barbès, Albert et Blanqui, fut transféré au donjon de Vincennes, où il attend encore le jugement qui doit l'absoudre ou le condamner. Notre tâche n'est pas d'entreprendre sa justification; qu'on nous permette pourtant de regretter la division fatale qui s'est glissée dans les rangs des républicains et dont s'applaudissent les partisans de la royauté. Nous hâtons de tous nos vœux le terme d'une détention préventive, qui a déjà duré quatre mois. L'instruction se poursuit, mais nous espérons que lorsque la justice aura fait son devoir, on se souviendra des combats soutenus contre le despotisme par les hommes du 15 mai; ils ont été jadis les martyrs de la royauté; que le voile tombe sur un instant d'erreur! La République, qui a déjà épargné les séïdes du pouvoir déchu, restera fidèle à ses maximes généreuses, et pardonnera à Raspail et à ses co-accusés.

Aujourd'hui même, le département du Rhône vient de signaler par une éclatante manifestation, ses opinions démocratiques, en nommant pour son représentant le citoyen Raspail, en remplacement du citoyen Lortet, démissionnaire depuis plusieurs mois. Les patriotes de Lyon et du département espèrent que Raspail acceptera le mandat qui lui est décerné par leurs nombreux suffrages, et que méritent, à tous égards, son immense talent et son républicanisme éprouvé.

LE TRIOMPHE DE L'AMI DU PEUPLE.

Air de *la Lisette de Béranger*.

Partisans de la République,
Le succès couronne nos vœux,
Et les soutiens du parti monarchique
Ont vu tromper leurs projets odieux.
Contre Raspail la fureur de l'envie
Armait en [illegible] tous ses traits médisants;
De [illegible] et noble vie
Peut défier des complots impuissants. (Bis)

Amis, chantons en chœur
Un nom cher à la France;
Oublions la souffrance
Pour sourire au bonheur.
D'un rayon d'espérance
Brille enfin la lueur
Chantons le nom vainqueur (Bis)
Du zélé défenseur
De notre indépendance.

Jeune encore, son patriotisme
Hautement s'était révélé;
Sa voix tonnait contre le despotisme:
Du sol natal il se vit exilé.
Pour s'enrichir d'autres ont pu descendre
A mendier de l'or et des faveurs;
Lui, pauvre et fier, refusa de se vendre:
Il dédaigna les trésors corrupteurs.

Amis, etc.

Ennemi de la tyrannie
Qui voulait usurper nos droits;
Bon citoyen, pour venger la patrie,
Il combattit les esclaves des Rois.
Par la souffrance et sous le poids des chaînes
L'homme de cœur ne fut point abattu;
Dans les prisons, pour alléger ses peines,
A ses côtés il trouvait la vertu.

Amis, etc.

En tout temps, il prit la défense
Du peuple dont il est l'appui.
Sur son courage et sur son éloquence
Tout notre espoir se repose aujourd'hui.
Nous entendrons sa voix à la tribune
Trouver encor des accents inspirés;
Du travailleur il peindra l'infortune,
Et défendra vos droits chers et sacrés.

Amis, etc.

Ecoutez... le scrutin proclame
Un beau nom longtemps attendu.
Noble *Raspail*! le pays te réclame;
A nos désirs, oui tu seras rendu.
L'Ami du Peuple! élu par nos suffrages
Et délivré de la captivité,
Viendra bientôt donner des nouveaux gages
De son amour pour notre liberté.

Amis, etc.

Lyon. Impr. Rodanet et Comp. rue de l'Archevêché, 3

Lith. Clappié R. de Jussieu 21 Lyon

NOTICE BIOGRAPHIQUE sur le citoyen F.-V. Raspail,

Actuellement détenu à Vincennes.

Le nom du citoyen Raspail est un de ceux qui jouissent, à juste titre, d'une immense popularité. Son savoir, aussi bien que son patriotisme, sont connus dès longtemps. Républicain, il a fait ses preuves à toutes les époques de sa vie, il s'est montré l'un des plus zélés défenseurs de la cause démocratique. Savant, il s'est acquis par de longs travaux, une réputation que les efforts de l'envie ont été impuissants à attaquer. Personne n'ignore les luttes acharnées qu'il a eu à soutenir contre la faculté de médecine de Paris qui avait épousé la querelle de M. Orfila, son doyen, avec lequel Raspail s'est trouvé plus d'une fois en dissidence d'opinion, notamment lors du célèbre procès Lafarge. Malgré les odieuses vexations auxquelles il était en butte, le citoyen Raspail a continué la publication de son Manuel hygiénique, ouvrage mis à la portée de toutes les classes de la société, tant par la modicité de son prix, que par la simplicité de la méthode indiquée pour le traitement. Mais c'était peu de la haine vouée à Raspail par le corps médical, et des procès qu'on lui a intentés sur des prétextes plus spécieux que fondés; les principes républicains, et les gages irrécusables de sympathie et de fidélité, qu'il a donnés à son parti, le rendirent l'objet de tracasseries continuelles, de la part des agents du pouvoir, sous le règne du dernier roi. On multiplia contre lui les injustices et les persécutions; tous les moyens furent mis en œuvre pour lui nuire. Cependant, comme il fut impossible à ses détracteurs, de même qu'à ses ennemis politiques de contester ses talents, la médecine des familles obtint un succès aussi prodigieux que mérité.

La révolution de Février 1848 vint distraire Raspail de ses travaux scientifiques, l'aurore républicaine le trouva debout, prêt, comme par le passé, à se dévouer aux intérêts du pays. Ses amis songèrent à lui décerner le mandat de représentant, juste récompense d'un libéralisme éprouvé. Toutefois, bien qu'il eût obtenu lors des élections du 22 avril, bon nombre de suffrages, soit à Paris, soit dans les départements. Le résultat du scrutin ne l'appela point à la chambre. Le 15 mai arriva, un coup de main fut dirigé contre l'Assemblée nationale. Raspail, accusé d'avoir pris une part active aux évènements de cette journée, et arrêté avec Barbès, Albert et Blanqui, fut transféré au donjon de Vincennes, où il attend encore le jugement qui doit l'absoudre ou le condamner. Notre tâche n'est pas d'entreprendre sa justification; qu'on nous permette pourtant de regretter la division fatale qui s'est glissée dans les rangs des républicains et dont s'applaudissent les partisans de la royauté. Nous hâtons de tous nos vœux le terme d'une détention préventive, qui a déjà duré quatre mois. L'instruction se poursuit, mais nous espérons que lorsque la justice aura fait son devoir, on se souviendra des combats soutenus contre le despotisme par les hommes du 15 mai; ils ont été jadis les martyrs de la royauté; que le voile tombe sur un instant d'erreur! La République, qui a déjà épargné les séïdes du pouvoir déchu, restera fidèle à ses maximes généreuses, et pardonnera à Raspail et à ses co-accusés.

Nous rappellerons, en terminant cette notice, que le 6 juin dernier, lors des élections qui ont eu lieu à Paris, pour combler le vide laissé dans l'Assemblée par plusieurs représentants démissionnaires, et par les nominations doubles ou multiples, le citoyen Raspail a réuni 71,977 suffrages, à cette époque, il était déjà incarcéré.

L'ESPERANCE DU TRAVAILLEUR.

AIR : *De la prophétie de Nostradamus.*

Quand février régénérant la France.
D'un soleil pur fit briller la clarté,
Dans tous les cœurs un rayon d'espérance.
Vint présager bonheur et liberté!
De son destin le triste prolétaire
Crut voir alors changer enfin le cours :
Le travailleur en proie à la misère
Devait bientôt connaître d'heureux jours.

Un roi trompeur, parjura ses promesses.
Pour l'entourer d'un ramas de flatteurs :
Des intrigants avides de richesses,
De l'artisan exploitaient les sueurs.
Le trône, un jour, roula dans la poussière,
Et l'on vit fuir les vils sergents de cour....
Le travailleur en proie à la misère
Devait bientôt connaître d'heureux jours.

Nous l'avons vu ce peuple magnanime
Que le mensonge a longtemps outragé,
Donner au monde un exemple sublime :
Deux fois vainqueur, il ne s'est pas vengé.
Le fier lion a dompté sa colère;
Avec douceur il demande secours.
Le travailleur en proie à la misère
Doit-il bientôt connaître d'heureux jours.

Après six mois, l'ère républicaine,
N'a point encore porté ses fruits heureux.
Dans nos cités la discorde et la haine
Ont fait couler bien du sang généreux.
Funeste sort des enfants de la terre!
Sur des malheurs faut-il gémir toujours!
Le travailleur en proie à la misère
Doit-il bientôt connaître d'heureux jours?

Mettons un terme à nos luttes civiles,
Nos ennemis en ont trop profité!
Pour rendre enfin leurs efforts inutiles,
Unissons-nous dans la fraternité;
Formons des vœux pour un temps plus prospère.
A nos désirs les cieux ne sont point sourds...
Le travailleur en proie à la misère
Pourra bientôt connaître d'heureux jours.

Représentants! au nom de la patrie!
Acquittez-vous d'un noble et saint devoir;
D'un peuple entier, lorsque la voix vous prie,
Songerez-vous à remplir son espoir?
Organisez et l'œuvre et le salaire;
La faim nous presse, et nos maux sont bien lourds!
Du travailleur soulagez la misère;
Qu'il puisse enfin connaître d'heureux jours.

Lyon. — Impr. Rossary et Comp., rue de l'Archevêché, 2.

RÉPUBLIQUE FRANÇAISE

LIBERTÉ, ÉGALITÉ, FRATERNITÉ

MAIRIE DU 10E ARRONDISSEMENT DE PARIS

ÉLECTIONS

COMPLÉMENTAIRES

DES

REPRÉSENTANTS DU PEUPLE

à l'Assemblée Nationale

Les anciennes cartes électorales étant annulées, il en sera délivré de nouvelles à tous les Électeurs.

Ces nouvelles cartes sont prêtes, et les Électeurs peuvent dès à présent, de 8 heures du matin à 6 heures du soir, se présenter à la Mairie pour les retirer. Il leur sera remis en même temps un bulletin en blanc pour y écrire leur vote.

Les Électeurs ne seront admis dans leur section qu'en présentant leur carte et munis de leur bulletin.

Ce bulletin, écrit ou imprimé, doit être préparé d'avance, afin que, à leur entrée dans la salle, les Électeurs n'aient plus qu'à déposer leur vote. Cette mesure est indispensable à la rapidité et à la sûreté des élections.

Pour rendre le dépouillement du scrutin plus facile et plus prompt, il est à désirer que les noms portés sur les bulletins soient dans l'ordre alphabétique.

C'est le Dimanche 17 et le Lundi 18 septembre que les Électeurs du département de la Seine nommeront les trois Représentants du Peuple qui doivent compléter la députation du département de la Seine à l'Assemblée Nationale. Le scrutin, chaque jour, ouvert à six heures du matin, sera fermé à six heures du soir.

Les Électeurs du 10e Arrondissement voteront, suivant leur quartier et la Lettre initiale de leur nom, dans les Locaux ci-après désignés :

QUARTIER DES INVALIDES

1re Section. A, B, C, D, rue Saint-Dominique, 188, aux Ecoles, 1re Salle.
2e — E, F, G, H, I, J, K, L, rue Saint-Dominique, 188, aux Ecoles, 2e Salle.
3e — M, N, O, P, Q, R, S, T, U, V, W, X, Y, Z, aux Jeunes Aveugles, boulevard des Invalides, 32.

QUARTIER S.-THOMAS

4e Section. A, B, C, à l'école de Filles, rue du Bac, 109.
5e — D, E, F, G, rue Plumet, 33, chez les Frères.
6e — H, I, J, K, L, aux Incurables, rue de Sèvres, 54, 1er réfectoire.
7e — M, N, O, P, aux Incurables, rue de Sèvres, 54, 2e réfectoire.
8e — Q, R, S, T, U, V, W, X, Y, Z, aux Ménages, rue de Sèvres, 26.

QUARTIER S.-GERMAIN

9e Section. A, B, C, à l'école des ponts-et-chaussées, rue des Saints-Pères, 24.
10e — D, E, F, G, au Conseil d'Etat, rue de Lille, 64.
11e — H, I, J, K, L, M, à l'Académie de Médecine, rue de Poitiers, 8.
12e — N, O, P, Q, R, S, T, U, V, W, X, Y, Z, à la Cour des Comptes, rue de Lille, 64.

QUARTIER DE LA MONNAIE

13e Section. A, B, C, à l'Institut, salle des séances publiques, sous le dôme.
14e — D, E, F, G, à l'Institut, grande cour, 1re salle.
15e — H, I, J, K, L, M, à l'Institut, grande cour, 2e salle.
16e — N, O, P, Q, R, S, T, U, V, W, X, Y, Z, à l'Ecole des Beaux-Arts, chapelle Sixtine.

Au surplus, et comme indication plus précise, la carte de chaque Électeur porte la désignation du lieu où il doit aller voter.

Nous recommandons avec instance, au nom de la République, au nom de l'ordre social, à tous les Électeurs de se rendre dans leurs sections respectives, afin de prendre part aux élections, suivant leur droit et leur devoir.

En Mairie, le 9 septembre 1848.

La Municipalité provisoire du 10e Arrondissement,

ELZ. ROGER, Maire.

EM. LE DIEN,
PELTIER, Adjoints.

Imprimerie d'E. Duverger, rue de Verneuil, n. 4.
1848

Pour éviter les erreurs et les doubles emplois résultant de la division des Sections de vote, par rues et fractions de rues, comme aussi pour rendre les Sections numériquement plus égales, on les a divisées par ordre alphabétique de noms dans chaque quartier.

En conséquence, les Électeurs se rendront, pour voter, dans chacune des Sections de leurs quartiers respectifs ci-dessous indiquées, suivant les lettres initiales de leurs noms.

1e QUARTIER DU LUXEMBOURG.

1re *Section*, A, B, rue Notre-Dame-des-Champs, 9 (salle du rez-de-chaussée).
2e *Section*, C, D, rue Notre-Dame-des-Champs, 9 (salle du 3e étage).
3e *Section*, E, F, G, H, I, J, K, rue de Fleurus, à la brasserie.
4e *Section*, L, M, rue Madame (école communale).
5e *Section*, N, O, P, Q, R, rue Jean-Bart (école communale).
6e *Section*, S, T, U, V, W, X, Y, Z, rue Férou (au séminaire).

2e QUARTIER DE L'ÉCOLE-DE-MÉDECINE.

7e *Section*, A, B, C, rue du Pont-de-Lodi, 2 (école communale).
8e *Section*, D, E, F, G, rue des Grands-Augustins, 6 (école communale).
9e *Section*, H, I, J, K, L, M, à l'École de Médecine (grand amphithéâtre).
10e *Section*, N, O, P, Q, R, S, T, U, V, W, X, Y, Z, à l'École de Médecine (2e amphithéâtre).

3e QUARTIER DE LA SORBONNE.

11e *Section*, A, B, C, rue des Poirées (salle des concours).
12e *Section*, D, E, F, G, rue des Grès, 11 (au rez-de-chaussée).
13e *Section*, H, I, J, K, L, M, rue des Grès, 11 (1er étage).
14e *Section*, N, O, P, Q, R, S, T, U, V, W, X, Y, Z, rue Racine, 10 (école communale).

4e QUARTIER DU PALAIS-DE-JUSTICE.

15e *Section*, au palais de justice (salle de la 3e chambre). *Ce quartier ne forme qu'une Section.*

Le scrutin sera ouvert le dimanche **17** septembre, de **6** heures du matin à **6** heures du soir; il sera repris le lundi **18**, à **6** heures du matin, et clos définitivement, le même jour, à **6** heures du soir.

Les Électeurs, avant d'entrer dans la salle d'élection, devront avoir rédigé leurs bulletins de vote, afin qu'il n'y ait plus qu'à recevoir ces bulletins; cette mesure est indispensable pour la rapidité des élections.

Paris, le 10 Septembre 1848.

Le Maire du XIe arrondissement,

BUCHÈRE, adjoint.

Imprimerie de madame veuve BOUCHARD-HUZARD, rue de l'Éperon, 5.

République Française.

LIBERTÉ, ÉGALITÉ, FRATERNITÉ.

MUNICIPALITÉ DU XIe ARRONDISSEMENT.

ÉLECTION

DE

Trois Représentants du Peuple

POUR COMPLÉTER LA DÉPUTATION DU DÉPARTEMENT DE LA SEINE.

L'arrêté du Président du Conseil des Ministres chargé du pouvoir exécutif, en date du 23 août dernier, ayant fixé cette Élection au 17 septembre courant, les citoyens habitant le 11e arrondissement de Paris, qui ne sont pas encore portés sur la liste électorale, sont invités à se présenter à la Mairie, rue Garancière, n° 10, jusqu'au 14 courant, à minuit, pour se faire inscrire.

Les anciennes cartes ne pourront pas servir, et la distribution des nouvelles cartes aura lieu,

Pour les quartiers	**du LUXEMBOURG, de L'ÉCOLE-DE-MÉDECINE, de LA SORBONNE,**	*à la Mairie;*
Pour le quartier	**du PALAIS-DE-JUSTICE,**	*au palais de justice, 5e chambre.*

REPUBLIQUE FRANÇAISE.

LIBERTÉ, ÉGALITÉ, FRATERNITÉ.

MAIRIE DE BELLEVILLE.

ÉLECTIONS

DE

3 REPRÉSENTANS DU PEUPLE

A L'ASSEMBLÉE NATIONALE.

Vu l'arrêté du Président du Conseil des Ministres, chargé du Pouvoir Exécutif, en date du 23 Août courant, portant que les Assemblées Electorales du Département de la Seine seront convoquées pour le 17 Septembre courant, à l'effet de nommer trois Représentants du Peuple ;

Vu l'arrêté du Citoyen Représentant du Peuple, Préfet de la Seine, en date du 25 Août dernier, qui appelle à concourir à cette Election, les citoyens inscrits sur les Listes Electorales de ce Département;

Vu les articles 4 et 5 portant que le tableau de rectification sera clos le 6 Septembre, à minuit et publié le lendemain 7, et que les réclamations seront reçues du 7 au 14 Septembre, à minuit.

ARRÊTE :

Article premier. Les Electeurs qui étaient absens de leur domicile lors du Recensement qui vient d'être opéré, pourront se présenter à la Mairie, pour réclamer leur inscription sur la Liste Générale, jusqu'au 6 Septembre, à minuit.

Art. 2. Les réclamations seront reçues depuis le 7 jusqu'au 14 Septembre, à minuit.

Art. 3. Des arrêtés ultérieurs feront connaître : 1° Le jour où les cartes individuelles seront distribuées aux Electeurs. 2° La division en Sections des Assemblées Electorales. Et 3° les lieux où les Electeurs se rendront pour voter.

Belleville, le 2 Septembre 1848.

Le Président de la Commission Municipale,

CHAUMONT.

Belleville.—Imprimerie de GALBAN, rue de Paris, 10. maison à Paris, passage du Caire, 80.

RÉPUBLIQUE FRANÇAISE,

LIBERTÉ, ÉGALITÉ, FRATERNITÉ.

MAIRIE DE CLICHY.

ÉLECTION

DE

TROIS REPRÉSENTANTS DU PEUPLE.

Le Maire de Clichy,

Vu l'arrêté du Citoyen Sous-Préfet de l'arrondissement de Saint-Denis, en date du 2 Septembre 1848, approuvé par le Citoyen Représentant du Peuple, Préfet de la Seine, le 7 du même mois, disposant que la Commune de Clichy formera la 7me section électorale du canton de Neuilly;

ARRÊTE :

ARTICLE PREMIER. Il sera formé à Clichy UNE SECTION ELECTORALE UNIQUE composée des Electeurs de cette Commune.

ART. 2. La RÉUNION aura lieu dans les SALLES DES ECOLES COMMUNALES.

ART. 3. Le SCRUTIN sera ouvert le **17** Septembre, depuis SIX heures du matin jusqu'à SIX heures du soir.

Il sera continué, le lendemain **18**, à SIX heures du matin, et clos à SIX heures du soir.

Le dépouillement commencera le **19** Septembre, à SEPT heures du matin.

Tous les citoyens inscrits sur la liste électorale, affichée à la Mairie depuis le 7, et qui sera close définitivement le 14 à minuit, sont invités à se rendre avec exactitude à la section pour y prendre part à la nomination des Représentants du Peuple. Ceux qui s'en abstiendraient manqueraient à leur devoir.

Les cartes seront délivrées aux Electeurs, à la Mairie, à partir du 15, de six heures du matin à six heures du soir. Ils y recevront également des bulletins de vote.

Le Maire rappelle qu'aux termes des instructions du Gouvernement provisoire, en date du 8 Mars dernier, les électeurs devront, avant leur entrée dans la salle d'assemblée, rédiger ces bulletins, afin qu'il n'y ait plus qu'à faire l'appel et recevoir lesdits bulletins. Cette mesure est indispensable pour la rapidité et la sûreté des élections.

ART. 4. Le présent arrêté sera soumis à l'approbation de l'autorité supérieure.

Fait à Clichy, le 12 Septembre 1848.

Le Maire,
Signé : A. FOUQUET.

Vu et approuvé par nous, Sous-Préfet de l'arrondissement de Saint-Denis, ce 12 Septembre 1848.

Signé : CRUVEILHER.

RÉPUBLIQUE FRANÇAISE

LIBERTÉ, ÉGALITÉ, FRATERNITÉ.

Mairie de Belleville.

ÉLECTION

DE

TROIS REPRÉSENTANTS DU PEUPLE.

Vu l'arrêté du Président du Conseil des Ministres, chargé du Pouvoir exécutif, en date du 23 Août dernier ;

Vu l'instruction du Gouvernement Provisoire, en date du 8 Mars dernier, et l'arrêté du Citoyen Sous-Préfet de St-Denis, en date du 2 Septembre courant ;

Vu les arrêtés du Citoyen Préfet de la Seine, des 23 Août dernier et 6 Septembre courant :

Article 1er. La Liste des Electeurs sera close le 14 Septembre, à minuit, et aucune inscription ne sera reçue après cette époque.

Art. 2. Les Cartes et les Bulletins de Vote seront délivrés dans chacune des Circonscriptions indiquées plus bas, *les 15 et 16 Septembre, de six heures du matin à dix heures du soir.*

Art. 3. Le Scrutin sera ouvert :

Le 17 Septembre, à six heures du matin et suspendu à six heures du soir, heure à laquelle les boîtes qui renfermeront les Votes seront closes et scellées pour être ouvertes le lendemain.

Le 18 Septembre, le Scrutin sera continué à six heures du matin et clos à six heures du soir. Il devra s'écouler une heure entre la fin du réappel des Electeurs qui n'auront pas voté et la clôture de la séance qui est fixée à six heures, comme il vient d'être dit.

Les boîtes seront closes et scellées pour être réouvertes au moment précis où commencera le dépouillement, c'est-à-dire, le 19 Septembre, à sept heures du matin.

Art. 4. Chaque Electeur, selon la Circonscription à laquelle il appartient, devra se rendre au bureau désigné sur sa Carte électorale, *muni de son Bulletin de Vote, écrit à l'avance*, c'est à la fois son droit et son devoir.

Art. 5. Les bureaux sont établis ainsi qu'il suit :

SECTION A (Circonscription de la 1re Compe). *Boulev. du Combat*, 33.

Comprenant : rue Arago, impasse Boucher, chemin des Carrières, impasse Charraud, boulevard du Combat, cité Saint-Chaumont, boulevard de la Chopinette, passages des Faucheurs, Kuszner, impasse Saint-Laurent, rues St-Laurent du no 1 au 29 inclus et du 2 au 58, Lauzin entière, de Meaux, de Paris du no 1 au 29 inclus, du Puits, du Renard, Richer, Vincent entière.

SECTION B (Circonscription de la 6e Compagnie), *Rue de Paris*, 22.

Comprenant : boulevards de Belleville, des Couronnes, rues Caroline, Dénoyez, des Envierges, de l'Orillon, impasse de l'Orillon, rues des Montagnes, Napoléon, cité Napoléon, rues Piat, de Paris du no 2 au 104, de Tourtille, du Théâtre.

SECTION C (Circonscription de la 8e Compagnie). *Rue Levert*, 21.

Comprenant : rue des Arts, boulevard des Couronnes de la rue Ménilmontant à celle Napoléon, rues des Couronnes, Constantine, impasse des Célestins, passages Deschamps, d'Isly, rues Ménilmontant du no 1 au 69, du Pressoir, impasse Ronce.

SECTION D (Circonscription de la 5e Compagnie), *Rue de la Mare*, 27.

Comprenant : boulevard des Amandiers de l'angle de la rue Ménilmontant à la rue des Amandiers, rue des Amandiers en tout ce qui appartient à Belleville, impasse des Amandiers, cité Borey, rues de la Chine, des Cendriers, impasse des Carrières, rues du Chaudron, Delaitre, Duris, impasse Houdart, rue Juillet, impasse Louis, rues Ménilmontant du no 2 au 138 inclus, Monplaisir, impasse Milcent, rues Mogador, des Panoyaux, impasse des Panoyaux, chemin des Partants, rue du Ratrait, passages des Rosiers, Rivière, impasses Saumon, Touzet.

SECTION E (Circonscription de la 3e Compe). *Rue de La Villette*, 28.

Comprenant : rue des Allouettes passage des Buttes, rues Barthélemy, des Ballettes, buttes St-Chaumont, cité Florentine, rue Fessart, impasse Fessart, rues St-Laurent du no 31 au 91 et du 50 au 94, des Moulins, cité Moquet, rue de Paris du no 31 au 127, Pradier, de La Villette.

SECTION F (Circonscription de la 7e Compagnie), *à la Mairie*.

Comprenant : rues des Annelets, de Beaune, place de l'Eglise, impasse de l'Eglise, rues Ste-Geneviève, de la Place, Louvain, des Mignottes, de Paris du no 129 au 239, du Pré du no 1 au 7 et du no 2 au 16, des Solitaires, Thierry.

SECTION G (Circonscription de la 4e Compagnie), *Rue de la Mare*, 27.

Comprenant : rues des Cascades, de l'Hermitage, de Guignez, Levert, de la Mare, Saint-Martin, Ménilmontant du no 71 au 125, de Paris du no 106 au 202, des Rigoles.

SECTION H (Circonscription de la 2e Compagnie), *Rue de Paris*, 259.

Comprenant : carrières de l'Amérique, rues Basse-Saint-Denis, des Bois, du Bois-d'Orme, de Bellevue, Beauregard, de Bagnolet, de Charonne, impasse des Chevaliers, rue de Calais entière, place des Communes, rues Saint-Denis entière, de la Duée, Saint-Fargeau, de la Fontaine, des Lilas, Ménilmontant du no 127 à la route de Bagnolet et du 140 à ladite route, passage Monténégro, rues des Pavillons, du Parc, route de Pantin, rues du Pré du no 9 à la route Stratégique et du no 20 à ladite route, de Romainville, route Stratégique, rue des Tourelles, place des Trois-Communes, rues du Télégraphe, de Vincennes.

Fait en Mairie, le 10 Septembre 1848.

Le Président de la Commission Municipale,

CHAUMONT.

Belleville. — Imprimerie de GALBAN, maison à Paris, Passage du Caire, 89.
1848

RÉPUBLIQUE FRANÇAISE,

LIBERTÉ, ÉGALITÉ, FRATERNITÉ.

MAIRIE DE CLICHY.

ÉLECTIONS

A L'ASSEMBLÉE NATIONALE.

AVIS.

Le Maire rappelle à ses Concitoyens que, conformément à l'arrêté du Citoyen Représentant, Préfet de la Seine, en date du 25 Août dernier, la liste rectifiée des Electeurs de la Commune, qui doivent nommer 3 Représentants le 17 de ce mois, a été close hier, à minuit.

Les réclamations contre la teneur de cette liste, qui vient d'être affichée à la porte d'entrée de la Mairie, seront reçues au Secrétariat, à partir de ce jour, de 9 heures du matin, à 4 heures du soir, jusqu'au 13 courant, et le 14, jusqu'à minuit.

Ce délai passé, aucune réclamation ne pourra être admise, et le Maire espère que chaque Citoyen profitant de cet avertissement, ne négligera pas de s'assurer l'exercice de son droit.

Fait à la Mairie de Clichy, le 7 Septembre **1848.**

Le Maire,

A. FOUQUET.

REPUBLIQUE FRANÇAISE.

LIBERTÉ, ÉGALITÉ, FRATERNITÉ.

DÉPARTEMENT DE LA SEINE.

ARRONDISSEMENT ET CANTON DE SAINT-DENIS.

COMMUNE DE LA CHAPELLE.

ÉLECTIONS

DE

3 REPRÉSENTANTS DU PEUPLE

AVIS.

Le Président de la Commission Municipale de La Chapelle prévient ses Concitoyens que l'Assemblée Electorale du Canton de Saint-Denis a été divisée en sections, dont l'une est à La Chapelle pour les Electeurs de la Commune.

En conséquence, tous les Citoyens, inscrits sur la Liste des Electeurs, sont avertis de se rendre, *ainsi que c'est leur droit et leur devoir*, à l'Hôtel de la Mairie, salle d'Audience, pour prendre part à l'Election de Trois Représentants du Peuple.

Le Scrutin sera ouvert le Dimanche 17 Septembre, à six heures du matin, et suspendu à six heures du soir, pour être continué le Lundi 18, à six heures du matin, et clos à six heures du soir.

Le 19, le Dépouillement des Votes aura lieu à sept heures du matin.

Les Bulletins des Electeurs devront être rédigés avant leur entrée dans la salle. (Ils seront remis aux Electeurs dans les Bureaux de la Mairie, à compter du 12 Septembre, chaque jour, de huit heures du matin à neuf heures du soir, et le 16 Septembre, jusqu'à minuit. Les Electeurs recevront en même temps leurs Cartes, et ils sont instamment priés de ne pas attendre au dernier moment pour venir les retirer.)

Pour éviter la confusion et faciliter l'opération du Vote, les Electeurs sont invités à se présenter par groupe de noms, en suivant l'ordre alphabétique, et, autant que possible, aux heures indiquées ci-après, savoir :

Le Dimanche 17, les Electeurs dont les noms commencent par les lettres

A. A six heures du matin.
B. A sept heures du matin.
C. A huit heures du matin.
D. A neuf heures du matin.

E. F. A dix heures du matin.
G. H. I. J. K. A onze heures du matin.
L. A midi.
M. A une heures du soir.

N. O. A deux heures du soir.
P. Q. A trois heures du soir.
R. S. A quatre heures du soir.
T. U. V. X. Y. Z. A cinq heures du soir.

Les Electeurs qui, pour une cause quelconque, n'auraient pu se présenter à l'heure indiquée par la lettre initiale de leur nom, déposeront leur Bulletin le Lundi 18, de six heures du matin à six heures du soir.

***La Chapelle*, *le* 10 *Septembre* 1848.**

LAVALLEY.

Belleville.—Imprimerie le GALBAN, rue de Paris, 10. maison à Paris, passage du Caire, 80.

RÉPUBLIQUE FRANÇAISE.

LIBERTÉ, ÉGALITÉ, FRATERNITÉ.

MAIRIE DE LA VILLETTE.

ÉLECTION

DE

3 REPRÉSENTANTS DU PEUPLE

POUR COMPLÉTER LA DÉPUTATION DE LA SEINE A L'ASSEMBLÉE NATIONALE.

AVIS.

Le Maire de La Villette, Président de la Section Electorale principale de cette Commune;

Vu l'arrêté du Représentant du Peuple Préfet de la Seine, en date du 25 Août dernier, et relatif aux Elections à faire pour compléter la Députation du département de la Seine à l'Assemblée Nationale;

Vu l'arrêté pris le 2 Septembre courant par le Sous-Préfet de Saint-Denis, et portant entr'autres dispositions : 1° que La Villette forme la 5e Section électorale du canton de Pantin, et 2° que les Sections générales pourront être subdivisées en 2, 3, ou 4 Sections, selon que l'opportunité en sera reconnue par le Maire Président de la Section principale;

Prévient ses Concitoyens que les Electeurs de La Villette seront divisées en deux Sections qui procéderont simultanément, et dans des locaux différents, à l'Election de 3 Représentants du Peuple qui seront choisis sans aucune condition de cens ni de domicile, parmi les Electeurs âgés de **25 ans**, et non judiciairement interdits ou suspendus de l'exercice des droits civiques.

LIEUX DES REUNIONS DES SECTIONS.

La 1re Section, composée des Electeurs dont le nom commence par l'une des lettres *A, B, C, D, E, F, G* se réunira dans le Préau de l'Ecole des Filles, place de l'Hôtel-de-Ville.

Et la 2me Section, composée des Electeurs dont le nom commence par les lettres *H, I, J, K, L, M, N, O, P, Q, R, S, T, U, V, X, Y, Z,* se réunira dans la Salle d'Asile, Préau de l'Ecole des Garçons, place de l'Hôtel-de-Ville.

Le Maire de La Villette invite les Citoyens Electeurs à se rendre exactement à leur assemblée respective pour prendre part à la nomination des 3 Représentants qui doivent compléter la Députation du département de la Seine à l'Assemblée Nationale, et il les engage tous à user de leurs droits électoraux.

Les Cartes seront délivrées à chaque Electeur dans les Bureaux de la Mairie, les 15 et 16 Septembre courant: elles pourront aussi être remises pendant la durée du Scrutin, qui aura lieu les 17 et 18 Septembre.

Des Bulletins, convenablement disposés pour recevoir les noms des 3 Représentants à nommer, seront délivrés dans les Bureaux de la Mairie aux Electeurs qui, pour faciliter les opérations, pourront les remplir et les porter prêts à être déposés dans l'urne préparée dans chaque Bureau pour les recevoir.

L'emploi de ces Bulletins n'étant pas obligatoire, tout Citoyen Electeur pourra les remplacer, soit par une Liste imprimée, soit par des Bulletins sur papier de couleur ou tous autres.

Aux termes de l'arrêté du Préfet de la Seine, en date du 6 Septembre courant, le Scrutin sera ouvert le 17 Septembre, à six heures du matin, et suspendu à six heures du soir; le 18 Septembre, le Scrutin sera continué à six heures du matin, et clos à six heures du soir.

Le 19 Septembre, à sept heures du matin, commencera le dépouillement.

Fait en Mairie de La Villette, le 12 Septembre 1848.

Le Maire : **ANTHOINE-PRÉLARD.**

Belleville.—Imprimerie de GALBAN, rue de Paris, 10. maison à Paris, passage du Caire, 69.

1848

REPUBLIQUE FRANÇAISE

LIBERTÉ, ÉGALITÉ, FRATERNITÉ.

Mairie de La Villette.

AVIS.

Le Maire de La Villette prévient ses Concitoyens, qu'aux termes de l'arrêté du Préfet de la Seine, en date du 25 Août dernier, les réclamations contre la teneur de la Liste Électorale ne peuvent être reçues que jusqu'au 14 Septembre, à minuit, il invite donc les Citoyens qui par leur âge et leur domicile, doivent être portés sur cette liste, et n'y figurent pas encore, à réclamer avant le 14 Septembre, à minuit, contre l'omission qui aurait pu être faite.

Aucune addition ou rectification ne pouvant plus être faite passé le 14 Septembre, le Maire ne saurait trop engager ses Concitoyens, à s'assurer avant ce délai, s'ils sont inscrits sur la Liste Électorale, et il leur recommande d'une manière toute spéciale, de se mettre en mesure d'user de leurs droits électoraux.

Fait en Mairie de La Villette, ce 10 Septembre 1848.

Le Maire,

ANTHOINE-PRÉLARD.

Belleville — Imprimerie GALBAN, rue de Paris 40; maison à Paris passage du Caire, 89.

RÉPUBLIQUE FRANÇAISE.

Liberté, Egalité, Fraternité.

MAIRIE DE MONTMARTRE.

ELECTION

DE

TROIS REPRÉSENTANTS DU PEUPLE

Pour compléter la Députation de la Seine à l'Assemblée Nationale.

Les Electeurs de la commune sont prévenus que l'on votera à la Mairie, en quatre sections, divisées par ordre alphabétique comme suit :

La 1re section, A B C, votera dans la salle du Bureau de Bienfaisance.

La 2e section, D E F G, votera dans la salle de l'Ecole des Garçons.

La 3e section, H I J K L M N O, votera dans la salle d'Asile.

La 4e section, P Q R S T U V W X Y Z, votera dans la salle de l'Ecole des Filles.

Les citoyens sont priés de venir retirer leurs CARTES électorales, ainsi que les BULLETINS de vote.

Nous saisirons cette occasion de rappeler à tous que c'est pour le droit électoral et pour le suffrage universel que nous avons si longtemps combattu.

C'est sur l'exercice consciencieux de ce droit que reposent toutes les garanties d'ordre, de liberté et de prospérité. Ne pas user de ce droit, serait manquer à un des devoirs les plus sacrés du citoyen; aussi espérons-nous que tous les Electeurs voudront contribuer au complément de la députation de la Seine à l'Assemblée Nationale.

MONTMARTRE, le 12 Septembre 1848.

Le Maire,

PAUL DE VEIGNY.

Montmartre. Imprimerie PILLOY frères et Ce, boulevard Pigale, 48.

Comité Électoral
DU XIe ARRONDISSEMENT.

CITOYENS,

Le Comité électoral du XIe Arrondissement va reprendre ses séances publiques pour entendre les Candidats à l'Assemblée nationale. Ces séances auront lieu au grand Amphithéâtre de l'École de médecine, à 8 heures précises du soir,

Le Mercredi 6 septembre,
Le Vendredi 8 idem,
Le Mardi 12 idem.

Conformément à l'article 13 du Règlement, ne pourront être entendus dans les séances générales que les Candidats appuyés dans les réunions particulières du Comité.

MM. les Candidats sont priés d'adresser une demande, dans le plus bref délai, à l'un des Vice-Présidents, rue Hautefeuille, 10, et rue du Battoir-Saint-André, 26.

Le Président, **AMB. BUCHÈRE.**

Typographie Panckoucke, rue des Poitevins, 14.

Samedi 16 Septembre 1848

10 *heures du matin.*

Les Electeurs de la Seine, réunis au palais de la Bourse, pour fixer leur choix définitif sur trois Candidats, dans le but unique d'éviter la division des suffrages sur un trop grand nombre de concurrents, quelqu'honorables qu'ils fussent d'ailleurs, ont arrêté leur choix sur les trois noms suivants:

Benjamin DELESSERT Fils.

BUGEAUD.

Achille FOULD.

Les Electeurs ont compris que, dans une circonstance aussi grave, chacun devait faire le sacrifice de ses sympathies et de ses affections personnelles.

Imprimerie centrale des Chemins de fer, de NAPOLÉON CHAIX ET Cie, rue Bergère, 8, près le boulevart Montmartre.

SOCIÉTÉ CENTRALE DE LA BANQUE IMMOBILIÈRE.

ÉLECTEURS,

Nous nous empressons de vous informer que la Société a, dans sa séance du 14 courant, complété la liste de ses candidats à l'Assemblée nationale, qui reste définitivement fixée comme suit :

E. BLANC, ENTR. DE ROULAGE, **BENJAMIN DELESSERT** FILS, **MARCHAL DE CALVI.**

Nous vous recommandons avec instance ces trois candidatures.

Le projet au succès duquel nous nous sommes dévoués ne peut trouver de défenseurs plus utiles et plus éclairés.

Réunissons tous nos efforts pour appeler à l'Assemblée nationale, trois représentans qui contribueront à faire réussir une organisation du crédit foncier destinée à imprimer un actif essor au travail, à l'industrie, et à rendre à la propriété sa véritable valeur.

SALUT ET FRATERNITÉ,

Les Membres du Bureau représentant le Comité :

TAUXIER, *Président;*
COCHIN, VILCOQ, ROGRON, CROPEZ, *Vice-Présidens;*
PASQUIER, CHIBON, DALLERET, BARRE, CORMIER, *Secrétaires;*
FAURE, *Trésorier,* rue de Lancry, 12.

Réunion générale et extraordinaire samedi 16 septembre 1848, à une heure,
Salle et rue Montesquieu, entrée publique et gratuite.

1848

Paris.—Imprimerie de BOULÉ, rue Coq-Héron, 3.

Monsieur,

Nous nous empressons de vous informer que la Société centrale (se réunissant chaque samedi, salle Montesquieu à une heure) a, dans sa séance du 14 courant, complété la liste de ses candidats à l'Assemblée nationale, qui reste définitivement fixée comme suit :

MM. **E. BLANC**, entrepreneur de roulage.

Benjamin DELESSERT fils.

MARCHAL, de Calvi.

Nous vous recommandons avec instance ces trois candidatures.

Le projet au succès duquel nous nous sommes dévoués ne peut trouver de défenseurs plus utiles et plus éclairés.

Réunissons tous nos efforts pour appeler à l'Assemblée nationale trois représentans qui contribueront à faire réussir une organisation du crédit foncier, destinée à imprimer un actif essor au travail, à l'industrie, et à rendre à la propriété sa véritable valeur.

Agréez, monsieur, l'expression de nos sentimens distingués.

Les membres du bureau représentant le comité :

MM. TAUXIER, président.
COCHIN, vice-président.
VILCOQ, id.
ROGRON, id.
CROPEZ, id.
PASQUIER, secrétaire.
CHIBON, id.
DALLERET, id.
DARRE, id.
CORMIER, id.
FAURE, trésorier, 12, rue de Lancry.

Paris — Imprimerie de ... rue ...

ELECTIONS POUR L'ASSEMBLEE NATIONALE

CANDIDATS

de la Société centrale de la Banque immobilière

E. BLANC ENTREPRENEUR DE ROULAGE

MARCHAL DE CALVI

Les Membres de la Société, réunis en assemblée générale le 8 courant, rue et salle Montesquieu, après avoir entendu tous les Candidats qui se sont présentés, ont, à l'unanimité, *moins trois voix*, réunis leurs suffrages sur les citoyens *E. BLANC* et *MARCHAL DE CALVI*. — Ils ont arrêté que ces Candidats, devenus ceux de la Société, seraient publiquement signalés au choix de tous les Électeurs qui comprennent que l'ORGANISATION DU CRÉDIT FONCIER EST NOTRE ANCRE DE MISÉRICORDE.

***Au point de vue politique.*—Les principes professés par les citoyens E. BLANC et MARCHAL DE CALVI sont ceux d'hommes qui savent allier l'ORDRE et le PROGRÈS.**

***Au point de vue spécial de l'Organisation du Crédit foncier.* — Le vote presqu'unanime de l'assemblée dit assez ce qu'on a le droit d'attendre des connaissances, de l'énergique conviction et de la capacité avérée de ses Candidats.**

Aidons-nous, le Ciel nous aidera.

Les Membres du Bureau : MM. TAUXIER, président, rue d'Arcole, 2; COCHIN, VILCOQ, ROGRON et CRAPEZ, vice-présidents; PASQUIER, CHIBON, DALLERET, BARRE, CORMIER, secrétaires; FAURE, trésorier, rue de Lancry, 12.

Imprimerie de J. FREY, rue Croix-des-Petits-Champs, 33.

Les lettres doivent être adressées franco au Secrétariat, rue de Seine, 39.

REPUBLIQUE FRANÇAISE.

DÉPARTEMENT DE LA SEINE.

COMITÉ ELECTORAL CENTRAL

DU COMMERCE ET DE L'INDUSTRIE,

Au Conservatoire de Musique, rue Bergère, N° 12.

CANDIDATS A L'ASSEMBLÉE NATIONALE.

ROGER (DU NORD), Ancien Député.

ACHILLE FOULD, Ancien Député.

EDMOND ADAM, Secrétaire général de la Préfecture de la Seine.

CITOYENS,

Long-temps ému du choc terrible qui vient d'ébranler jusque dans sa base l'édifice social, le pays doit enfin renaître à la confiance! Aujourd'hui il connaît sa force; il sait qu'un seul gouvernement est raisonnable et possible : la République intelligente et sage dont les fondements reposent sur le respect de la famille et de la propriété.

Son plus ferme appui est dans le concours dévoué des classes éclairées, son salut est dans le bon sens des populations.

Au milieu des calamités d'une crise longue et pénible, une consolation nous est permise; *l'avenir nous appartient tout entier*; il nous dédommagera des déceptions du passé; il nous récompensera des sacrifices présents; ayons donc foi dans l'avenir!

Sans cesser de veiller au maintien de l'ordre, appelons l'oubli sur de trop funestes égarements. La justice a parlé, l'humanité peut se faire entendre! Invoquons la concorde entre tous les membres de la grande famille dont l'union seule peut assurer le bien-être. *Que celui qui possède vienne en aide à celui qui ne possède pas*, en lui facilitant les moyens d'obtenir, par le travail, une existence possible. L'égoïsme est toujours honteux, mais aujourd'hui que la prospérité de la France dépend du dévouement commun à la République, l'égoïsme serait une odieuse lâcheté!

Notre premier soin, Citoyens, doit être de ranimer par tous nos efforts l'action du commerce, principale source de la richesse des nations; mais la défiance tue l'industrie. Soyons donc unis pour faire prévaloir, dans les élections générales et partielles, les principes de moralité et de progrès qui rappelleront la confiance.

Interdisons à jamais l'accès de la tribune parlementaire à ces doctrines insensées et perturbatrices, en fixant invariablement notre choix sur des hommes d'ordre et de talent, sans distinction de parti.

L'indifférence en matière d'élections, la négligence à remplir le plus important devoir du citoyen, pourraient seules amener le désordre et l'anarchie.

Résumons toutes les nuances d'opinions dans un sentiment commun, l'amour de la patrie; c'est ainsi que sera assuré en tout temps *le triomphe de la raison et de l'équité*.

Un comité électoral central vient d'être organisé pour tout le département de la Seine, sous le patronage spécial du commerce et de l'industrie.

Il n'admet aucune exclusion parmi les candidats, mais il ne reconnaît qu'un seul principe, le maintien d'une République *généreuse et ferme au dedans, grande et forte au dehors, dépositaire loyale et fidèle des droits et des intérêts de tous*.

franco au Secrétariat,
rue de Seine, 39.

RÉPUBLIQUE FRANÇAISE.

Les lettres doivent être
franco au Secrétariat,
rue de Seine, 39.

DÉPARTEMENT DE LA SEINE.

COMITÉ ELECTORAL CENTRAL

DU COMMERCE ET DE L'INDUSTRIE,

Au Conservatoire de Musique, rue Bergère, N° 12.

CANDIDATS A L'ASSEMBLÉE NATIONALE.

EDMOND ADAM, Secrétaire général de la Préfecture de la Seine.

ACHILLE FOULD, Ancien Député.

ROGER (DU NORD), Ancien Député.

CITOYENS,

Long-temps ému du choc terrible qui vient d'ébranler jusque dans sa base l'édifice social, le pays doit enfin renaître à la confiance! Aujourd'hui il connaît sa force; il sait qu'un seul gouvernement est raisonnable et possible : la République intelligente et sage dont les fondements reposent sur le respect de la famille et de la propriété.

Son plus ferme appui est dans le concours dévoué des classes éclairées, son salut est dans le bon sens des populations.

Au milieu des calamités d'une crise longue et pénible, une consolation nous est permise; l'avenir nous appartient tout entier; il nous dédommagera des déceptions du passé; il nous récompensera des sacrifices présents; ayons donc foi dans l'avenir!

Sans cesser de veiller au maintien de l'ordre, appelons l'oubli sur de trop funestes égarements. La justice a parlé, l'humanité peut se faire entendre! Invoquons la concorde entre tous les membres de la grande famille dont l'union seule peut assurer le bien-être. *Que celui qui possède vienne en aide à celui qui ne possède pas*, en lui facilitant les moyens d'obtenir, par le travail, une existence possible. L'égoïsme est toujours honteux, mais aujourd'hui que la prospérité de la France dépend du dévouement commun à la République, l'égoïsme serait une odieuse lâcheté!

Notre premier soin, Citoyens, doit être de ranimer par tous nos efforts l'action du commerce, principale source de la richesse des nations; mais la défiance tue l'industrie. Soyons donc unis pour faire prévaloir, dans les élections générales et partielles, les principes de moralité et de progrès qui rappelleront la confiance.

Interdisons à jamais l'accès de la tribune parlementaire à ces doctrines insensées et perturbatrices, en fixant invariablement notre choix sur des hommes d'ordre et de talent, sans distinction de parti.

L'indifférence en matière d'élections, la négligence à remplir le plus important devoir du citoyen, pourraient seules amener le désordre et l'anarchie.

Résumons toutes les nuances d'opinions dans un sentiment commun, l'amour de la patrie; c'est ainsi que sera assuré en tout temps le triomphe de la raison et de l'équité.

Un comité électoral central vient d'être organisé pour tout le département de la Seine, sous le patronage spécial du commerce et de l'industrie.

Il n'admet aucune exclusion parmi les candidats, mais il ne reconnaît qu'un seul principe, le maintien d'une République *généreuse et ferme au dedans, grande et forte au dehors, dépositaire loyale et fidèle des droits et des intérêts de tous.*

NÈVE-MARGUERY.
RIGLET.
ALPHONSE GIROUX.
L'ingénieur CHEVALIER.

COUDER (de l'Institut).
ALLEGRI, banquier.
COTTEREAU, chimiste.

Paris, le 1er septembre 1848.

CANDIDATS

DE

LA GARDE NATIONALE.

Fusion des partis. — Point de division.

Nommons les trois candidats qui, aux élections du 8 juin, ont obtenu le plus grand nombre de voix :

Emile de Girardin,	**70,508** Voix.	*LIBERTE.*
Horace Say,	**66,303**	*ÉCONOMIE.*
Achille Fould,	**61,674**	*CRÉDIT.*

Imprimerie centrale des chemins de fer, de NAPOLEON CHAIX et Cie, rue Bergère, 20, près le boulevart Montmartre

COMITÉ ÉLECTORAL CENTRAL

de l'Agriculture, du Commerce et de l'Industrie.

PAS DE COMMUNISTES!

La République modérée. L'Ordre dans la Liberté. Respect à la Famille et à la Propriété.

Candidats à l'Assemblée nationale.

Achille FOULD
ROGER, du Nord
Edmond ADAM

Imprimerie BONAVENTURE et DUCESSOIS, 55, quai des Augustins.

VOTONS

AVEC ENSEMBLE!

La Société industrielle et commerciale de Paris adopte et recommande pour Candidats à la députation du département de la Seine :

Ed. ADAM.

A. FOULD.

ROGER (du Nord).

Imprimerie centrale des Chemins de fer, de NAPOLÉON CHAIX ET Cie, rue Bergère, 8, près le boulevart Montmartre.

Élections du 17 Septembre 1848.

CANDIDATS
à
L'ASSEMBLÉE NATIONALE.

Ed. ADAM, Secrétaire général de la Préfecture de la Seine.

ROGER (du Nord), ancien Député.

Achille FOULD, ancien Député.

Imprimerie centrale des Chemins de fer, de NAPOLÉON CHAIX et Cie, rue Bergère, 8, près le boulevart Montmartre

AUX

PATRONS ET OUVRIERS

DU COMMERCE

ET DE L'INDUSTRIE.

Candidats à l'Assemblée nationale

ACHILLE FOULD
EDMOND ADAM
CABET

Nous faisons appel à tous les Travailleurs, PATRONS ET OUVRIERS de toutes les industries, pour s'associer à notre exemple et soutenir nos candidats, qui se sont déclarés nos défenseurs et les protecteurs du commerce et de l'industrie à l'Assemblée nationale.

INDUSTRIE DE L'HABILLEMENT.

Lundi 18 septembre, à midi, à la salle Montesquieu,

ASSEMBLÉE GÉNÉRALE

où les Travailleurs de toutes les industries, PATRONS ET OUVRIERS, animés du même esprit que nous, pourront écouter la LECTURE DES STATUTS SOCIAUX, et suivre notre exemple de concorde et d'union pour le bonheur de tous.

« Notre association générale sera la bienfaitrice de tous les Membres de l'industrie, » qui trouveront avec elle le bonheur, la tranquillité, l'honneur du travail, l'aisance, le » respect de la famille et de la propriété, et toutes les garanties de l'avenir. »

Imprimerie centrale des Chemins de fer de NAPOLÉON CHAIX et Cie, rue Bergère, 8.

TRIPLE PROTESTATION

DES

Electeurs Indépendants

CONTRE LA VIOLATION

Des Libertés Nationales.

Louis-Napoléon BONAPARTE (Liberté du vote).

Honneur de la patrie, bonheur du peuple.

Emile THOMAS (Liberté individuelle).

Besoins matériels des classes déshéritées.

Emile DE GIRARDIN (Liberté de la Presse).

Fécondité de la pensée, énergie de la lutte.—Amélioration du sort de tous.

Que ces trois noms sortent de l'urne électorale, car ils représentent la dignité, la fermeté et l'indépendance du pays. Ils garantissent l'espoir d'une République sérieuse, libre et progressive.

Imprimerie centrale des Chemins de fer, de NAPOLÉON CHAIX et Cie, rue Bergère, 8.

1848

TRIPLE PROTESTATION

DES

ÉLECTEURS INDÉPENDANS

CONTRE LA

VIOLATION

DES

Libertés Nationales.

Louis-Napoléon BONAPARTE (liberté du vote).

Émile THOMAS (liberté individuelle).

Émile DE GIRARDIN (liberté de la presse).

Que ces trois noms sortent de l'urne électorale, car ils représentent la dignité, la fermeté et l'indépendance du pays.

PARIS. — TYPOGRAPHIE DE PLON FRÈRES, 36, RUE DE VAUGIRARD.

1848

CITOYENS!

Plus de Paroles, des Actes.

Plus de vaines Théories, des Faits.

La misère monte, elle nous menace tous; de l'ouvrier, elle arrive à ceux qui l'emploient, elle pèse sur celui qui possède, l'État lui-même est en danger!

Devant de pareils faits, n'hésitez plus! Envoyez à l'Assemblée des hommes dignes, fermes et indépendants, qui sachent ne reculer devant aucun danger!

Nommez Louis-Napoléon BONAPARTE,

qui, appelé librement par le vote de quatre départements, a été repoussé par d'indignes manœuvres, a été qualifié de prétendant, lorsqu'il est cent fois meilleur républicain que ceux qui le déshonoraient ainsi; qui veut à tout prix le respect dû aux lois, le bonheur du peuple, la dignité de la Patrie.

Nommez Emile DE GIRARDIN,

qui, seul dans l'ancienne chambre, a protesté par une noble démission contre l'abus du pouvoir; ce champion infatigable de la liberté de la presse, pour laquelle il a eu sa vie, en danger, sa propriété compromise. Vaincu par la force brutale, il veut recommencer encore à la tribune sa lutte courageuse.

Nommez Emile THOMAS,

qui, pour protester et mettre à la connaissance de tous des actes iniques qui portaient atteinte aux droits de tous, n'a reculé devant aucun discrédit, s'est sacrifié au salut public, à la cause de l'ordre menacé, aux promesses de Février violées.

Ces trois hommes sauront, à l'Assemblée, porter les vœux de tous les citoyens libres et généreux.

Imprimerie centrale des Chemins de Fer, de NAPOLÉON CHAIX ET Cie, rue Bergère, 20, près le boulevart Montmartre.

CITOYENS,

Les rois disaient : Diviser pour régner ; disons, nous : *s'unir pour résister*.

Soyons donc unis ; car, plus que jamais, la résistance est nécessaire. C'est aujourd'hui l'invasion des dynasties, comme en 1814 celle de l'étranger. Les dissensions de nos pères furent le chemin où passa le Cosaque ; que les nôtres ne soient pas le chemin des rois nouveaux !

Soyons donc unis, nous qui voulons entendre encore ce cri de la conquête de Février : *Vive la République !*

Démocrates ou socialistes, ne sommes-nous pas tous Républicains? Sauvons donc la République. Démocrates ou socialistes, ne voulons-nous pas tous la même chose ? combattre le mal social, calmer les plaintes du peuple qui souffre, et conserver ce don le plus grand que Dieu ait fait à l'homme : la liberté.

Et puisque nous poursuivons tous le même but, puisque donc la République démocratique est aussi la République sociale, pourquoi briser par de vaines distinctions de mots notre unité républicaine? Serrons donc nos rangs au lieu de les rompre, et crions : Qui vive ! à l'ennemi.

Candidats du drapeau blanc, suaire du passé, que venez-vous faire dans notre République, sinon la détourner de sa marche au profit de votre roi boiteux?

Candidats orléanistes, Fould, Roger, Boissy, Delessert, Cousin, députés de la chambre corrompue, qui tuiez le peuple sous le vote, qu'osez-vous maintenant demander au peuple?

Et vous aussi, candidat princier, pâle reflet du soleil militaire, que nous voulez-vous? nous rappeler un nom? Le peuple le connaît, ce nom. Ne l'a-t-il pas trouvé, dans ses souvenirs, auprès de la tête géante et brisée de notre première République?

Et vous-même, prince Louis, ne vous connaît-il pas? car votre passé n'est-il pas déjà de l'histoire? et quelle histoire ! N'est-ce donc pas vous qui fûtes capitaine suisse, c'est-à-dire soldat de l'étranger? N'est-ce pas vous qui fûtes *constable* anglais, c'est-à-dire agent de la police de l'étranger? N'est-ce pas vous, qui, par un matin, entrâtes à Strasbourg avec la redingote historique et le chapeau impérial? N'est-ce pas vous qui démontrâtes, là, contre vous-même, cette vérité proverbiale : « l'habit ne fait pas le moine? » car, sire, un tambour arracha vos épaulettes d'empereur et vous brisa l'épée? N'est-ce pas vous qui, plus tard, dans le même appareil, entrâtes à Boulogne, et qui, de la barque qui portait votre usurpation, lançâtes sous le ciel de la patrie, violée par vous, un aigle vivant, emblème des Césars despotiques? N'est-ce pas vous, conquérant échoué, qui tirâtes la balle de votre pistolet sur un soldat, fils du peuple, qui ne criait pas : *Vive l'Empereur?* N'est-ce pas vous qui, devant la Chambre des Pairs, interrogé sur votre affiliation aux sociétés populaires, repoussâtes comme attentatoire *à votre honneur*, ce sont vos termes, le soupçon de toute alliance *avec la fange révolutionnaire des faubourgs*, fange aujourd'hui souveraine, et que votre ambitieuse majesté caresse? N'est-ce pas vous, qui, lorsque Paris, par surprise, vous nomma une première fois son représentant, affichâtes, à chaque angle de ses rues, d'énigmatiques proclamations où se trouvait habilement esquivé le mot République? — C'est donc que vous ne voulez pas la République. Eh bien ! prince, la République ne veut pas de vous.

Citoyens, je le répète une dernière fois, soyons unis ! il n'est pas de tentative réactionnaire qui n'échoue contre notre union. Portons tous les mêmes candidats ; portons des hommes qui n'aient pas besoin d'éloge parce qu'ils n'ont pas de blâme à craindre.

Nommons : GERVAIS (de Caen),
DUPOTY,
EDMOND ADAM.

HENRI GAXIE.

Paris. — Imprimerie CLAYE et TAILLEFER, rue Saint-Benoît, 7.

1848

AUX ÉLECTEURS DU DÉPARTEMENT DE LA SEINE

Citoyens,

Aujourd'hui que de nouvelles élections sont à faire et que déjà pèse sur nous la dure expiation de notre passé électoral, nous devons dire à tous les républicains : Ne faisons plus la faute qui nous a une fois, en partie, perdus. C'est en nous fractionnant que nous avons laissé passer à travers nos rangs éclaircis les ennemis de la République. Tenons donc ferme la hampe du drapeau, et écrivons dessus : Union. Républicains démocrates, républicains socialistes, ne sommes-nous pas tous républicains? Commençons donc par sauver la République. D'ailleurs que signifie cette vaine querelle de mots? Est-ce que la République démocratique n'est pas aussi la République sociale? Est-ce que l'une et l'autre ne sont pas la même gravitation, de ceux qui souffrent, vers des sphères meilleures? Est-ce que l'une et l'autre n'ont pas le même but? Tirer de notre révolution de février les grandes conséquences qu'elle implique, tout faire par le peuple et pour le peuple, apporter au sort des travailleurs les améliorations matérielles et morales qu'il réclame, recueillir leurs plaintes, étudier leurs besoins, chercher les moyens d'y donner satisfaction, enfin procurer à tous les hommes, enfants du même Dieu, fils de la même patrie, la plus grande somme de bonheur qu'il soit possible de leur donner. Nous avons donc tous la même pensée. Qu'importe la manière dont chacun de nous l'exprime? Sommes-nous des Grecs rhéteurs du Bas-Empire pour ainsi disputer quand l'ennemi est à nos portes? Dans cette circonstance, il n'y a qu'un mot à dire : Unité. Soyons donc unis, et défendons par nos communs efforts l'arche sainte de la République contre les envahisseurs de tous les partis. Arrière donc candidats du droit divin, candidats constitutionnels ou de l'empire défunt! Arrière, prétendants mal déguisés! la République est notre propriété, notre droit ; nous ne la laisserons, croyez-le bien, ni attaquer, ni perdre. Nous sommes le faisceau consulaire, emblème de l'actualité : chacune de ses baguettes est facilement destructible, mais il n'est pas de main d'homme, tant forte qu'elle soit, qui brise le faisceau entier. Soyons donc unis, puisque là est le salut! Soyons unis, puisque la patrie a besoin de notre union.

Pour cela, Citoyens, en réservant nos sympathies intimes pour certains hommes, dont les théories évidemment généreuses, mais hâtives ou mal étudiées, jettent l'effroi dans l'esprit de ceux qui ne les ont peut-être pas suffisamment comprises, devons-nous nommer des représentants républicains, républicains éprouvés et de vieille date, mais dont le nom ne soit pas un dissolvant de l'unité républicaine. Car si nous donnons nos suffrages à des hommes purs, il est vrai, d'intentions, mais imprudents dans l'expression de leurs théories et que les masses redoutent, beaucoup de citoyens, par excès de peur, se jetteront dans les bras des monarchistes, quels qu'ils soient, dynastiques blancs, impérialistes. Evitons donc un pareil malheur, le plus grand de ceux que la France républicaine puisse subir, la perte de la République. Nommons donc des hommes dont l'immuable dogme ait été le dogme républicain, éclairés d'études politiques, vieillis dans les luttes et dont le passé garantisse l'avenir. A ce titre, nommons les citoyens :

GERVAIS (de Caen),
DUPOTY,
EDMOND ADAM.

Gervais (de Caen)! Ce nom n'a pas besoin de commentaire. Écrivain de la presse radicalement démocratique et combattant effectif de la liberté, Gervais (de Caen) fut un des prisonniers politiques du dernier règne et paya ainsi par le corps, le courage d'avoir librement pensé et d'avoir, au jour des protestations en armes, suivi partout le saint drapeau du peuple, idole de sa vie.

Dupoty, rédacteur en chef du premier journal qui s'appela *le Peuple*, et qui le servit bien ; Dupoty, blanchi avant l'âge dans la prison où l'envoya la *complicité morale*, cette monstrueuse invention d'Hébert, le ministre tortionnaire de la presse libre.

Edmond Adam, républicain de la veille, combattant de Février, à qui le gouvernement provisoire confia les fonctions difficiles alors d'adjoint au maire de Paris. Edmond Adam, dont les roués dynastiques ont bien compris la signification politique, car ils l'ont, pour diviser à son égard l'opinion républicaine, compris dans leurs listes de candidats. Tactique, Citoyens, qui ne vous trompera pas!

Citoyens, nous vous le répétons au nom de l'unité d'efforts si nécessaire à la conservation de la République, portons nos suffrages sur les citoyens Gervais (de Caen), Dupoty, Edmond Adam. Ces noms, au reste, ne sont-ils pas autrement significatifs de républicanisme que ceux des Fould, Delessert, Roger (du Nord), Cousin, échappés hier des Tuileries dynastiques et qui se jettent aujourd'hui, pour la perdre, dans cette démocratie qu'ils ont dix-huit ans combattue, quand elle tentait de formuler son programme d'existence.

Citoyens, nous vous le disons une dernière fois, la République périra si nous ne restons unis. Car ce sont nos divisions qui ont déjà ouvert la porte aux prétentions antirépublicaines. Ce sont elles qui ont amené l'invasion *gauchiste*, en attendant d'autres invasions plus significatives et plus dangereuses encore. C'est à l'abri de nos luttes personnelles que comptent passer à l'aise les usurpations de race. Citoyens! le souffrirons-nous, et, nous tous qui fondâmes la République, la laisserons-nous aujourd'hui périr sous le venin des scorpions monarchiques?

Et ici un dernier mot à un dernier candidat, mot que nous prononçons avec douleur, car l'homme qu'il va frapper est un homme du nom glorieux ; mais cet homme n'est pas l'ami du peuple. Comment donc veut-il le représenter?

Prince Louis Napoléon, pourquoi nous demander nos suffrages? Quelle promesse faites-vous à la liberté de France? Votre passé est-il donc mort dans votre esprit? Avez-vous déjà oublié que vous étiez naguère encore agent de police anglais? agent de police volontaire ; ce qui est pis, car, prince, la faim ne vous y forçait pas; agent de police contre les manifestations chartistes ; agent de police contre des hommes cherchant leur liberté. Voilà qui vous fûtes en Angleterre! Quel serez-vous en France? et qu'y avez-vous fait quand par deux fois vous y êtes venu? Par deux fois essayer d'étouffer nos artères libres sous le talon de votre botte impériale. A Strasbourg vous étiez un prétendant ; à Boulogne, vous l'étiez encore. Qui nous dit que vous ne l'êtes pas toujours? Seulement, à Boulogne et à Strasbourg, vous tentiez de passer par la fenêtre élevée de l'édifice, parce qu'alors c'était le bon chemin. Aujourd'hui vous voulez entrer par la porte basse de la rue ; mais ici, prenez garde, c'est la porte du peuple. Halte donc à votre ambition, prince Louis : on ne passe pas!

ROGER.

IMPRIMERIE CLAYE ET TAILLEFER, 7 RUE SAINT-BENOÎT.

AUX ÉLECTEURS

DU DÉPARTEMENT

DE LA SEINE

à ceux qui ne veulent

NI DÉMAGOGIE NI RÉACTION

CITOYENS,

Les gouvernements périssent quand ils exagèrent ou infirment le principe de leur institution.

C'est par l'exagération de son principe que tomba la Convention Nationale; c'est par l'infirmation du sien, c'est-à-dire par la réaction, que tomba la dynastie de Juillet.

Que ceux de vous qui veulent la conservation de notre République lui épargnent donc ce double écueil, et, pour cela, n'élisent que des citoyens capables et désireux de le lui épargner aussi.

Nommez donc

GERVAIS (de Caen)

DUPOTY

EDMOND ADAM

Trois noms qui n'ont pas besoin de commentaires.

Paris. — Imprimerie Claye et Taillefer, rue Saint-Benoît, 7.

1848

AU PEUPLE.

RÉPUBLIQUE DÉMOCRATIQUE ET SOCIALE.

CITOYENS,

Les destinées de la République sont entre vos mains. L'élection qui s'approche va montrer à la France et au monde si la Révolution doit reculer devant l'intrigue et l'égoïsme, ou prouver sa puissance par une éclatante manifestation du nombre et du droit.

Rappelez-vous que l'union et la discipline sont seules le triomphe des grandes causes.

Portez tous, comme un seul homme, les trois noms offerts à vos suffrages. Que **CABET, RASPAIL** et **THORÉ**, acceptés par tous avec acclamation, sortent vos Représentans de l'urne électorale.

N'écoutez point ceux qui vous parlent, pour vous représenter, de prince ou d'héritier d'empereur. L'héritier de l'Empereur, c'est le Peuple qui a fait sa gloire ; et si vous êtes Républicains, pesez les opinions et les actes, mais ne vous laissez pas éblouir par l'éclat d'un nom.

Asseoir la Révolution, fonder immuablement la République démocratique avec toutes ses conséquences sociales, voilà, Citoyens, quel doit être le but de nos communs efforts. A nous les luttes dans l'Assemblée, à vous la lutte sur le terrain électoral ; à tous la tâche incessante de réaliser ces trois grands principes : *Liberté, Égalité, Fraternité.*

Citoyens amis, au nom de vos mères et de vos femmes désolées, de vos enfans affamés, au nom de nos frères proscrits, votez, votez avec ensemble, renforcez la phalange décimée des Représentans de la République démocratique et sociale, et prouvez au monde que si le Peuple, en France, sait conquérir des droits, il sait aussi les garder.

LES REPRÉSENTANS DU PEUPLE,

Membres du comité électoral central des Associations démocratiques et corporations ouvrières,

GAMBON, GREPPO, PELLETIER, DEVILLE, BRIVES, P.-J. PROUDHON, BENOIT (de Lyon), Amédée **BRUYS, DOUTRE.**
P. le R. **LAGRANGE**, abs., **FOSSEYEUX**, s. sec.

Typographie et Lithographie FÉLIX MALTESTE et Cᵉ, rue des Deux-Portes-Saint-Sauveur, 18.

AU PEUPLE

VIVE LA RÉPUBLIQUE DÉMOCRATIQUE ET SOCIALE!

Depuis cinquante ans tu combats pour les droits de l'humanité, et ton sang, versé sur les champs de bataille de la Révolution, n'a pas encore assuré ton avenir! Pourquoi tes souffrances sont-elles si grandes que, si elles duraient longtemps, tu t'éteindrais dans une cruelle agonie? C'est qu'après les batailles tu as laissé à ceux qui ne t'aimaient pas l'œuvre de ton bonheur à faire.

Dieu soit béni! Ta victoire de Février t'a conquis au moins le droit de choisir ceux qui décident de tes intérêts les plus chers. Il est temps d'en user. Pour la première fois, aux dernières élections tu as voulu réunir tes forces pour envoyer à l'Assemblée des amis dévoués à ta cause, des frères, pour surveiller de là tes ennemis. IL T'A SUFFI DE VOULOIR POUR RÉUSSIR. *Proudhon, Lagrange, Caussidière, Pierre Leroux*, sont arrivés à l'Assemblée des représentants, où tu les as placés.

Les circonstances sont plus graves encore; ta détresse est plus pressante. Ce que tu fis alors, ne le feras-tu pas aujourd'hui?

DEBOUT donc les hommes de bonne volonté: non pour combattre, mais pour voter. Reprenons la liste à moitié victorieuse et complétons sa victoire.

CABET, RASPAIL, THORÉ, étaient nos candidats aux élections de Juin, qu'ils soient nos élus en Septembre.

CABET, protestation contre les outrages et les calomnies adressés au Socialisme.

RASPAIL, protestation contre les procès politiques.

THORÉ, protestation contre la liberté de la presse frappée.

DEBOUT, encore une fois, nous tous qui ne voulons pas livrer notre pays à la vieille aristocratie, à la féodalité industrielle, aux ennemis nés de la République démocratique et sociale.

Travailleurs occupés, ne dites pas que vous manquez de loisir; l'heure que vous déroberez à votre repas, pour aller au scrutin, assurera peut-être votre pain de chaque jour.

Que ceux d'entre nous que le chômage, les infirmités, ou la prison, ont réduits à la misère, ne craignent pas de venir étaler leurs haillons dans la salle des élections; ils seront les bienvenus au banquet de la vie politique. La misère n'est pas une honte, quand on voudrait gagner son vêtement et son pain.

ET VOUS, CITOYENNES,

Vous, nos compagnes de douleur et de privations, affermissez notre zèle, accompagnez-nous, s'il le faut, jusqu'au pied de l'urne électorale, et rappelez-nous que, par le vote autant que par le travail, l'ouvrier peut et doit protéger l'honneur, la vie de tout ce qui est pauvre, faible et malheureux.

On dit que le socialisme est vaincu, que tous ses soldats sont dispersés, découragés ou anéantis;

Répondons comme au cinq juin à nos adversaires par 73,000 voix, données à nos amis.

Peuple, tu as Dieu et la justice pour toi!

Aide-toi, le Ciel t'aidera!

VIVE LA RÉPUBLIQUE DÉMOCRATIQUE ET SOCIALE!

« Paris, 10 septembre 1848.

» Citoyens,

« Je reçois à l'instant une lettre signée de vous et des citoyens Fosseyeux et Jardin dans laquelle vous me demandez une réponse, *que l'on vous fait pressentir devoir être un acte d'abnégation*. L'on m'a bien jugé, et je suis heureux que vous me teniez compte dans vos cœurs de ce nouveau sacrifice à la démocratie. C'est donc avec empressement que je renonce à une candidature dont nos frères les républicains de Paris, sans les avoir sollicités, voulaient bien m'honorer, puisque mon désistement peut devenir utile à la cause démocratique.

» A vous tous de cœur. » Salut et fraternité. « KERSAUSIE. »

AVIS IMPORTANT. — Les Gardes nationaux désarmés n'ont pas perdu leurs droits électoraux.

Paris. — Imp. Lacrampe et Fertiaux, rue Damiette, 2

AU PEUPLE.

Pour la troisième fois **depuis** février, tu vas exercer ton droit de souverain; tu vas, pour la troisième **fois**, déléguer ton **droit de législateur!**

Le passé est plein de déceptions; l'avenir gros de complications, de souffrances de toute espèce, **de misères de tout genre. Songe à envoyer à eux-là qui travaillent pour toi à l'assemblée nationale, des hommes qui soient pour eux un renfort, pour toi une espérance.**

Qu'ont fait pour toi les élus de juin? — Rien, rien, rien!!!

Qui sollicitent aujourd'hui tes suffrages? — Ceux-là qui te faisaient massacrer dans les luttes républicaines en se tenant loin du champ de bataille. — Ceux-là, des pritchardistes. — Ceux-là, les héritiers de la police de Louis-Philippe. — Ceux-là, des ambitieux aveugles **qui ne voient dans la révolution de février qu'un changement de personnes.**

Te laisseras-tu encore tromper? — Non!

Ce que tu veux, c'est la liberté, la paix, l'ordre, le travail, la propriété, l'association! Envoie donc à l'Assemblée nationale des hommes **qui symbolisent ces idées, des hommes qui aient donné des gages de leur profond amour de la démocratie, de la liberté; des hommes qui aient à mettre à ton service autre chose que de vaines paroles; des hommes qui sachent, qui veulent et qui osent!**

Il te faut trois hommes, les voici :

D'ALTON-SHÉE, le pair de France républicain, le combattant de février, l'aristocrate de naissance, démocrate par le cœur, l'homme d'abnégation personnelle, celui qui est à toi tout entier, tête, cœur, avenir, fortune.

EMILE DE GIRARDIN, le courageux écrivain, l'homme qui a osé toujours être lui, qui n'a jamais reculé devant l'expression de sa pensée, quelques conséquences qui puissent s'ensuivre pour lui; l'homme qui résume en sa personne la plus précieuse de nos libertés, la liberté de la presse, celle qui amène le triomphe et garantit la jouissance de toutes les autres.

BOISSY, l'ancien pair de France, l'esprit courageux, original et persévérant que tu connais; l'homme qui a écrit : « La liberté seule peut assurer » le travail, la propriété, l'association : le travail qui est le devoir, la propriété qui est le résultat, *l'association qui est le droit de l'ouvrier.* »

Vive la République démocratique, sociale et fraternelle.

DES DÉMOCRATES de 89, de 93, de 1830 et de 1848.

Imprimerie centrale des Chemins de fer, de NAPOLÉON CHAIX ET Cie, rue Bergère, 8, près le boulevart Montmartre.

NE NOUS DIVISONS PAS!

L'œuvre qui va s'accomplir ne doit pas être une lutte électorale; devant les intérêts généraux d'un pays, la haine, aussi bien que les affections doivent s'effacer!

Vous, honnêtes travailleurs; redevenez libres de votre vote; tournez les yeux vers l'avenir, et vous ne repousserez pas les conseils de vos semblables! voulez-vous continuer d'appartenir à quelques hommes d'exception, qui se servent de vous comme d'un moyen pour arriver au pouvoir? Non! ne croyez pas travailler à vos intérêts, en donnant vos voix à ceux qui ont toujours marché côte à côte avec la fatalité, et qui ne trouveront possible, que le gouvernement dont ils seront les chefs. (Souvenez-vous du quinze mai.)

Et vous capitalistes, industriels, etc., etc..., aidez dans ses efforts, la confiance qui ne demande qu'à renaitre! la confiance! cette mine inépuisable de richesses pour un peuple, peut être aussi large, aussi grande sous la République; mais pour cela, il faut se rallier franchement et voter ensemble; de l'accord! si nous voulons réveiller les capitaux.

Plus d'anarchie ni de réaction; que l'urne donc reçoive nos listes républicaines!

Pas de prétendants qui, forcément, deviennent conspirateurs!

Pas de journalistes pamphlétaires!

Beaucoup de Candidats nous plaisent dans les noms que nous avons vus, mais sans espoir de succès.

Trois hommes honnêtes, semblent avoir plus de chance que leurs concurrents, il est de notre devoir de porter toutes nos voix sur eux.

Salut et Fraternité,

FRUMENCE DUCHEMIN.

EDMOND Adam;
GERVAIS (de Caen);
ROGER (du Nord).

Imp. et Lith. de Simonet-Delaguette, r. Ste-Croix-de-la-Bretonnerie, 53

REPUBLIQUE FRANÇAISE.

Liberté, Égalité, Fraternité.

COMITÉ DÉMOCRATIQUE

du XIe arrondissement.

Citoyens.

Au moment où pour la troisième fois vous êtes appelés à exercer votre droit de suffrage, le Comité démocratique du XIe arrondissement croit devoir faire un nouvel appel à votre patriotisme. Energiquement dévoués à la République fraternelle, mais fermement opposés à des utopies impraticables; repoussant toutes les restaurations, quel que soit leur emblème, mais tendant la main à tous les amis sincères de la démocratie, quelle que soit la date de leur républicanisme, rallions-nous sans hésiter au drapeau de la conciliation, et, d'accord avec le Comité central, réunissons nos voix sur :

Edmond ADAM,
GERVAIS, de Caen,
ROGER, du Nord.

Les Membres du Bureau : DUTOT, Ph. LEBAS, RADIGUEL, BLONDEL, Auguste DUBOIS, MAITREJEAN, MARTIN, Ch. LEBAS, PASTOUR, PEYROUSE, PICARD.

VIVE LA RÉPUBLIQUE DÉMOCRATIQUE!

Paris. Imprimerie PILLET fils aîné, 7, rue des Grands-Augustins.

ÉLECTIONS

LISTE DES CANDIDATS

QUI VEULENT NOUS REPRÉSENTER.

Edmond Adam.
Battur.
E. Blanc.
Boissy.
Maréchal Bugeaud.
Cabet.
Général Castellane.
Duguerry, curé.
Delessert fils.
Dupoty.
Achille Fould, banquier.
L'abbé de Genoude, journaliste.
Emile Girardin, journaliste.
Gervais, de Caen.
E. Grégoire.
Ennemond.
Lefebvre-Deumier.
Prince Louis Napoléon.
Marchal de Calvi, professeur de chirurgie.
Lallier.
Roger (du Nord).
Roux.
Raspail.
Horace Say.
Le général Sourd.
Emile Thomas.
Thoré.

Plus de distinction entre la *VEILLE*, le *JOUR* et le *LENDEMAIN*. --- Pour représenter le Peuple il faut avoir fait ses preuves. — Examinons un peu :

Le maréchal BUGEAUD résume en lui la pensée sociale en France par cette appellation : *Soldat-Agriculteur-Ecrivain.* — Bon.

ACHILLE FOULD, financier très fort. — Les financiers sont rares, et cependant le besoin s'en fait très particulièrement *sentir* par le temps qui court. — Bon.

Castellanne et *Lesourd*, deux braves généraux; cela suffit-il? — *De Boissy*, ex-pair de France, très ardent discuteur; il parle un peu trop et querelle tous les gouvernements. — *Em. Girardin*, journaliste courageux; ce n'est point à dédaigner; mais... — *Roger* (du Nord), ancien député; très patriote. — Pas mal. — *Le prince Louis Napoléon*, neveu du Grand homme; nous en avons déjà 2 ou 3. — *Duguerry*, curé très éclairé; il a mieux à faire. — *De Genoude*, abbé journaliste; tant pis pour lui. — *Delessert fils*, neveu d'un préfet très honnête homme et très aimé; le neveu est-il assez connu? Ce n'est pas trop le moment de faire des expériences. — *Em. Thomas, organisateur* des ateliers nationaux; grand merci. — *Marchal de Calvi*, savant professeur-chirurgien; assez; on en a mis partout. — *Say*, très honorable membre du conseil municipal; il est assez occupé, et de plus *libre-échangiste*, sans cela... — Puis, *Adam, Battur, Blanc, Dupoty, Gervais, Grégoire, Ennemond, Lefebvre-Deumier, Lallier, Roux*, etc., que nous ne connaissons pas assez.

Ah! il reste encore *MM. Cabet, Raspail* et *Thoré;* connus!!! connus!!!

Vive la République, non *SOCIALE*, mais *SOCIABLE.*

Disons avant de voter :

En mon âme et conscience, je vote pour celui que je crois le plus digne et le plus capable de servir mon pays.

Des Électeurs qui ne sont pas du moindre Comité.

Imprimerie de COSSE et J. DUMAINE, rue Christine, 2.

FRANÇAIS !

De l'Union, du Dévouement, de la Fraternité.

FRÈRES,

Plus de partis, plus de coteries, plus de Révolutions, point de guerres civiles,

Des candidats positifs,

De tous les candidats placardés jusqu'à ce jour sur nos murs, mes amis et moi ne pouvons arriver au chiffre de 3 que nous avons à nommer.

16 septembre 1848.

CITOYENS DE PARIS ET DU DÉPARTEMENT DE LA SEINE,

Je me fais candidat, assuré que je suis du vote de mes amis. — Qu'êtes-vous? Votre passé, votre présent, votre avenir? Bien vite, dépêchez-vous, éclairez-nous, nous qui ne vous connaissons pas et qui avons besoin de libérateurs.

Enfant de père et mère modèles sous tous les rapports, — gendre du défunt Laveissière, officier de la 2e légion, suffisamment connu.

MON PASSÉ : Commerçant et négociant dans l'âme, — financier précis et sévère, — ancien membre du jury près le ministère du commerce et de l'agriculture, jugeant souverainement le commerce de France, *fonctions gratuites*, — négociant, — commissaire-expert du gouvernement, *fonctions gratuites*, — après dix années d'exercice et de dévouement révoqué illégalement de mes fonctions gratuites, pour ma fermeté et pour mon impartialité, à l'occasion des abus que j'ai dévoilés dans mon Mémoire publié en 1846.

MON PRÉSENT : Propriétaire, cultivateur passionné et pratique, rentier, financier, capitaliste.

Spéculateur, créant en ce moment, à Sceaux, un quartier neuf; n'ayant pas suspendu un seul instant mes travaux depuis février 1847; ayant acheté de l'argent pour payer régulièrement tous mes ouvriers.

MON AVENIR : Amitié pure et sincère pour mes ouvriers, qui, sous ma direction, ont fait ma position.

Si vous me nommez, abandon pour un moment de mes intérêts pour délivrer et sauver ma Patrie. Séparation de mes affections les plus intimes pour éclairer mes frères et leur prêcher le bon exemple par mes actions, et pour la sincérité des trois mots évangéliques : *Liberté, Égalité, Fraternité*. — Mon expérience et mes efforts aideront à sauver la France de la banqueroute.

Adolphe BERTRON,

Né à La Flèche, le 4 mars 1801,

Ancien habitant de Saint-Quentin,

Domicilié à Paris, rue d'Enghein, n° 34 bis, présentement à Sceaux, château de l'Amiral.

[illegible] imp. Maulde et Renou.

LE CULTIVATEUR

PRODUIT

l'Ame du Monde

Je veux que la Constitution de 1848 soit désignée et appelée par chaque Français

MA CONSTITUTION SAUVATRICE!!!

Cette Constitution a pour principe : LA RÉPUBLIQUE, et pour base, LE VOTE UNIVERSEL par ***Tous*** et pour ***Tout***.

FRANÇAIS,

Le mal n'est pas cicatrisé.

* Les coteries des élections de Paris en sont malheureusement la preuve.

Le candidat qui s'est présenté la veille du vote, c'est moi, **ADOLPHE BERTRON** qui offre de faire connaître, ***GRATIS***, ses projets de bonheur pour tout le monde ; respectant *la Propriété*, *les Personnes*, *les Familles*. Son secret est à la disposition de l'ASSEMBLÉE NATIONALE.

L'Assemblée qui, récemment a constaté son unité par le sublime vote de **777 voix** sur **777 représentants**, prouve qu'il ne doit plus y avoir actuellement, d'après ce vote, de **motifs de désunion**.

Honneur à nos Représentants, qu'ils marchent donc sous la bannière de l'unanimité;

Le monde entier se ralliera à la France en admirant l'unité qui fera le bien de tous.

La réalisation du bonheur universel est conçu dans un projet d'ensemble et général, par ADOLPHE BERTRON, né à La Flèche, le 4 mars 1804, — ancien fabricant de Saint-Quentin, — ayant eu sa maison de commerce, rue du Sentier, n° 1, à Paris, — habitant Paris, rue d'Enghien, n° 34 bis, — présentement à Sceaux, château de l'Amiral.

Imp. Maulde et Renou, rue Bailleul, 9-11.

CANDIDATURE DU CITOYEN

BESUCHET DE SAUNOIS

ANCIEN CHIRURGIEN MILITAIRE,

Adoptée par le Club républicain de la FRATERNITÉ,

PAR LE CLUB DES PATRIOTES INDÉPENDANTS,

PAR LE CLUB ÉLECTORAL DE BOULOGNE, ETC., ETC.

CITOYENS,

Né au milieu de nos premières agitations politiques, mon premier livre fut la Constitution de **92**, et j'eus pour cathéchisme les ***Droits*** et les ***Devoirs*** du citoyen.

Les premières émotions de mon cœur furent causées par les victoires de la République.

Mon éducation fut donc toute républicaine.

L'empire me trouva jeune homme : les acclamations qui l'accueillirent, la gloire immense dont son chef dota la France, firent que ce gouvernement eut toutes mes sympathies; mais, patriote avant tout, c'était la France que j'entendais servir dans la personne de l'Empereur; blessé deux fois sur le champ de bataille, décoré à **25** ans par l'Empereur, je finis avec lui ma carrière militaire, déplorant nos malheurs, respectant le nom et la gloire de celui qui avait porté si haut et si loin la gloire du nom français.

De **1815** à **1830** je fus tout ce que put être un ami de la gloire nationale, en même temps qu'un ennemi de la royauté, fille de nos malheurs : dans les sociétés secrètes que j'aî présidées, dans la presse, où j'occupais mes loisirs, dans les comités électoraux dont je devins un membre très actif, je ne cessai de faire cette guerre politique qui prépara la victoire de **1830**.

Heureux de voir enfin nos vœux accomplis, je saluai avec ivresse la réapparition du drapeau tricolore, et me livrai comme tant d'autres à l'espérance que celui que nous venions d'élever au pouvoir, saurait allier les principes de liberté avec le perfectionnement progressif de nos institutions nationales.

Vous savez, Citoyens, comment nos espérances furent déçues; il nous fallut dès-lors recommencer la lutte, et je fus du nombre de ceux qui, ne voulant pas vaincre par l'émeute, employèrent toute leur énergie à pousser en avant les idées démocratiques qui devaient renverser le système corrupteur qui s'appesantissait sur nous.

Électeur privilégié je combattis le privilége; je demandai l'égalité des droits, je m'associai à toutes les démonstrations qui avaient pour but le triomphe de la liberté par la discussion, décidé que j'étais à ne recourir à la force que lorsque la force elle-même aurait été brutalement et inconstitutionnellement opposée au droit.

Mes concitoyens me nommèrent plusieurs fois membre des bureaux définitifs aux élections municipales et législatives; je n'ai pas besoin d'ajouter que j'étais élu par l'Opposition.

En **1837**, la candidature du département de la Charente me fut proposée; des devoirs de profession qui alors m'absorbaient me la firent refuser, car j'ai toujours pensé qu'un député se doit tout entier à l'accomplissement de son mandat; aujourd'hui que je puis me livrer exclusivement à ce noble devoir, je me présente spontanément.

Je ne prétends point à la gloire d'avoir fait la Révolution, mais je crois que les hommes qui, comme moi, se sont voués à la propagation des principes dont elle a consacré le triomphe, ont fait pour elle autant que la vaillance de quelques heures de bataille, car, à mes yeux, une révolution n'est possible et durable, qu'autant qu'elle a été préparée, acceptée et soutenue par l'opinion publique.

Aujourd'hui, la République est proclamée, nous n'avons plus qu'à féconder son principe, réunissons donc nos efforts, pour que ce que nous venons de faire soit durable, appelons à nous tous ceux qui voudront avec nous, soit par leur travail, soit par leur fortune, soit par leur intelligence, assurer la gloire et le bonheur de notre chère et belle patrie.

Je veux le droit et la liberté du suffrage dans la plus large application. -- La liberté absolue des cultes. -- L'instruction pour tous, gratuite et largement répartie. -- L'égalité devant la loi. -- La fraternité en principe et en pratique. -- L'amélioration du sort des travailleurs. -- Une bonne administration des deniers de l'État. -- Une grande réforme dans les dépenses publiques. -- Le respect pour les droits de la famille et ceux de la propriété. -- De grandes réformes dans le service des hôpitaux. -- Je veux que la France reprenne parmi les nations le rang qui lui appartient, et qu'elle ne souffre pas que l'on ne tienne aucun compte de ses sympathies quand elle les a proclamées.

C'est assez dire que je veux que les conséquences des malheurs de **1815** soient à jamais effacées.

Si vous daignez m'accorder vos suffrages, ma vie toute entière vous sera consacrée; vous avez mon passé pour gage de l'avenir.

VIVE LA RÉPUBLIQUE!

BESUCHET DE SAUNOIS,

Vice-président du Club républicain de la Fraternité, siégeant à l'Opéra, rue Grange-Batelière, 14.

Paris. — Imprimerie de Wittersheim, 8, rue Montmorency.

6148

AUX OUVRIERS

Amis de l'Ordre et du Travail,

Signataires d'une Lettre proposant ma Candidature.

Chers Concitoyens et anciens Camarades,

Je vous adresse, du fond du cœur, mes remercîments bien sincères pour la lettre si bienveillante et si honorable pour moi, que vous venez d'adresser aux ouvriers de tous états, en les engageant à me nommer votre mandataire à l'Assemblée nationale.

La crainte de division, qui est déjà trop grande parmi les nombreux candidats dévoués à la République qui veut le maintien de la famille et de la propriété, à la République qui doit promptement ramener le crédit et le travail parmi nous, me fait un devoir de vous prier de ne pas diviser vos suffrages, et de les reporter sur les honorables candidats qui offrent le plus de chances et le plus de garanties pour arriver à ce but.

Salut et Fraternité.

BIÉTRY.

Imprimerie centrale des Chemins de fer, de NAPOLÉON CHAIX ET Cie, rue Bergère, 8, près le boulevart Montmartre.

1848

E. BLANC,

ENTREPRENEUR DE ROULAGE,

Candidat à l'Assemblée Nationale.

AUX ÉLECTEURS DE LA SEINE.

MES CHERS CONCITOYENS,

Aux élections du 4 juin, je crus devoir *poser ma candidature* devant vous. En cela je déférais au conseil d'un assez grand nombre d'Electeurs commerçants et industriels comme moi, souffrant comme moi, et qui pensaient que je pourrais utilement pour tous, porter, au sein de l'Assemblée nationale, le tableau de nos misères et indiquer les moyens d'y mettre un terme.

M'y prenant trois ou quatre jours seulement avant l'ouverture du scrutin, je devais, pour me présenter à vous, me placer sous les auspices de quelqu'un et vous donner moi-même les éléments de l'appréciation de ma candidature.

C'est ce que je fis—d'une part, en mettant sous vos yeux les lettres que m'adressaient les chefs de maison et les délégués de la corporation ouvrière de mon industrie, plusieurs membres de l'Assemblée nationale et Béranger, mon ami. — D'autre part, en vous décrivant, comme je la vois, dans une note raisonnée, la déplorable position commerciale, industrielle et financière dans laquelle nous sommes tombés; ou nous périrons... si une prompte et large *organisation du crédit* ne vient nous sauver.

Devais-je, cette fois, en agir ainsi et produire encore, moi-même, les raisons qui militent en faveur de ma candidature? Je ne l'ai pas pensé.

Cette fois, je me suis présenté en temps utile, pour que tous ceux qui ne me connaissent pas, puissent aisément s'enquérir de ce qui me concerne et juger ainsi ma candidature beaucoup plus sûrement que par la lecture d'un écrit plus ou moins heureux.

Cette fois, mon élection se trouve prise à cœur par une grande partie des commerçants et industriels qui m'ont déféré la présidence de la Commission des concordats amiables;

Par des membres notables de plusieurs importantes professions, comme celles, par exemple, qui forment *la famille du bâtiment;*

Par des réunions politiques ou de spécialités commerciales et financières — comme la société centrale *de la Banque Immobilière;*

Lesquels ont bien voulu, m'adoptant officiellement pour leur candidat, soutenir, par des circulaires explicatives et même par la presse, mon élection et appeler l'intérêt public sur elle.

Dans cet état, il m'a semblé que je devais m'en remettre à l'instruction ainsi ouverte sur ma candidature.

Permettez-moi donc de me borner à vous affirmer de nouveau, mes chers concitoyens, que si vous voulez bien mettre mon dévoûment à l'épreuve, je ferai tout pour justifier la confiance dont vous m'aurez honoré.

Et je croirais le faire — en appelant de toutes mes forces, toujours et partout ou besoin serait, la féconde substitution de l'*intervention paternelle de l'État* au *laissez faire* et *laissez passer* de l'économisme;

En demandant l'ordre et la paix publique au travail, au bien-être plus qu'à la compression;

En cherchant enfin la consolidation et la prospérité de notre jeune république moins encore dans l'élévation du chiffre de la richesse totalisée qu'à sa moins inégale et plus fraternelle répartition.

Salut et Fraternité,

E. BLANC,

Entrepreneur de roulage.

Imprimerie de J. FRAY, rue Croix-des-Petits-Champs, 35.

1848

NOMMONS

E. BLANC

Entrepreneur de Roulage.

Des opinions sagement et sincèrement démocratiques, des connaissances spéciales et profondes en économie politique, des principes d'ordre et de liberté notoirement connus, *organisation du travail, rétablissement du crédit, bonne administration des finances, meilleure répartition des charges publiques, amélioration du sort des classes laborieuses :* tels sont les vœux hautement exprimés par le citoyen E. BLANC, entrepreneur de roulage, qui ont déterminé les citoyens soussignés à lui donner leurs suffrages et à le recommander spécialement au choix de leurs concitoyens.

Valenne, ***ouvrier;*** **Solá,** ***ouvrier;*** **Sesia,** ***ouvrier;*** **Seroupsonne,** ***ouvrier;*** **Pierre,** ***ouvrier;*** **Maçé,** ***ouvrier;*** **Séverin,** ***ouvrier;*** **Théophile,** ***ouvrier;*** **Foulon,** ***ouvrier;*** **Marquit,** ***ouvrier;*** **Antoine,** ***mécanicien;*** **George,** ***ouvrier;*** **Gérard,** ***serrurrier,*** **Martin,** ***forgeron.***

Imprimerie de J. FREY, rue Croix-des-Petits-Champs, 33.

Candidat

DE LA **FAMILLE** DU **BATIMENT:**

E. BLANC

DU ROULAGE.

Paris. — Imprimerie de Mme Smith, rue Fontaine-au-Roi, 14 ter.

Candidat

DE LA SOCIÉTÉ POUR LA CRÉATION

DE LA BANQUE IMMOBILIÈRE

E. BLANC

DU ROULAGE.

Candidat

DU COMMERCE ET DE L'INDUSTRIE

E. BLANC

DU ROULAGE.

Paris.—Imprimerie de Mme Smith, rue Fontaine-au-Roi, 14 ter.

PARISIENS !

Devant l'urne électorale, ouvrez les yeux, s'il en est temps encore, au péril qui vous menace : Paris est condamné et sa sentence s'exécute par les mains de la réaction qui a su recruter partout des complices et des instruments à ses vengeances !

Chaque jour, sous prétexte de désencombrement, d'ordre public, d'humanité même, on vide la capitale d'ouvriers; mesure fatale ! mesure de mort !

A l'exception d'une poignée de riches oisifs, la cité entière ne vit que par les Travailleurs : sans Ouvriers, plus de consommation, partant plus d'affaires ! La masse des détaillants tombe en faillite, le haut commerce, l'industrie la suivent dans le gouffre, et la faction du passé triomphante bat des mains à la ruine de ce Paris qu'elle abhorre, parce qu'il a changé la face du monde !

Commerçants, propriétaires, ne secondez pas ces noirs calculs; laissez-là vos terreurs, vos préventions ! Que demande le peuple ? de vivre heureux par son travail, et l'intérêt vous commande d'appuyer cette juste exigence ; car vos profits viennent du Peuple ; ce qu'il gagne, vous le gagnez après lui par sa consommation. Que l'apparence ne vous trompe pas ! Dans l'océan des affaires, les dépenses de luxe ne sont qu'une goutte d'eau : pour un qui vit de l'or du riche, neuf vivent des centimes du pauvre. Entre vous et les Ouvriers, il y a solidarité d'existence.

Mais soyez justes ! le Peuple a trop longtemps souffert ! Il ne peut ni ne veut plus subir les dures conditions du travail que lui a faites la rapacité des hommes d'argent ; Il en réclame de plus équitables, et c'est cette demande qu'on repousse avec violence, avec fureur..... On s'obstine, on prétend l'amener à merci, on le chasse par la famine..... Eh bien ! il ne cèdera pas ! il s'en ira..... en secouant la poussière de ses pieds. Ses propriétés ne l'embarrassent pas lui. Déjà il s'éloigne, et Paris, sans Peuple, va tomber en agonie.

Trop tard alors, quand verdira l'herbe entre les pierres des rues, marchands sans pratiques, propriétaires sans loyers, vous pleurerez votre erreur debout au seuil de vos magasins fermés et de vos maisons désertes ! Vous aurez l'ordre comme à Milan, comme à Varsovie, et vous trouverez peut-être que le roulement des canons sur le pavé ne vaut pas celui des camions et des charrettes !

Il reste une chance de salut : vous joindre franchement au Peuple pour lui assurer gain de cause ; c'est-à-dire du travail *bien rétribué*, et tout d'abord choisir des Représentants qui veuillent *sans retard et à tout prix* accomplir cette tâche.

Elle n'est pas énorme, il suffit de ne pas rester à plat ventre devant les capitaux, et de leur rendre cette bonne volonté qu'ils avaient montrée un instant le lendemain de février ; surtout, n'oubliez pas que votre mortel ennemi, c'est la réaction provinciale. Vous savez où la prendre ; elle ne se cache guère.

C'est le sabre haut qu'elle mène la charge à fond sur Paris. Rappelez-vous ce mot sinistre d'un Représentant de clocher, Isnard : « Si Paris attente à la souveraineté » nationale, le voyageur cherchera bientôt sur les rives de la Seine l'endroit où Paris » a existé. »

Ce mot est la clé de la situation : Isnard et ses pareils voulaient, eux aussi, étouffer la grande Cité dans les serres d'une armée, et l'histoire est là unanime pour dire que leur triomphe eût abouti au partage de la France. Ils ont échoué, et la ville sainte nous a faits le premier peuple du monde.

C'est que Paris, capitale de l'intelligence et du travail, est la véritable représentation nationale, le congrès gigantesque et majestueux où la patrie entière, par l'élite de ses enfants réunie, écrivains, artistes, ouvriers, savants, industriels, s'occupe incessamment à lisser l'œuvre de sa grandeur et de sa prospérité.

La réaction va paralyser le pays en lui comprimant le cerveau. Parisiens ! c'est à vous, riches et pauvres, de ne pas laisser décapiter la France, et de retenir la main que des parricides portent sur leur mère !

Pensez à cela devant l'urne du Scrutin.

Donjon de Vincennes.

AUGUSTE BLANQUI.

15 Septembre 1848.

PARIS. — IMP. BLONDEAU RUE DU PETIT-CARREAU, 32.

AUX
ÉLECTEURS
DE LA SEINE

ÉLECTEURS,

Plusieurs candidats se présentent; choisissons celui qui, parmi tous, a donné le plus de preuves d'indépendance, de courage, de patriotisme.

***Nommons donc le citoyen BOISSY, l'ancien Pair de France,* cet homme qui a tant combattu la corruption, toujours soutenu les intérêts du Peuple, toujours défendu l'Armée et la Marine, toujours réclamé, pour le Peuple, ses droits, ses libertés, du travail, le bienfait de l'instruction.**

Le Brun aîné, Moukel, ***carrossier;*** **Hurbain,** ***maçon;*** **A. Bailly,** ***menuisier;*** **Rogue,** ***serrurier;*** **Demurcy,** ***mécanicien;*** **Dujardin,** ***ébéniste;*** **Blanchet,** ***tourneur en bois;*** **Dequil,** ***fabricant de jouets d'enfans;*** **A. Daunou,** ***apprêteur d'étoffes;*** **Lesmarquette,** ***tourneur en cuivre;*** **Combey,** ***menuisier en fauteuils;*** **H. Chivot,** ***débitant de tabac;*** **Guéret,** ***cordonnier;*** **Girardot,** ***fondeur en cuivre;*** **Gruais,** ***vernisseur sur métaux;*** **Manzot,** ***ciseleur;*** **Moulard,** ***marchand de vins;*** **Wursttrorz,** ***fabricant de limes;*** **Mayer, Cuvellier,** ***marchand de bois des îles;*** **Renaudin,** ***polisseur-marbrier;*** **L. Chataigne,** ***sculpteur;*** **Masson, Bondeux,** ***joailler;*** **Altroffe, Rommanet.**

1848

Imprimerie de J. FREY, rue Croix-des-Petits-Champs, 33.

AUX ÉLECTEURS DU DÉPARTEMENT DE LA SEINE.

NOMMONS

LE

MARÉCHAL BUGEAUD

Voici la Réponse du Maréchal BUGEAUD aux Électeurs du département de la Seine, qui lui ont proposé de le nommer leur Représentant à l'Assemblée nationale :

La Durantie, le 2 septembre 1848.

« Je n'étais pas pressé de rentrer dans la vie politique. J'aurais très-volontiers attendu la prochaine législature pour me mettre sur les rangs; mais, puisqu'une candidature aussi honorable que celle de Paris se présente à moi dans ma retraite, je serais coupable, en la refusant, d'une lâche indifférence pour les destinées de la France si incertaines encore! J'accepterais donc avec ardeur et reconnaissance le mandat du département de la Seine; je me dévouerais avec une active et énergique persévérance à la défense de la société civilisée contre les idées antisociales des communistes et des terroristes; je me dévouerais aussi aux intérêts de la grande cité et de la banlieue; en un mot, je serais d'âme et de corps le soldat de l'ordre, de la famille, de la propriété.

« Si les anarchistes se ruaient de nouveau sur la société, je ne resterais pas impassible et froid spectateur de la guerre civile; j'accourrais dans les rangs de la Garde nationale et de l'Armée, et je ne craindrais pas, pour une si belle et si sainte cause, d'aller rejoindre ceux de mes braves lieutenants qui ont succombé aux journées de Juin.

« Voilà ce que vous pouvez dire et garantir. »

[illegible printer's line]

ELECTION

DU

Maréchal BUGEAUD.

Voici la réponse faite par M. le maréchal Bugeaud aux nombreux électeurs du département de la Seine qui lui ont proposé d'être leur candidat à l'Assemblée Nationale :

« Je n'étais pas pressé de rentrer dans la vie politique; j'aurais très volontiers attendu la prochaine législature pour me mettre sur les rangs; mais puisqu'une candidature aussi honorable que celle de Paris se présente à moi dans ma retraite, je serais coupable, en la refusant, d'une lâche indifférence pour les destinées de la France, si incertaines encore! J'accepterais donc avec ardeur et reconnaissance le mandat du département de la Seine. Je me dévouerais avec une active et énergique persévérance à la défense de la société civilisée contre les idées anti-sociales des communistes et des terroristes, je me dévouerais aussi aux intérêts de la grande cité et de sa banlieue; en un mot, je serais d'âme et de corps le soldat de l'ordre, de la famille, de la propriété.

« Si les anarchistes se ruaient de nouveau sur la société, je ne resterais pas impassible et froid spectateur de la guerre civile, j'accourrais dans les rangs de la garde nationale et de l'armée, et je ne craindrais pas, pour une si belle et si sainte cause, d'aller rejoindre ceux de mes braves lieutenants qui ont succombé aux journées de juin.

« Voilà ce que vous pouvez dire et garantir.

Maréchal BUGEAUD.

« La Durantie, le 2 septembre. »

CANDIDATURE

DU MARÉCHAL

BUGEAUD D'ISLY

Je me fais un devoir de porter à votre connaissance l'extrait d'une lettre du Maréchal BUGEAUD D'ISLY, *le Père des Soldats et des Travailleurs*, au sujet de sa candidature.

« Comment n'aimerai-je pas le peuple des travailleurs ? N'ai-je pas passé ma vie au milieu de lui, soit dans les champs, soit dans les camps ? Il y a quarante ans que je m'occupe avec constance d'améliorer son sort, et je suis encore prêt à lui consacrer les années qui me restent. Je n'ai jamais pris et ne prendrai jamais la parole pour le tromper, mais pour l'éclairer et le servir. Je suis convaincu en effet, que s'il est impossible de faire pour lui ce qu'on lui a si imprudemment promis après la Révolution de Février, il y a une foule de moyens d'améliorer son sort dans ses vieux jours et dans ses infirmités, sans spolier, sans violenter les chefs du travail, extrémité barbare qui tournerait contre les ouvriers eux-mêmes.

» Vous pouvez donc affirmer, mon cher ami, que mon attachement et mes sympathies ne manqueront jamais aux travailleurs, pas plus que ma vigilance active aux intérêts généraux de la France. On peut compter qu'on trouvera toujours dans ma personne le soldat citoyen dévoué au pays de corps et d'âme, ami zélé et énergique de l'ordre, de la famille, de la propriété. Je les défendrais avec ardeur et persévérance dans les délibérations de l'Assemblée comme au dehors. »

Électeurs ! vous apprécierez toutes ces dignes paroles du Maréchal, et vos suffrages ne lui manqueront pas au jour des élections : chacun son devoir.

JACQUES-FRÉDÉRIC VIGUIÉ,

Négociant, rue Bergère, n. 32.

Imprimerie centrale des chemins de fer, de NAPOLÉON CHAIX et Cie, rue Bergère, 20, près le boulevart Montmartre
1848

UN DERNIER MOT!

LA RÉPUBLIQUE DES HONNÊTES GENS, convaincue que l'imprudente division des Electeurs amis de l'ordre la menace d'une défaite profondément déplorable en face de l'unanimité de **LA RÉPUBLIQUE ROUGE**, exprime le vœu sincèrement patriote que, quels que soient les titres des différents candidats, le premier des trois noms à inscrire sur les bulletins de vote soit celui du défenseur de tous les droits sacrés de la société, M. le maréchal **BUGEAUD D'ISLY.**

Veille des Élections, 16 septembre 1848.

Imprimerie centrale des Chemins de fer, de NAPOLÉON CHAIX et Cie, rue Bergère, 8, près le boulevart Montmartre.

DERNIER MOT :

La *REPUBLIQUE DES HONNÊTES GENS*, convaincue que l'imprudente division des Electeurs amis de l'ordre la menace d'une défaite profondément déplorable en face de l'unanimité de la *REPUBLIQUE ROUGE*, exprime le vœu sincèrement patriote que, quels que soient les titres des différents candidats, le premier des trois noms à inscrire sur les bulletins de vote soit celui du défenseur de tous les droits sacrés de la société,

M. le Maréchal BUGEAUD D'ISLY.

Veille des Elections, 16 septembre 1848.

Imprimerie centrale des Chemins de fer, de NAPOLÉON CHAIX et Cie, rue Bergère, 8, près le boulevart Montmartre
1848

CABET

AUX ÉLECTEURS DE LA SEINE.

CITOYENS,

On m'a tant calomnié publiquement, qu'il doit m'être permis de parler de moi : c'est même un devoir, quand un si grand nombre d'entre vous m'honorent de leurs suffrages pour la Représentation nationale.

Si j'étais un ambitieux, j'aurais pu, comme tant d'autres, pactisant avec des Princes ou des Prétendans, arriver au Pouvoir, à la fortune et aux honneurs.

Si j'étais un ambitieux, j'aurais pu me faire porter au Gouvernement provisoire dès le 25 février.

Et c'est peut-être un malheur que je n'en aie pas fait partie; car homme d'amour et non de haine, de justice et non d'oppression, d'énergie et non de violence, de réforme et non de révolution, de progrès et non de bouleversement, d'ordre et non d'anarchie, d'organisation et non de confusion, de paix et non de guerre, j'ai la conscience que, avec mes longues études, avec une longue pratique des affaires, avec autant de modération que de fermeté, avec un dévoûment sans bornes à la cause du Peuple et de l'Humanité, j'aurais peut-être évité à ma Patrie les calamités qui l'accablent !...

Je lui aurais peut-être épargné les milliards qu'elle a perdus !

Et je n'aurais pas même eu l'idée d'imposer mes doctrines, mes théories, mon système social. J'aurais agi tout simplement comme Démocrate et comme Républicain, en cherchant à réaliser la Démocratie et la République, en réalisant le principe *Liberté, Égalité, Fraternité*, en améliorant profondément le sort du Peuple, sa nourriture, son logement, son vêtement, son éducation et son travail.

Je me serais fait tuer, s'il l'eût fallu, pour assurer et garantir les droits et les intérêts du Prolétaire et de l'Ouvrier; mais je me serais fait tuer également pour assurer et défendre les intérêts légitimes et les droits du patron et du bourgeois.

Et cependant, au 16 avril, au 15 mai, au 23 juin, Paris et la France ont retenti des cris : *A bas Cabet! mort à Cabet!* et la retraite seule a pu me mettre à l'abri de la violence et de la persécution.

Et pourquoi? Parce que, disait-on, je voulais la loi agraire, le partage des terres et de tout, le vol et le pillage, l'abolition de la famille, l'incendie et le massacre, pour imposer mon système de Communauté.

On affirmait même que, au 16 avril, au 15 mai, au 23 juin, j'étais à la tête des factieux ou des insurgés.

Des proclamations même du Pouvoir et des discours de la tribune publiaient et répandaient ces affirmations.

Et cependant, tous ces faits étaient matériellement faux, tous étaient, de la part de quelques-uns, d'horribles mensonges et de criminelles calomnies, et de la part des autres, de déplorables et honteuses erreurs.

Car enfin, permettez-moi de le dire, ô mes concitoyens, ma vie tout entière, une vie publique de quarante années, mes nombreux écrits, l'estime et l'affection d'une masse énorme parmi l'élite des Travailleurs, auraient dû suffire pour me défendre !...

Des concurrens et des rivaux avaient même publiquement déclaré que j'avais sacrifié une partie de ma popularité pour retirer le Peuple des voies de la conspiration et de l'émeute, pour le faire entrer dans celle de l'étude, de la discussion, de l'instruction et de la moralisation.

M. de Lamartine, l'un de mes adversaires, après m'avoir appelé un *Apôtre du Peuple*, ne vient-il pas de dire et d'imprimer tout récemment : « Je connaissais Cabet de » longue date... Les théories rêvent et *ne conspirent pas*.... Il ne travailla pas à » *détériorer* l'ame du Peuple ni à *exaspérer* la République. »

Et la fameuse enquête sur les événemens de Mars, Avril, Mai et Juin, dans laquelle on aura probablement interrogé tout le monde sur ma conduite, ne contient rien, absolument rien contre moi, tandis qu'elle constate cette déclaration du ministre *Marie* sur la visite du 17 mars à l'Hôtel-de-Ville :

« Cabet parla sagement.... il eut un grand ascendant... »

Bien plus, dans cette enquête, le Préfet de Tours déclare que c'est à l'intervention et au concours de mes disciples et de mes amis parmi les Ouvriers, qu'il a dû la conservation de la paix dans la masse des Travailleurs.

Je le répète donc, et c'est un fait désormais avéré, les accusations et les cris de mort contre moi n'étaient que des calomnies et des persécutions dirigées contre le Socialisme en ma personne.

Par suite de ces calomnies et de ces persécutions, je n'ai obtenu ou plutôt on ne m'a compté que 22,000 voix aux élections du 23 avril.

Mais aux élections du 5 juin, j'ai obtenu 68,000 suffrages; et mon élection aurait été certaine si la subite candidature de Louis-Napoléon Bonaparte et des fraudes trop communes aux Partis ne m'avaient enlevé ou supprimé 20 ou 30,000 votes, fait notoire et indubitable. C'était déjà là une énergique protestation populaire.

Aujourd'hui, les associations démocratiques, les délégués des corporations ouvrières, paraissent unanimes pour porter ma candidature avec celles de Raspail et de Thoré, comme une grande manifestation de l'esprit démocratique et populaire, comme une grande protestation, quant à moi, contre les outrages et les calomnies adressées au Socialisme.

Et le Peuple a raison : pour la première fois peut-être depuis la Révolution de février il paraît bien comprendre sa situation et son intérêt, bien sentir la nécessité de l'union et de l'unité. Honneur à lui si l'état de siége et les obstacles de mille espèces sont impuissans à paralyser ses efforts pacifiques et son courage civique !

Pour moi, dégagé de toute illusion, si je ne consultais que mon repos, ma sécurité et ma satisfaction personnelle, je déclinerais l'insigne honneur qui m'est offert; mais plus les circonstances sont difficiles et critiques, plus la situation est gâtée et compromise, plus le péril de l'avenir est grand, plus aussi le devoir est impérieux pour l'homme qui se dit dévoué à ses concitoyens.

Si je suis l'un des représentans du Peuple, je demanderai en général la réalisation de la République-démocratique et sociale, l'accomplissement de toutes les promesses du Gouvernement provisoire, la suppression de la misère, et l'application en tout du principe de la Fraternité.

Je demanderai particulièrement : — la garantie du travail pour tout citoyen; — la diminution raisonnable de la durée du travail; — le remboursement intégral des dépôts dans les caisses d'épargnes; — la suppression de l'impôt des 45 centimes.

J'appuierai les institutions de crédit, notamment la prompte création d'une banque immobilière.

Je demanderai la suppression de toutes les entraves, soit contre la liberté d'association et de réunion publique, soit contre la liberté de la presse.

Je demanderai la reconnaissance des droits des femmes et la suppression des exclusions prononcées contre elles.

Je demanderai la cessation de l'état de siége et l'amnistie.

Et je ne cesserai de répéter : point de guerre civile et point de vengeance !

14 septembre 1848.

CABET.

Typographie et Lithographie FÉLIX MALTESTE et Ce, rue des Deux-Portes-Saint-Sauveur, 18.

1848

M. DEGUERRY,

CURÉ DE SAINT-EUSTACHE,

L'ami des classes laborieuses, l'avocat habituel du pauvre, le défenseur de tous les droits, se porte candidat aux élections de la Seine pour l'Assemblée Nationale.

ASSEMBLEE NATIONALE.

CANDIDATURE DU CITOYEN

BENJAMIN DELESSERT FILS

Ouvriers, Amis et Frères,

Vous êtes avant tout des hommes de bon sens; il vous faut des actes et non des paroles. Ce n'est pas sur des promesses et des systèmes, c'est sur des faits que vous devez juger et choisir vos candidats. Vous les voulez probes, bienfaisans, désintéressés, dévoués au pays, amis des ouvriers et des pauvres.... *Eh bien! NOMMEZ BENJAMIN DELESSERT Fils.*

A tous ces titres, nul n'est plus digne de vos suffrages :

Sa famille fut toujours la probité et la bienfaisance même.

Toujours elle a servi la Cité et la Patrie sans en rien demander.

En tout temps, le vrai crédit, le commerce, la grande et la petite industrie ont trouvé en elle leurs plus fermes soutiens.

Elle a constamment consacré sa fortune à fonder ou à doter des Hospices, des Écoles, des Salles d'Asile.... à faire le bien sous toutes les formes : et l'on ne parlait encore ni *du sort des travailleurs*, ni d'*association entre ouvriers et patrons*, etc., que déjà, il y a plus de 60 ans, elle donnait des protecteurs, des amis et des pères aux nombreux ouvriers qu'elle employait.

Cet héritage de bienfaisance et de civisme. BENJAMIN DELESSERT FILS l'a recueilli.

Ce que furent les siens, avant, pendant et depuis la Révolution, il le sera sous la République.

OUVRIERS, nommons BENJAMIN DELESSERT FILS.

Imprimé chez PAUL RENOUARD, rue Garancière, n. 5.
1848

ELECTIONS DE LA SEINE

DU 17 SEPTEMBRE 1848

NOMMONS

Benjamin DELESSERT Fils

Ce nom, cher à la France, appelle toutes les sympathies du peuple : amélioration du sort des classes laborieuses, ordre dans les finances, liberté politique et religieuse sagement et progressivement graduée, telle a toujours été la devise de la famille DELESSERT, tels sont aussi les *principes du citoyen DELESSERT fils*, que les soussignés se font un devoir de recommander aux suffrages de leurs concitoyens, convaincus que ces principes sont les seuls d'après lesquels notre jeune République puisse s'affermir et se consolider.

VOTONS DONC POUR LUI

LES CITOYENS : *Vacelet*, ouvrier; *Andry*, ouvrier, faubourg St-Antoine; *Marie*, Président de la Société des Raffineurs; *Blais*, ouvrier; *Pasquié*, ouvrier; *Lesage*, ouvrier; *Masson*, *Bondeux*, *Lévy*, *Mayer*, *Coste*, *Souterre*, *Bourmancé*, *Alano*, *Bètry*, *Lebert*, *Jean*. (*A PARIS.*)
Martin, ouvrier, lieutenant de la Garde Nationale; *L. Dupré*, ouvrier; *Tourrier*, ouvrier; *Delaitre*, contre-maître; *Duplessy*, ouvrier; *Cointre*, ouvrier. (*A PASSY.*)
Delaitre fils, ouvrier chef; *Desmarest*, ouvrier; *Penneral*, ouvrier; *Tissier*, ouvrier; *Rousset*, ouvrier; *Blanquet*, commis; *Pique*, ouvrier; *Levesque*, contre-maître; *Jeanne*, ouvrier; *Launay*, ouvrier; *Charet*, ouvrier menuisier; *Bardel*, ouvrier. (*A LA VILLETTE.*)
Coupelle, ouvrier. (*A LA CHAPELLE.*)

1848

Imprimerie de J. FREY, rue Croix-des-Petits-Champs, 43.

LE VÉRITABLE
AMI DU PEUPLE!

C'est celui qui vient en aide à ses frères de toutes conditions;
Qui fait travailler les ouvriers en tout temps;
Qui encourage les artistes en leur achetant leurs œuvres;
Qui distribue des secours aux pauvres et aux infirmes;
Qui fonde des institutions populaires;
Celui enfin qui pratique le sublime principe de la *Fraternité*. Voilà ce que fait la famille DELESSERT depuis 60 ans:

Nommons donc Benjamin DELESSERT Fils.

Il suit les exemples de vertu, de dévouement et d'amour pour le peuple, qui sont l'apanage de sa famille. Dans la vie publique, il s'occupera des intérêts du peuple, comme il en allége les souffrances dans la vie privée. Ses études sur la question la plus importante, la question financière, lui assignent une place utile à l'Assemblée Nationale.

Citoyens! nommons BENJAMIN DELESSERT fils, homme du présent, jeune, plein de cœur, désintéressé, sans antécédents politiques, sans autre ambition que celle d'être utile au pays; vous pouvez compter que les institutions populaires tendant à améliorer le sort des prolétaires travailleurs n'auront pas de plus ardent, de plus zélé défenseur.

Imprimerie centrale des chemins de fer, de NAPOLÉON CHAIX et Cie, rue Bergère, 8, près le boulevart Montmartre.
1848

Paris, 10 septembre 1848.

Monsieur,

Le *Constitutionnel* a attendu jusqu'à ce jour, c'est-à-dire jusqu'à la veille des élections pour attaquer la candidature de M. Benjamin Delessert fils, en cherchant à le rendre responsable de certaines expressions contenues dans une affiche, publiée dès le commencement de la semaine, et qui avait pour but de recommander cet honorable citoyen aux suffrages des Électeurs de la Seine.

Le plus vulgaire bon sens indique suffisamment qu'on ne saurait demander compte à M. Benjamin Delessert des opinions exprimées par des Électeurs en faveur de sa candidature.

Le *Constitutionnel*, en reprochant à M. Benjamin Delessert quelques passages de la circulaire qu'il incrimine, manque non seulement de bon sens ; il manque encore de bonne foi. Ne sait-il pas que si M. Benjamin Delessert avait rédigé, publié ou seulement inspiré cette affiche, il se serait abstenu de toute expression, de toute pensée pouvant être interprétées comme une attaque contre la classe à laquelle il appartient ? Ne sait-il pas que M. Benjamin Delessert n'aurait cherché ni la popularité, ni le succès de sa candidature dans l'oubli de ce qu'il doit à son nom et à lui-même ?

Des ouvriers, guidés par un sentiment de reconnaissance pour la famille Delessert, n'ont consulté, dans leur écrit, que la mémoire du cœur sans penser au perfide écho que leurs paroles devaient trouver dans le *Constitutionnel*.

Voilà toute la vérité sur cette affiche que ce journal attaque *aussi tardivement* et au moment même où la réponse devient difficile. Nous espérons, pour l'honneur des candidats du *Constitutionnel*, qu'ils désapprouvent l'emploi, contre un adversaire, d'armes aussi peu loyales.

Agréez, etc.

DES ÉLECTEURS DE LA SEINE.

Napoléon Chaix et Cie

CANDIDATURE

DE M.

BENJAMIN Delessert FILS.

Il est complètement inexact que M. Benjamin DELESSERT Fils se retire de sa candidature. Devant les nombreuses sympathies qui l'entourent il n'a pas songé un instant à se désister. Il prie les Electeurs de ne pas se laisser abuser par les faux bruits qu'on pourra répandre sur le retrait de sa candidature.

17 *Septembre* 1848.

Imprimé chez Paul Renouard, rue Garancière, n. 5.

18 Septembre.

CANDIDATURE
DE
M. BENJAMIN DELESSERT fils.

ÉLECTEURS,

Il n'y a pas de moyens qu'on n'emploie pour combattre ma candidature. Mes adversaires ont répandu des lettres anonymes ainsi conçues :

« *La candidature de M. BENJAMIN DELESSERT est abandonnée.* »

Je déments formellement ce fait.

Électeurs, c'es là une machination perfide; vous en ferez justice.

BENJAMIN DELESSERT fils.

Imprimerie centrale des Chemins de fer, de NAPOLÉON CHAIX ET Cie, rue Bergère, 8, près le boulevart Montmartre.
1848.

A ses Concitoyens.

DUPOTY.

MES CHERS CONCITOYENS,

Après avoir laissé tour à tour tomber du faite de leur puissance l'absolutisme impérial, le gouvernement cosaque et jésuitique de la Restauration, la corruption et le despotisme légalisé de la branche cadette, trois partis dynastiques rêvent et préparent encore, sous le masque républicain, de nouveaux déchiremens à la France.

Ils ne se battent guère, ces partis là ; mais ils veulent pousser tout à la fois à la lutte et la misère qu'ils accroissent par calcul, et l'ignorance qu'ils caressent pour l'égarer, et de légitimes exigences sur lesquelles ils soufflent en même temps les difficultés théoriques et pratiques de l'idéal, de l'impatience et de la colère.

Dans ces graves circonstances, la situation du moment comme l'avenir de la France sont livrés à l'Assemblée Nationale.

Sans doute un grand nombre de Patriotes éprouvés y défendent l'honneur, les droits, le bien-être du Peuple ; mais les adversaires de la République y travaillent aussi de toutes leurs forces à la réaction.

Sous l'empire du suffrage universel que nous avons conquis, et pour substituer le règne de la discussion et des majorités à celui de la violence, c'est donc un devoir sérieux et pressant que de renforcer cette assemblée d'amis sincères des principes de la révolution.

Fort de tout mon passé, de l'indépendance de mon caractère et de ma position, des suffrages dont m'avez honoré déjà, je dois, pour l'honneur des principes, et par respect pour les liens qui m'attachent au parti républicain, me présenter encore à vous.

Si ma vie, souvent engagée depuis 25 ans dans nos luttes politiques, est restée sauve ; si ma santé s'est étiolée sous les verrous de Sainte-Pélagie, dans les caveaux du château de Louis IX, dans les cabanons du palais Médicis et dans ces casemates de la citadelle de Doullens où s'ensevelissait ma fortune avec ma liberté, du moins ce que l'homme a de plus précieux m'est resté : c'est la conscience d'avoir toujours soutenu les intérêts du bien et du vrai ; c'est la probité du caractère et de l'opinion ; c'est la religion de l'honneur ; c'est le souvenir que pour propager les principes de la démocratie et préparer son jour de victoire ; que dans les veilles du cabinet, sous les verrous, sur la place publique, ma tête, mon cœur, mon bras n'ont cessé de battre, de penser, d'agir pour cette cause républicaine que nous avons enfin vue triompher.

J'ai donc pensé que vous saisiriez l'occasion de flétrir, par mon élection, une des plus grandes montruosités politiques et judiciaires du dernier règne, et même des temps modernes, *la complicité morale!* J'ai espéré que vous voudriez compléter ce qu'ont fait, il y a sept ans, la Garde Nationale de Paris, en m'appelant à l'honneur d'être un de ses chefs, quelques jours après ma condamnation ; la jeunesse des Écoles en venant, par milliers, protester contre un arrêt dont l'infamie est retombée sur mes juges ; et la Presse indépendante de la France et de l'Europe, en s'élevant par une déclaration solennelle, unanime, contre le coup d'État qui l'atteignait tout entière dans ma personne.

Si je vous rappelle le passé du rédacteur en chef du JOURNAL DU PEUPLE, c'est que notre insurrection de février n'aura pas été cette fois une révolution de palais ; c'est qu'elle doit enfanter une révolution vraiment républicaine, démocratique et sociale, dans la mesure du juste, du raisonnable et du possible ;

C'est que les pouvoirs issus d'elle ne seront forts et féconds qu'à la condition de travailler à l'amélioration physique, morale et intellectuelle des classes les plus nombreuses, les plus utiles et, jusqu'à présent, hélas! les plus souffrantes ;

C'est que ceux-là seuls peuvent à la fois diriger ce grand mouvement avec énergie et avec sagesse, qui le sentent, le comprennent et l'ont amené :

C'est que les idées, les sentimens et les actes de ceux-là seuls peuvent, en donnant satisfaction légitime aux intérêts généraux, concilier l'ordre et le progrès.

Oui, ceux-là seuls peuvent maintenir la force au service du droit ; ceux-là seuls peuvent conserver à notre admirable révolution son calme et sa clémence, conjurer les désordres qu'amèneraient partiellement soit d'utopiques exagérations, soit surtout la présence et l'intervention des hommes du passé, et avec eux, des tendances rétrogrades vers le privilége et l'oppression, le mépris ou l'oubli de cette sainte devise : **LIBERTÉ, ÉGALITÉ, FRATERNITÉ.**

Voilà pourquoi, chers Concitoyens, j'ai voulu fixer sur moi votre attention ; voilà pourquoi j'appelle votre confiance ; voilà pourquoi, représentant du Peuple à mes risques et périls sous la monarchie, je réclame l'honneur de le représenter officiellement sous la République.

A. DUPOTY.

Typographie et lithographie FELIX MALTESTE et Cie, rue des Deux-Portes-St-Sauveur, 18.

ÉLECTIONS DU 17 SEPTEMBRE 1848

CANDIDATURE

ACHILLE FOULD

ANCIEN DÉPUTÉ

AUX ÉLECTEURS

DU DÉPARTEMENT DE LA SEINE

CITOYENS,

Le souvenir des efforts que je n'ai cessé de faire dans les dernières assemblées pour maintenir l'ordre et l'économie dans nos finances m'a valu aux élections du mois de juin de nombreuses sympathies; près de **62,000** voix en ont été le témoignage. Encouragé par cette manifestation si honorable pour moi, je viens de nouveau me présenter à vos suffrages.

Quoique le crédit public tende à se relever sous l'influence d'une politique prudente et ferme, la stagnation du commerce et de l'industrie, la gêne des propriétaires, le ralentissement du travail, nous menacent encore de sérieux dangers.

Ranimer promptement le travail,

Rendre l'activité au commerce et à l'industrie,

Améliorer le sort des travailleurs et soulager la gêne des propriétaires,

Obtenir ces résultats par une organisation intelligente et forte des pouvoirs publics, par des lois de finances sages et libérales à la fois, tel est le but qu'il faut atteindre.

La tâche est grande et difficile, mais elle n'est pas au-dessus du patriotisme et des ressources de la France; c'est pour concourir à son accomplissement que je sollicite l'honneur de vous représenter à l'Assemblée nationale.

ACHILLE FOULD,
Ancien député.

GERVAIS (DE CAEN)

CANDIDAT

du Comité Démocratique central.

CITOYENS,

Je sollicite pour la seconde fois vos suffrages; mes opinions vous sont connues.

Je veux l'application des principes pour lesquels j'ai lutté dans vos rangs pendant vingt ans à travers tant de chances diverses.

Je veux la République fraternelle sans anarchie, sans despotisme, fondée sur les bases immuables de la famille et de la propriété;

La République énergique et sage au dedans, puissante et respectée au dehors;

Le développement pacifique et progressif des institutions démocratiques qui doivent assurer parmi nous l'accomplissement de tous les devoirs, le respect pour tous les droits et pour tous les intérêts légitimes, le règne absolu de la loi, le gouvernement des majorités issues du suffrage universel.

GERVAIS (DE CAEN).

DISTRIBUTION et Impression de Listes Électorales, boulevard Poissonnière, 16.

Imprimerie centrale des Chemins de fer, de NAPOLÉON CHAIX et Cie, rue Bergère, 8, près le boulevart Montmartre.

GERVAIS (DE CAEN)

CANDIDAT A LA REPRÉSENTATION NATIONALE.

ÉMILE DE GIRARDIN

AUX

Électeurs de la Seine.

Lundi 11 Septembre.

ÉLECTEURS,

Vaincu sur le terrain de la liberté de la Presse, je n'ai plus qu'un refuge, c'est la liberté de la Tribune.

Je ne manquerai pas plus à l'une que je n'ai manqué à l'autre.

En vous adressant ce dernier appel, je me souviens des 70,500 voix que vous m'avez SPONTANÉMENT données; je cède à une dernière espérance, j'accomplis un dernier devoir.

ÉMILE DE GIRARDIN.

Lundi 14 Février.

A LA CHAMBRE DES DÉPUTÉS.

Entre la Majorité intolérante et la Minorité inconséquente, il n'y a pas de place pour qui ne comprend pas:

Le Pouvoir sans l'initiative et le progrès;

L'Opposition sans la vigueur et la logique.

Je donne ma démission de Député.

ÉMILE DE GIRARDIN.

Imprimerie centrale des Chemins de fer, de NAPOLÉON CHAIX ET Cie, rue Bergère, 8, près le boulevart Montmartre.
1848

NOMMONS

Emile de Girardin.

Personne mieux que lui n'a compris les véritables droits du peuple, personne ne les a défendus avec plus de courage et d'audace. Souvenons-nous que le 25 juin, au bruit du canon, sa plume ardente consacrait ces mêmes droits... qu'il était trainé en prison, et qu'à peine sorti, il criait: Amnistie! amnistie pour les insurgés..... amnistie pour le 15 mai..... amnistie pour tous... Ces jours derniers, c'était les droits de la presse qu'il défendait à outrance, et demain, au nom de la souveraineté populaire, il attaquera en face, à la tribune du peuple, les ennemis de cette liberté de la presse, notre plus belle conquête.

Esprit supérieur par l'intelligence, caractère de fer, courage à toute épreuve, c'est l'homme du moment. Nommons-le; aucune force ne le détournera de son but.

Imprimerie centrale des Chemins de fer de NAPOLÉON CHAIX et Cie, rue Bergère, [illegible]

1848

NOMMONS

Emile de Girardin.

Personne mieux que lui n'a compris les véritables droits du peuple; personne ne les a défendus avec plus de courage et d'audace. Souvenons-nous que le 25 juin, au bruit du canon, sa plume ardente consacrait ces mêmes droits..... qu'il était traîné en prison, et qu'à peine sorti, il criait: Amnistie! amnistie pour les insurgés.... amnistie pour le 15 mai..... amnistie pour tous..... Ces jours derniers, c'était les droits de la presse qu'il défendait à outrance, et demain, au nom de la souveraineté populaire, il attaquera en face, à la tribune du peuple, les ennemis de cette liberté de la presse, notre plus belle conquête.

Esprit supérieur par l'intelligence, caractère de fer, courage à toute épreuve, c'est l'homme du moment. Nommons-le; aucune force ne le détournera de son but.

Imprimerie centrale de NAPOLÉON CHAIX ET Cie, rue Bergère, 8.

1848

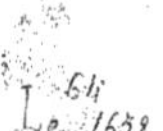

CINQ CENTIMES

Dépôt général chez
PAREUR
EDITEUR
18
Boulev^d. Montmartre

Et chez BOURIOT
ENTREPOT GÉNÉRAL DE PUBLICITÉ
12
rue des Vieux-Augustins.

LETTRE
AU CITOYEN
E. Delamothe
SE DISANT
EMILE DE GIRARDIN
sur sa nouvelle candidature à l'Assemblée nationale

« Messieurs, cet homme (qui se dit Girardin), qu'on vous a peint comme
» un citoyen *vertueux*, inoffensif, ne pourrais-je pas vous le montrer, moi,
» forcé par des décisions judiciaires à courber honteusement le front. »
(JULES FAVRE, *procès Bergeron.*)

Que dites-vous, citoyen, de l'épigraphe ?
Vous sentez-vous calomnié ? — Allons donc ! — C'est une simple histoire dont je vais réunir les fragments pour l'édification des électeurs dont vous briguez les suffrages.

I

« Que la calomnie et l'intrigue se taisent, la vérité va » se faire entendre. »

— Oui, la vérité, rien que la vérité, citoyen Lamothe, dit Émile de Girardin.

Nous ne voulons que vous montrer tel que vous êtes à notre public, et, miroir fidèle, nous serons vrais, sincères, inflexibles.

Tant pis pour vous si nous vous heurtons un peu rudement, colosse aux pieds d'argile. Courageux jannissaires des royales antichambres :

— Laissez passer la justice du peuple.

— Vous voici donc encore une fois candidat représentant à l'Assemblée nationale ! *Proh ! pudor !*

— Candidat du peuple ! vous, monseigneur de Girardin ? Je me trompe, citoyen Lamothe, candidat républicain ! — toi ! toi !

Arrière, apostat, — il est trop tard !

Ne vois-tu pas que nous sommes à cet instant suprême de régénération sociale où tes pareils sont bannis à toujours du temple auguste de la représentation nationale qu'ils ont trop longtemps profané ?

— Tu ne comprends donc pas qu'enfin la charte républicaine doit être aujourd'hui une vérité —

Et que les renégats, les corrompus, les satisfaits, les séides monarchiques et les proxenètes de l'ancien ordre de choses, ont vu s'éclipser leur soleil et disparaître leur étoile ?

Tu ne comprends donc pas que la République repousse avec dégoût, avec horreur, ces ambitieux dont la politique tortueuse, machiavélique et perfide avait si fatalement ruiné, déshonoré le pays au profit de leurs passions égoïstes et de leurs scandaleuses fortunes ?

Tu ne te contentes donc pas de semer l'anarchie et le désordre dans le pays, au moyen de ta feuille incendiaire ; il te faut encore une tribune plus haute et plus retentissante pour y proclamer tes cyniques et subversives opinions, tes rêves coupables, tes *passions aveugles et ennemies*, — comme disait l'ancien porte-couronne.

Non ! toi qui, avec bien d'autres, n'aviez embrassé la République qu'afin de la mieux étouffer —

Vous n'accomplirez pas vos liberticides projets —

Non ! vous n'anéantirez pas la République à son aurore, vous ne ferez pas de sa robe virginale un linceul !...

Non, mon brave peuple, tu ne seras pas plus longtemps la dupe des démagogues ambitieux, des idéologues soupçonneux et vindicatifs qui ont si longtemps confisqué à leur profit tes travaux, tes richesses et tes libertés !

— Vois ce caméléon si dangereux qui se présente comme ton ami, ton frère, et qui vient te demander tes suffrages ; il a été de tout temps implacable dans sa haine contre les idées libérales, l'apôtre fervent et l'athlète le plus vigoureux de l'ancienne monarchie, qui lui prodiguait ses faveurs et lui ouvrait ses trésors ; il a déversé à pleines mains la dérision, le persiflage et l'injure à tous tes défenseurs, comme il t'écrase aujourd'hui des flatteries les plus exaltées et des louanges les plus passionnées. Toi, peuple, dont il se rit et qu'il a si souvent trahi et insulté !...

Faudra-t-il donc toujours te crier : Gare ! pauvre peuple, si bon, mais si confiant et si crédule ! Serviras-tu donc éternellement de jouet à l'audace, à l'intrigue, à l'hypocrisie, à l'ambition ! tu seras donc toujours en butte à toutes les lâches et cupides exploitations !

Mais prends bien garde de soulever contre toi les colères en te mettant encore une fois au grand jour de la lumière électorale ; crains que ce peuple, qui s'est contenté, dans sa vengeance, de lacérer tes feuilles cyniquement réactionnaires, n'aperçoive enfin en toi l'artisan de ses malheurs et l'ennemi acharné de ses glorieux intérêts. Veille et sera ton manteau autour de ta taille, de peur qu'on ne vienne à te reconnaître ;

— Ou malheur !...

Je ne te souhaite que des sifflets.

Mais, encore une fois, il faut que tu sois bien riche d'audace pour te poser en défenseur du peuple et de la liberté !

Tu n'as donc plus de mémoire ; tu ne sais donc pas qu'il existe une presse inflexible et impitoyable, un *Moniteur* où sont consignés tes actes et tes paroles, qui, comme les caractères de feu du festin de Balthazar, peuvent te brûler sans pitié les lèvres et le cœur !

Tu oublies donc toutes les idées subversives, ironiques, impopulaires, avec lesquelles tu as su, si bien et avec tant d'art, flageller la raison et le bon sens public, que tu t'es fait une gloire d'outrager chaque jour dans tes écrits débordés de fiel !

Tu as beau être habile à tromper, à subjuguer, à séduire ; ton style a beau se faire spécieux, étourdissant, et quelquefois magique, tu es jugé aujourd'hui sans retour ; tu peux ployer ta bannière : *res judicata pro veritate habetur.*

— Il est bien vrai que cette société qu'on nous peint si avancée, si hautement douée de raison, a pu réchauffer dans son sein des hommes tels que toi et leur faire chaque jour une part de réputation et de richesse ;

Mais le temps de l'erreur est passé. Cela n'est que trop réel. Vous avez triomphé un moment, vous autres valets de rois à la honte de cette société ; au détriment et à la confusion de ces jeunes et admirables intelligences qui passaient leur vie à l'ombre et souvent dédaignée de ceux dont elles rêvaient l'affranchissement et le bonheur.

— Assez! assez! cessons de nous rappeler ces tristes époques des plus mauvais jours de la monarchie.

Unissons-nous tous, ô mes concitoyens! et repoussons de toutes nos forces et de tous nos mépris, ces hommes pervers, égoïstes sans entrailles, à qui leur soif de l'or donne le vertige; ces grands coupables voués à l'impénitence finale...

Il est temps de porter nos regards vers ces hommes modestes, à l'esprit ferme et éclairé, trop longtemps méconnus.

A ceux-là, la gloire de régénérer le pays et de faire triompher à jamais nos principes de justice, de grandeur et d'indépendance.

II

Il n'est pas défendu d'être ambitieux;

C'est quelquefois une belle et noble chose que ce sentiment d'émulation qui pousse certains hommes à se surpasser, à devenir puissants et forts pour dominer la foule et travailler plus à l'aise au triomphe des grandes idées et des grands principes politiques et sociaux.

— Ce n'est pas sous ce jour que nous vous montrerons Girardin.

Toute la vie de cet homme a été vouée à une ambition ardente, démesurée. Il a fait servir toutes les richesses de son organisation, ses talens incontestables, ainsi que toute la fécondité et la supériorité de son esprit, à satisfaire ses intérêts personnels, sa soif de l'argent et son égoïsme incurable.

Il n'est malheureusement pas le seul qui ait agi ainsi.

Tous ses actes, toutes ses paroles, toutes ses roueries politiques et industrielles viennent démontrer l'exactitude de cette assertion.

— D'abord, il a changé son nom;

Ce nom brillant et aristocratique d'Émile de Girardin ne lui appartient pas; il l'a volé! il s'appelle *Émile Delamothe*; ce n'est pas un crime d'être bâtard, mais c'en est un de se servir d'un nom qui n'est pas le sien, et pour preuve, nous transcrivons ici son acte de naissance :

N° 386. — DIMANCHE 22 JUIN 1806.

DELAMOTHE.

Acte de naissance de ÉMILE, du sexe masculin, né le jour d'hier, à deux heures de relevée, chez M. BIGOT, *accoucheur*, rue Chabannais, n° 4, division Lepelletier; fils de demoiselle Sophie DELAMOTHE et de PÈRE INCONNU.— Ladite demoiselle DELAMOTHE, originaire du Mans, département de la Sarthe, présentement cuisinière chez la d'ame Dubut, susdite rue Chabannais, n° 5, âgée de vingt-deux ans, fille de Pierre DELAMOTHE, *journalier*, et de Sophie PÉRARD, son épouse; tous deux décédés.

Les témoins ont été les sieurs Jean-Pierre LE BORGNE, cordonnier, demeurant mêmes rue et division, n° 2; et Louis-Jean ADRIEN, docteur en médecine, rue de Beaune, n° 22.

Sur la réquisition du sieur Bigot (Jacques), accoucheur, qui a signé avec les témoins susnommés et avec nous Denis-André Rouen, adjoint au maire, qui avons dressé le présent acte de naissance après lecture faite :

Signé LE BORGNE, BIGOT,
ADRIEN et ROUEN.

Lors de son élection, lorsqu'on vérifiait ses pouvoirs à la Chambre, il s'est bien gardé de produire cet acte.

Interpellé sur la question de savoir *s'il était naturalisé Français*, et sur *son âge*, il répondit par ces captieuses paroles :

« Je suis né en France; j'avais ignoré jusqu'à présent » l'époque de ma naissance. *La personne qui a pris soin de* » *mon enfance était décédée, mais je viens de découvrir des* » *personnes qui connaissent ma vie*, et qui *affirmeront, sous* » *serment* que ma naissance doit remonter à 1802 ou » 1803. »

Ah! vous avez bien calculé, Émile de *Lamothe*, dit *Girardin*, que 1802 ou 1803 correspondait à 1835, et complétait vos 30 ans, tandis que 1806 ne pouvait vous donner que 29 ans.

Partant, point d'élection possible. — Vous n'aviez point l'âge.

Cette dissimulation est une tromperie honteuse.

Vous aviez déployé une rare intelligence dans tous les détails de cette élection. A Bourganeuf, monsieur de Girardin, le scrutateur était de vos amis, votre inséparable; c'était le citoyen Boutmy, n'est-ce pas, n'est-ce pas?

Boutmy, l'ancien associé d'*Horner*, le condamné, le complice de la femme de Wailly, dans l'affaire des faux de la succession Séguin, ancien directeur du Bazar médical de la rue Montesquieu; Boutmy, évincé du collége électoral comme vous le fûtes vous-même à la Chambre des députés, le 13 avril 1839.

Cependant vous avez triomphé, monseigneur, au collége de Bourganeuf; les électeurs vous avaient donné une majorité puissante de voix; votre concurrent le plus redoutable était, si j'ai bonne mémoire, le sieur *Vidocq*, de Saint-Mandé, ancien haut fonctionnaire de la rue de Jérusalem; après ce dernier, venaient Guizot et Odilon Barrot; mais ils ne parvinrent à obtenir qu'un bien petit nombre de suffrages.

Quel triomphe!

Tous ces actes sont au reste consignés au *Moniteur* et ailleurs;

— N'est-ce pas vous, Émile Delamothe, qui avez créé, avec un certain Peytel, le journal le *Voleur*? — Votre ancien associé n'est-il pas le même que ce scélérat de notaire qui assassina lâchement sa femme, et qui, par suite de cette *peccadille*, fut jugé et exécuté?

— N'est-ce pas vous, Delamothe, qui avez commandé le chant de deuil de *cet infortuné* à votre ami Honoré *de Balzac*, et qui ne tendait à rien moins qu'à le réhabiliter, sinon à le béatifier?

— N'est-ce pas vous qui avez créé *la Mode*, ce journal de la fine fleur aristocratique, pour le vendre plus tard à *S. A. R. madame la duchesse de Berry*?

Pourriez-vous nous dire comment vous obtîntes du président de Bellevme l'*autorisation d'avoir un nom, une patrie*, une *date de naissance* et la *naturalisation de Français*?

Comment donc êtes-vous arrivé à remplir les formalités de l'art. 250 du Code civil, qui exige l'attestation de quatre témoins? vous en trouvâtes cinq, vous, Émile Delamothe, et ce serait une chose assez curieuse que de connaître toute la moralité de cette affaire et les *noms de vos parrains*. — Cette pièce vous avait été délivrée pour cause de mariage avec *Delphine Gay*, et vous vous en êtes fait une arme à deux tranchans. — Elle vous a servi pour arriver à la députation. — C'est adroit!

N'avez-vous pas eu aussi une petite place au *Musée des Familles* avec votre ami *Auguste Desrez*? N'est-ce pas avec lui que vous vous lançâtes dans les *Connaissances utiles* pour arriver plus tard au *Panthéon littéraire* qui eut des *petits malheurs judiciaires... comme tant d'autres*?

Plus tard, nous avons eu *Blum*, *Cleeman* et *consorts*; mais ceux-ci n'étaient que les *Bertrands* de cette affaire. *Robert Macaire* tenait les gobelets; les *Ratons* tiraient les marrons, et vous, Émile *Delamothe*, dites-nous qui les mettait dans sa poche?...

Il y a longtemps qu'on avait parlé des mines de *Saint-Bérain*. Il y eut aussi, à propos de cela, quelques petites condamnations. — Mais qui a gagné dans cette affaire? — C'est facile à deviner : quand Pierrot joue avec Polichinelle c'est toujours — la partie ensemble, c'est toujours Polichinelle qui gagne.... Vous pouvez voir cela vous-même en descendant l'avenue des Champs-Élysées, car, de chez vous, il n'y a pas bien loin pour aller au théâtre de *Guignolet*.

— Mais vous n'avez pas toujours été malheureux dans vos affaires avec les tribunaux;

Par exemple, quand vous n'avez été *condamné* qu'à 300 fr. d'amende pour *diffamation* envers *Bergeron*.

Mais plus tard vous prîtes une éclatante revanche.

Souvenez-vous-en. Ce fut à l'occasion du soufflet que vous reçûtes dans votre loge, à l'Opéra, de la main de ce même *Bergeron*. Vous obtîntes alors une condamnation à *trois ans de prison contre lui*!!!

Oh! vous étiez bien vengé!

III.

Il y a un fait odieusement cruel qui doit peser sur la vie de Girardin, et qui l'a fait prendre en haine par tout ce qui porte en France un cœur honnête, une âme généreuse.

O perte à jamais regrettable! La Patrie pleure toujours son plus noble enfant... Carrel est tombé sous tes coups, Girardin, tu nous as privés pour jamais de ce noble et puissant champion de l'honneur national! Tu nous l'as tué, meurtrier! Honte et malheur sur toi!

Chose inouïe! cet homme a le triste courage, l'imperturbable aplomb d'enrichir aujourd'hui son journal des pensées, des doctrines de Carrel; oui, il lui fait emprunt (*pour le mieux regretter sans doute*) des articles qui ont peut-être été la cause du duel!

De même à l'égard de l'illustre patriote Cormenin dont il choie le style et caresse les idées....

Carrel et Cormenin festoyés par Girardin! L'insecte dans la fleur, la guêpe sur le fruit.

Cependant, ce duelliste fameux qui joue si bien l'intrépidité, a refusé, à certaine époque, de payer sa dette à la patrie, en cherchant à se soustraire à la loi du recrutement.

Savez-vous sous quel prétexte?

En faisant valoir qu'il n'avait point d'*état civil* et qu'on ne pouvait *lui prouver* qu'il était né Français.

Vous voyez que notre héros n'est jamais embarrassé et qu'il est habile à manier l'arme de la subtilité et de la controverse.

— Eh bien! il en est de même de toutes ses croyances politiques ou sociales; à lui le sceptre de l'ironie, de l'injure; tantôt souple et rampant, il ne cesse d'inonder les idées populaires de son encens et de ses adulations, au détriment du Pouvoir; tantôt c'est à ce même Pouvoir qu'il adresse toutes ses flatteries, qu'il prodigues toutes ses louanges, contrairement aux intérêts de ce Peuple dont il trompe perfidement la bonne foi et les instincts généreux.

Gardez-vous donc, citoyens électeurs, des parfums nauséabonds dont sa rhétorique vous inonde. — Ce sont des senteurs délétères dont les émanations procurent la torpeur ou le vertige.

Préservez-vous donc de ces dangereux écrits, de ces *factum* impopulaires, qu'il fait répandre avec tant de profusion.

Ces feuilles distillent un toxique dangereux et subtil. On les a surnommés le *poison du peuple*.

— Courage donc et veillons!

IV

C'était un ravissant spectacle que la comparution du citoyen Girardin, le 22 juin 1847, c'est-à-dire le jour anniversaire de sa naissance, devant les citoyens pairs au Luxembourg.

Que de *confiteor*! que de *mea culpa*! bon Dieu!

Aussi votre défense fut-elle couronnée d'un plein succès, Girardin.

Vous fûtes acquitté...

Examinons donc votre interrogatoire, puisque nous sommes sur ce chapitre, cela nous remettra sur la question de votre naissance que nous avons tout à l'heure soulevée.

— *Le président Pasquier* : Quel est votre nom?

— Réponse : Émile de Girardin.

— D. Votre âge?

— R. Je n'ai pas d'acte de naissance, et je le dis parce que la tribune a trahi récemment un *secret* qu'elle aurait dû respecter. J'ai de quarante-un à quarante-quatre ans.

— D. Votre qualité?

— R. Député et gérant de la *Presse*.

— D. Votre domicile?

— Aux Champs-Élysées, n° 105.

— Pour compléter nos éclaircissemens, citons la lettre tombée entre les mains du citoyen Guizot et écrite de la main du citoyen général Alexandre de Girardin.

Cette communication précèdera une autre lettre du citoyen Delamothe, dit Girardin, où il se met lui-même en lumière.

Le comte Alexandre de Girardin, lieutenant-général, à S. M. L.-Philippe.

Sire,

« Ayant tout lieu de croire que M. Guizot a rendu au roi un compte inexact des différens entretiens qui s'étaient passés entre nous, j'éprouve le besoin, par respect pour Votre Majesté et pour moi-même, de rétablir la vérité et l'ordre des faits, etc. »

« M. Guizot n'avait pas craint de regarder comme prix de cette faveur (la patrie) l'exercice et l'influence qu'il m'attribuait sur le journal la *Presse*, etc. »

Signé : « Le comte lieutenant-général
» ALEXANDRE DE GIRARDIN. »

20 janvier 1848.

Lamothe dit Girardin d'**

25 juillet 1838.

Monsieur,

« A mon départ de Paris, vous avez eu l'obligeance de
» me faire promettre de nous écrire,

» A peine suis-je arrivé à Bourganeuf, que je vais
» être obligé de m'en éloigner au moins pour quelques
» jours, que ma présence à Paris est réclamée pour le
» 15 avril.

» Je désirerais vraiment qu'à cette époque vous ayiez
» vu mon père, vous ayiez à fond avec lui et sachiez à
» quoi vous en tenir sur sa *nomination* qui est *l'objet de*
» *mes plus vifs désirs* et qui a été la seule *considération*
» qui ait pu me déterminer à ABANDONNER *temporairement*
» la rédaction en chef de *la Presse*... Les quatre mois que
» vous m'aviez demandés pour *convertir* en réalité la
» *promesse ministérielle* expirée le 30 août. — Depuis
» quatre mois, tous les arrangemens que j'ai pu prendre,
» tous les projets que j'ai pu former ont été essentielle-
» ment provisoires et soumis à l'éventualité de la *pairie*
» pour M. *A. de Girardin*, comme juste réparation de
» l'injustice commise à son égard, et rémunération de
» réels et glorieux services...

(Des noms *propres* sont supprimés à la tribune par M. Guizot.)

» Le ministère a pensé que vous seriez plus *utiles* à
» ses intérêts que moi, — il m'a demandé un acte de *dé-*
» *vouement*, je pourrais dire d'*abnégation*, quoiqu'il m'en
» ait coûté que la PRESSE *déviat de la ligne que je lui*
» *avais tracée*; *qu'elle attaquât des personnes ou des choses*
» sur lesquelles j'eusse, mieux, gardé le silence; qu'elle
» en défendit d'autres que j'eusse au contraire *vertement*
» *blâmées*. »

(Bruyantes interruptions sur tous les bancs.)

Vous voyez donc, citoyens électeurs, que, de ces documens que nous venons de mettre sous vos yeux et qui sont, je l'espère, de toute authenticité, il résulte que le citoyen Delamothe, dit Emile de Girardin, avait abandonné la rédaction de son journal au ministère Guizot, et qu'il devait recevoir pour prix de sa *complaisance* un fauteuil de pair de France pour celui qu'il dit être l'auteur de ses jours.

Touchant exemple de tendresse filiale, n'est-ce pas?

— Infamie et trahison!

— O honte!

C'est donc ainsi que vous vouliez faire tourner au profit de vos intérêts cupides, sacriléges, liberticides, votre mission de journaliste!

C'est donc ainsi que vous avez prostitué la presse, cette tribune inviolable, cette arme la plus sublime que le génie humain ait pu enfanter pour la défense des droits sacrés et imprescriptibles d'une grande nation!

C'est donc ainsi que vous comprenez le sacerdoce du publiciste et de l'écrivain!

Faut-il qu'abjurant toute pudeur, après ce monstrueux *factum*, vous osiez venir nous parler encore au nom du peuple et nous entretenir insidieusement de ses intérêts!

Et vous osez parler ainsi à l'heure qu'il est, à l'heure où le *tocsin électoral* va de nouveau se faire entendre!

Vous nous prêchez la liberté, l'égalité, la fraternité!

— Vous!

Vous embouchez la trompette démocratique!

Allons donc! votre instrument est faux.

Electeurs! voilà l'homme qui se présente à vos suffrages.

Je vous le livre:

Jugez-le!

V.

— Et avant de finir cette lecture, quelques paroles encore, citoyens électeurs!

Et un dernier mot à toi, Girardin, — mon beau reptile, mon caméléon chatoyant.

— Prends garde au talon du prolétaire!

— Mon beau gâcheur d'idées, mon bel embrouilleur de papier, prends garde! — il me prend envie de verser sur toi mon encre, seul moyen désormais de te noircir.

Mirabeau l'a dit: « C'est la plume qui donne ou enlève les sceptres. » — Puisse donc la mienne devenir une épée menaçante et que je puisse t'en percer le cœur, si je n'obtiens ton retour sincère à la noble cause du devoir et de la patrie! Vain espoir!

On a dit que la presse devait sauver les libertés du monde et qu'elle rendrait toute guerre impossible.

Je crois que c'est vous, Girardin, qui l'avez écrit?

Nous ne demandons pas mieux.

— Eh bien! que la liberté de la presse, cette puissance intelligente et magique prenne donc désormais la place des armées belligérantes, et puisse-t-elle faire proclamer enfin les lois universelles de la raison et de l'union des peuples.

Ceci est un vœu sacré.

— Girardin, vous allez vous présenter encore une fois devant nous dans l'espoir d'obtenir notre mandat; mais, si contre toute attente, vous réussissiez, il faudrait regarder votre triomphe électoral comme une vraie calamité publique et désespérer en France de la souveraineté nationale, du patriotisme et du grossier bon sens.

— Et vous, citoyens électeurs, attention! — vigilance! La patrie ne peut être sauvée que par vous!

— Voulez-vous que la République se développe librement, envoyez à l'Assemblée nationale des républicains sincères.

Hors de là, point de salut.

— De la composition de cette Assemblée dépend tout entière la réussite de la grande expérience que nous faisons en ce moment de l'établissement de la République en France. Point d'alliage dans le pur métal.

C'est déjà bien assez des élémens dissidens dont l'Assemblée est composée sans qu'on y adjoigne l'appoint hétérogène de représentans professant les principes monarchiques. Il deviendrait tout à fait impossible de s'assurer si les principes républicains sont applicables à l'état actuel de la France.

Si vous voulez que l'Assemblée soit puissante, libérale et démocratique,

Au nom de Dieu, ne la divisez pas!

Faites que la discorde ne puisse régner dans ce temple du salut public, surtout à ce moment suprême où s'élabore la constitution qui va porter les destinées de la patrie.

Si vous y laissez pénétrer des ennemis de la République, des partisans du système monarchique, ils créeront systématiquement des dissensions pour discréditer les institutions républicaines.

Où cela nous conduirait-il alors?... quels désastres et quelles catastrophes ne pourrions-nous pas avoir à redouter!

Il y a six mois à peine, nous étions sous le régime de la monarchie, et la lutte, sous un gouvernement représentatif, faisait partie de nos mœurs politiques: la diversité des jugemens est le propre de la nature humaine; mais n'oubliez donc pas qu'à côté des opinions, il y a des sentimens, et que les nôtres doivent se trouver confondus dans le saint et solennel amour du pays.

Cette République qui nous gouverne au nom de la liberté, c'est la vérité sur la terre, comme Dieu est la vérité dans le ciel.

Que le culte que nous lui rendons soit sacré, grandiose et digne de celle que nous voulons honorer.

Le gouvernement républicain doit être fondé sur la vérité et sur la justice, basé sur le devoir. Les vertus républicaines sont le courage, la loyauté, la générosité, la grandeur d'âme; telles sont les éminentes qualités que les citoyens doivent rechercher avant tout dans leurs représentans.

La reconnaissance publique doit faire l'émulation et la gloire des citoyens vertueux qui auront compris le mandat du peuple. Les sociétés républicaines de Sparte et de Rome l'avaient ainsi voulu. Les poètes, les peintres et les sculpteurs traduisaient par la poésie, le marbre ou la couleur, les grands actes et les grands courages.

C'est là un puissant mobile, une noble émulation; la vertu étant contagieuse comme le vice, la certitude de vivre honoré dans la mémoire des peuples a produit plus de grands hommes que le sentiment absolu du devoir.

Dans l'ordre social et dans l'histoire des peuples, les républiques n'ont guère eu de triomphes que pour la vertu, — et presque jamais de malédiction pour le vice. Elles l'avaient tellement en mépris qu'elles ont été jusqu'à nier son existence.

La première République en France ouvrait le Panthéon aux grands hommes, — elle insérait au *Moniteur* les grandes et valeureuses actions. Elle avait des pages et des louanges officielles pour les choses héroïques et les faits éclatans. — Mais le châtiment, la flétrissure ne s'y trouvaient pas.

— Pourquoi donc n'avoir pas consigné sur des tables de fer tous les mauvais actes, les lâchetés et les turpitudes et même toutes les faiblesses, quand le salut public et la gloire du pays se trouvaient compromis?

— N'imitons pas cet exemple. — Il est funeste. — La justice distributive est la justice humaine.

« A chacun selon ses œuvres. »

Le *Moniteur* doit être le franc juge.

Ouvrons donc ses pages à la vertu, mais ne les fermons pas pour le crime.

Que la crainte de ce châtiment moral retienne nos mandataires dans la ligne de leurs devoirs sacrés, ainsi que ceux qui sont en charge des intérêts du peuple, et que la honte et la malédiction publiques viennent les punir de leurs liberticides attentats.

VI

PROTESTATION.

Électeurs!

Nous venons d'accomplir notre tâche en signalant un danger réel, immense; en traduisant à la barre de votre tribunal suprême un coupable, un ennemi.

Ne croyez pas que nous ayons fait œuvre de haine ou de vengeance envers lui; non, les mauvaises passions sont bien éloignées de notre cœur et de nos lèvres.

— Mais, comme tous, ou plutôt comme le plus grand nombre, nous voulons le triomphe complet et sincère des opinions que nous nous faisons gloire de professer.

— Nous ne doutons pas que cet homme ne récrimine contre nous, peut-être; mais, encore une fois, le principe qui nous fait agir nous fait une loi de le condamner à l'impuissance politique.

Nous voulons que le règne de la République soit une réalité.

C'est pour cela que nous repoussons de toute notre énergie les hommes de la monarchie tombée, et celui-là surtout, parce qu'il est de tous le plus dangereux.

Nous savons bien, Girardin, que vous et les vôtres, vous allez vous montrer plus libéraux que nous, que vous allez nous étourdir et nous diviser.

Que nous ne saurons plus si nous devons crier: *Vive le Roi!* ou *Vive la Ligue!*

Mais, citoyens histrions, nous connaissons vos allures: mais il n'est pas bien difficile d'arracher vos masques.

Nous savons bien que vous ne nous pardonnerez jamais la Révolution, et que la République est votre éternel cauchemar;

Que vous n'avez pas renoncé à l'exploitation de l'homme par l'homme;

Que vous êtes toujours les mêmes;

Que vous n'avez rien oublié, ni rien appris;

Que vous niez jusqu'à la lumière du soleil;

Que vous voulez établir deux catégories dans le peuple: le mauvais Paris et le bon Paris, comme l'a dit si odieusement Mr Dupin, votre patron;

Que vous ne demanderiez pas mieux, Girardin, vous et les hommes de votre école, de faire fusiller les citoyens qui ont chassé le bon Louis-Philippe;

D'égorger le peuple de Paris, cette *victorieuse canaille* qui vous a tendu la main le 25 février, sans condition.

Mais le règne de la République est proclamé devant tous.

— Il est trop tard! La République est devenue par votre très grande faute une très grande nécessité qu'il vous faudra subir.

— Vous aurez beau calomnier, insulter les braves et loyaux travailleurs;

— Faire des décrets d'accusation;

— Faire fermer les clubs;

— Faire germer partout la désunion, la discorde, l'anarchie et le désordre;

— Vous qui n'avez vécu que sur des systèmes étayés par la spoliation, la corruption et le mensonge.

— Arrière! arrière! insensés! cachez-vous, rentrez sous terre ou tremblez:

— Le peuple est roi!

— Il est trop tard!.... Vous serez toujours dépassés par le siècle et par la propagande républicaine.

— La démocratie vous débordera toujours, car elle est une vérité immuable, éternelle!

— Elle règne! elle régnera!

— Et vous, prophètes de malheur, augures sinistres,

— A genoux! à genoux! —

— Electeurs!

— Sentinelles avancées, nous vous avons crié: Qui vive!

— Répondez à notre appel:

— **France et Liberté !**

— Et maintenant, nous nous replions sur vous.

— Nous avons fait notre devoir.

— Advienne que pourra!

— Nous ne nous bornerons pas à avoir écrit ces lignes.

— Vous nous trouverez encore sur la brèche quand il s'agira de servir et de protéger nos libertés menacées.

— Car nous avons juré de consacrer à leur défense tout ce que Dieu donne de forces à l'intelligence qui travaille et tout ce qu'il donne au cœur qui se dévoue.

— C'est dans ces sentimens que nous prenons congé de vous, citoyens électeurs.

— Au revoir donc, et non pas adieu.

Vous nous retrouverez encore à la rescousse et prêts à entrer en lice pour combattre et rompre en visière aux chevaliers trompeurs, déloyaux et félons.

Et maintenant que j'ai fini, mons Girardin, de parler à ce noble peuple qui garde la foi républicaine, à cette héroïque population que vous ne rougissez pas d'invoquer pour capter sa confiance, encore un mot:

Vos sophismes vont bientôt resplandir d'un nouvel éclat; vos *principes* vont s'étaler fièrement dans les colonnes de votre *fière* et *loyale* famille.... il n'y aura jamais eu de plus pur, de plus franc républicain que vous; je m'y attends, ou plutôt, c'est déjà écrit, c'est déjà fait.

Eh! comment donc! Ne doit-on pas à vos écrits, à votre infatigable dévoûment pour la monarchie, une bonne part de l'exécration sous laquelle elle est tombée? Et s'il en est ainsi, n'avez-vous pas été républicain à votre manière? bien ingrats seraient les électeurs qui vous refuseraient leurs suffrages, n'est-ce pas, Girardin!

Et puis, n'avez-vous pas été naguère un peu poursuivi, un peu détenu préventivement, et votre journal n'a-t-il pas été un peu suspendu? Voilà des titres à l'élection, car il est *bien avéré* qu'en ce temps d'état de siége, les rigueurs du pouvoir ne se sont exercées que contre les *meilleurs républicains*. Vous êtes décidément un martyr, un Silvio Pellico; le peuple vous doit une ovation. Il serait bien ingrat en effet, car indépendamment de vos magnifiques promesses, et en attendant, vous le faites jouir, ce bon peuple, de la vue de votre portrait, prématurément placé dans toutes les galeries de Représentans; il n'y a que le titre à ajouter; — mais j'espère bien que les électeurs se contenteront de l'image *avant la lettre*

Terminons sérieusement. Vous avez eu l'impudence (c'est le mot) de vous écrier dans un moment de transport : Je serai ministre! Injure et fatuité!

Injure à cette nation si noble et si pure, fatuité de vous croire à la taille de ces hommes d'élite qu'elle charge avec amour du soin de la conduire à ses glorieuses destinées. Pauvre pays! s'il te fallait, de par la colère céleste, trainer à ton pied, comme un ignominieux boulet, la cohue des ventrus, des thuriféraires et des contempleurs de tes élans passsionnés, ah! mille fois plutôt vaudrait-il n'avoir jamais brisé de sceptres....

Non, non, le Pays n'en est pas là. Ce magnifique vaisseau a vu couper les câbles qui le retenaient au rivage monarchique, il vogue en plein océan populaire; il a ses pilotes, et l'équipage n'abandonnera pas le gouvernail aux pirates.

Et vive la République!

L.-F. LEROUX DE MONTGREFFIER,
Electeur du premier arrondissement.

Paris, 12 septembre 1848.

P. S. AUX ÉLECTEURS.

Mes bons concitoyens, pardon! — Heureusement cet écrit n'était pas tiré; vous n'auriez pas su que : — M. Emile *Delamothe* (se disant de *Girardin*) NIAIT, en 1846, que le grand danger qui menaçait la société fut l'invasion des jésuites (Journal *la Presse*, du 11 septembre 1848).

O *Emile*, ami des jésuites!!! — des fourbes, — toi la franchise, — toi l'audace, — toi le cynisme politique! — Saint *Malagrida*, saint *Loyola*, — priez pour son élection!...

Vous n'auriez pas su que le citoyen *Emile* s'est rendu deux fois aux Tuileries le 24 *février*, auprès de son *roi*, — s'est jeté au devant de l'insurrection AFIN DE L'ARRÊTER (BARROT, ÉMILE, embrassez-vous donc!) — et après avoir affronté les balles sur la place du Palais-*Royal*, a *couru a la chambre des députés pour s'y placer* DERRIÈRE M. LE COMTE DE PARIS. (Presse du 11 septembre 1848.)

Ne soyez pas ingrats, ô mes lecteurs républicains, envers l'homme qui se vante d'avoir voulu empêcher la venue de la république. —

Vous n'auriez pas su, enfin! que : « *l'anarchie est l'arbitraire; l'arbitraire est l'anarchie.* » (Presse du 11 septembre 1848.)

Hein? — voilà une de ces sentences qui enfoncent à tout jamais l'apocalypse, les hiéroglyphes et les énigmes. Le *Sphinx* était un *âne*, *OEdipe* un *rien du tout*.

Nommez décidément *Girardin*, car il vient d'*inventer* que *l'anarchie* est *l'arbitraire* et *l'arbitraire*, — *l'anarchie*. — PRENEZ MON OURS...

Imprimerie de J. FREY, rue Croix-des-Petits-Champs, 33.

CINQ CENTIMES

Dépôt général chez
PAREUR
EDITEUR
18
Boulev*[d]*. Montmartre

Chez **ODILLE**
33, *rue Croix - des - Petits-Champs*
Et chez **LEVY**
15, ***Place de la Bourse***

LETTRE

AU CITOYEN

E. Delamothe

SE DISANT

EMILE DE GIRARDIN

sur sa nouvelle candidature à l'Assemblée nationale.

« Messieurs, cet homme (qui se dit Girardin), qu'on vous a peint comme
» un citoyen *vertueux*, inoffensif, ne pourrais-je pas vous le montrer, moi,
» forcé par des décisions judiciaires à courber honteusement le front. »

(JULES FAVRE, *procès Bergeron.*)

Que dites-vous, citoyen, de l'épigraphe ?

Vous sentez-vous calomnié ? — Allons donc ! — C'est une simple histoire dont je vais réunir les fragments pour l'édification des électeurs dont vous briguez les suffrages.

I

« Que la calomnie et l'intrigue se taisent, la vérité va » se faire entendre. »

— Oui, la vérité, rien que la vérité, citoyen Lamothe, dit Émile de Girardin.

Nous ne voulons que vous montrer tel que vous êtes à notre public, et, miroir fidèle, nous serons vrais, sincères, inflexibles.

Tant pis pour vous si nous vous heurtons un peu rudement, colosse aux pieds d'argile. Courageux janissaires des royales antichambres :

— Laissez passer la justice du peuple.

— Vous voici donc encore une fois candidat représentant à l'Assemblée nationale ! *Proh ! pudor !*

— Candidat du peuple ! vous, monseigneur de Girardin ? Je me trompe, citoyen Lamothe, candidat républicain ! — toi ! toi !

Ambère, apostat, — il est trop tard !

Ne vois-tu pas que nous sommes à cet instant suprême de régénération sociale où tes pareils sont bannis à toujours du temple auguste de la représentation nationale qu'ils ont trop longtemps profané ?

— Tu ne comprends donc pas qu'enfin la charte républicaine doit être aujourd'hui une vérité —

Et que les renégats, les corrompus, les satisfaits, les séides monarchiques et les proxénètes de l'ancien ordre de choses, ont vu s'éclipser leur soleil et disparaître leur étoile ?

Tu ne comprends donc pas que la République repousse avec dégoût, avec horreur, ces ambitieux dont la politique tortueuse, machiavélique et perfide avait si fatalement ruiné, déshonoré le pays au profit de leurs passions égoïstes et de leurs scandaleuses fortunes ?

Tu ne te contentes donc pas de semer l'anarchie et le désordre dans le pays, au moyen de ta feuille incendiaire ; il te faut encore une tribune plus haute et plus retentissante pour y proclamer tes cyniques et subversives opinions, tes rêves coupables, tes *passions aveugles et ennemies*, — comme disait l'ancien porte-couronne.

Non ! toi qui, avec bien d'autres, n'aviez embrassé la République qu'afin de la mieux étouffer —

Vous n'accomplirez pas vos liberticides projets —

Non ! vous n'anéantirez pas la République à son aurore, vous ne ferez pas de sa robe virginale un linceul !...

Non, mon brave peuple, tu ne seras pas plus longtemps la dupe des démagogues ambitieux, des idéologues soupçonneux et vindicatifs qui ont si longtemps confisqué à leur profit tes travaux, tes richesses et tes libertés !

— Vois ce caméléon si dangereux qui se présente comme ton ami, ton frère, et qui vient te demander tes suffrages ; il a été de tout temps implacable dans sa haine contre les idées libérales, l'apôtre fervent et l'athlète le plus vigoureux de l'ancienne monarchie, qui lui prodiguait ses faveurs et lui ouvrait ses trésors ; il a déversé à pleines mains la dérision, le persiflage et l'injure à tous tes défenseurs, comme il t'écrase aujourd'hui des flatteries les plus exaltées et des louanges les plus passionnées. Toi, peuple, dont il se rit et qu'il a si souvent trahi et insulté !...

Faudra-t-il donc toujours te crier : Gare ! pauvre peuple, si bon, mais si confiant et si crédule ! Serviras-tu donc éternellement de jouet à l'audace, à l'intrigue, à l'hypocrisie, à l'ambition ! tu seras donc toujours en butte à toutes les lâches et cupides exploitations !

Mais prends bien garde de soulever contre toi les colères en te mettant encore une fois au grand jour de la lumière électorale ; crains que ce peuple, qui s'est contenté, dans sa vengeance, de lacérer tes feuilles cyniquement réactionnaires, n'aperçoive enfin en toi l'artisan de ses malheurs et l'ennemi acharné de ses glorieux intérêts. Veille et serre ton manteau autour de ta taille, de peur qu'on ne vienne à te reconnaître ;

— Ou malheur !...

Je ne te souhaite que des sifflets.

Mais, encore une fois, il faut que tu sois bien riche d'audace pour te poser en défenseur du peuple et de la liberté !

Tu n'as donc plus de mémoire ; tu ne sais donc pas qu'il existe une presse inflexible et impitoyable, un *Moniteur* où sont consignés tes actes et tes paroles, qui, comme les caractères de feu du festin de Balthazar, peuvent te brûler sans pitié les lèvres et le cœur !

Tu oublies donc toutes les idées subversives, ironiques, impopulaires, avec lesquelles tu as su, si bien et avec tant d'art, flageller la raison et le bon sens public, que tu t'es fait une gloire d'outrager chaque jour dans tes écrits débordés de fiel !

Tu as beau être habile à tromper, à subjuguer, à séduire ; ton style a beau se faire spécieux, étourdissant, et quelquefois magique, tu es jugé aujourd'hui sans retour ; tu peux ployer ta bannière : *res judicata pro veritate habetur.*

— Il est bien vrai que cette société qu'on nous peint si avancée, si hautement douée de raison, a pu réchauffer dans son sein des hommes tels que toi et leur faire chaque jour une part de réputation et de richesse ;

Mais le temps de l'erreur est passé. Cela n'est que trop réel pour tes pareils. Vous avez triomphé un moment, vous autres valets de rois à la honte de cette société ; au détriment et à la confusion de ces jeunes et admirables intelligences qui passaient leur vie à l'ombre et souvent dédaignée de ceux dont elles rêvaient l'affranchissement et le bonheur.

— Assez! assez! cessons de nous rappeler ces tristes époques des plus mauvais jours de la monarchie.

Unissons-nous tous, ô mes concitoyens! et repoussons de toutes nos forces et de tous nos mépris, ces hommes pervers, égoïstes sans entrailles, à qui leur soif de l'or donne le vertige; ces grands coupables voués à l'impénitence finale...

Il est temps de porter nos regards vers ces hommes modestes, à l'esprit ferme et éclairé, trop longtemps méconnus.

— A ceux-là, la gloire de régénérer le pays et de faire triompher à jamais nos principes de justice, de grandeur et d'indépendance.

II

Il n'est pas défendu d'être ambitieux;

C'est quelquefois une belle et noble chose que ce sentiment d'émulation qui pousse certains hommes à se surpasser, à devenir puissants et forts pour dominer la foule et travailler plus à l'aise au triomphe des grandes idées et des grands principes politiques et sociaux.

— Ce n'est pas sous ce jour que nous vous montrerons Girardin.

Toute la vie de cet homme a été vouée à une ambition ardente, démesurée. *Il a fait servir toutes les richesses de son organisation*, ses talens incontestables, ainsi que toute la fécondité et la supériorité de son esprit, à satisfaire ses intérêts personnels, sa soif de l'argent et son égoïsme incurable.

Il n'est malheureusement pas le seul qui ait agi ainsi.

Tous ses actes, toutes ses paroles, toutes ses roueries politiques et industrielles viennent démontrer l'exactitude de cette assertion.

— D'abord, il a changé son nom;

Ce nom brillant et aristocratique d'Émile de Girardin ne lui appartient pas; il l'a volé! il s'appelle *Émile Delamothe; ce n'est pas un crime d'être bâtard, mais c'en est* un de se servir d'un nom qui n'est pas le sien, et pour preuve, nous transcrivons ici son acte de naissance :

N° 286. — DIMANCHE 22 JUIN 1806.

DELAMOTHE.

Acte de naissance de ÉMILE, du sexe masculin, né le *jour d'hier, à deux heures de relevée*, chez M. BIGOT, *accoucheur*, rue Chabannais, n° 4, division Lepelletier; fils de demoiselle Sophie DELAMOTHE et de PÈRE INCONNU.— Ladite demoiselle DELAMOTHE, originaire du Mans, département de la Sarthe, présentement cuisinière chez la dame DUPUY, susdite rue Chabannais, n° 3, âgée de vingt-deux ans, fille de Pierre DELAMOTHE, *journalier*, et de Sophie PERRIER, son épouse, tous deux décédés.

Les témoins ont été les sieurs Jean-Pierre LE BORGNE, cordonnier, demeurant mêmes rue et division, n° 2; et Louis-Jean ADRIEN, docteur en médecine, rue de Beaune, n° 22.

Sur la *réquisition* du sieur Bigot (Jacques), *accoucheur*, qui a signé avec les témoins susnommés et avec nous Denis-André *Rouen*, adjoint au maire, qui avons dressé le présent acte de naissance après lecture faite :

Signé LE BORGNE, BIGOT,
ADRIEN et ROUEN.

Lors de son élection, lorsqu'on vérifiait ses pouvoirs à la Chambre, il s'est bien gardé de produire cet acte.

Interpellé sur la question de savoir *s'il était naturalisé Français*, et sur *son âge*, il répondit par ces captieuses paroles :

« Je suis né en France; j'avais ignoré jusqu'à présent » l'époque de ma naissance. *La personne qui a pris soin de » mon enfance était décédée, mais je viens de découvrir des » personnes qui connaissent ma vie*, et qui *affirmeront sous » serment* que ma naissance doit remonter à 1802 ou » 1803. »

Ah! vous avez bien calculé, Émile de *Lamothe*, dit *Girardin*, que 1802 ou 1803 correspondait à 1835, et complétait vos 30 ans, tandis que 1806 ne pouvait vous donner que 29 ans.

Partant, point d'élection possible. — Vous n'aviez point l'âge.

Cette dissimulation est une tromperie honteuse.

Vous aviez déployé une rare intelligence dans tous les détails de cette élection. A Bourganeuf, monsieur de Girardin, le scrutateur était de vos amis, votre inséparable, c'était le citoyen *Boutmy*, c'est bien cela, n'est-ce pas?

Boutmy, l'ancien associé d'*Horner*, le condamné, le complice de la femme de Wailly, dans l'affaire des faux de la succession Séguin, ancien directeur du Bazar médical de la rue Montesquieu; Boutmy, évincé du collége *électoral comme vous le fûtes vous-même à la Chambre* des députés, le 13 avril 1839.

Cependant vous avez triomphé, monseigneur, au collége de Bourganeuf; les électeurs vous avaient donné une majorité puissante de voix; votre concurrent le plus redoutable était, si j'ai bonne mémoire, le sieur *Vidocq*, de Saint-Mandé, ancien haut fonctionnaire de la rue de Jérusalem; après ce dernier, venaient Guizot et Odilon Barrot; mais ils ne parvinrent à obtenir qu'un bien petit nombre de suffrages.

Quel triomphe!

Tous ces actes sont au reste consignés au *Moniteur* et *ailleurs*;

— N'est-ce pas vous, Emile Delamothe, qui avez créé, avec un certain Peytel, le journal *le Voleur*? — Votre ancien associé n'est-il pas le même que ce scélérat de notaire qui assassina lâchement sa femme, et qui, par suite de cette *peccadille*, fut jugé et exécuté?

— N'est-ce pas vous, Delamothe, qui avez commandé le chant de deuil de *cet infortuné* à votre ami Honoré *de Balzac*, et qui ne tendait à rien moins qu'à le réhabiliter, sinon à le béatifier?

— N'est-ce pas vous qui avez créé *la Mode*, ce journal de la fine fleur aristocratique, pour le vendre plus tard à *S. A. R. madame la duchesse de Berry*?

Pourriez-vous nous dire comment vous obtîntes du président de Belleyme *l'autorisation d'avoir un nom, une patrie*, une *date* de *naissance* et la *naturalisation de Français*?

Comment donc êtes-vous arrivé à remplir les formalités de l'art. 250 du Code civil, qui exige l'attestation de quatre témoins? vous en trouvâtes cinq, vous, Emile Delamothe, et ce serait une chose assez curieuse que de connaître toute la moralité de cette affaire et les *noms de vos parrains*. — Cette pièce vous avait été délivrée pour cause de mariage avec *Delphine Gay*, et vous vous en êtes fait une arme à deux tranchans. — Elle vous a servi pour arriver à la députation. — C'est adroit!

N'avez-vous pas eu aussi une petite place au *Musée des Familles* avec votre ami *Auguste Desrez*? N'est-ce pas avec lui que vous vous lançâtes dans les *Connaissances utiles* pour arriver plus tard au *Panthéon littéraire* qui eut des *petits malheurs* judiciaires... comme tant d'autres?

Plus tard, nous avons eu *Ilium, Clermon* et *consorts*; mais ceux-ci n'étaient que les *Bertrands* de cette affaire. *Robert Macaire* tenait les gobelets; les *Ratons* tiraient les marrons, et vous, Emile *Delamothe*, dites-nous qui les mettait dans sa poche?...

Il y a longtemps qu'on avait parlé des mines de Saint-Bérain. Il y eut aussi, à propos de cela, quelques petites condamnations. — Mais qui a gagné dans cette affaire? — C'est facile à deviner : quand Pierrot joue avec Polichinelle, c'est toujours Polichinelle qui gagne.... Vous pouvez voir cela vous-même en descendant l'avenue des Champs-Élysées, car, de chez vous, il n'y a pas bien loin pour aller au théâtre de *Guignolet*.

— Mais vous n'avez pas toujours été malheureux dans vos affaires avec les tribunaux;

Par exemple, quand vous n'avez été *condamné* qu'à 300 fr. d'amende pour *diffamation* envers *Bergeron*.

Mais plus tard vous prîtes une éclatante revanche.

Souvenez-vous-en. Ce fut à l'occasion du soufflet que vous reçûtes dans votre loge, à l'Opéra, de la main de ce même *Bergeron*. Vous obtîntes alors une condamnation à *trois ans de prison contre lui* !!!

Oh! vous étiez bien vengé!

III.

Il y a un fait odieusement cruel qui doit peser sur la vie de Girardin, et qui l'a fait prendre en haine par tout ce qui porte en France un cœur honnête, une âme généreuse.

O perte à jamais regrettable! La Patrie pleure toujours *son plus noble enfant... Carrel est tombé sous tes coups*, Girardin, tu nous as privés pour jamais de ce noble et puissant champion de l'honneur national! Tu nous l'as tué, meurtrier! Honte et malheur sur toi!

Chose inouïe! cet homme a le triste courage, l'imperturbable *aplomb d'enrichir aujourd'hui son journal des* pensées, des doctrines de Carrel; oui, il lui fait emprunt (*pour le mieux regretter sans doute*) des articles qui ont peut-être été la cause du duel!

De même à l'égard de l'illustre patriote Cormenin dont il choie le style et caresse les idées....

CARREL et CORMENIN festoyés par Girardin! L'insecte dans la fleur, la guêpe sur le fruit.

Cependant, ce duelliste fameux qui joue si bien l'intrépidité, *a refusé, à certaine époque, de payer sa dette à la* patrie, en cherchant à se soustraire à la loi du recrutement.

Savez-vous sous quel prétexte?

En faisant valoir qu'il n'avait point *d'état civil* et qu'on ne pouvait *lui prouver* qu'il était né Français.

Vous voyez que notre héros n'est jamais embarrassé et *qu'il est habile à manier l'arme de la subtibilité et de la* controverse.

— Eh bien! il en est de même de toutes ses croyances politiques ou sociales; à lui le sceptre de l'ironie, de l'injure; tantôt souple et rampant, il ne cesse d'inonder les idées populaires de son encens et de ses adulations, au détriment du Pouvoir; tantôt c'est à ce même Pouvoir *qu'il adresse toutes ses flatteries, qu'il prodigue toutes* ses louanges, contrairement aux intérêts de ce Peuple dont il trompe perfidement la bonne foi et les instincts généreux.

Gardez-vous donc, citoyens électeurs, des parfums nauséabonds dont sa rhétorique vous inonde. — Ce sont des senteurs délétères dont les émanations procurent la torpeur ou le vertige.

Préservez-vous donc de ces dangereux écrits, de ces *factum* impopulaires, qu'il fait répandre avec tant de profusion.

Ces feuilles distillent un toxique dangereux et subtil. *On les a surnommés le poison du peuple.*

— Courage donc et veillons!

IV

C'était un ravissant spectacle que la comparution du citoyen Girardin, le 22 juin 1847, c'est-à-dire le jour anniversaire de sa naissance, devant les citoyens pairs au Luxembourg.

Que de confiteor! que de mea culpa! bon Dieu!

Aussi votre défense fut-elle couronnée d'un plein succès, Girardin.

Vous fûtes acquitté...

Examinons donc votre interrogatoire, puisque nous sommes sur ce chapitre, cela nous remettra sur la question de votre naissance que nous avons tout à l'heure soulevée.

— *Le président Pasquier* : Quel est votre nom?

— Réponse : Émile de Girardin.

— D. Votre âge?

— R. Je n'ai pas d'acte de naissance, et je le dis parce *que la tribune a trahi récemment un secret qu'elle aurait* dû respecter. J'ai de quarante-un à quarante-quatre ans.

— D. Votre qualité?

— R. Député et gérant de la *Presse*.

— D. Votre domicile?

— Aux Champs-Élysées, n° 105.

— Pour compléter nos éclaircissemens, citons la lettre tombée entre les mains du citoyen Guizot et écrite de la main du citoyen général Alexandre de Girardin.

Cette communication précédera une autre lettre du citoyen Delamothe, dit Girardin, où il se met lui-même en lumière.

Le comte Alexandre de Girardin, lieutenant-général, à S. M. L.-Philippe.

Sire,

« Ayant tout lieu de croire que M. Guizot a rendu au roi un compte inexact des différens entretiens qui s'étaient passés entre nous, j'éprouve le besoin, par respect pour Votre Majesté et pour moi-même, de rétablir la vérité et l'ordre des faits, etc. »

« M. Guizot n'avait pas craint de regarder comme prix de cette faveur (la pairie) l'exercice et l'influence qu'il m'attribuait sur le journal la *Presse*, etc. »

Signé : « Le comte lieutenant-général
» ALEXANDRE DE GIRARDIN. »

26 janvier 1846.

*Lamothe dit Girardin à****

25 juillet 1838.

Monsieur,

« A mon départ de Paris, vous avez eu l'obligeance de » me faire promettre de nous écrire.

» A peine suis-je arrivé à Bourganeuf, que je vais » être obligé de m'en éloigner au moins pour quelques » jours, que ma présence à Paris est réclamée pour le » 15 avril.

» Je désirerais vraiment qu'à cette époque vous ayiez » vu mon PÈRE, vous ayiez à fond avec *lui* et sachiez à » quoi vous en tenir sur sa *nomination* qui est *l'objet de* » *mes plus vifs désirs* et qui a été la seule *considération* » qui ait pu me déterminer à ABANDONNER *temporairement* » la rédaction en chef de *la Presse*... Les quatre mois que » vous m'aviez demandés pour *convertir* en réalité la » *promesse ministérielle* expirée le 30 août. — Depuis » quatre mois, tous les arrangemens que j'ai pu prendre, » tous les projets que j'ai pu former ont été essentielle- » ment provisoires et soumis à l'éventualité de la *pairie* » pour M. *A. de Girardin*, comme juste réparation de » l'injustice commise à son égard, et rémunération de » réels et glorieux services...

(Des noms *propres* sont supprimés à la tribune par M. Guizot.)

» Le ministère a pensé que vous seriez plus *utiles* à » ses intérêts que moi, — il m'a demandé un acte de *dé-* » *vouement*, je pourrais dire d'*abnégation*, quoiqu'il m'en » ait coûté que la PRESSE *déviat de la ligne que je lui* » *avais tracée*; *qu'elle attaquât des personnes ou des choses* » sur lesquelles j'eusse, mieux, gardé le silence; qu'elle » en défendit d'autres que j'eusse au contraire *verlement* » *blâmées*. »

(Bruyantes interruptions sur tous les bancs.)

Vous voyez donc, citoyens électeurs, que, de ces documens que nous venons de mettre sous vos yeux et qui sont, je l'espère, de toute authenticité, il résulte que le citoyen Delamothe, dit Emile de Girardin, avait abandonné la rédaction de son journal au ministère Guizot, et qu'il devait recevoir pour prix de sa *complaisance* un fauteuil de pair de France pour celui qu'il dit être l'auteur de ses jours.

Touchant exemple de tendresse filiale, n'est-ce pas?

— Infamie et trahison!

— O honte!

C'est donc ainsi que vous vouliez faire tourner au profit de vos intérêts cupides, sacriléges, liberticides, votre mission de journaliste!

C'est donc ainsi que vous avez prostitué la presse, cette tribune inviolable, cette arme la plus sublime que le génie humain ait pu enfanter pour la défense des droits sacrés et imprescriptibles d'une grande nation!

C'est donc ainsi que vous comprenez le sacerdoce du publiciste et de l'écrivain!

Faut-il qu'abjurant toute pudeur, après ce monstrueux *factum*, vous osiez venir nous parler encore au nom du peuple et nous entretenir insidieusement de ses intérêts!

Et vous osez parler ainsi à l'heure qu'il est, à l'heure où le *tocsin électoral* va de nouveau se faire entendre!

Vous nous prêchez la liberté, l'égalité, la fraternité!

— Vous!

Vous embouchez la trompette démocratique!

Allons donc! votre instrument est faux.

Electeurs! voilà l'homme qui se présente à vos suffrages.

Je vous le livre:

Jugez-le!

V.

— Et avant de finir cette lecture, quelques paroles encore, citoyens électeurs!

Et un dernier mot à toi, Girardin, — mon beau reptile, mon caméléon chatoyant.

— Prends garde au talon du prolétaire!

— Mon beau gâcheur d'idées, mon bel embrouilleur de papier, prends garde! — il me prend envie de verser sur toi mon encre, seul moyen désormais de te noircir.

Mirabeau l'a dit: « C'est la plume qui donne ou enlève les sceptres. » — Puisse donc la mienne devenir une épée menaçante et que je puisse t'en percer le cœur, si je n'obtiens ton retour sincère à la noble cause du devoir et de la patrie! Vain espoir!

On a dit que la presse devait sauver les libertés du monde et qu'elle rendrait toute guerre impossible.

Je crois que c'est vous, Girardin, qui l'avez écrit?

Nous ne demandons pas mieux.

— Eh bien! que la liberté de la presse, cette puissance intelligente et magique prenne donc désormais la place des armées belligérantes, et puisse-t-elle faire proclamer enfin les lois universelles de la raison et de l'union des peuples!

Ceci est un vœu sacré.

— Girardin, vous allez vous présenter encore une fois devant nous dans l'espoir d'obtenir notre mandat; mais, si contre toute attente, vous réussissiez, il faudrait regarder votre triomphe électoral comme une vraie calamité publique et désespérer en France de la souveraineté nationale, du patriotisme et du grossier bon sens.

— Et vous, citoyens électeurs, attention! — vigilance! La patrie ne peut être sauvée que par vous!

— Voulez-vous que la République se développe librement, envoyez à l'Assemblée nationale des républicains sincères.

Hors de là, point de salut.

— De la composition de cette Assemblée dépend tout entière la réussite de la grande expérience que nous faisons en ce moment de l'établissement de la République en France. Point d'alliage dans le pur métal.

C'est déjà bien assez des élémens dissidens dont l'Assemblée est composée sans qu'on y adjoigne l'appoint hétérogène de représentans professant les principes monarchiques. Il deviendrait tout à fait impossible de s'assurer si les principes républicains sont applicables à l'état actuel de la France.

Si vous voulez que l'Assemblée soit puissante, libérale et démocratique,

Au nom de Dieu, ne la divisez pas!

Faites que la discorde ne puisse régner dans ce temple du salut public, surtout à ce moment suprême où s'élabore la constitution qui va porter les destinées de la patrie.

Si vous y laissez pénétrer des ennemis de la République, des partisans du système monarchique, ils créeront systématiquement des dissensions pour discréditer les institutions républicaines.

Où cela nous conduirait-il alors?... quels désastres et quelles catastrophes ne pourrions-nous pas avoir à redouter!

Il y a six mois à peine, nous étions sous le régime de la monarchie, et la lutte, sous un gouvernement représentatif, faisait partie de nos mœurs politiques: la diversité des jugemens est le propre de la nature humaine; mais n'oubliez donc pas qu'à côté des opinions, il y a des sentimens, et que les nôtres doivent se trouver confondus dans le saint et solennel amour du pays.

Cette République qui nous gouverne au nom de la liberté, c'est la vérité sur la terre, comme Dieu est la vérité dans le ciel.

Que le culte que nous lui rendons soit sacré, grandiose et digne de celle que nous voulons honorer.

Le gouvernement républicain doit être fondé sur la vérité et sur la justice, basé sur le devoir. Les vertus républicaines sont le courage, la loyauté, la générosité, la grandeur d'âme; telles sont les éminentes qualités que les citoyens doivent rechercher avant tout dans leurs représentans.

La reconnaissance publique doit faire l'émulation et la gloire des citoyens vertueux qui auront compris le mandat du peuple. Les sociétés républicaines de Sparte et de Rome l'avaient ainsi voulu. Les poètes, les peintres et les sculpteurs traduisaient par la poésie, le marbre ou la couleur, les grands actes et les grands courages.

C'est là un puissant mobile, une noble émulation; la vertu étant contagieuse comme le vice, la certitude de vivre honoré dans la mémoire des peuples a produit plus de grands hommes que le sentiment absolu du devoir.

Dans l'ordre social et dans l'histoire des peuples, les républiques n'ont guère eu de triomphes que pour la vertu, — et presque jamais de malédiction pour le vice. Elles l'avaient tellement en mépris qu'elles ont été jusqu'à nier son existence.

La première République en France ouvrait le Panthéon aux grands hommes, — elle insérait au *Moniteur* les grandes et valeureuses actions. Elle avait des pages et des louanges officielles pour les choses héroïques et les faits éclatans. — Mais le châtiment, la flétrissure ne s'y trouvaient pas.

— Pourquoi donc n'avoir pas consigné sur des tables de fer tous les mauvais actes, les lâchetés et les turpitudes et même toutes les faiblesses, quand le salut public et la gloire du pays se trouvaient compromis?

— N'imitons pas cet exemple. — Il est funeste. — La justice distributive est la justice humaine.

« A chacun selon ses œuvres. »

Le *Moniteur* doit être le franc juge.

Ouvrons donc ses pages à la vertu, mais ne les fermons pas pour le crime.

Que la crainte de ce châtiment moral retienne nos mandataires dans la ligne de leurs devoirs sacrés, ainsi que ceux qui sont en charge des intérêts du peuple, et que la honte et la malédiction publiques viennent les punir de leurs liberticides attentats.

VI

PROTESTATION.

Électeurs!

Nous venons d'accomplir notre tâche en signalant un danger réel, immense; en traduisant à la barre de votre tribunal suprême un coupable, un ennemi.

Ne croyez pas que nous ayons fait œuvre de haine ou de vengeance envers lui; non, les mauvaises passions sont bien éloignées de notre cœur et de nos lèvres.

— Mais, comme tous, ou plutôt comme le plus grand nombre, nous voulons le triomphe complet et sincère des opinions que nous nous faisons gloire de professer.

— Nous ne doutons pas que cet homme ne récrimine contre nous, peut-être; mais, encore une fois, le principe qui nous fait agir nous fait une loi de le condamner à l'impuissance politique.

Nous voulons que le règne de la République soit une réalité.

C'est pour cela que nous repoussons de toute notre énergie les hommes de la monarchie tombée, et celui-là surtout, parce qu'il est de tous le plus dangereux.

Nous savons bien, Girardin, que vous et les vôtres, vous allez vous montrer plus libéraux que nous, que vous allez nous étourdir et nous diviser.

Que nous ne saurons plus si nous devons crier: *Vive le Roi! ou Vive la Ligue!*

Mais, citoyens histrions, nous connaissons vos allures: mais il n'est pas bien difficile d'arracher vos masques.

Nous savons bien que vous ne nous pardonnerez jamais la Révolution, et que la République est votre éternel cauchemar;

Que vous n'avez pas renoncé à l'exploitation de l'homme par l'homme;

Que vous êtes toujours les mêmes;

Que vous n'avez rien oublié, ni rien appris;

Que vous niez jusqu'à la lumière du soleil;

Que vous voulez établir deux catégories dans le peuple: le mauvais Paris et le bon Paris, comme l'a dit si odieusement Me Dupin, votre patron;

Que vous ne demanderiez pas mieux, Girardin, vous et les hommes de votre école, de faire fusiller les citoyens qui ont chassé le bon Louis-Philippe;

D'égorger le peuple de Paris, cette *victorieuse canaille* qui vous a tendu la main le 25 février, sans condition.

Mais le règne de la République est proclamé devant tous.

— Il est trop tard! La République est devenue par votre très grande faute une très grande nécessité qu'il vous faudra subir.

— Vous aurez beau calomnier, insulter les braves et loyaux travailleurs;

— Faire des décrets d'accusation;

— Faire fermer les clubs;

— Faire germer partout la désunion, la discorde, l'anarchie et le désordre;

— Vous qui n'avez vécu que sur des systèmes étayés par la spoliation, la corruption et le mensonge.

— Arrière! arrière! insensés! cachez-vous, rentrez sous terre ou tremblez:

— Le peuple est roi!

— Il est trop tard!.... Vous serez toujours dépassés par le siècle et par la propagande républicaine.

— La démocratie vous débordera toujours, car elle est une vérité immuable, éternelle!

— Elle règne! elle régnera!

— Et vous, prophètes de malheur, augures sinistres,

— A genoux! à genoux! —

— Electeurs!

— Sentinelles avancées, nous vous avons crié: Qui vive!

— Répondez à notre appel:

— France et Liberté!

— Et maintenant, nous nous replions sur vous.

— Nous avons fait notre devoir.

— Advienne que pourra!

— Nous ne nous bornerons pas à avoir écrit ces lignes.

— Vous nous trouverez encore sur la brèche quand il s'agira de servir et de protéger nos libertés menacées.

— Car nous avons juré de consacrer à leur défense tout ce que Dieu donne de forces à l'intelligence qui travaille et tout ce qu'il donne au cœur qui se dévoue.

— C'est dans ces sentimens que nous prenons congé de vous, citoyens électeurs.

— Au revoir donc, et non pas adieu.

Vous nous retrouverez encore à la rescousse et prêts à entrer en lice pour combattre et rompre en visière aux chevaliers trompeurs, déloyaux et félons.

Et maintenant que j'ai fini, mons Girardin, de parler à ce noble peuple qui garde la foi républicaine, à cette héroïque population que vous ne rougissez pas d'invoquer pour capter sa confiance, encore un mot:

Vos *sophismes vont bientôt resplendir d'un nouvel éclat*; vos *principes vont s'étaler* fièrement dans les colonnes de votre *fière* et *loyale* feuille.... il n'y aura jamais eu de plus pur, de plus franc républicain que vous; je m'y attends, ou plutôt, c'est déjà écrit, c'est déjà fait.

Eh! comment donc! Ne doit-on pas à vos écrits, à votre infatigable dévoûment pour la monarchie, une bonne part de l'exaspération sous laquelle elle est tombée? Et s'il en est ainsi, n'avez-vous pas été républicain à votre manière? bien ingrats seraient les électeurs qui vous refuseraient leurs suffrages, n'est-ce pas, Girardin!

Et puis, n'avez-vous pas été naguère un peu poursuivi, un peu détenu préventivement, et votre journal n'a-t-il pas été un peu suspendu? Voilà des titres à l'élection, car il est *bien avéré* qu'en ce temps d'état de siége, les rigueurs du pouvoir ne se sont exercées que contre les *meilleurs républicains*. Vous êtes décidément un martyr, un Silvio Pellico; le peuple vous doit une ovation.

Il serait bien ingrat en effet, car indépendamment de vos magnifiques promesses, et en attendant, vous le faites jouir, ce bon peuple, de la vue de votre portrait, prématurément placé dans toutes les galeries de Représentans; il n'y a que le titre à ajouter; — mais j'espère bien que les électeurs se contenteront de l'image *avant la lettre*.

Terminons sérieusement. Vous avez eu l'impudence (*c'est le mot*) de vous écrier *dans un moment de transport* : Je serai ministre! Injure et fatuité!

Injure à cette nation si noble et si pure, fatuité de vous croire à la taille de ces hommes d'élite qu'elle charge avec amour du soin de la conduire à ses glorieuses destinées. Pauvre pays! s'il te fallait, de par la colère céleste, traîner à ton pied, comme un ignominieux boulet, la cohue des ventrus, des thuriféraires et des contempteurs de tes élans passionnés, ah! mille fois plutôt vaudrait-il n'avoir jamais brisé de sceptres....

Non, non, le Pays n'en est pas là. Ce magnifique vaisseau a vu couper les câbles qui le retenaient au rivage *monarchique*, il *vogue en plein océan populaire*; il a ses pilotes, et l'équipage n'abandonnera pas le gouvernail aux pirates.

Et vive la République!

L.-F. LEROUX DE MONTGREFFIER,

Électeur du premier arrondissement.

Paris, 12 septembre 1848.

P. S. AUX ÉLECTEURS.

Mes bons concitoyens, pardon! — Heureusement cet écrit n'était pas tiré; vous n'auriez pas su que : — M. Emile *Delamothe* (se disant de Girardin) NIAIT, en 1846, que le grand danger qui menaçait la société fut l'invasion des jésuites (Journal *la Presse*, du 11 septembre 1848).

O *Emile*, ami des jésuites!!! — des fourbes, — toi la franchise, — toi l'audace, — toi le cynisme politique! — Saint *Malagrida*, saint *Loyola*, — priez pour son élection!...

Vous n'auriez pas su que le citoyen *Emile* s'est rendu *deux fois aux Tuileries* le *24 février*, auprès de son roi, — s'est jeté au devant de l'insurrection AFIN DE L'ARRÊTER (BARROT, ÉMILE, embrassez-vous donc!) — et après avoir affronté les balles sur la place du *Palais-Royal*, a *couru à la chambre des députés pour s'y placer* DERRIÈRE M. LE COMTE DE PARIS. (Presse du 11 septembre 1848.)

Ne soyez pas ingrats, ô mes lecteurs *républicains*, envers l'homme qui se vante d'avoir voulu empêcher la venue de la république. —

Vous n'auriez pas su, enfin, que : « *l'anarchie est l'arbitraire; l'arbitraire est l'anarchie.* » (Presse du 11 septembre 1848.)

Hein? — voilà une de ces sentences qui enfoncent à tout jamais l'apocalypse, les hiéroglyphes et les énigmes. Le *Sphinx* était *un âne*, *OEdipe un rien du tout*.

Nommez décidément *Girardin*, car il vient d'inventer que *l'anarchie est l'arbitraire* et *l'arbitraire*, — *l'anarchie*. — PRENEZ MON OURS...

13 *SEPTEMBRE*.

> « Laurent, serrez ma haire avec ma discipline;
> » Et priez que toujours le ciel vous illumine.
> » *Je reviendrai tantôt*. Je cours aux prisonniers
> » Des aumônes que j'ai, partager les deniers.
>
> (MOLIÈRE, *Tartufe*.)

« Il ne me reste plus qu'à me retirer d'une lutte » *où je me reconnais entièrement* VAINCU, *et qu'à* » *prier* mes collaborateurs, moins personnellement » engagés que moi dans cette lutte, de vouloir bien » se charger de la tâche difficile, sinon impossible, » de conduire sans la briser, entre les deux *écueils* » *de la discussion* qui est *un droit*, et de l'arbitraire » qui est un *fait*, le journal dont je leur *abandonne* » pleinement la direction JUSQU'AU JOUR où, par » suite, *soit* d'un autre vote de l'Assemblée nationale, — soit de la levée de l'état de siége, — » soit *enfin de la promulgation* de la Constitution, » — la liberté d'exprimer ma pensée me sera » rendue. »

(GIRARDIN, *Presse* du 12 septembre 1848.)

Que disions-nous hier? — M. Émile se posera en martyr. — Notre prédiction s'est accomplie. — Il *abandonne sa tribune aux harangues* (*la Presse*) avec la même solennité qu'apportait ce tambour-major grognard, délaissant sa canne au colonel, et disant : — Le gouvernement s'arrangera comme il pourra. — Pardon de la comparaison: nous *n'entendons pas abaisser* M. ÉMILE GIRARDIN *à la* taille d'un tambour-major. — Au contraire. — Il y a même du Napoléon dans ce sublime adieu à ses collaborateurs. — On y retrouve en effet certaine réminiscence de Fontainebleau. — GIRARDIN aura ses *cent-jours*.

« Le temps que je passerai à l'écart de toute » participation à la direction et à la rédaction de » la *Presse* ne sera pas perdu; je l'emploierai à des » études et à des travaux dont elle profitera. »

(GIRARDIN, *Presse* du 12 septembre.)

Comme le martyr de Sainte-Hélène : — « J'écrirai l'histoire de nos grands faits, etc. »

Tudieu, M. ÉMILE DELAMOTHE, vous ne choisissez pas mal vos modèles. — Mais un peu de modestie ne vous messiérait pas, quoique vous soyez *un grand-homme... de plume*.

Je vous parie, — ô mes lecteurs, — je vous parie — dix-sept cent quatre voix contre l'élection de Girardin, — je vous parie, dis-je, que vous croyez ÉMILE DELAMOTHE résigné et parfaitement *retiré de la scène politique*, — *d'après ce qu'il vient* d'écrire. — Ah! que vous êtes dans l'erreur et combien je suis sûr d'avance de gagner vos dix-sept cent quatre voix. — Lisez, plutôt : —

« VAINCU sur le terrain de la liberté de la presse, » *je n'ai plus qu'un refuge*, — C'EST LA LIBERTÉ DE LA TRIBUNE. » (*Presse* du 12 septembre 1848.)

Ce qui signifie : — Je ne suis plus *journaliste*, faites-moi REPRÉSENTANT ;

Ou bien, — *je vous cède un pois, donnez-moi deux fèves*. — *O martyr! ô résigné! ô victime!* ô Napoléon de la presse! — les électeurs te comprendront-ils?...

De l'audace, — de l'audace, — et toujours de l'audace, — disait *Danton*; — de l'intrigue, — de *l'intrigue*, — *et toujours de l'intrigue*, — s'écrie ÉMILE.

14 *SEPTEMBRE*, 8 *heures du matin*.

Jusqu'ici la BELGIQUE avait passé pour un pays professant le plus profond mépris pour l'INVENTION, se contentant de l'*imitation*, voir même de la *contrefaçon*, où elle faisait ses petites affaires. — C'était peu digne, — mais fort lucratif. — Or, le Belge aime le *lucre* (ne pas lire *sucre*).

Mais voici qui confond le *déplorable préjugé*, — cette injuste prévention de gens qui nient la vertu, — le génie, — l'invention — chez nos voisins d'outre-contrebandiers. — Oyez de toutes vos oreilles, — lisez de tous vos yeux :

« S'il est un *candidat* que tous les journaux, sans distinction d'opinions, — devraient porter avec UNE COMPLÈTE UNANIMITÉ, — c'est le rédacteur en chef de la » *Presse*. — M. DE GIRARDIN EST UN DES HOMMES QUI HONORE » LE PLUS PAR SON COURAGE ET SON TALENT LE JOURNALISME » DE PARIS. »

(Journal l'*Indépendance belge*.)

Je vous le demande, — quel journal parisien aurait trouvé cela? — Donc la *Belgique* INVENTE quelquefois, et ne CONTREFAIT pas toujours. — Et voilà ce que c'est que d'avoir des amis dans la patrie du citoyen CLEEMANN.

Grand merci, — Messieurs de l'*Indépendance belge*, — pour le journalisme parisien. — La *Garonne* est détrônée, l'*Escaut* l'enfonce.

M. Emile Delamothe n'a pas seulement à Bruxelles des amis fanatiques, et voici que L'ÉVÉNEMENT se pose en parrain du futur et problématique représentant :

« M. de *Girardin* peut se présenter *à la porte* de l'*Assemblée*, sans qu'on ait le droit de lui dire : — On ne » passe pas (*quand vous seriez le petit caporal*). — Il a » assez combattu, assez payé de sa personne; il s'est assez » mêlé aux champs de bataille pour avoir aujourd'hui ses » entrées dans le conseil, — il a été *blessé* dans sa liberté » personnelle et dans sa fortune, et il en a conservé la plus » belle de toutes les décorations *militaires*. — La cicatrice..... »

(Journal *l'Evénement*.)

Tout cela est bien dit *et probablement* BIEN PAYÉ; mais cela n'empêche pas que M. Emile (de Girardin si vous voulez) soit un *royaliste* dévoué; cela n'empêche pas que L'ANARCHIE EST L'ARBITRAIRE, ET L'ARBITRAIRE L'ANARCHIE. — Concluez, ô lecteurs!

La sagesse de la fable vous dit :

> Arrière ceux dont la bouche
> Souffle le chaud et le froid!

J'ai parlé aux électeurs. — Ils comprendront leurs devoirs.

Et toi, *Girardin*, brillant *aristocrate*, élevé pour ainsi dire à la cour, laisse à la simplicité majestueuse de notre République le soin de ses destinées. — Tu n'es pas à sa taille, — tu es trop *grand*...

15 SEPTEMBRE, *sept heures*.

Électeurs, voici DU NOUVEAU!

Pendant que le citoyen *Emile*, dit DE GIRARDIN, faisait emprunt d'un plume *belge* pour célébrer son *patriotisme* et ses *vertus*, il *procédait* à notre endroit, — à l'endroit aussi de l'*imprimeur*, — du *prote*, — des *compositeurs*, — voire même des *éditeurs*, pour la grande *indignité* d'avoir *rédigé*, *composé*, *imprimé*, *corrigé*, vendu ce que vous venez de lire. Or, citoyens, tout ce que vous avez lu a traîné sur tous les bancs de la police correctionnelle.

Voici l'un des *attendus* :

« Attendu que cet écrit contient contre le requérant des » articulations *injurieuses*, des expressions *outrageantes*, » des termes de mépris qui sont de nature à porter atteinte » à son *honneur* et à sa *considération*, etc., — s'entendre » condamner à VINGT-CINQ MILLE FRANCS de dommages-intérêts, à l'affiche de TRENTE MILLE exemplaires du jugement, » à l'insérer, ou dans *vingt* journaux de Paris, etc., etc. »

Ah! M. de *Girardin*, vous avez oublié de parler de *diffamation* et de *calomnie* (*Quelle adresse*).

Eh bien! comprenez-vous? assigné pour le 24 NOVEMBRE, tandis que les élections sont le 17 SEPTEMBRE. Décidément, M. de Girardin, vous voulez continuer le martyrologe. — Quand aux 25,000 fr., nous y souscrivons de grand cœur; mais en vérité nous n'avons jamais pensé que M. Delamothe fût susceptible d'être atteint dans son *honneur* et dans sa *considération*. — Au surplus, nous n'espérons qu'une chose, c'est d'être *moins malheureux* devant la justice, que ne l'a été M. *Girardin* dans l'affaire *Cleemann* (escroquerie), puisqu'il a été flagellé par un *blâme sévère*.

(Présidence de M. MOURRE, 6e chambre correctionnelle.)

Imprimerie de J. FREY, rue Croix-des-Petits-Champs, 33.

AUX OUVRIERS

DES ATELIERS CH. DEROSNE et CAIL.

Petit-fils de Ch. Derosne, dont vous avez su apprécier les idées généreuses et patriotiques, que vous aimiez et que vous regrettez encore, je crois vous servir et faire ce qu'il aurait fait en désignant à vos suffrages M. Émile de GIRARDIN. C'est un des hommes les plus réellement dévoués à votre cause, non pas depuis six mois, mais depuis son entrée dans la carrière politique. Ses actes et ses paroles répondent pour lui mieux que personne. Il n'a jamais flatté ni le peuple ni le pouvoir, et leur a toujours dit la vérité. Nommez-le donc, et vous aurez un défenseur sincère et courageux.

Paris, le 12 Septembre 1848. **Charles-Bernard DEROSNE.**

Imprimerie centrale des Chemins de fer, de NAPOLÉON CHAIX et Ce, rue Bergère, 8, près le boulevart Montmartre

ÉMILE DE GIRARDIN.

Je compte 25 ans de luttes révolutionnaires, et j'en ai 42. J'étais aux deux Révolutions de 1830 de 1848; je suis décoré de la première. En 1831, je signais un projet de décret qui a été quelq temps entre les mains du député Mauguin, où je proposais de mettre hors la loi tous les Bourbons cadets, leur chef comme traître, les autres au nom de la raison d'État. En 1832 et 1834, officier au 52e de ligne, je quittais mes garnisons pour joindre mon parti aux affaires de Juin et d'Avril. Je compte plus de vingt procès politiques. J'ai passé par toutes les juridictions de la monarchie : conseil de guerre, conseil d'enquête, cour d'assises, police correctionnelle, cour des pairs. J'étais là un des 112 conseils dans ce fameux procès; et bientôt prévenu moi-même, j'ai connu toutes les prisons de prévention et de correction, la prison militaire et la prison civile.

Et je ne suis rien... que débiteur de 40,000 francs environ, que payera le patrimoine de mon père, dépensés au service de la sainte cause du peuple contre ses exploiteurs.

Eh bien! Républicain de la veille, je donne ma voix à un Républicain du lendemain;

Je la donne à ÉMILE DE GIRARDIN.

C'est que j'ai suivi de près cet homme depuis Février; que j'ai lu et relu son BON SENS, BONNE FOI.

Je la donne d'abord à RASPAIL, à l'apôtre, au martyr Raspail, — toujours au donjon de Vincennes, — à Raspail devant lequel s'incline le monde savant.

J'aurais voulu ESQUIROS pour troisième. Je le crois sans appétits personnels, et c'est assurément un homme d'immensément de cœur et de talent.

Mais je comprends la réussite de la discipline dans ces sortes de batailles, les seules que nous devions nous livrer, et pour troisième je porte CABET, l'honnête homme par excellence, de l'aveu de tous.

Plaine de Passy, avenue Saint-Didier. — 16 Septembre 1848.

1848 **F.-D. DEMAY.**

Imprimerie centrale des Chemins de fer de NAPOLÉON CHAIX et Cie, rue Bergère, 8.

AUX
ÉLECTEURS
DE LA SEINE

« La République doit être la souveraineté de la raison, le règne de la logique, l'union « du bon sens et de la bonne foi. »

« Nous voulons la République, parce que c'est le mode de gouvernement le plus équi- « table, le plus rationnel; mais nous voulons une République grande, pure, progressiste, « et fondée pour le bonheur de tous. »

« L'arme de guerre des rois contre les peuples est le canon; l'arme de guerre des peu- « ples contre les rois est la liberté de la presse. »

« Se défier de la liberté de la presse, c'est accorder à la violence plus de droits qu'à la « raison; c'est apostasier, c'est rétrograder, c'est tenter le despotisme!... »

« Il n'est qu'un moyen d'empêcher une révolution de tomber dans les excès, c'est de « ne pas lui marchander ses droits. »

« Si l'on veut un caractère jeté dans le moule banal, un homme qui sacrifie aux pe- « tites considérations toutes les grandes, dès que son intérêt est en jeu, qui n'ait aucune « spontanéité, qui se gouverne, non par son opinion, mais par celle des autres, ce n'est « pas moi qu'il faut élire... »

(Émile de Girardin. — *Extraits du journal* la Presse.)

ÉLECTEURS DE LA SEINE,

Voulez-vous à l'Assemblée nationale un homme dont le courage, l'énergie et le talent ne fassent jamais défaut à la cause de la liberté; — un implacable ennemi des abus; — un intrépide et infatigable adversaire de l'arbitraire; — un habile et persévérant défenseur des droits de tous; — voulez-vous enfin un sage et éloquent partisan des réformes administratives et sociales, capable de rappeler le crédit, de faire renaître la confiance et de sauver le commerce de la crise qui le tourmente?... Nommez le citoyen ÉMILE DE GIRARDIN.

Seul, dans l'ancienne Chambre des Députés, il eut le courage de ses opinions; soyez convaincus qu'à l'Assemblée nationale, il ne serait ni moins courageux ni moins énergique : il saurait mourir; mais faillir à son mandat, jamais!

1848

LARCHER,
Electeur du 1er Arrondissement.

Paris. — Imp. Lacrampe et Fertiaux, rue Damiette,

CANDIDATURE
à l'Assemblée Nationale
OFFERTE AU CITOYEN
ERNEST GRÉGOIRE

1° Comme témoignage de la reconnaissance des habitants du XIIe arrondissement, où il a, en risquant sa vie, empêché les malveillants, mêlés parmi les insurgés de juin, de piller et d'incendier; — 2° et comme remerciment du zèle qu'il a apporté à faire mettre en liberté d'innocents ouvriers, arrêtés ou transportés par suite d'erreurs.

Pour les Signataires de la lettre adressée au citoyen ERNEST GRÉGOIRE :
ALLIÉ, docteur; LESCALLET, serrurier.

CITOYENS ÉLECTEURS,

[illegible] votre offre; c'est une belle récompense que vous essayez [illegible]er à cette *fraternité chrétienne* qui était déjà le mobile de mes [illegible] longtemps avant qu'elle ne fût un des mots de notre République, et qui m'a fait accepter du gouvernement la mission d'empêcher sur un point de la capitale les maux qui accompagnent les guerres civiles.

A vous, travailleurs, je dirai, en outre, que si, pendant et après les fatales journées, j'ai prouvé mon dévouement à ceux de vous qui se sont adressés à moi, des représentans m'y ont aidé avec empressement. Vos flatteurs ont-ils fait de même ? Pour y parvenir, je n'ai reculé devant aucune démarche permise. Afin de sauver les égarés, qui, *ayant déposé les armes les 24 et 25 juin*, ne pouvaient, aux termes des capitulations offertes, être jugés, j'ai rappelé au pouvoir exécutif qu'il vous avait, conjointement avec le président de l'Assemblée, offert cette capitulation, au nom de la France, qui n'a jamais violé sa parole. Et si ma lettre, qui remet en mémoire que j'ai été chargé de porter cette capitulation dans les quartiers insurgés n'a pas été publiée, c'est que les journaux auxquels je l'ai adressée n'ont pas osé se charger de faire connaître une réclamation respectueuse, mais ferme.

A ceux d'entre vous, ouvriers, qui ne sont pas satisfaits de certaines mesures législatives, je réponds que nous aussi, républicains, hommes d'études, nous désapprouvons plusieurs actes; mais nous en espérons le remède au moyen du suffrage universel. Faites comme nous, faites tous les efforts légaux. Vous serez bien puissans le jour où vous serez disciplinés, et où votre cause sacrée sera disjointe de l'ignoble spéculations de gens qui risque votre sang comme un enjeu qui leur appartiendrait, et qui ne sont solidaires avec vous que si la partie est gagnée.

Citoyens électeurs qui ne me connaissez pas et qui demandez que vos Représentans soient en état d'être utiles au pays, c'est pour vous que je cède à la vanité de transcrire ici les deux lettres suivantes.

Salut et fraternité. ERNEST GRÉGOIRE.

A Monsieur Ernest Grégoire.

Paris, le 29 mai 1848.

« Monsieur, je vous exprime toute ma satisfaction sur la manière dont vous avez compris mes instructions tant à Carlsruhe qu'à Strasbourg.

» La vigueur avec laquelle vous avez exécuté, sur les bords du Rhin, une mission d'ordre public, fait un digne pendant avec l'énergie de votre lutte contre les clubs dangereux.

» Et enfin le concours que vous venez d'apporter le 15 (mai) à la défense de *l'ordre dans la liberté*, vous acquiert de nouveaux droits à l'estime que j'accorde aux hommes dévoués à une sage République.

» LAMARTINE. »

A Monsieur Ernest Grégoire.

« Monsieur, je me suis fait une règle de ne point recommander pour les élections; cela ne m'empêche pas de vous dire que je vous verrais avec grand plaisir arriver à l'Assemblée nationale.

» Le courage et la capacité que vous avez montrés dans nos événemens révolutionnaires, le zèle et l'intelligence dont vous avez fait preuve dans les missions difficiles qui vous ont été confiées au Ministère des affaires étrangères, me sont un sûr garant que vous rempliriez dignement et utilement votre place parmi les bons représentans.

» Je vous salue fraternellement.

» *Le Ministre des affaires étrangères,*
» JULES BASTIDE. »

Imprimerie de J. FREY, rue Croix-des-Petits-Champs, 10.

Bon à tirer sauf corrections
Bon à tirer à 1500
Grégoire

AUX
ÉLECTEURS
DE LA SEINE
M. LAUZIN, CHEF D'INSTITUTION.

CITOYENS,

Encouragé par le nombre de voix que j'ai obtenues dans les dernières élections, je viens de nouveau me présenter à vos suffrages.

La France a besoin du concours et des efforts de tous ses enfants pour asseoir sur des basses indestructibles le grand œuvre de sa constitution. Tout bon citoyen se doit tout entier à son pays. S'il peut être fier des suffrages qui lui seront donnés, il devra rester ferme et inébranlable dans l'accomplissement du mandat qui lui sera confié.

Electeurs de la Seine, en m'offrant à vous pour vous représenter dans l'Assemblée nationale, je ne viens pas réclamer un poste d'honneur, mais le premier rang dans l'armée du sacrifice et du dévouement.

L'Assemblée renferme dans son sein des hommes de toutes les professions : l'instruction, d'où dépend l'avenir des peuples, est la seule qui n'y compte pas un de ses membres.

Ce que je veux, vous le voudrez comme moi : l'inviolabilité de la propriété, le respect de la famille, la liberté religieuse, la liberté individuelle, la liberté de la presse, la liberté de l'enseignement ; les examens à tous grades gratuits, et les places de tout genre dans l'enseignement données au concours et non au favoritisme.

Ce que je veux, c'est de travailler de tout mon pouvoir, à l'établissement de grandes institutions agricoles, industrielles et commerciales, et principalement à la création d'une banque immobilière hypothécaire (mobilisation de la propriété), qui puisse permettre aux propriétaires de se libérer, rendre la prospérité au commerce et à l'industrie en détruisant l'usure, le plus grand fléau des nations, tout en donnant aux travailleurs le moyen d'acquérir de l'aisance pour eux et pour leur famille.

Je veux l'abolition de l'impôt sur le sel et sur les boissons, qui pèse principalement sur les classes pauvres. Je veux, en un mot, la vie à bon marché et l'économie dans les dépenses publiques.

La République, je la veux sage, modérée, mais ferme et puissante.

Voilà, si je ne me trompe, ce que vous voulez tous. Si vous me jugez digne de vos suffrages, je ferai tous mes efforts pour faire triompher toutes ces réformes dans l'Assemblée nationale.

S'il est vrai que l'union fait la force; s'il est vrai que nous ne formons qu'une même famille, oublions tout esprit de parti. Unissons-nous tous dans l'amour de la patrie. Consacrons tout ce que la divine Providence nous a donné de force et de courage pour fonder et défendre la République, qui nous assure le règne impérissable de la liberté, de l'égalité et de la fraternite.

On lit dans LE MONITEUR du 1er avril dernier :

Après les discours de MM. Carnot et Buchez, prononcés lors de la plantation de l'arbre de la liberté dans l'établissement des Apprentis de Saint-Nicolas, au milieu d'une assemblée très-nombreuse et du clergé de Paris, M. Lauzin, président du club de la Fraternite républicaine, à la tête d'un grand nombre de membres réunis à la hâte, se présente, et, cédant à leurs vives instances, d'une voix accoutumée à dominer le tumulte, prononce une chaleureuse allocution dans laquelle il démontre que, dans le catholicisme, on trouve l'origine, le modèle et l'application des vraies et sincères républiques.

Des cris et des applaudissements redoublés répondent aux paroles du TRIBUN CATHOLIQUE.

Paris, imprimerie d'A. René, rue de Seine, 32.

RÉFORME FINANCIÈRE.

ORGANISATION DU *CREDIT*

INDUSTRIELS et **AGRICULTEURS**, si vous voulez des capitaux pour alimenter l'Industrie et féconder la terre ;
PROPRIÉTAIRES, si vous voulez des capitaux pour éviter l'expropriation ;
CAPITALISTES, si vous voulez être remboursés;
CRÉANCIERS DE L'ÉTAT, si vous voulez l'élévation et l'affermissement de la rente ;
OUVRIERS, si vous voulez arriver par le travail au bien être et à la propriété ;
CITOYENS, si vous voulez que l'État échappe aux désastres qui le menacent,

NOMMEZ

MARCHAL de Calvi,

PROMOTEUR DE LA RÉFORME FINANCIÈRE.

CHEVREL, menuisier. **J. DUC**, ferblantier. **LACUVE**, ouvrier ferblantier. **CHÉRY**, marchand. **MERCH**, ébéniste. **GAULTIER**, fruitier. **ARBAUMONT**, serrurier. **KOENIG**, pâtissier. **VERPISSON**, épicier. **JEANQUIN**, M[d] de vins. **CHABRUN** fils, serrurier. **DURAND**, menuisier. **CHABRUN** père, marbrier. **COURBET**, corroyeur. **OHAUEIEIZ**. **PEIGNEAURE**, corroyeur. **PEIGNEAURE** jeune, corroyeur. **DENIS**, peaussier. **MABIRE**, tourneur. **BERTRAND**, peintre. **RIVESRE**, M[d] de vins. **BRULE**, dessinateur. **DEGOIS**, menuisier. **PIALLOU** jeune, M[d] de liqueurs. **NOEL** fils aîné, tabletier. **HILDEBRAND** fils, fondeur. **BRIARD**, fondeur. **GROULT**, ouvrier. Charles **HUEL**, ouvrier.

Paris. Imprimerie de SOUPE, passage du Ponceau, 16-20.

CANDIDATURE

DU CITOYEN

PIQUENARD,

PEINTRE.

On peut avoir besoin de plus petit que soi.
LA FONTAINE.

Le peuple fait les révolutions, chasse les prévaricateurs et les parjures, garde l'honneur national pur de toute tache.
Calme après la tempête, il retourne à son labeur.
La récolte est rarement à celui qui a semé.
PIQUENARD.

Le droit au travail admis dans la Constitution n'eût pas impliqué des demandes incessantes, impossibles à satisfaire; mais il eût rassuré le peuple sur ses intérêts, qui doivent être sauvegardés par ses mandataires. *Le même.*

Né du peuple, vivant de ses misères, et devant mourir obscurément de sa mort, je ferai tout pour adoucir ses souffrances, pour calmer ses douleurs. *Le même.*

Citoyens !

Dans un gouvernement démocratique, qui a acclamé des principes de liberté et d'égalité, pour être mandataire du peuple la pauvreté ne peut être un motif d'exclusion.

Plusieurs élections se sont passées et toujours j'ai cru devoir remercier mes amis de leur souvenir, de leurs instances; aujourd'hui, cédant aux exigences de la situation, je crois devoir accepter cet honneur.

J'attendais comme vous qu'un homme sincèrement dévoué à votre cause se révélât. J'attends toujours.

Citoyens, pour vous qui avez fait la Révolution, on vote une loi à l'assistance; ceux que vous nommez les vôtres vous mettent le fusil à la main en disant : tu pousses chaque jour le cri de la misère et de la faim, pousse le cri de guerre, descends dans la rue et tu trouveras bonheur et oubli (par la mort sans doute).

Je crois, Citoyens, que l'on peut offrir quelque chose de mieux au peuple que le pain de l'aumône, ou la guerre fratricide;

Au commerçant que la banqueroute.

Offrir aux industriels ou aux artistes plus de protection que par le passé, plus de bien-être en favorisant moins les coteries.

Vous avez calculé le chiffre des subventions accordées aux employés supérieurs ou à des ministres, mais vous n'avez pas compté une armée de protégés qu'il faut placer?

Lorsque les commandes ou emplois tombent dans le domaine public, les lions se sont fait la plus large part.

Je ne vous signalerai pas plus longtemps les plaies, les misères, qui rongent le corps social; le mal est visible, il ne faut plus que trouver un remède efficace.

Sauvons donc la République en lui envoyant des hommes intelligents et purs, des défenseurs énergiques et dévoués, qui n'accepteront pas sans contrôle l'incurie, les faiblesses ou les fautes du pouvoir, et feront justice de la réaction comme de l'anarchie.

Comme représentant du peuple ou comme simple citoyen, je défendrai toujours envers et contre tous la République, la Constitution, la Liberté.

Telle est, citoyens, ma profession de foi; c'est celle d'un travailleur, d'un homme, de cœur, d'un sincère républicain.

VIVE LA RÉPUBLIQUE! VIVE LA CONSTITUTION!

A.-H. PIQUENARD,
Peintre en décors.

Paris. — Imp. BLONDEAU, r. du Petit-Carreau, 26.

A MES CONCITOYENS

du 7e Arrondissement.

Concitoyens,

Voici de nouveau les élections ouvertes.
Les dernières en partie n'ont pas répondu à vos vœux.

Pourquoi?

Parce que, sur dix-huit mille électeurs du 7e arrondissement, la moitié à peine a pris part au scrutin.

Parce que beaucoup d'entre vous n'ont pas voulu se déranger; parce que la moitié d'entre vous a compté sur les autres, et en négligeant ainsi l'exercice de son droit électoral, a laissé à une fraction disciplinée, un succès qui leur était si facile de conquérir.

Concitoyens, c'est ainsi que, malgré les meilleures intentions, les meilleurs sentiments, on fait par indifférence le malheur du Pays.

C'est ainsi que nous assurerons, si nous n'y prenons garde, le triomphe de ces prôneurs de doctrines subversives de tout ordre et destructives de toute liberté qui, sous le prétexte d'organiser, ne tendent qu'à tout désorganiser.

C'est en négligeant ainsi notre droit de vote que nous ramènerons dans nos rues le désordre et la guerre civile.

Concitoyens, c'est au nom de vos intérêts les plus chers, au nom de tout ce qui constitue le bonheur du Pays, au nom du commerce et de l'industrie, au nom de l'ordre et de la liberté, que votre concitoyen vous conjure d'aller déposer dans l'urne du scrutin l'expression de votre sentiment politique.

Concitoyens, tous vous demandez au Gouvernement le retour du travail et des affaires.

Mais le Gouvernement seul n'y peut rien.

Le retour de la confiance seul peut tout, et la confiance ne peut renaître qu'autant que TOUS vous exercerez votre droit électoral, seule arme préventive infaillible contre les commotions politiques et la misère qui s'ensuit.

Oui, je le répète, parce que nous ne saurions trop nous pénétrer de cette vérité: Le Gouvernement seul ne peut rien sur la reprise des affaires; vous seuls pouvez tout!

Qu'est-ce, en effet, que les quelques millions que le Gouvernement reçoit d'une main et répand de l'autre sur quelques industries?

Rien! absolument rien!

Trois jours de confiance font plus, pour le commerce et l'industrie, que cent millions qui épuiseraient le Trésor national.

Et cette confiance vous la détenez dans vos mains, et elle surgira comme d'une source abondante du moment où TOUS vous exercerez votre droit Électoral.

La raison en est simple: c'est que les gens vraiment amis de leur Pays sont tellement supérieurs en nombre aux partisans du désordre, qu'il leur suffira de se montrer pour enlever à ces derniers tout espoir et toute chance de succès.

AUX ÉLECTIONS DONC! Que pas un citoyen ne s'abstienne; que tous déposent dans l'urne un vote réfléchi, et la confiance renaîtra avec toutes les transactions qu'elle enfante, et ainsi vous aurez rendu l'activité aux affaires, le travail à l'ouvrier qui, comme toujours, sera fier de gagner le pain de sa famille et de refuser le secours qu'aujourd'hui encore, malgré ses souffrances, il n'accepte qu'à regret et avec répugnance.

AUX ÉLECTIONS DONC!

Républicains de la veille, Républicains du lendemain, que tous nos sentiments se confondent et s'unissent dans cette unique voie de salut:

***Le rétablissement de la Confiance par l'exactitude dans l'exercice de nos droits Electoraux*, aujourd'hui nos plus impérieux devoirs.**

Paris, 14 septembre 1848.

RIGLET.

Paris. — Imprimerie de Wittersheim, rue Montmorency, 8.

AUX ÉLECTEURS DU DÉPARTEMENT DE LA SEINE.

J'aspire à l'honneur d'être l'un de vos Représentants dans l'Assemblée nationale.

Membre de la Chambre des Députés pendant quatorze ans, j'ai constamment siégé parmi ceux qui ont énergiquement combattu les factions pour sauver la liberté, et loyalement résisté aux entraînements du Pouvoir.

Citoyen de Paris, j'ai constamment partagé les opinions, les espérances de l'immense majorité d'entre vous: majorité modérée et résolue, et ennemie de tout excès, libérale par amour de l'intelligence, dévouée à l'ordre comme à la cause de la civilisation.

Garde national, j'ai eu le bonheur, en partageant vos fatigues et vos périls, de resserrer les liens qui m'unissent à la cité parisienne.

Quelque habitude des choses politiques, une fermeté d'opinion qui ne fléchira pas: voilà mes titres à vos suffrages. Je les demande, pardonnez-moi cette fierté, non pas en ambitieux, mais en homme de dévouement et de devoir.

La société, sans doute, a prouvé sa force et sa résolution, et je suis de ceux qui pensent que les sociétés ne périssent que lorsqu'elles s'abandonnent elles-mêmes. Nous avons donc fait un grand pas vers l'ordre; mais l'avenir est-il parfaitement assuré? Le silence de l'émeute, le calme de la rue, ne constituent pas un Etat! L'ordre véritable ne repose pas seulement sur la force armée, mais sur le respect des lois; il ne se commande pas aux esprits, il règne de lui-même.

C'est le rétablissement de l'ordre moral en même temps que l'ordre matériel, qui est le but, la condition d'existence des nouvelles institutions politiques. J'y concourrai de tous mes efforts par mes votes à l'Assemblée, si vos suffrages m'y appellent.

J'accepterai dans la constitution et dans les lois les innovations libérales qui me paraîtront d'accord avec l'état vrai des esprits en France, avec les souffrances du peuple, avec les intérêts bien compris d'une nation agitée par une crise profonde. Mais si j'aime, comme vous, le progrès, comme vous aussi je ne m'incline pas aveuglément devant tout ce qui en usurpe le nom.

Je n'ai au fond de l'âme ni enthousiasme ni regrets; j'ai pour mon pays un amour ardent; je veux que la république soit pure de tout excès, conservatrice de la propriété et de la famille, et que loin d'encourager la licence des appétits et des doctrines, elle assure à la société ses garanties, à la France sa vraie grandeur, à la morale son empire, à la raison son autorité.

ROGER (du Nord).

Imprimerie centrale des chemins de fer, de NAPOLÉON CHAIX et Cie, rue Bergère, 20, près le boulevart Montmartre.
1848

Candidat à l'Assemblée nationale.

ROGER (DU NORD)

ANCIEN DÉPUTÉ

AUX ÉLECTEURS

Du département de la Seine.

J'aspire à l'honneur d'être l'un de vos représentants dans l'Assemblée nationale.

Membre de la Chambre des Députés pendant quatorze ans, j'ai constamment siégé parmi ceux qui ont énergiquement combattu les factions pour sauver la liberté, et loyalement résisté aux entraînements du Pouvoir.

Citoyen de Paris, j'ai constamment partagé les opinions, les sentiments, les espérances de l'immense majorité d'entre vous : majorité modérée et résolue, ennemie de tout excès, libérale par amour de l'intelligence, dévouée à l'ordre comme à la cause de la civilisation.

Garde national, j'ai eu le bonheur, en partageant vos fatigues et vos périls, de resserrer les liens qui m'unissent à la cité parisienne.

Quelque habitude des choses politiques, une fermeté d'opinion qui ne fléchira pas : voilà mes titres à vos suffrages. Je les demande, pardonnez-moi cette fierté, non pas en ambitieux, mais en homme de dévouement et de devoir.

La société, sans doute, a prouvé sa force et sa résolution, et je suis de ceux qui pensent que les sociétés ne périssent que lorsqu'elles s'abandonnent elles-mêmes. Nous avons donc fait un grand pas vers l'ordre, mais l'avenir est-il parfaitement assuré? Le silence de l'émeute, le calme de la rue ne constituent pas un État! L'ordre véritable ne repose pas seulement sur la force armée, mais sur le respect des lois; il ne se commande pas aux esprits, il résulte des convictions librement formées et de la satisfaction des intérêts légitimes.

C'est le rétablissement de l'ordre moral en même temps que de l'ordre matériel, qui est le but, la condition d'existence des nouvelles institutions politiques. J'y concourrai de tous mes efforts par mes votes à l'Assemblée, si vos suffrages m'y appellent.

J'accepterai dans la constitution et dans les lois les innovations libérales qui me paraîtront d'accord avec l'état vrai des esprits en France, avec les souffrances du peuple, avec les intérêts bien compris d'une nation agitée par une crise profonde. Mais si j'aime, comme vous, le progrès, comme vous aussi je ne m'incline pas aveuglément devant tout ce qui en usurpe le nom.

Je n'ai au fond de l'âme ni enthousiasme, ni regret; j'ai pour mon pays un amour ardent; je veux que la république soit pure de tout excès, conservatrice de la propriété et de la famille, et que, loin d'encourager la licence des appétits et des doctrines, elle assure à la société ses garanties, à la France sa vraie grandeur, à la morale son empire, à la raison son autorité.

ROGER (Du Nord.)

Imprimerie de GUSTAVE GRATIOT, 11, rue de la Monnaie.

1848

AUX ELECTEURS
DU DÉPARTEMENT
DE
LA SEINE.

Mes chers Concitoyens,

Si je n'avais consulté que ma raison, si je n'avais écouté que mes justes défiances je ne me présenterais pas aujourd'hui à vos suffrages; mais j'ai écouté la voix de mon cœur, j'ai cédé à d'honorables sollicitations *qui ne voulaient pas être repoussées ;* qui se produisaient au nom des intérêts de tous, et voilà comment je me trouve amené aujourd'hui à me présenter devant vous, malgré mon insuffisance incontestable et mon obscurité profonde. Aucun sentiment d'ambition, aucun motif d'intérêt personnel ne me guide donc dans la circonstance actuelle : j'accomplis un devoir, j'obéis à la loi de la nécessité, je me résigne..

Républicain et socialiste bien avant la révolution de février, je contribuai en 1843 à la création du journal *la Démocratie pacifique*, et depuis lors je n'ai pas cessé un seul instant de travailler à la propagation dans la société des principes si féconds de l'association, au triple point de vue du capital, du travail et du talent. Profondément dévoué aux grandes idées d'ordre et de progrès émises depuis vingt ans par l'école sociétaire ou phalanstérienne ; convaincu que les hommes n'ont qu'à vouloir pour réaliser ici-bas le *royaume de Dieu et sa Justice* ; je crois inutile de vous dire que je défendrais à l'Assemblée Nationale, si vos suffrages m'y envoyaient, la République Démocratique et Sociale, en dehors de laquelle il n'y pas, selon moi, de salut possible pour la France, je dirai plus : pour l'humanité.

Association *libre et volontaire* du capital, du travail et du talent *;* augmentation de la richesse publique, et généralisation du bien-être, dévouement le plus entier, le plus absolu aux intérêts de tous, mais principalement des travailleurs; transformation progressive, sans secousses et sans bouleversements de la société, du milieu social dans lequel nous vivons; satisfaction donnée dans l'avenir à tous les besoins physiques, intellectuels et moraux ; respect et consolidation de la propriété et de la famille, en rendant accessible à tous les bienfais de l'une et les joies de l'autre : tel est notre idéal, tel est notre programme.

Si c'est aussi le vôtre, si vous le tro vez juste et raisonnable, si vous avez confiance, en un mot, en celui qui vous le présente, accordez-moi vos suffrages, nommez-moi votre représentant. Dans le cas co .traire, j'attendrai, sûr que l'avenir me donnera raison, et que le monde appartient à la justice, c'est-à-dire à la Liberté, à l'Association.

SALUT ET FRATERNITÉ.

A. DE ROQUEFEUIL LABISTOUR,

28, rue de la Madeleine.

Paris, le 9 Septembre 1848.

Imp. Pollet et Cie., rue St-Denis, 380. Impressions en tous genres, 3, place des Victoires

Candidature

DE

L'ABBÉ ROUX

FONDATEUR DE L'ŒUVRE DES OUVRIÈRES SANS TRAVAIL.

Un homme s'est trouvé pendant la malheureuse insurrection de Juin, qui s'est placé constamment, au péril de sa vie, entre les deux camps. Cet homme a supplié les insurgés de mettre bas les armes, et son éloquence chrétienne a fait tomber plus de barricades que le canon.

Cet homme s'est rendu auprès des commandants de la force armée et a supplié encore afin que les combattants du faubourg Saint-Antoine, poussés à la guerre civile par le malheur, fussent épargnés. C'est M. l'abbé ROUX.

Nous prions les ouvriers, nos frères, et tous nos autres concitoyens de se joindre à nous pour porter M. l'abbé ROUX à la Représentation nationale.

Depuis les journées de Juin, ce digne et véritable ami de tous ceux qui souffrent a continué de mériter la reconnaissance populaire. Pour prouver cela, nous n'avons qu'un mot à dire : M. l'abbé ROUX a fondé l'OEuvre du travail des femmes dans le faubourg Saint-Antoine.

Aux ouvriers, nos frères, nous dirons : Votez avec nous pour l'homme qui s'est dévoué en faveur de nos femmes et de nos filles.

A ceux qui ne sont point obligés de travailler pour vivre, nous dirons encore : Votez avec nous pour l'homme dont la sainte charité se place comme un rempart entre vous et les menaces de la misère armée.

M. l'abbé ROUX est le véritable candidat du peuple, et il ne s'asseoira sur les bancs de l'Assemblée nationale que pour concilier les intérêts du peuple avec les droits acquis de ceux qui possèdent.

Dans cette voie seulement, et les ouvriers le savent, on peut atteindre la véritable Organisation du Travail.

C'est pour ces motifs que les ouvriers du faubourg Saint-Antoine proposent la candidature de M. l'abbé ROUX à leurs concitoyens.

MASSON, ouvrier orfèvre-cuilleriste, rue d'Aval, 12.
BEGON, ouvrier en parapluies, rue d'Aval, 12.
BOGARET, faub. St-Antoine, passage Thiéré. 7.
BOISSEAU, ouvrier ébéniste, cour de la Bonne-Graine, 22.
CRETINON, (Louis), rue de Lappe, 15.
CRETINON, ébéniste, cour de la Bonne-Graine, 14.
COERS, (de), faubourg Saint-Antoine, 137.
DREUX, faubourg Saint-Antoine, 137.
DUMANS, tourneur, faubourg Saint-Antoine, 137.
DUVEL, faubourg Saint-Antoine, 137.
GAUME, ébéniste, cour de la Bonne-Graine, 16.
JONGHE, (de), rue Traversière, 46.
LEBEAUX, rue de la Planchette, 21.
MARLIÈRE (Ch.), rue Saint-Nicolas, 7.
OUILLET, ouvrier ébéniste, faub. St-Antoine, 123.
PASSY, rue de la Roquette, 2.
VANDAMME, faubourg St-Antoine, 160.

Paris.—Imprimerie de Mme Smith, rue Fontaine-au-Roi, 14 ter.

CANDIDATURE

DE

M. THIOLAT.

Citoyens :

De nombreuses et très-sérieuses méditations, m'ayant donné la solution de quelques problèmes difficiles, et d'une haute importance, sur la question sociale, je désirerais, sinon les faire admettre, du moins les faire connaître publiquement à l'Assemblée Nationale, et à ces fins, je viens solliciter l'honneur de vous y représenter.

Un discours prononcé à la tribune de cette assemblée par un honorable représentant, qui admet, comme base de la Société, la propriété, la liberté et la concurrence, me fournit l'occasion de vous dire mon opinion, en quelques mots, sur ces principes, et de vous exprimer le désir de la développer plus longuement en temps opportun.

Le but de la Société est *un* avantage résultant *pour* chaque individu des services que chacun peut rendre; mais il est aussi une protection mutuelle du faible contre le fort, pour lui assurer l'exercice de son droit; en un mot, pour lui garantir sa propriété.

La concurrence, proprement dite, est une force vitale sans guide; susceptible, par conséquent, de devenir un agent producteur, ou bien un agent destructeur. Elle ne peut donc pas être libre, sans être attentatoire à la propriété; elle a donc besoin d'être dirigée dans la Société pour devenir une force productrice, en puisant son alimentation dans le domaine de la possessibilité exclusivement; et pour cela, il faut qu'on agisse pour prendre le devant, non pas en arrêtant ses concurrents pour se maintenir devant eux; mais en courant plus fort *qu'eux*.

Je provoquerai donc la concurrence, mais la concurrence dirigée, et non la concurrence libre, si je suis admis à l'honneur que je sollicite.

1848 **THIOLAT, artiste peintre.**

Paris. — Imprimerie Bonaventure et Ducessois, 55, quai des Gr-Augustins

Élections du 17 Septembre 1848.

LE CITOYEN

THORÉ

AU PARTI DÉMOCRATIQUE ET SOCIAL.

Toute atteinte à la liberté de la presse en matière électorale, c'est-à-dire à la communication sincère entre les candidats et les électeurs, est une atteinte au suffrage universel et à la souveraineté du peuple!

Au beau milieu du portail des églises du moyen âge, au-dessus de l'entrée par où passait la foule des croyants, on remarque toujours le même médaillon sculpté entre les figures d'évangélistes, d'apôtres, de prophètes ou de martyrs, comme symbole principal de vérité et de justice : c'est le Christ, présidant à la séparation du bien et du mal dans la Républiqne des morts.

La philosophie moderne n'a point effacé des consciences cette pensée inflexible de la distinction entre la vérité et l'erreur, entre la vertu et le vice, entre la justice et l'iniquité. Et le juge suprême, inexorable, c'est le Peuple, qui opère la séparation du bien et du mal dans la République des vivants.

Le Peuple martyr, le Peuple crucifié et ressuscité, le Sauveur immortel, ne consacrera point la confusion prêchée par les faux docteurs de la loi. Il n'y a point d'union possible avec ceux qui ont violé la liberté, l'égalité, la fraternité.

Il faudrait n'avoir aucun sentiment humain pour accepter l'arbitraire et la force, usurpant le pouvoir légitime du droit et de l'intelligence.

Sous Louis-Philippe, nous avons toujours été en guerre avec les conservateurs du mal. Pourquoi faire trêve aujourd'hui?

C'est le sacrifice à une condition impossible entre des éléments opposés, qui a perdu le gouvernement provisoire et la révolution.

C'est le rapprochement de plusieurs partis dans une harmonie hypocrite, qui a compromis la République et produit la guerre civile.

Rien n'est plus honteux, pour les idées et pour les partis, que ces coalitions où l'on trahit à la fois ses amis et ses ennemis.

Dans une République, si chacun a le droit de dire ce qu'il pense, chacun a le devoir d'agir selon sa pensée et sa conviction. La probité politique est le complément de la liberté.

C'est pourquoi je demande le suffrage du Peuple au nom de la République démocratique et sociale. Vous m'avez déjà donné soixante-treize mille voix aux élections de juin. Vous avez donné chaque matin à ma *Vraie République* deux cent mille lecteurs. Nous ne changerons pas aujourd'hui, parce que la République populaire, victorieuse en février, semble vaincue.

Au contraire, c'est le moment d'être inébranlable et obstiné dans une conviction qui seule peut sauver la France et délivrer nos martyrs.

Serrons-nous plus que jamais autour de la République sociale, afin que la force soit définitivement vaincue par l'intelligence.

Il est bien vrai que le parti populaire est comprimé dans l'Assemblée constituante, comme partout, et que la situation est retournée depuis les dernières élections. La République alors pouvait encore dominer l'avenir.

Mais, comme ces chasseurs sauvages qui galopent autour d'une proie, resserrant leur cercle de plus en plus jusqu'à ce qu'ils puissent l'atteindre de leur lacet, les ennemis de la révolution, après avoir surpris et étourdi le lion populaire, lui ont passé la corde au cou.

Le programme de l'Hôtel-de-Ville a été déchiré comme en juillet 1850. Le peu qu'on avait fait après février a été annulé, — jusqu'au droit au travail! Les réunions politiques sont prohibées, les journaux supprimés. Au lieu de la République populaire, nous avons l'état de siége, la dictature, l'arbitraire et la terreur, la justice militaire et le gouvernement du bon plaisir, la transportation et la misère.

Les représentants aimés du Peuple sont à Vincennes ou en exil. La voix de la vérité est étouffée, et c'est au travers d'un silence sinistre que la fatalité conduit les destinées de la patrie.

Mais, quelle que soit l'impuissance momentanée du parti populaire, il ne faut pas cependant abandonner à l'ancien régime la forteresse du pouvoir législatif. Si la minorité ne peut rien sur les actes, elle peut beaucoup sur les esprits. Prenons toujours position sur la montagne, pour faire signe, de plus haut, aux hommes de bonne volonté. Le temps viendra où notre République gouvernera les faits comme elle gouverne déjà les pensées, où la philosophie et la morale, la tradition française et le sentiment des générations vivantes auront satisfaction dans un nouvel Ordre de Liberté, d'Égalité et de Fraternité.

T. THORÉ.

Paris. — Imprimerie de SCHNEIDER, rue d'Erfurth, 1.

AUX ÉLECTEURS DE LA CORSE.

La lettre suivante adressée par l'ex-roi **JÉROME** à Mr le Commandant Poli, répond péremptoirement aux allégations par lesquelles on a voulu insinuer aux populations de la Corse que le général Arrighi n'était pas le véritable candidat de la famille Bonaparte.

Nous nous empressons de la porter à la connaissance des Électeurs, et nous les prions de vouloir bien lui donner toute la publicité possible. Cette lettre est le plus éclatant démenti aux insinuations mises en avant pour égarer l'opinion publique. Elle vient donner une nouvelle force à celle précédemment publiée, qui avait été écrite au général Arrighi, et qui porte les signatures de **JÉROME, LOUIS-NAPOLÉON** et **NAPOLÉON BONAPARTE**.

La candidature du Général est donc la seule qui soit avouée, et recommandée par eux aux Électeurs de ce Département.

Paris, 12 novembre 1848.

MON CHER COMMANDANT,

Je n'ai pas répondu à votre dernière lettre parce que celle que mon neveu, mon fils et moi avons adressée au général Arrighi et que nous avons signée *tous les trois* répond complètement à ce que vous me demandiez. Je saisis cette occasion, mon cher Commandant, pour vous exprimer l'assurance de mon attachement.

Votre affectionné,
JÉROME BONAPARTE.

Pour copie conforme,
L'AVOCAT ARRIGHI et LEVIE RAMOLINO.

Ajaccio, 20 novembre 1848.

Bastia. - Imprimerie Fabiani.

RÉPUBLIQUE FRANÇAISE. — LIBERTÉ. EGALITÉ. FRATERNITÉ.

ÉLECTIONS.

LE COMITÉ DÉMOCRATIQUE CENTRAL AUX ÉLECTEURS.

CITOYENS,

Les ouvriers de la ville de Metz, de concert avec leurs amis politiques, viennent de former un Comité électoral permanent.

Le Comité démocratique de Metz, est le centre d'une organisation naissante, qui devra embrasser tout le département. Dans ce but, il est fait appel à tous les républicains sincères des chefs-lieux d'arrondissements et des cantons, ainsi que des communes rurales. Qu'ils instituent jusque dans les moindres hameaux, des comités électoraux, reliés entre eux et en communication active avec le Comité central.

Le but immédiat des Comités démocratiques se résume en ces mots: faire présider la sincérité et la moralité politique aux élections, en éclairant les populations sur les principes et les hommes, au point de vue des vrais intérêts du Peuple Français.

Le Comité central regarde la famille et la propriété comme deux pierres angulaires de l'édifice social, et il appelle de tous ses vœux le moment où cette double source de la civilisation ne sera plus troublée, parce qu'elle sera réellement accessible à tous.

Nous défendrons la République démocratique contre tous ses ennemis, parce que nous avons la conviction profonde que cette forme de gouvernement est la seule compatible avec les réformes sociales, qui sont le but des évolutions des peuples, et dont nous poursuivons la réalisation progressive.

Nous voulons la révolution de Février avec toutes ses conséquences: nous voulons l'ordre et l'économie dans les finances de la République, par la suppression des sinécures et des emplois inutiles, par une réduction sérieuse sur les traitements exagérés, etc., etc.; afin de pouvoir alléger les charges qui écrasent le peuple et lui feraient douter des bienfaits que l'on est en droit d'attendre d'un gouvernement républicain.

Nous demandons l'établissement de banques agricoles et industrielles appropriées aux besoins de l'agriculture, du petit commerce, et des associations d'ouvriers des villes et des campagnes....

Nous demandons, en un mot, une organisation de la société française telle que chacun comprenne et sente que la République est véritablement un gouvernement établi dans l'intérêt de tous.

Nos moyens d'action sont: la presse, les réunions, l'association; notre arme, le suffrage universel.

Que tous ceux qui partagent ces principes, viennent à nous; qu'ils secondent nos efforts.

Le Comité central a posé en principe que tous les comités démocratiques seraient consultés sur le mérite des candidatures, avant qu'aucune ne fût mise en avant. Mais le temps ne le lui permet point à l'égard de la candidature qui devra rallier les suffrages des démocrates du département dans l'élection du 19 de ce mois. Le Comité central a donc dû, pour cette fois, s'écarter de la ligne qu'il s'est tracée. Il a dû désigner, parmi les citoyens qu'il a été en mesure d'apprécier, l'homme en qui il croit rencontrer la personnification la plus complète des principes de la République de 1848.

CET HOMME, CE CANDIDAT, C'EST LE CITOYEN RONFORT, *ouvrier typographe, à Metz.*

Arrêté, *à l'unanimité,* dans la séance générale du Comité central, tenue le quatre de ce mois, et adopté de même dans celle du lendemain.

Pour copie conforme à l'original

Le Secrétaire du Comité, *Le Président du Comité démocratique central,*

Metz, le 6 Novembre 1848. DIEU. LAMBRY.

NOTA. Le bureau du Comité démocratique central est en permanence à Metz, rue du Heaume, 8, où doivent être adressés et demandés tous les renseignements relatifs à l'élection du Représentant du peuple, fixée au 19 Novembre 1848.

Le Comité démocratique central de la Moselle, est composé des citoyens dont les noms suivent :

BRAUSILLON, ouvrier bijoutier. **BOULANGER**, Ébén. march. debois. CH. **BROMME**, ouv. tourn. **BULTINGAIRE**, sous-lieuten. de la garde nat. **BARBÉ**, ouvrier menuisier. **BERDIN**, ouv. cordonnier. **COLSON**, ouv. serrurier. **CHIR**, tailleur, lieutenant d'art. de la garde nat. **CHAUBOURG**, ouv. menuisier. **CARRAU**, ouv. peintre. **CULADET**, bottier. **CÉSAR**, ouv. forgeron. **CORNETTE**, fabricant, capitaine de la garde nat. **DUVAL**, ouv. ébéniste. **DIEU**, médecin. **DESSACHY**, ouv. tailleur. **DAUPHIN**, anc. Notaire. **FRANÇOIS** (Louis), ouv. tailleur. **FOURNIER**, avoué, capitaine d'état-major de la garde nat. **GILLET**, ouv. tailleur. **GERMAIN**, ouv. serrurier. **GIRGOIS** fils. **GRIGNON**, tailleur. **GREFF** (Michel) anc. Notaire. **GEORGES**, ouv. sellier. **HALET**, relieur. **HÉBERT**, ouv. peintre. **HUART**, col. de la garde nat. **HUMBERT**, march. de vins, anc. adj. au maire de Metz. **JOB**, ouv. peintre. **JACQUET**, ouv. cordonnier. **LAMBRY**, lieutenant-colonel de la garde nationale. **LOUIS** (François), tailleur. **MIRANDEL**, ouvrier cordonnier. **MARCHAL**, ouv. relieur. **MAIRE**, ouv. cordonnier. **MALINE**, avoué, capit. de la garde nat. **MARCHAL**, ouv. bottier. **MARTIN**, ouv. forgeron. **MENILGRAND**, teinturier. **METZLER**, jeune, ouv. menuisier. **MAIRE**, ouv. tann. **NILUS**, ouv. tailleur. **NICLAUSSE** aîné, pharmac. droguiste. **NOIREL**, ouv. cordonnier. **OTTON**, ouv. serrurier. **OSWALD**, ouv. menuisier. **PIÉMONT**, ouv. menuisier. **PIERNET**, ouv. sellier. **PISTOR**, avocat, capit. d'art. de la garde nat. **POTDEVIN**, ouv. bottier. **POMPEY**, confis. lieut. de la garde nat. **PALLEZ**, ouv. ébén. **RONFORT**, ouv. typographe. **RÉMOND**, négociant, lieut.-col. de la garde nat. **RITZ**, ouvrier menuis. **ROMEL**, ouv. serrur. **SIMON**, ouv. menuis. **SAGET**, chef de bataill. de la garde nat. **SCHMITT**, ouv. serrurier. **SCHILTZ**, ouv. charpentier. **SIMON** aîné, négociant, colonel de la garde nat. **TOUCHET**, ouv. charr. **TAIZON**, percept. **TONDON**, ouv. charron. **THIRIET**, ouv. cord. **VAGNER**, ouv. menuisier.

Metz, Imprimerie et Lithographie de VERRONNAIS, rue des Jardins, 14.

RÉPUBLIQUE
DÉMOCRATIQUE ET SOCIALE.

ÉLECTIONS.

Les Révolutionnaires Démocrates et Socialistes de la Seine et ceux des départemens actuellement présens à Paris, sont convoqués à la RÉUNION ÉLECTORALE PRÉPARATOIRE, qui aura lieu MARDI 14 DU COURANT, à huit heures précises *du soir*, RUE ET SALLE MONTESQUIEU, à l'effet de constituer un *COMITÉ CENTRAL D'ÉLECTIONS*.

Paris, le 13 Novembre 1848.

Typographie Lith. FÉLIX MALTESTE et Cie, rue des Deux-Portes-St-Sauveur, 18.

(5 Centimes.)

LE CONSEIL CENTRAL

AUX ÉLECTEURS RÉPUBLICAINS-DÉMOCRATES-SOCIALISTES.

Le Conseil-Central des électeurs Républicains-Démocrates-Socialistes n'a point à faire, dans les circonstances actuelles, un programme, ni un manifeste, ni une charte, mais un simple résumé de l'opinion socialiste.

Les formules vraies viennent du Peuple: en 89: Liberté, Egalité, Fraternité; en 48: République démocratique et sociale. Le Peuple seul pourra formuler le Socialisme par l'exercice complet et permanent de sa souveraineté.

La révolution de 48 est la révolution du Peuple; c'est la révolution de la Fraternité contre tous les égoïsmes, de l'Egalité contre tous les privilèges, de la Liberté contre toutes les dominations: ROYAUTÉ, SACERDOCE, CAPITAL.

Le Socialisme vient accomplir cette Révolution. Il vient apporter au monde cette bonne nouvelle: Que bientôt il n'y aura plus de pauvres, et qu'enfin il y aura place pour tous au banquet de la vie.

PRINCIPES GÉNÉRAUX.

La Révolution est la marche des peuples vers l'Égalité.

La République démocratique et sociale est l'Égalité réalisée.

Tous les hommes sont solidaires: ils doivent être tous libres, tous égaux et tous frères.

La loi est l'expression progressive du droit éternel.

Le Peuple déclare le droit; et la Souveraineté qui réside en lui est inaliénable et imprescriptible.

La République est le seul État politique où se puisse exercer la Souveraineté du Peuple.

La majorité n'a pas le droit de proclamer autre chose que la République: ce serait le suicide même du Peuple.

Violer les droits naturels et imprescriptibles de l'homme et du citoyen, c'est légitimer l'insurrection.

Les droits naturels et imprescriptibles sont:
Le droit de vivre;
La liberté individuelle;
La famille;
L'éducation;
La liberté de conscience;
La liberté de réunion et d'association;
La liberté de travail;
La liberté de la parole, de la presse et de tous les modes de manifestation de la pensée;
La liberté de suffrage.

Le but de la vie est le développement indéfini de notre être physique, intellectuel et moral.

Le DROIT AU TRAVAIL doit être garanti à chacun et la vie assurée à tous ceux qui ne peuvent travailler.

La richesse est le fruit collectif du travail de l'humanité; la Propriété est le droit de chacun à y participer en raison de son travail et de ses besoins.

La famille est la forme première de l'association. La femme est l'égale de l'homme dans la cité comme dans la famille.

Les familles se relient dans une famille plus grande, la Patrie; comme les Patries se relient entre elles dans cette personnalité supérieure qui est l'Humanité.

Les peuples sont solidaires et frères.

La République démocratique et sociale ne reconnaît pas les rois.

L'État, c'est le peuple se gouvernant lui-même.

Le suffrage est universel et direct. Il doit être organisé.

Le pouvoir un et indivisible est exercé, à titre de mandat, par une Convention nationale, avec la distinction des trois fonctions législative, administrative et judiciaire.

Le Peuple se réserve la sanction de toutes constitutions et lois organiques.

Les fonctionnaires de la République sont responsables et révocables à tous les degrés; toutes les fonctions sont temporaires.

Tous les citoyens se doivent à la défense du territoire national.

L'éducation est sociale. L'instruction générale et spéciale est, par la nation, répartie à tous, femmes et hommes, gratuite et obligatoire.

La justice est gratuite.

Le système pénitentiaire est basé sur ce principe: Que toute peine doit avoir pour but l'amélioration du coupable.

La République institue et célèbre des Fêtes Sociales: nos pères de la révolution ont eu leurs Fédérations; nous, nous avons déjà nos Banquets, notre communion démocratique et sociale.

Toute association de citoyens, pour l'exercice de la liberté de conscience, constitue un culte. Tous les cultes sont égaux et libres. Chaque culte est rétribué par ses fidèles. Les ministres de tous les cultes ont les mêmes droits et les mêmes devoirs que les autres citoyens.

L'association est établie de telle sorte, que la personnalité humaine y est, non pas absorbée, mais développée.

Plus d'exploitation de l'homme par l'homme. La monarchie doit être détruite dans l'atelier comme dans l'Etat.

Les fonctions sociales sont constituées sur le principe même de la nature humaine. Des aptitudes différentes donnent droit à des fonctions différentes.

Toutes les fonctions sont égales. Elles sont déférées par le concours et l'élection.

La production, la circulation, la consommation doivent être organisées, non pas séparément, mais simultanément.

Il faut développer à la fois l'agriculture et l'industrie.

Le luxe fraternel et artistique est substitué au luxe égoïste et corrupteur des privilégiés.

Le sol, les matières premières, les produits accumulés, en un mot *le capital*, ne doit plus être absorbé par quelques-uns, mais faire retour à la société pour servir au travail de tous.

L'instrument de travail est attaché à la fonction.

Plus d'oisifs. Tous sont producteurs. Chacun a le devoir de produire en raison de ses facultés. Qui peut le plus doit le plus.

La concurrence émulative du travail fraternel remplace la concurrence fratricide des travailleurs contre les travailleurs au profit des capitalistes.

La répartition se fait à chacun en raison de son travail et de ses besoins.

Le crédit est organisé au profit de tous; il est gratuit et réciproque. La commandite capitaliste est remplacée par la solidarité industrielle.

La royauté homicide des écus est abolie; le signe des échanges devient la représentation des produits.

Le libre et égal échange international des produits contre les produits, sans l'intermédiaire des espèces monnayées, fait disparaître la nécessité de protéger le travail indigène.

Les impôts sont remplacés par un droit unique sur tous les produits.

Voilà les principes auxquels nous avons foi et dont nous réclamons la réalisation pour atteindre cet avenir meilleur où chacun étant arrivé à la conscience de ses droits et de ses devoirs, il n'y aura plus:
Ni oppresseurs, ni opprimés;
Ni exploiteurs, ni exploités;
Ni capitalistes, ni prolétaires;
Ni patrons, ni salariés;
Ni maîtres, ni serviteurs;
Où il n'y aura plus de classe entre les citoyens, comme plus de barrière entre les peuples;
Où tous seront à la fois initiateurs et initiés;
Où tous enfin participeront aux biens de l'Industrie, de l'Art et de la Science dans une communion de frères, tous égaux et tous libres.

Nous avons dit nos principes; nous n'avons pas à indiquer toutes les grandes mesures qui en assureraient l'avénement définitif.

Les Socialistes révolutionnaires connaissent le mal et le remède. Ils sauraient l'appliquer.

Nous ne voulons indiquer aujourd'hui que les mesures particulières qui sont déjà dans le sentiment populaire et qui sont immédiatement réalisables sous l'empire même des hommes et des choses qui nous sont imposés.

MESURES PRATIQUES.

— En vertu du principe de la Solidarité des peuples et des races, secours à toutes les nations opprimées; propagande morale, militaire et industrie pour la réalisation de la Liberté, de l'Egalité, de la Fraternité.

— Secours immédiat aux peuples qui nous font appel; guerre, non de conquête, mais d'émancipation.

— La guerre révolutionnaire une fois terminée, Fédération des peuples libres.

— Armement de tous les citoyens pour la défense de la patrie et des droits communs.

— Le service militaire institué comme complément indispensable de l'éducation.

— Abolition du remplacement et de la conscription.

— Démocratisation de l'armée, introduction du principe électif.

— Développement de notre puissance maritime.

— Abolition de toutes les lois qui entravent la liberté de la parole et de la presse, des réunions et associations; abolition des décrets contre les attroupements et les clubs; abolition du monopole de l'imprimerie; abolition du cautionnement et du droit de poste sur les journaux; du droit de timbre sur les affiches.

— Le domicile et le secret des lettres, inviolables.

— Élections dans un centre de population assez nombreux pour que l'esprit public soit dégagé des influences de clocher. Tout électeur est éligible. — Le vote est un devoir pour chacun. Indemnité de déplacement attribuée aux électeurs. Egalité des moyens de publicité pour les candidatures.

— Suppression de la présidence.

— Transformation des ministères;

— Constitution de la commune républicaine sur une base de territoire de population qui permette à l'homme le libre développement de toutes ses facultés;

— Les conseils départementaux et communaux organisés comme la Convention nationale sur le principe de l'indivisibilité du pouvoir et de la distinction des fonctions;

— Toutes les fonctions publiques équitablement et modestement rétribuées; le cumul interdit.

— Les droits de la famille assurés à tous; la dignité du mariage relevée.

— Le divorce établi comme mesure exceptionnelle et de moralité publique.

— La prostitution détruite.

— La tutelle de famille maintenue et complétée par la tutelle communale.

— Conseils spéciaux de famille organisés dans toutes les communes.

— Éducation fortement constituée dans les campagnes et dans les villes; non littéraire et scientifique seulement; mais encore agricole, professionnelle, artistique.

— Réorganisation démocratique de l'Institut et de l'Université.

— Monuments spéciaux pour les assemblées populaires, les banquets et les clubs.

— Les arts efficacement encouragés, sous la direction des artistes eux-mêmes.

— Suppression immédiate du salaire par l'Etat des ministres de tout culte. Et application du budget des cultes aux instituteurs sociaux.

— Transformation du corps judiciaire. Suppression de tous les frais de procédure. Abolition de la vénalité des charges.

— Généralisation de l'institution du jury appliqué à l'instruction comme au jugement. Indemnité aux jurés.

— La détention préventive abrégée. Indemnité accordée au prévenu reconnu innocent.

— Abolition de la peine de mort, de toute peine perpétuelle, et de toute peine infamante; et notamment abolition des peines infamantes en matière politique.

— Abolition de la contrainte par corps.

— Suppression des prisons cellulaires et des bagnes. Etablissement de colonies pénitentiaires.

— Suppression du privilége de la Banque de France et constitution immédiate d'une Banque sociale assurant progressivement à toutes les industries le crédit réciproque et gratuit; — et donnant dès aujourd'hui le crédit à 3 pour cent par billets, faits suivant les usages du commerce.

— En principe, il n'y a d'échangeable que les produits, — et le signe des échanges ne doit représenter que des produits; mais jusqu'à ce que tout le capital ait fait retour à la société et que le crédit soit entièrement gratuit, nous demandons:

L'application du crédit foncier et l'établissement de banques cantonales immobilières, commme moyen de liquidation pour ceux qui possèdent et comme facilité pour l'Etat de commanditer ceux qui ne possèdent pas et d'opérer progressivement le rachat des instruments de travail. — Prêt par les banques immobilières à un taux minime, 2 1/2 pour cent, par exemple. Et délivrance par elles de bons hypothécaires, jusqu'à concurrence d'une quote-part de la valeur. — Nouvelle constitution du système des hypothèques.

— Suppression de l'agiotage et des jeux de bourse.

— Constitution pleine et entière du régime de l'association fraternelle et démocratique pour tous les genres de travaux, agricoles et manufacturiers.

— Abolition de toute maîtrise et patronage. Suppression des marchandeurs et tâcherons.

— Rachat par l'Etat des canaux, mines, chemins de fer, etc... Et leur exploitation, sous la surveillance de l'Etat, par des associations ouvrières.

— Création dans tous les centres de populations de marchés et bazars, où tous les objets de consommation seront directement échangés, sans subir l'usure, la falsification ni la fraude de spéculateurs intermédiaires.

— Vigilance de l'Etat pour la subsistance et l'hygiène du peuple. Etablissements de bains gratuits. Des médecins et pharmaciens institués comme fonctionnaires sociaux.

Assurances sociales et universelles à primes réduites, acquittées sans frais chez le percepteur, établies de façon que nul n'ait plus à craindre la gelée, la grêle, l'inondation ni la perte de ses bestiaux.

— Règlement et extinction par annuités de la dette publique.

— Plus d'impôt de 45 centimes. C'est ruiner l'agriculture qu'il faut relever.

— Dégrèvement progressif de l'impôt basé sur le sol, les matières premières et les produits accumulés, au fur et à mesure qu'ils font retour à la Société.

— Suppression des octrois.

— Abolition immédiate de tous droits sur le sel, la viande, les boissons et objets de première nécessité.

— Remplacement de ces impôts par les ressources nouvelles du crédit foncier et des assurances universelles.

— Remboursement des dépôts à la caisse d'épargne avec compensation, au profit des déposants, du déficit et de l'usure qu'ils ont subis par suite du funeste décret de mars 1848.

Nous n'avons indiqué que des mesures immédiates et d'une application facile. Un gouvernement franchement contre-révolutionnaire pourrait seul les rejeter.

Elles ne sont qu'un acheminement aux institutions nouvelles, et nous reconnaissons nous-mêmes ces mesures comme insuffisantes pour détruire entièrement;

LA MISÈRE, L'IGNORANCE, L'USURE.

Nous n'arriverons à ce but que par la réalisation complète du DROIT AU TRAVAIL, de L'ÉDUCATION ÉGALE POUR TOUS et de la GRATUITÉ DU CRÉDIT.

Seulement alors la révolution sera accomplie, seulement alors nous aurons la RÉPUBLIQUE DÉMOCRATIQUE ET SOCIALE.

Discuté et adopté à l'unanimité par le Conseil central électoral des Républicains Démocrates et Socialistes, en la séance du jeudi 23 novembre 1848

AU NOM DU CONSEIL CENTRAL.

Le président :
DALTON-SHÉE,

Les vice-présidents :
DUPAS, GENILLIER.

Le secrétaire :
PARDIGON.

Nous présentons cet exposé de nos principes à l'adhésion des Républicains Démocrates et Socialistes de toute la France. Des registres sont ouverts pour recevoir les signatures au siége du Conseil central, 31, rue des Fossés-Saint-Germain-l'Auxerrois, impasse Sourdis.

Le candidat à la présidence de la République, adopté par le Conseil central électoral des Républicains-Démocrates-Socialistes, est le citoyen F.-V. RASPAIL, REPRÉSENTANT DU PEUPLE.

Paris. — Imprimerie Lacrampe fils et Comp., rue Damiette, 2.

RÉPUBLIQUE FRANÇAISE.

LIBERTÉ, ÉGALITÉ, FRATERNITÉ.

AUX HABITANTS DES BASSES-ALPES.

Chers Concitoyens,

Une place est devenue vacante à l'Assemblée nationale par la démission de l'un des représentants des Basses-Alpes. Je sollicite vos suffrages pour lui succéder. Je n'ambitionnerais pas cet honneur, si mon frère, qui a obtenu près de quatorze mille votes aux dernières élections, ne se trouvait empêché par des circonstances particulières de le rechercher en ce moment.

En me présentant aujourd'hui sous les auspices de mon frère, je n'ai pas besoin d'exposer longuement les idées qui me guideraient dans la carrière politique. Les opinions qu'il vous a soumises et que tant de voix ont approuvées, sont aussi celles que je soutiendrais à l'Assemblée nationale.

La Constitution de la République française a été proclamée. Les lois organiques qui restent à faire ne seront que l'application des principes qu'elle a posés; mais en appliquant ces principes, il faudra tracer leurs limites et assurer leur accord. Il s'agit aujourd'hui non pas de rompre nos traditions nationales, mais d'en poursuivre l'accomplissement. La propriété sans laquelle il n'y a pas de liberté, la famille sans laquelle il n'y a plus de mœurs, l'ordre qui est la condition première de toute société, l'égalité qui en est la perfection, la religion qui en est l'âme, tous les biens dont la civilisation se compose, ne peuvent être mis en danger, sans que notre patrie soit menacée de périr. J'emploierais à leur défense, à leur développement tout ce que je puis avoir de force et de lumières.

Au milieu des mouvements qui agitent les partis et l'Europe entière, l'Assemblée aura, sans doute, à mêler à la discussion des lois celle de la marche même du Gouvernement de la République. Je serais dirigé dans ces débats par l'amour de la France à laquelle j'ai consacré toutes mes études, par la connaissance de l'Europe que j'ai visitée, par celle des hommes que j'ai appris à juger dans leur intimité. Je chercherais à distinguer toujours les véritables intérêts de la nation, des intrigues qui en prennent le prétexte; mon concours serait assuré à une politique qui, sans isoler les peuples, les conduirait à mériter eux-mêmes leur indépendance, et qui concilierait la dignité et la paix.

Je serais particulièrement heureux de prouver au département où je suis né et auquel tant de liens m'attachent, tous les avantages qu'on peut se promettre de l'ère nouvelle où nous entrons. Je connais les besoins du pays; et je pense que, sans trahir les intérêts généraux de la France, votre représentant doit se faire l'organe des intérêts des populations dont il reçoit le mandat. Le principe de la fraternité, inscrit en tête de notre Constitution, et qui oblige les puissants à contribuer au soulagement des faibles, peut être justement invoqué en notre faveur; le département des Basses-Alpes est au nombre des pauvres qui ont droit à l'assistance fraternelle des riches; et je me ferais un devoir de la réclamer en son nom. Nos troupeaux exigent que le sel soit à bon marché; nos denrées ne pourront s'écouler que lorsque nos routes, depuis si longtemps en projet, seront enfin exécutées, qu'un classement nouveau aura mis les plus importantes à la charge de l'État, que des ponts, presque partout nécessaires, en auront assuré le parcours contre le débordement des eaux; notre sol n'atteindra toute sa fertilité que lorsqu'on aura réussi à reboiser les montagnes et à contenir les torrents. C'est surtout dans nos vallées que l'agriculture, fondement le plus certain de la prospérité de la République, a besoin d'être protégée et éclairée; il faut la soulager autant que possible par le dégrèvement, et, au plus vite, par une répartition plus équitable des impôts qui l'écrasent ici plus encore que partout ailleurs; il faut l'encourager en lui laissant, par la faculté du remplacement militaire, la libre disposition des bras qui la fécondent; il faut lui rendre toutes les forces qui vont se perdre ailleurs, lui donner par un enseignement pratique les lumières qu'une saine expérience a fournies; il faut accroître la valeur de ses produits, en facilitant l'établissement d'ateliers industriels qui en décupleront les richesses en les transformant; il faut enfin que les laborieux habitants de nos campagnes recueillent plus aisément, plus largement les fruits de l'activité, de l'intelligence qu'ils déploient sur une terre ingrate et aimée.

Pour soutenir cette noble cause, je n'épargnerais point mes efforts. Je la plaiderais vivement, et, je l'espère, avec succès, non-seulement devant les agents du pouvoir, mais encore devant les mandataires de la France. Sincèrement uni avec ceux qui embrassent la défense de ces intérêts sacrés, je tenterais aussi d'en être l'interprète fidèle. Consultant toujours plus vos besoins que mes forces, inspiré par le patriotisme, par les exemples que Manuel a laissés à sa famille, je voudrais que ma parole ne manquât à aucun de vos sentiments; et je tâcherais de montrer que les enfants des Alpes trouvent dans l'émotion des grands événements accomplis sous nos yeux le courage de mêler leur voix à celles qui essaient de dominer nos orages.

Digne, le 5 décembre 1848.

HIPPOLYTE FORTOUL,

Doyen de la faculté des Lettres d'Aix.

Digne, Mme Ve A. GUICHARD, Imprimeur.

DÉPARTEMENT DE LA MANCHE.

ÉLECTION

D'UN

REPRÉSENTANT DU PEUPLE

le 7 Janvier **1849.**

A l'approche de l'élection qui va avoir lieu dans le département de la Manche, pour la nomination d'un Représentant du Peuple, en remplacement de M. Reibell, démissionnaire, un grand nombre de citoyens de l'arrondissement d'Avranches se sont réunis pour s'entendre sur cette élection.

La réunion, composée d'hommes d'ordre, sans distinction d'opinions et de nuances politiques, s'est constituée par la formation de son bureau, et a pris le nom de *Comité des Amis de l'Ordre*. —Ensuite, elle a discuté mûrement les mérites des divers candidats qui se sont présentés, et a décidé, à une très-forte majorité :

1° Qu'elle adoptait pour son Candidat à l'élection du 7 janvier, M. Napoléon DARU, ex-pair de France, qui se recommande aux suffrages des électeurs, non moins par l'indépendance et la fermeté de son caractère, que par sa haute capacité et sa grande expérience des affaires publiques ;

2° Qu'elle indiquerait cet honorable Citoyen au choix de tous les électeurs de l'arrondissement ;

3° Qu'elle informerait de sa décision les autres comités électoraux du département ;

4° Enfin, qu'elle emploierait tous les moyens légaux et honorables, à l'effet d'obtenir le succès d'une candidature aussi précieuse pour les intérêts de la Patrie que pour ceux du département, auquel M. DARU appartient comme propriétaire considérable.

***Avranches, le* 30 *Décembre* 1848.**

Les Membres du Bureau :

D'Auxais-d'Haudienville, *Président ;*
A. Lempereur de St-Pierre, *Vice-Président ;*
Docteur Houssard,
Victor Bunel,
Adolphe Abraham-Dubois,
Amédée Le Moine des Marres, } *Secrétaires.*

Avranches. — Imprimerie de Mme Ve Tribouillard.

A Messieurs les Électeurs du Département de la Manche.

Chers Concitoyens,

Une réunion électorale a eu lieu à Cherbourg, vendredi 29 décembre. Avant cette réunion, j'avais reçu du président du bureau la note suivante:

J'engage M. Henry à venir à la réunion électorale qui aura lieu vendredi soir à la salle de spectacle, à l'intention d'interpeller les candidats.

J. de SERRY, Ingénieur.

Pour satisfaire au désir des membres du bureau, je me suis rendu à la séance où j'ai exposé mes principes politiques. Deux autres candidats ont également pris la parole.

Je viens de lire dans le journal le *Phare de la Manche* un article intitulé : *Audition de MM. Daru, Henry et de Tocqueville.* Dans ce compte-rendu, on me fait tenir un langage contre lequel je m'empresse de protester énergiquement. Voici le texte du *Phare*: M. Henry succède à M. Daru. *Se posant en républicain de la veille, il déclare que lors même que la population, sous le coup des misères et des souffrances qu'elle éprouve, voudrait changer la forme actuelle du gouvernement, il continuerait à combattre comme il l'a toujours fait sous le drapeau de la République*..... .

Si cet article n'allait pas au-delà de l'arrondissement, je n'aurais pas besoin de relever la phrase ici sous lignée.

Mais comme le *Phare de la Manche* a été tiré à un très grand nombre d'exemplaires, je suis forcé de rétablir devant les électeurs les paroles prononcées par moi.

L'orateur qui m'avait précédé avait dit qu'il ne prétendait pas avoir été républicain avant la révolution de février. Voulant de mon côté imiter sa franchise, je fis la déclaration suivante:

« Je repousse le patriotisme étroit qui voudrait établir des distinctions entre les républicains
» de diverses dates. La vraie République concilie et rapproche les hommes; elle utilise pour son
» bonheur tous ceux qui sont capables de la servir.

» Ceci posé, et dans le seul but d'éviter toute surprise, je dois dire que je ne suis point du
» nombre de ceux qui se sont résignés à la République comme à un malheur inévitable. Je l'ai
» appelée de mes vœux et saluée de mes applaudissements à son avènement »

Le président du bureau m'adressa cette question qui a été également posée à tous les candidats:

S'il s'élevait un conflit entre l'Assemblée et le pouvoir exécutif, que feriez-vous ?

Je répondis : « Il ne me paraît pas possible qu'un conflit pareil ait jamais lieu. Le pouvoir
» exécutif est inférieur à l'Assemblée nationale qui seule reste dépositaire de la souveraineté.
» Le président est le premier gardien des lois; c'est à lui de donner l'exemple de la soumission
» qui leur est due. Cependant s'il s'élevait entre les deux puissances sorties du suffrage univer-
» sel un désaccord sérieux, j'examinerais en conscience laquelle des deux serait dans le juste,
» dans le vrai, et je me prononcerais pour elle.»

Monsieur le président me dit encore ce qui suit :

Dans le cas où, par un attentat quelconque, on chercherait à substituer à la forme républicaine une autre espèce de gouvernement, soit monarchique, soit impérial, ou autre, que feriez-vous ?

Voici ma réponse textuelle : « Il ne se trouvera jamais personne d'assez audacieux pour
» attaquer la République en face et par la force, mais il n'est peut-être pas impossible que l'on
» emploie pour la détruire des moyens détournés. L'on essaierait, par exemple, de persuader
» au peuple que les maux passagers qu'il souffre, et qui ne sont que le résultat d'une profonde
» révolution, sont, au contraire, l'accompagnement obligé des institutions républicaines. Si
» cette manœuvre réussissait, on appellerait d'une manière ou d'une autre la nation à faire
» connaître s'il lui convient de changer le mode de gouvernement.

» Dans le cas d'un semblable appel, je me rangerais à coup sûr du côté de ceux qui voteraient
» pour la conservation de la République qui, loin d'exciter les révolutions, me semble le seul
» moyen d'y mettre un terme. »

Revenant ensuite à la supposition que j'avais rejetée comme invraisemblable, je dis que, dans le cas d'une attaque par la force, je résisterais jusqu'à la dernière goutte de mon sang, et que je tomberais plutôt au pied du drapeau de la République que de l'abandonner.

Vous savez, chers concitoyens, que le drapeau que j'ai suivi est celui de l'ordre et du progrès. Voilà les paroles que j'ai fait entendre. Je repousse toute rédaction qui ne les rendrait pas fidèlement.

B. HENRY,

Commandant de la Garde Nationale de Cherbourg.

Les soussignés, membres du bureau, affirment que l'exposé ci-dessus rend fidèlement la partie du discours prononcé à cette réunion par M. Henry, et qui seule a pu donner lieu à l'interprétation du journal le *Phare de la Manche*.

Le président,	*Les vice-présidents,*	*Les secrétaires,*
DE SERRY.	MOULIN, BERGER.	MOUCHEL, CHARDINE.

Cherbourg, imprimerie de BEAUFORT et LECAUF.

OBSERVATIONS

Présentées par M. LE COSTÉ, à la séance électorale préparatoire du 29 décembre, à Cherbourg.

Nul ne niera, je pense, l'importance de la question commerciale que ma candidature a soulevée. L'agriculture et le commerce font la richesse des Etats, et je serais surpris, qu'au point où nous en sommes, avec le progrès constant de la raison publique, on voulût contester ce que Colbert et Turgot proclamaient de leur temps.

Il y a, je le sais, à Cherbourg, quelques esprits disposés à cette erreur. Cela tient à ce que Cherbourg ne vit guères que des appoints versés en ville par le budget, et à ce que l'argent du pays n'y a pas, jusqu'à présent, fait défaut.

Mais, Messieurs, n'avons-nous pas lieu de craindre pour l'avenir? et avant de savoir quelle combinaison prévaudra dans la répartition des immenses travaux qui restent à exécuter en France, n'y a-t-il pas une première question à résoudre, celle de savoir s'il y aura de l'argent à dépenser, c'est-à-dire, si le pays pourra en fournir?

Or, à mon avis, Messieurs, il y a lieu de craindre! et, sans chercher dans une exagération factice, le moyen d'attirer l'attention sur moi, permettez-moi quelques réflexions.

Le budget de 1848 était de **1,800** millions, et pour y suffire, nous avons, en dehors des ressources ordinaires de l'impôt, épuisé toutes les ressources extraordinaires des emprunts et autres moyens de crédit.

Le budget de l'année prochaine sera de la même importance.

Vous savez, aussi bien que moi, quelles sont les sources où l'on puise ces immenses trésors :

L'une, *l'impôt foncier* produit environ 500 millions.

L'autre, *l'impôt indirect* produit des sommes indéterminées; mais, pour aller de 500 à 1,800 il faut compter 1,300 millions; c'est-à-dire que, si l'impôt *indirect* produit (moins) que cet immense capital, le budget est en déficit.

Maintenant, Messieurs, quelles sont les ressources de l'impôt indirect, si ce n'est le travail et l'activité du pays, et si le pays reste, une année encore, dans l'état précaire où nous venons de vivre cette année, croyez-vous que nous pourrons payer le budget de 1849?

Non Messieurs, et cette réponse qui est dans tous les esprits, j'ai le courage de la formuler ici.

Nous serons bientôt ruinés, m'écrivait il y a peu de jours, un grand propriétaire du pays, si le commerce ne trouve pas le moyen d'écouler nos produits.

Ce cri d'alarme n'a que trop de retentissement autour de nous.

C'est, Messieurs, sous l'influence de ces tristes préoccupations que s'est produite ma candidature. L'agriculture appelle le commerce à son secours, comme dans un grave procès on va chercher un jurisconsulte.

Ce n'est pas que j'aie la prétention d'élucider à moi seul les graves questions que soulève l'état actuel de nos affaires, mais ma candidature, dans sa spécialité commerciale, a le mérite de signaler un grand intérêt du moment.

Il faut que le commerce entre à l'assemblée. Il n'y est pas représenté suffisamment et son absence nuit aux discussions qui sont à l'ordre du jour.

Si vous m'envoyez à la représentation nationale je me dévouerai tout entier aux travaux que vous attendez de moi.

Je suis un enfant de Cherbourg. Notre ville a bien le droit de faire sa candidature! Qu'y aurait-il d'extraordinaire à ce que les habitants de Cherbourg choisissent auprès d'eux, un homme qui a toujours été avec eux, qui connaît leurs intérêts et les a discutés, qui vit de leur vie laborieuse et qui, comme eux demande au travail l'avenir de sa famille.

Je ne crois pas, Messieurs, que vous puissiez hésiter. Bientôt, auront lieu des élections générales. C'est alors que notre département aura la place de tous les hommes honorables qui se présentent, mais qui sont étrangers à notre ville. Aujourd'hui, pensons à nous, puisque c'est de nous qu'il est question.

NOTA. — Cette réunion n'a pas eu de résultat, quant au choix d'un Candidat, et Cherbourg n'aura pas de candidature officielle.

Cherbourg. — Imp. de Thomine.

DÉPARTEMENT DE LA MANCHE.

ÉLECTION D'UN REPRÉSENTANT

Le 7 Janvier.

CANDIDAT : M. EUGÈNE LE COSTÉ, DE CHERBOURG.

Cherbourg n'avait vu qu'un seul de ses candidats admis sur la liste générale des représentants du département de la Manche ; ce candidat, M. Reibel, a donné sa démission.

Il est impossible qu'un arrondissement aussi important que celui de Cherbourg reste sans représentant. Les députés représentent sans doute légalement les intérêts généraux du département tout entier. Mais Cherbourg a des intérêts spéciaux qui doivent être défendus par un homme de la localité, qui ait passé sa vie à les étudier et à les connaître, et nul candidat à cet égard ne mérita mieux les suffrages de ses concitoyens que M. Eugène Le Costé, négociant honorable, qui a été tour à tour juge au tribunal de commerce et membre de la chambre de commerce, et qui a pris sa part d'activité commerciale aux grands travaux qui doivent faire de Cherbourg le premier port de l'Océan.

« La Constitution est faite, dit M. Le Costé dans une lettre à un comité électoral ; les politiques les hommes d'Etat, les philosophes ont mis la main à l'édifice. Il semble que le pays doive s'occuper désormais des questions positives, industrielles et financières. La France est menacée de périr, si d'ici à bien peu de temps elle n'a pas retrouvé de bonnes conditions d'activité et de travail. — Nos colonies sont perdues pour notre commerce maritime ; il s'agit de savoir comment remplacer tout ce système. D'autre part, l'industrie sucrière succombe sous le poids de la législation actuelle. Ne serait-il pas fâcheux que ce département maritime vît s'élaborer des questions de cette importance sans avoir au nombre de ses représentants quelque homme de pratique, familiarisé avec la discussion de si graves intérêts ? »

Telles sont les raisons de convenance et d'utilité qui donnent un si grand poids à la candidature de M. Le Costé.

Il est des motifs d'un autre ordre qui appellent sur lui les suffrages des honnêtes gens. Il suffit de les résumer en ces mots : M. Le Costé est à la fois UN HOMME D'AFFAIRES, UN HOMME D'INTELLIGENCE, UN HOMME DE FOI. Le département de la Manche ne saurait avoir un représentant plus digne et plus dévoué de ses intérêts et de ses idées.

L'Univers, journal dévoué aux intérêts catholiques, s'exprime en ces termes sur la candidature de M. LE COSTÉ.

» M. LE COSTÉ, négociant à Cherbourg, se porte candidat à l'élection qui doit avoir lieu le 7 janvier dans le département de la Manche.

» M. LE COSTÉ n'est pas seulement un homme d'affaires, c'est d'abord un homme de foi. Il a toutes les lumières et toute l'expérience nécessaires pour la défense des intérêts maritimes ; il a de plus toute l'intelligence et toute la fermeté convenables pour la défense des intérêts religieux.

» Nous recommandons M. LE COSTÉ ; ce serait dans l'Assemblée une voix de plus pour la liberté d'enseignement. »

PARIS. — IMPRIMERIE ÉDOUARD PROUX ET Cᵉ, RUE NEUVE-DES-BONS-ENFANTS, 3.

E. LE COSTÉ.	E. LE COSTÉ.	E. LE COSTÉ.	E. LE COSTÉ.	E. LE COSTÉ.
E. LE COSTÉ.	E. LE COSTÉ.	E. LE COSTÉ.	E. LE COSTÉ.	E. LE COSTÉ.
E. LE COSTÉ.	E. LE COSTÉ.	E. LE COSTÉ.	E. LE COSTÉ.	E. LE COSTÉ.
E. LE COSTÉ.	E. LE COSTÉ.	E. LE COSTÉ.	E. LE COSTÉ.	E. LE COSTÉ.
E. LE COSTÉ.	E. LE COSTÉ.	E. LE COSTÉ.	E. LE COSTÉ.	E. LE COSTÉ.
E. LE COSTÉ.	E. LE COSTÉ.	E. LE COSTÉ.	E. LE COSTÉ.	E. LE COSTÉ.

1849

www.ingramcontent.com/pod-product-compliance
Ingram Content Group UK Ltd.
Pitfield, Milton Keynes, MK11 3LW, UK
UKHW020310230726
13925UKWH00001B/321